【제3판】

학교와 가정에서 활용하는

발달장애 학생을 위한

특수교육 중재

변관석

KNOWLEDGE COMMUNITY 공동체

| 이 책을 읽으시기 전에 |

이 책은 발달장애 학생의 기본적인 양육 방법이나 법적 지원 내용 등과 같은 아주 기본적인 사항보다는 과학적인 연구를 통해 성과가 입증된 교육 방법을 말하는 증거기반실제와 교육 내용을 현장에 계신 선생님과 부모님들께서 조금이나마 쉽게 이해하고 학령기에 접어든 발달장애 학생들에게 적용해 보실 수 있도록 친근하게 설명하는 데 초점을 두었습니다.

발달장애 영유아 및 아동의 기본적인 양육 방법이나 법적 지원 내용 등과 같은 기초지식은 국립특수교육원에서 운영하는 장애자녀 부모 지원 종합시스템 〈온맘〉의 '온맘교실' 코너에 탑재된 생애주기별 가이드북에 장애 영역과 시기별로 다양한 매뉴얼이 탑재되어 있으니, 이를 활용하시면 충분히 도움이 될 것입니다. 감사합니다.

※ 장애자녀 부모 지원 종합시스템 〈온맘〉의 '온맘교실' 코너 생애주기별 가이드북 주소
nise.go.kr/onmam/front/M0000065/board/list.do

머리말

발달장애는 학문적으로 출생 전 태아 때부터 발달기 사이에 발생하는 다양한 장애를 모두 포함하는 용어입니다. 하지만 일반적으로는 발달기에 발생하는 비교적 심한 인지적, 의사소통적 어려움을 가지고 있는 지적장애와 자폐성장애(자폐스펙트럼장애)를 한정하여 발달장애라고 말하기도 합니다. 발달장애인의 권리 증진을 위해서 제정된 약칭 '발달장애인법'에서도 발달장애인의 범주를 지적장애와 자폐성장애로 한정하여 정의하고 있습니다.

현재 국내에는 특수교육의 학문적 발전에 힘입어 수많은 발달장애 관련 특수교육 전문 서적이 출판되어 있습니다. 하지만 대부분은 대학교나 대학원 교육 또는 임용시험 대비용으로 활용되고 있고 특수교육 현장에 있는 선생님이나 부모님이 직접적으로 활용하고 있는 책은 비교적 많지 않다고 생각합니다. 이러한 현상이 나타나는 원인에는 아무래도 현재 출판되어 있는 전문 서적들이 전문가들을 주 독자층으로 하여 너무 어렵게 서술되어 있기 때문인 점도 한몫하지 않을까 합니다. 이러한 이유로 저는 특수교육 현장에 있는 특수교사로서 선생님이나 부모님의 눈높이에서 발달장애 학생들을 교육하는 데 있어 도움이 될 수 있는 실용적인 책을 집필하고자 하였습니다.

이 과정에서 처음에는 발달장애인의 법적인 지원이나 기초적인 양육 지식부터 전문적인 특수교육 중재 방향까지를 모두 포괄하려고 하였으나, 국립특수교육원에서 법적 지원과 기초적인 양육 기술을 담은 가이드북을 편찬 및 온라인 배포하고 있다는 사실을 알게 되었습니다. 그래서 이러한 기본적인 부분은 이 책에서 포함하지 않고, 발달장애 학생을 위한 증거기반의 교육 방법과 교육 내용에 대한 전문적인 지식과 실제를 조금이나마 쉽게 담아내고자 하는 데 집필의 역점을 두게 되었습니다. 또한 현재 선생님이나 부모님을 대상으로 출판된 발달장애 관련 실용 서적이 대부분 영유아나 아동을 초점으로 하여 서술되어 있어, 이 책은 발달장애 청소년과 성인에게도 도움이 될 수 있도록 노력하였습니다.

이 책은 총 4장으로 구성되어 있으며, 각 장의 내용은 다음과 같습니다.

제1장은 '발달장애를 가진 학생들이란?'이라는 제목으로 지적장애와 자폐성장애 등을 포함하는 발달장애의 정의, 진단, 원인, 특성 등에 대한 기본적인 지식을 비교적 간략하게 서술하였습니다.

제2장은 '어떻게 교육할 수 있을까요?'라는 제목으로 발달장애 학생을 교육하는 방법에 관해서 과학적인 연구를 통해서 성과가 입증되어 온 증거기반실제를 중심으로 안내하고자 하였습니다. 이때 지면 관계상 생략된 부분은 저자의 블로그 '석이 선생님의 특수교육 이야기'를 중심으로 관련 자료나 서적을 함께 제시하여 참고할 수 있도록 하였습니다.

제3장은 '무엇을 가르쳐야 할까요?'라는 제목으로 발달장애 학생이 배워야 할 교육 내용(교육과정)을 놀이 활동, 학업능력, 의사소통 및 사회적 능력, 자기결정 능력, 일상생활 기술, 진로 및 직업교육, 신체활동 등으

로 나누어서 제시해 보고자 하였습니다. 여기에서 제시된 것 이외에도 여러 가지 교과 내용들과 기타 학습 영역이 교육 내용으로 포함될 수 있지만, 일반적으로 가장 기본이 되는 필수 교육 내용을 제시하였다고 볼 수 있습니다.

마지막으로 제4장은 '발달장애 학생의 문제행동은 어떻게 개선할 수 있을까요?'라는 제목으로 응용행동분석 기반의 긍정적 행동지원을 공교육 현장에서 실제로 활용할 수 있도록, 행동주의의 이론적인 내용은 최소화하고 실질적인 내용을 중심으로 기술해 보았습니다. 특히 2024학년도 초에 교육부에서 제시한 〈장애학생 행동중재 가이드라인〉에 따라 학교 차원의 긍정적 행동중재 지원 계획과 개별 학생을 위한 행동중재 지원 계획, 그리고 위기관리 계획의 수립 및 실행이 특수교육 현장에서 본격적으로 요구되기 시작하였다는 점을 고려하면, 이 장의 가치와 필요성은 더욱 커지리라 생각합니다.

한편 2018년 제1판, 2020년 제2판에 이어, 이번에 5년여 만에 이루어지는 제3판 개정 작업에서는 그간 독자분들이 보내주신 감사한 조언을 바탕으로 하여 전체적인 내용을 다시금 새롭게 보완하고자 하였습니다. 특히 개념을 충분히 이해하는 데 다소 어려울 수 있는 내용은 더 자세하게 설명하고자 하였으며, 현장에서의 활용성을 높이기 위해서 상세한 예시를 추가하였습니다. 또한 글을 다듬어서 좀 더 읽기 쉽도록 노력했습니다. 이번 제3판에서는 특히 다음과 같은 개정 작업이 진행되었습니다.

첫째, 발달장애 학생의 특성 및 교육 방법과 교육 내용에 대한 더욱 상세한 설명과 최신 이론 혹은 검사 도구 소개와 함께 최신 연구 자료를 업데이트하여 현장에서의 활용성을 높였습니다. 이를 위해 전체 분량을 100페이지 이상 늘렸습니다.

둘째, 이전까지 긍정적 행동지원에 관한 내용이 다소 적었으나, 교육부의 〈장애학생 행동중재 가이드라인〉 배포에 발맞춰 현장에서 실제로 적용할 수 있도록 내용을 획기적으로 보강하였으며, 학교행동중재지원계획, 개별 학생에 대한 행동중재계획 등 각종 양식 예시를 참고할 수 있도록 했습니다. 또한 이러한 양식과 기타 가이드라인을 저자의 블로그에서 내려받을 수 있도록 주소를 제시하였습니다.

처음 이 책을 만들면서 제가 생각한 이 책의 주 독자층은 특수교육 현장에 있는 특수교사 이외에도 발달장애 학생을 여러 장면에서 중재하며 지원하는 관련 서비스 영역의 선생님, 그리고 자기 자녀에 대해서는 그 누구보다 전문가인 가정에서 자녀를 양육하시는 발달장애 학생의 부모님이었습니다. 이번 제3판에서도 그 생각에는 변함이 없습니다. 특수교사로 일하면서 가정에서 함께 교육이 이루어지지 못한다면, 그 어떤 효과적인 교육도 무용지물이 될 수 있음을 종종 경험하였기에, 부모님께서 국립특수교육원에서 운영하는 장애자녀 부모 지원 종합시스템 〈온맘〉의 '온맘교실'에 탑재된 생애주기별 가이드북 등 여러 자료와 함께 필요하다면 이 책도 읽어주시고, 천천히 조금씩이나마 교육 방법과 내용들을 자녀들에게 지속해서 실천하실 수 있기를 진심으로 바라봅니다.

이 책의 내용에 대한 궁금증이나 발달장애 학생의 교육에 대한 다른 문의가 있다면, 제가 운영하는 네이버 블로그 '석이 선생님의 특수교육 이야기(blog.naver.com/bjs718)'에서 검색을 해보시거나 댓글이나 이메일 등으로 문의해 주시면, 미력하나마 함께 고민해 보도록 하겠습니다.

마지막으로 출판 시장의 여러 가지 어려움 속에서도 저자의 첫 번째 저서를 선뜻 출판해 주시고, 제2판에 이어 이번에 제3판까지 선뜻 출판해 주신 공동체 출판사 가족 여러분께 진심으로 감사드립니다. 앞으로도 시대의 변화와 증거기반을 갖춘 교육 방법의 최신화 등에 따라 몇 해에 한 번씩 이렇게 조금 더 발전된 개정판을 출판할 수 있기를 간절히 소망합니다.

마지막으로 발달장애인이 더 행복할 수 있는 사회, 그리고 발달장애 학생과 부모님이 지금보다 희망찬 미래를 꿈꿀 수 있는 사회로 우리 사회가 조금씩이나마 뚜벅뚜벅 나아가고 있음을 굳게 믿으면서, 들어가는 글을 마칠까 합니다. 감사합니다.

발달장애 학생 양육과 교육, 중재에 늘 매진하고 있는
부모님 그리고 선생님 등 관련 전문가를 존경하는

중등 특수교사
교육학박사
행동분석전문가(KBA)

변 관 석 올림

차 례

제 1 장

발달장애를 가진 학생들이란?

– 정의, 원인, 특성 –

이 장에서는

1. 지적장애와 자폐성장애(자폐스펙트럼장애)를 포함하는 발달장애의 정의와 진단에 대해서 간략하게 살펴보고자 합니다.
2. 발달장애의 발생 원인을 지적장애와 자폐성장애(자폐스펙트럼장애)로 나누어서 살펴보고자 합니다.
3. 발달장애의 특성과 이에 따른 교육적 지원을 지적장애와 자폐성장애(자폐스펙트럼장애)로 나누어서 간략하게 살펴보고자 합니다.

발달장애 학생을 위한 특수교육 중재

발달장애를 가진 학생들이란?

제 1 장

• 정의, 원인, 특성

발달장애(developmental disabilities)는 학문적으로 출생 전 태아 때부터 발달 과정 전반에 걸쳐 발생하는 여러 유형의 장애를 모두 포함하는 용어입니다. 여기에는 지적장애, 자폐성장애(자폐스펙트럼장애), 학습장애, 주의력 결핍 과잉행동 장애(ADHD), 의사소통장애, 뇌성마비, 발달지체(뚜렷하게 특정 장애로 아직 진단하기 힘들지만, 유의미한 발달적인 지체가 있는 9세 미만의 영유아를 대상으로 조기 특수교육 서비스를 제공하기 위해서 장애인 등에 대한 특수교육법에 포함된 장애 명칭으로 9세 이후에도 계속 특수교육 서비스를 제공받기 위해서는 재진단이 필요함) 등이 모두 포함될 수 있습니다.

하지만 일반적으로는 발달기에 발생하는 비교적 심각한 인지적 문제를 가지고 있는 지적장애와 자폐성장애(2013년 개정된 DSM[1]-5부터는 자폐스펙트럼장애라고 부르지만, 현재 국내법상으로는 자폐성장애라는 용어를 사용함)를 한정하여 발달장애라고 말하기도 합니다. 발달장애인의 복지 증진을 위해서 제정된 「발달장애인 권리보장 및 지원에 관한 법률(발달장애인법)」에서도 발달장애인을 지적장애와 자폐성장애로 한정하여 정의하고 있습니다. 이 책에서도 인지적인 어려움을 가지고 있는 지적장애와 자폐성장애를 중심으로 교육 방법과 교육 내용을 기술하고자 합니다.

---

1) 미국정신의학회에서 출판하는 정신장애 진단 및 통계 편람을 말하며, 각종 정신장애, 신경발달장애 등의 주요한 진단 기준이 됩니다. 가장 최근인 2022년에 DSM-5-TR이 출판되었습니다.

한편 과거에는 자폐성장애만 한정해서 발달장애라고 부르기도 하였는데, 이는 DSM-IV-TR과 ICD-10에서 자폐증(autism)을 아스퍼거 증후군, 소아기 붕괴성 장애, 레트 증후군, 비전형적 전반적 발달장애와 함께 전반적 발달장애(pervasive developmental disorder)의 한 유형으로 구분하였고, 우리나라의 장애인복지법이 이를 그대로 따라 자폐성장애를 발달장애라고 명명하였기 때문입니다. 하지만 DSM-5에서는 전반적 발달장애라는 용어가 다양한 범주의 자폐인 특성을 포괄하는 자폐스펙트럼장애라는 용어로 변경되었으며, 이보다 더 이전에 국내의 장애인복지법에서도 발달장애라는 명칭을 자폐성장애로 변경하였습니다. 이 책에서는 2024년 현재 국내 특수교육법 및 장애인복지법 등을 반영하여 자폐성장애라는 용어를 주로 사용하였습니다. 다만, 필요에 따라서 DSM-5-TR에 따른 자폐스펙트럼장애라는 용어도 함께 사용하였음을 밝힙니다. 다시 말해, 이 책에서는 자폐성장애와 자폐스펙트럼장애를 동의어로 이해하면 되겠습니다.

1. 발달장애의 정의

이 장에서는 발달장애인법을 기초로 하여, 지적장애와 자폐성장애(자폐스펙트럼장애)에 초점을 맞추어 발달장애를 정의하고, 내용을 살펴보겠습니다.

1) 지적장애(Intellectual Disabilities)의 정의

지적장애는 과거에 정신지체(mental retardation)로 불렸습니다. 하지만 2007년 미국 지적장애 및 발달장애 협회(AAIDD)에서는 정신지체라는 용어가 가지고 있는 과도한 낙인에 대한 우려, '정신'이라는 용어의 애매모호함, 그리고 정신장애(정서 · 행동장애)와의 명확한 구분 필요성 등을 고려하여, 지적장애로 명칭을 개정하였습니다. AAIDD의 12차 정의는 다음과 같습니다.

> 지적장애는 지적 기능과 개념적, 사회적, 실제적 적응 기술로 표현되는 적응행동 양쪽에서 나타나는 심한 제한성으로 특징된다. 이 장애는 한 사람이 22세에 도달하기 전으로 조작적으로 정의되는 발달기 내에 시작된다.

다음의 다섯 가지 가정은 이 정의의 적용에 있어 필수적으로 고려해야 할 사항입니다.

첫째, 현재 기능성에서의 제한은 한 사람의 동년배 또래들과 문화에 전형적인 지역사회 맥락 안에서 고려되어야 합니다.

둘째, 타당한 평가는 문화 및 언어적 다양성뿐만 아니라 의사소통, 감각, 운동, 그리고 행동적 요소에서의 차이를 고려해야 합니다.

셋째, 한 사람의 제한점은 강점과 자주 공존합니다.

넷째, 한 사람의 제한점을 기술하는 중요한 목적은 그 사람에게 필요한 지원 프로파일을 개발하기 위함입니다.

다섯째, 장기간에 걸쳐 적합한 개인화된(personalized) 지원이 주어지면, 지적장애인의 생활 기능성은 일반적으로 향상될 것입니다.

여기에서 지적 기능이라는 개념은 학문적으로 보면 더 심도 있는 논의가 있을 수 있겠지만, 일반적으로는 검사 시행 자격을 갖춘 전문인력에 의해서 실시된 개인지능검사(웩슬러 지능검사 혹은 카우프만 지능검사 등)를 통해 얻은 지능지수를 의미합니다. 이 지능지수는 100이 평균(백분위

50)이며, 각 표준편차마다 15씩 차이가 나타나는 정규분포곡선을 따릅니다. 통상적으로 지능지수 85~115까지(−1 표준편차 이상 1 표준편차 이하)가 전 인구의 약 66~68% 범주에 포함되는데, 이 범주를 평균적인 지능 범주로 정의하곤 합니다.

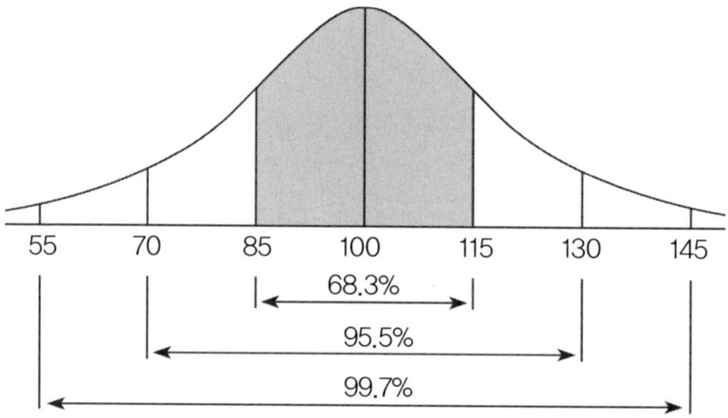

| 그림 1-1 | 지능지수의 정규분포곡선

흔히들 지능지수가 90이라고 하면 꽤 낮은 지능이라고 생각하는데, 실은 평균적인 범주 안에 있는 지능이라고 볼 수 있습니다. 반대로 "내 지능이 130 정도 될 거야."라고 이야기하는 사람들도 사실 과거의 집단형 지능검사에서 표준점수 방식을 따르지 않고 부정확하게 측정된 지능지수를 그대로 믿고 있는 경우가 대부분입니다. 전문적인 개인지능검사에서는 지능지수 130 이상이면, 전 인구의 2~3% 안에 드는 영재를 의미하는데, 그런 사람을 우리가 그렇게 자주 만나기는 쉽지 않겠지요. 또한 "돌고래가 지능이 얼마네." 혹은 "개는 얼마네." 하는 것도 동물의 지능 추론 방식이 해당 연령의 인구표본을 규준화하여 표준점수를 산출하는 개인지능검사의 방식과는 다르므로, '돌고래가 지능이 얼만데, 사람이 얼마밖에 안 되네'와 같은 식의 비교는 사실 큰 의미가 없으며, 지양해야 합니다.

그리고 지능지수 71~84는 경계선 지적 기능(borderline intellectual functioning) 혹은 느린 학습자(slow learner)라고 하며, 대략 전 인구의 13% 정도가 이 범주에 해당합니다. 사실 이 범주도 지적장애를 가진 사람만큼은 아닐 수 있지만 인지적, 사회적, 교육적으로 적절한 지원이 필요한 경우가 많습니다. 하지만 이들은 지적장애로 진단이 되지도 않으며, 학습장애로도 진단되지 않기 때문에 교육 및 복지적 사각지대에 놓이게 되는 사람이 많은 것을 볼 수 있습니다. 다만, 최근 들어 경계선 지적 기능에 있는 사람(느린 학습자)에 대한 교육적, 사회적 관심이 점차 늘어나고 있습니다. 이에 따라 아직 많이 부족하지만 시·도 조례 등을 통해 이들에 대한 여러 지원 정책이 만들어지고 있습니다.

이 책은 인지적인 장애를 가지고 있는 학생들을 중심으로 내용이 서술되어 있어, 경계선 지적 기능에 대한 자세한 내용은 설명하지 않았습니다. 하지만 이 책의 교육 내용과 교육 방법 중에서 이 범주의 학생들에게 적용될 수 있는 내용도 상당히 많습니다. 다만, 경계선 지적 기능에 대한 보다 자세한 내용은 박현숙 역(2013)의 『느린 학습자의 심리와 교육』, 박찬선·장세희(2018)의 『경계선 지능을 가진 아이들』 등과 같은 관련 서적이나 저자(2017)의 「경계선 지능에 관한 국내연구 동향 분석」 논문을 읽어보시면, 더욱 도움이 될 것입니다. 참고로 저자의 학술지 게재 논문은 한국학술지인용색인(KCI) 홈페이지에서 무료로 내려받기가 가능합니다.

이 책의 초점이라 할 수 있는 지적장애는 장애인복지법의 시행규칙상 지능지수 70 이하인 사람을 말하며, AAIDD의 정의를 기준으로 하면 -2 표준편차 이하를 의미합니다. 이는 전 인구에서 2~3% 내외가 포함됩니다. 가장 최근 개정된 AAIDD 12차 정의에서는 지능지수의 절삭 기준을 70(혹은 -2 표준편차)으로 무 자르듯 정하기보다는 한 사람의 진짜 지능지수가 속하는 구간을 명확히 하기 위해서 95% 신뢰구간을 사용하도록 권장하고 있습니다. 이렇게 되면 지능검사 결과의 오차를 반영하여 통계적인 오차 범위에 따라 좀 더 폭넓게 지적장애로의 진단이 가능할 수 있습니다. 예를 들어, 지능검사 결과 지능지수가 73이 나왔다면, 보통 지적장애의 범주에 해당하지 않습니다. 하지만 통계적 오차 범위가 5로 설정되어 있다면 68~78 사이에 이 사람의 진짜 지능지수가 있다고 보고, 적응행동 등 다른 요소를 고려해서 필요하다면 지적장애로 진단할 수 있는 여지를 남겨둘 수 있습니다.

국내의 특수교육대상자 선정 시에도 이러한 오차 범위를 고려하여 시·도에 따라서는 70을 약간 넘더라도 종합적인 검토를 통해 지적장애로 인한 특수교육대상자로 선정하는 사례가 때때로 있습니다. 하지만 장애인복지법상의 '지적장애인'으로 선정하고자 할 때는 아직 지능지수의 절삭 기준인 70을 비교적 정확하게 준수하는 편이라고 볼 수 있습니다. 이 때문에 인지적인 어려움이 분명하게 존재하여 적절한 사회복지 및 직업재활 혜택을 받아야 함에도 지능검사 결과에 따라 약간의 차이로 인해 안타깝게도 장애인복지법상의 지적장애인으로 선정되지 못하는 사례도 꾸준히 나타나고 있습니다. 따라서 지능지수의 오차 범위와 적응행동 능력 등을 고려해서 조금 더 폭넓게 지적장애인을 선정해야 한다고 개인적으로 생각합니다.

지적장애의 정도를 구분할 때 흔히 지능지수 50~70 이하를 경도(mild) 지적장애, 35~50 미만을 중등도(moderate) 지적장애, 20~35 미만을 중도(severe) 지적장애, 그리고 20 미만을 최중도(profound) 지적장애로 나누기도 합니다.[2] 또한 최근까지도 장애인복지법 시행령에서 지적장애 3급을 50 이상 70 이하, 2급을 35 이상 50 미만, 1급을 지능지수 35 미만으로 구분하기도 하였으나, 2020년부터는 장애등급제가 폐지되어 개개인의 지원 요구에 따라 분류하고자 노력하고 있습니다.

그런데 지적장애를 지능지수만으로 진단하는 것은 사실 올바르지 않습니다. 앞서 AAIDD의 정의에서도 나타나 있지만 지능지수와 함께 적응행동(adaptive behavior)을 함께 고려해야 합니다. 적응행동은 사람들이 일상생활 속에서 적절하게 독립적으로 생활하기 위해서 습득해야 하는 기술로서, 개념적 · 사회적 · 실제적 기술의 집합을 말합니다. 이러한 적응행동은 크게 개념적 · 사회적 · 실제적 적응행동으로 구분할 수 있습니다. 이에 대한 설명은 다음과 같습니다(신진숙, 2017).

- **개념적 적응행동** : 인지, 의사소통 및 학업 기술에 관한 행동을 말합니다. 흔히 다른 적응행동 영역과 비교할 때 지능(지적 기능)과 가장 큰 연관성이 있다고 볼 수 있습니다. 여기에는 ① 언어이해, ② 언어표현, ③ 읽기, ④ 쓰기, ⑤ 돈 개념, ⑥ 자기교수 등이 포함될 수 있습니다.
- **사회적 적응행동** : 사회적 기대와 다른 사람의 행동을 이해하고 사회적 상황에서 자신이 어떻게 행동하는 것이 적절한지를 판단하는 기

2) 반드시 그러한 것은 아니지만 보통 경도 지적장애는 초등학교 3~6학년 수준, 중등도 지적장애는 초등학교 1~3학년 수준, 중도 지적장애는 만 5~8세 수준, 최중도 지적장애는 5~6세 이하의 인지능력을 보인다고 알려져 있습니다. 하지만 이는 어디까지나 평균적인 사항으로, 제공되는 교육의 양과 질에 따라 교육적 성과의 정도는 확연하게 달라질 수 있습니다. 더불어 인지능력이 다소 부족하다고 해도 자립생활에 필요한 일상생활에서의 적응행동 능력은 교육을 통해 충분히 향상될 수 있습니다. 또한 최근에는 지능지수 중심의 분류보다는 개인이 가지고 있는 지원(support) 요구 정도로 지적장애를 간헐적 지원, 제한적 지원, 확장적 지원, 전반적 지원을 요구하는 사람 등으로 지원강도척도(SIS)를 활용하여 구분하기도 합니다. 이에 대한 더 자세한 내용은 박승희 · 박윤희 · 한선영(2022)의 『AAIDD 12판 지적장애: 정의, 진단, 분류 및 지원체계』를 참고하십시오.

술을 말합니다. 여기에는 ① 사회성 일반, ② 놀이 활동, ③ 대인관계, ④ 책임감, ⑤ 자기 존중, ⑥ 자기 보호, ⑦ 규칙과 법 준수 등이 포함될 수 있습니다.

- **실제적 적응행동** : 주로 일상생활을 독립적으로 수행하는 데 필요한 기술을 말합니다. 여기에는 ① 화장실 이용, ② 음식 먹기, ③ 옷 입기, ④ 식사 준비, ⑤ 집 정리(청소, 세탁 등), ⑥ 교통수단 이용, ⑦ 병원에서 적절한 진료 받기, ⑧ 금전 관리, ⑨ 통신수단 이용, ⑩ 진로 및 직업 생활에 연관된 직무 기술, ⑪ 안전 및 건강관리 기술 등이 포함될 수 있습니다.

적응행동의 경우에는 개념적 · 사회적 · 실제적 적응행동 유형 가운데 하나 이상 혹은 전체 적응행동 점수에서 평균에서 −2 표준편차 이하(대략 표준점수 70 이하)의 수행을 보일 때, 지적장애로 진단할 수 있습니다. 다시 말해서, 지적장애를 진단할 때는 지능과 적응행동 두 가지 모두를 고려해야 합니다. 장애인 등에 대한 특수교육법에서도 이러한 AAIDD의 정의를 고려하여, 지적장애를 "지적 기능과 적응행동의 어려움이 함께 존재하여 교육적 성취에 어려움이 있는 사람"으로 정의하고 있습니다.

적응행동검사 도구는 보통 학생의 주 양육자가 평정하고, 필요에 따라서는 검사자가 학생의 수행 정도를 관찰하여 평정하기도 합니다. 일반적으로 사회성숙도 검사, 한국판 적응행동검사(K-ABS), 국립특수교육원 적응행동검사(NISE-K · ABS) 등이 사용됩니다. 특히 국립특수교육원 적응행동검사(nise-test.com/www2/)는 국립특수교육원 홈페이지에서 무료로 검사 및 결과 해석이 가능하도록 시스템이 구축되어 있어 부모님이나 선생님께서 손쉽게 활용할 수 있습니다.

지적장애 학생에게 지적 기능의 향상을 도모하는 인지적인 중재를 제공하는 것도 물론 필요할 수 있습니다. 특히 영유아기 및 초등 학령기 아동 시기라면 더 그럴 수 있을 것입니다. 다만, 기본적으로 개념적 · 사회적 · 실제적 적응행동을 전반적으로 향상할 수 있도록 하는 적응행동 기술에 대한 꾸준한 교육이 그 이상으로 중요합니다. 이는 결국 적응행동이 지적장애 학생의 독립적인 삶과 큰 연관성이 있으며, 교육을 통한 변화 가능성이 비교적 높다고 볼 수 있기 때문입니다. 또한 특히 개념적 적응행동의 경우에는 지적 기능과의 연관성도 커서 적응행동에 대한 교육이 곧 인지적 중재와 연관되는 지점도 상당하다고 볼 수 있습니다.

저는 부모님이나 선생님이 지적장애 학생을 교육할 때, 먼저 국립특수교육원 홈페이지에서 무료로 적응행동검사를 해보고 나서, 각 적응행동 영역별로 부족한 부분을 중심으로 교육 목표를 선정하여 차근차근 교육을 해나가는 방법을 추천하고 싶습니다. 이 책에서 제시하고 있는 교육 내용이나 방법들도 이러한 생각을 바탕으로 하고 있다고 볼 수 있습니다. 참고로 저자(2021)가 쓴 『발달장애 청소년 자립생활 체계적으로 지원하기 개정판』에서도 국립특수교육원 적응행동검사, 특수교육 기본 교육과정 성취기준, 지원강도척도(SIS), 그리고 기타 다양한 평가 도구를 종합적으로 반영한 자립생활 영역별 체크리스트를 제시하고 있어 교육 목표를 선정하는 데 도움을 받을 수 있습니다.

2) 자폐성장애(Autism Spectrum Disorder)의 정의

과거 DSM-IV-TR에서는 전반적 발달장애(pervasive developmental disorder) 안에 자폐, 아스퍼거 증후군, 레트 증후군, 소아기 붕괴성 장애, 비전형적 전반적 발달장애가 포함되어 있었습니다. 하지만 2013년 개정된

DSM-5에서는 전반적 발달장애라는 용어가 자폐스펙트럼장애로 바뀌었습니다. 그리고 기존에 아스퍼거 증후군, 소아기 붕괴성 장애, 비전형적 전반적 발달장애(PDD-NOS) 등의 상당수는 자폐스펙트럼장애에 포함되었으며, 레트 증후군의 경우에는 명확한 유전적 원인이 밝혀졌기 때문에 비록 일부 자폐적인 성향을 보이기는 하지만 이 범주에서 제외되었습니다. 또한 기존의 전반적 발달장애 중에서도 사회적인 의사소통 및 상호작용에만 어려움을 보이는 사람은 의사소통장애의 한 형태인 사회적 의사소통장애로 진단될 수 있습니다. DSM-5에서 제시하고 있는 자폐스펙트럼장애의 정의는 다음과 같습니다.

A. 다양한 맥락에 걸쳐 사회적 의사소통과 사회적 상호작용의 결함이 지속해서 나타나며, 현재 또는 과거에 다음과 같은 양상으로 표현됨.
   1. 사회적-정서적 상호작용 및 범위에서의 결함
   2. 사회적 상호작용을 위해 사용되는 비언어적 의사소통 행동에서의 결함
   3. 관계를 발달시키고 유지하고 이해함에 있어서의 결함

B. 제한적이고 반복적인 행동 패턴이나 관심, 활동이 현재 또는 과거에 다음과 같은 항목 중 적어도 두 가지 이상으로 표현됨.
   1. 상동증적, 반복적인 동작 운동, 사물의 사용 또는 언어 사용
   2. 같은 방식을 요구함. 일상적 활동을 융통성 없이 고수함.
   3. 흥미가 매우 제한적이며 고정되어 있는데, 강도나 초점 측면에서 비정상적임.
   4. 감각 입력이 과도 또는 과소 활성화됨. 환경에서 특정 감각에 특이한 관심을 보임.

C. 초기 발달기에 증상이 나타나야 함.

D. 이러한 장애가 지적장애 또는 전반적인 발달지연으로 더 잘 설명되지 않음. 지적장애와 자폐스펙트럼장애는 흔히 동반되어 나타남. 자폐스펙트럼장애와 지적장애 등을 함께 진단하려면, 예상되는 일반적인 발달 수준 이하여야 함.

※ 주의 : 사회적 의사소통에 현저한 결함을 보이지만 자폐스펙트럼장애 준거의 다른 특징에 해당하지 않는다면, 사회적 의사소통장애에 대해 평가가 이루어져야 함.

자폐스펙트럼장애는 기본적으로 사회적 의사소통 또는 사회적 상호작용의 문제가 지속해서 나타납니다. 예를 들어, 타인과의 눈 맞춤이 적절하게 이루어지지 않으며, 상황과 관계없는 이야기를 반복적으로 하는 등의 행동이 포함될 수 있습니다. 이와 더불어 자폐스펙트럼장애를 가지고 있는 학생들은 특정 행동을 반복적으로 수행하거나 일과적인 행동을 매일 반복하는 등의 제한적이고 반복적인 행동 패턴, 관심을 보입니다. 자폐스펙트럼장애의 이러한 행동은 개인의 약점이 될 수도 있지만, 최근에는 이러한 특정 영역이나 활동에 관한 관심(특정 흥미 영역 : Specific Interest Areas)을 강점으로 받아들여 특수교육 또는 직업재활에서 활용하는 사례도 많이 있습니다. 예를 들어, 조립에 많은 관심을 두고 있는 학생의 경우에는 이를 지속해서 계발하여 조립 및 포장에 연관된 직무에 종사할 수 있도록 교육하고, 어떠한 물건의 분류에 흥미를 보이는 학생은 우체국 등에서 우편물 또는 택배를 분류하는 직무를 중심으로 교육할 수 있습니다.

또한 자폐스펙트럼장애는 지적장애를 동반하는 경우가 많이 있습니다. 과거에는 대략 70% 내외의 자폐인이 지적장애를 동반하고 있다고 보았습니다. 그래서 지적장애를 동반하지 않는 자폐인을 흔히 고기능(high-function) 자폐라고 구분 지어 말하기도 합니다. 최근에는 자폐를 더 넓은 범주의 '스펙트럼'으로 정의하면서 출현율이 계속해서 더 높게 보고되고 있습니다. 2023년 미국 질병통제예방센터에서는 8세 아동 36명당 한 명(약 2.8%) 정도가 자폐스펙트럼장애로 진단되었다고 보고하기도 했습니다. 이와 같이 점점 더 높아지는 출현율을 바탕으로 본다면, 전체 자폐스펙트럼장애에서 지적장애를 동반하는 비율은 과거에 생각했던 정도보다 훨씬 더 줄어들 것으로 유추할 수 있습니다. 또한 현재의 국내 장애인복지법상으로는 이렇게 늘어나는 자폐스펙트럼장애를 가진 사람 중 상당수를 법적인 등록장애인으로 선정하지 못하고 있을 것으로 보입니다.

한편 모든 자폐스펙트럼장애인의 약 10% 내외에서 기계적 암기나 예술영역 등과 같은 특정 분야에 있어서 영재성을 보이는 경우를 발견할 수 있는데, 이를 서번트 증후군이라고 말합니다. 예를 들어, 2018년 초에 개봉한 「그것만이 내 세상」이라는 영화에서 자폐를 가지고 있는 청년인 '진태(박정민 분)'는 매우 뛰어난 피아노 연주 실력을 보여주고 있는데, 이 '진태'가 바로 전형적인 서번트 증후군을 가지고 있다고 하겠습니다. 또 2022년에 방영한 드라마 「이상한 변호사 우영우」의 주인공 우영우 변호사가 보여준 매우 특별한 암기 능력 등도 서번트 증후군의 특징을 보여주고 있습니다.

우리나라의 장애인 등에 대한 특수교육법은 자폐스펙트럼장애를 자폐성장애로 부르고 있으며, '사회적 상호작용과 의사소통에 결함이 있고, 제한적이고 반복적인 관심과 활동을 보임으로써 교육적 성취 및 일상생활 적응에 도움이 필요한 사람'으로 정의하고 있습니다. 또한 장애인복지법에서도 자폐성장애라는 용어를 사용하고 있으며, '제10차 국제질병사인분류(ICD-10)의 진단 기준에 따른 전반성발달장애(자폐증)로 정상발달의 단계가 나타나지 않고, 기능 및 능력 장애로 일상생활이나 사회생활에 간헐적인 도움이 필요한 사람'으로 정의하고 있습니다.

과거 장애 등급제가 폐지되기 전의 장애인복지법 시행규칙에 따른 등급 분류 기준을 살펴보면, 3급의 경우에는 지적장애를 동반하지 않는 고기능 자폐를 말하고 있으며, 1, 2급의 경우 지적장애를 동반하는 경우를 말하고 있음을 알 수 있습니다.

> 3급 : 2급과 같은 특징을 가지고 있으나 지능지수가 71 이상이며, 기능 및 능력 장애로 인하여 일상생활 혹은 사회생활을 해나가기 위하여 간헐적으로 도움이 필요한 사람
>
> 2급 : ICD-10(International Classification of Diseases, 10th version)의 진단 기준에 따른 전반성발달장애(자폐증)로 정상발달의 단계가 나타나지 아니하고, 지능지수가 70 이하이며, 기능 및 능력 장애로 인하여 주위의 많은 도움이 없으면 일상생활을 해나가기 어려운 사람
>
> 1급 : ICD-10의 진단 기준에 따른 전반성발달장애(자폐증)로 정상발달의 단계가 나타나지 아니하고, 지능지수가 70 이하이며, 기능 및 능력 장애로 인하여 주위의 전적인 도움이 없이는 일상생활을 해나가는 것이 거의 불가능한 사람

하지만 현재 장애인복지법에서는 장애 등급제가 폐지되어 있으므로, 이러한 내용은 참고로만 알아두면 좋으리라 생각합니다. 자폐성장애를 진단할 때는 흔히 DSM-5-TR의 정의를 기본으로 하는 의사, 임상심리사 등에 의한 임상적 판단과 함께 한국판 자폐증 진단검사(K-ADS), 아동기 자폐증 평정척도(CARS), 국립특수교육원 자폐성장애검사(NISE-K · ART) 등의 검사 도구가 사용될 수 있습니다. 이 중에서 특히 국립특수교육원 자폐성장애검사는 온라인에서 무료로 검사 진행이 가능하다는 장점이 있습니다(nise-test.com/www2/).

이 책은 현재 자폐스펙트럼장애라는 용어가 학계와 현장에서 많이 사용되고 있지만, 아직 국내의 특수교육법 및 장애인복지법에서 자폐성장애라는 용어를 사용하고 있다는 점을 고려하여, 자폐성장애와 자폐스펙트럼장애라는 용어를 상황에 따라 함께 사용하고 있습니다. 따라서 이

책에서 말하는 자폐성장애는 자폐스펙트럼장애와 동일합니다. 그리고 이 책에서 주로 설명하는 중재 방법이나 교육 내용은 상대적으로 고기능의 자폐성장애에도 적용될 수 있는 것들이 많이 있습니다만, 기본적으로는 지적장애를 동반하고 있는 자폐성장애 학생을 중심으로 기술한 지점이 많다는 점을 밝혀두고자 합니다. 마지막으로 최근 대두되고 있는 신경다양성 이론에서는 자폐스펙트럼장애를 고기능과 저기능으로 구분하는 관행을 부정적으로 바라보고 있습니다. 이러한 용어가 '고기능' 자폐로 불리는 사람들의 교육적 지원 필요성을 과소평가하게 될 수 있기 때문이기도 한데요. 저자도 이러한 사항을 모르지 않으나, 원활한 의사소통을 위해서 부득이하게 이러한 용어를 사용하였음을 양해 바랍니다.

2. 발달장애의 원인

의학과 과학의 발달을 통해서 다양한 장애의 원인이 밝혀지고 있다고는 하지만, 사실 발달장애의 원인은 알려진 것보다 아직 정확하게 알려지지 못한 것이 더 많습니다. 지금까지 밝혀진 발달장애의 원인을 지적장애와 자폐성장애로 구분하여 간략하게 살펴보겠습니다.

1) 지적장애의 원인

미국 지적장애 및 발달장애 협회(AAIDD)는 12판 매뉴얼에서 '원인론'이라는 용어 대신 지적장애에 대한 생의학적, 심리교육적, 사회문화적, 사법적 관점에서 지적장애와 연관된 위험 요인을 다양한 시각에서 제시하고 있습니다. 이를 다중 관점 접근이라고 부릅니다. 생의학적 관점은 지적장애를 초래하는 유전적 · 생리적 요인을, 심리교육적 관점은 지적장애와 관련된 지적, 심리적/ 행동적, 그리고 학습에서의 제한성을 강조합니다. 그리고 사회문화적 관점은 지적장애인을 둘러싼 맥락적 요인을, 사법적 관점은 지적장애 진단을 받은 사람들을 포함한 모든 사람이 동일한 인권과 법적 권리를 가지고 있음을 강조하고 있습니다(박승희 · 박윤희 · 한선영 역, 2022). 이러한 내용은 과거 11판까지 생의학적, 사회적, 행동적, 교육적 요인으로 지적장애의 발생 원인론을 출생 전, 출생 시, 출생 후로 나누어 제시했던 것과는 다소 차이가 있다고 볼 수 있습니다.

〈표 1-1〉 지적장애의 원인에 관한 다중 관점 틀

관 점	추정된 장애의 위치	주요 위험 요인	전문화된 지원의 예
생의학적	• 유전자-환경의 상호작용 • 건강 • 두뇌 발달	• 유전적/ 염색체 이상 • 머리 부상 • 기형 발생 물질	• 특별한 식이요법 • 유전자 변형 • 외과적 처치 • 정신약리학 • 의료적 처치 • 정신건강 중재
심리교육적	• 지적 능력, 적응행동 및 참여 사이의 역동성과 상호호혜성	다음의 부족 • 교육 기회 • 육아 • 조기 중재 • 개인적 성장과 발달을 위한 기회	• 양육 기술 • 개인적 발달 전략 • 상담 • 특수교육 • 정보 및 보조공학
사회문화적	• 기능적 제한성 • 개인의 역량과 맥락적 요구 사이의 차이	• 사회 차원적 태도 • 빈곤한 환경 • 분리된 환경	• 공교육 • 환경적 강화 • 환경적 조정
사법적	• 사회 차원적 조치 • 정부 체제	• 사회적 불평등 • 불의 • 차별 • 권리의 거부	• 권리 확인 • 법률 상담 • 자기 옹호 • 정보에 입각한 사법적 결정

(1) 생의학적 관점

생의학적 관점은 유전적 장애, 뇌 손상 혹은 영양과 같은 생물학적 절차와 관련된 원인을 말합니다. 대표적인 생의학적 원인은 유전자 장애 또는 각종 증후군인데, 이 중에서 가장 빈번하게 발생하는 증후군인 다운 증후군, 프라더-윌리 증후군, 윌리엄스 증후군, 프레자일 X 증후군, 그리고 대사장애의 하나인 페닐케톤뇨증(PKU)에 대해서 간략하게 살펴보도록 하겠습니다.

① 다운 증후군(Down syndrome)

다운 증후군은 정상적으로 2개 존재해야 하는 21번 상염색체가 3개가 되는 현상으로 인하여 나타납니다. 이 증후군은 인종, 사회경제적 환경 등에 관계없이 600~800명 중 한 명의 비율로 발생한다고 알려져 있으나, 최근에는 태아기 검사 등을 통해 임신 중단을 결정하는 사례도 있어 그 비율은 더 줄어들었을 수 있습니다. 일반적으로 중등도 지적장애 이하의 지능을 보이며, 한눈에 알아볼 수 있는 전형적인 얼굴 형태를 가지고 있습니다. 사시 등의 안과적 문제와 경미한 난청 등의 청각적 문제를 동반하는 사례도 심심치 않게 볼 수 있으며, 소화기나 심장 기형 등의 건강상의 문제도 나타날 수 있습니다. 이 외에도 비장애인에 비해 상대적으로 비만이 될 가능성이 더 있으므로, 특히 청소년기 이후 탄수화물 섭취를 줄이고 단백질 섭취를 늘리는 등 적절한 식이요법과 꾸준한 중강도(숨이 차서 다른 사람과 말하기 힘들 정도의 강도) 이상의 신체활동, 그리고 7시간 이상의 충분한 수면 시간 확보를 통한 체계적인 체중 관리가 필요합니다.

다운 증후군을 가진 학생들은 일반적으로 언어나 청각적 과제보다 시

공간적 과제 수행이 더 우수합니다. 또한 지적 기능에 비해서 상대적으로 적응행동이 더 높게 나타나는 경우가 많으며, 명랑하고 사회적인 성격을 보이곤 합니다. 이러한 성격을 강점으로 활용하여 노인 요양보호보조 업무 등과 같은 대인서비스 영역에서의 직무를 개발할 수 있습니다. 한편 많은 수의 다운 증후군을 가진 학생들이 성인기에 알츠하이머 등의 치매 증상을 보이기도 합니다. 따라서 다운 증후군을 가진 성인에 대해서는 주기적인 인지검사 등을 통해서 치매 증상을 조기 발견하고, 이를 늦출 수 있는 인지적 활동이나 신체적 활동 혹은 전문의의 처방에 따른 의학적 치료를 지속해서 제공해야 합니다.

② 프라더-윌리 증후군(Prader-Willi syndrome)

프라더-윌리 증후군은 보통 아버지로부터 전달받은 15번째 염색체의 장완 부분이 미세하게 결손되어 있습니다. 반면에 어머니로부터 전달받은 15번 염색체의 결손은 안젤만 증후군을 유발할 수 있습니다. 보통 프라더-윌리 증후군에 비해서 안젤만 증후군의 예후가 더 좋지 못한 편인데, 안젤만 증후군은 성장해도 말(발화)을 거의 할 수 없는 경우가 많아 음성을 산출하기 위한 치료보다는 몸짓, 그림 상징 등의 보완대체 의사소통 체계(AAC)를 가급적 어린 시기부터 적용하는 것이 필수적이라고 알려져 있습니다.

프라더-윌리 증후군은 보통 1만에서 2만 명 중 한 명꼴로 발생하고 있습니다. 신생아기와 영아기에 근긴장 저하와 수유 곤란, 발달 지연 등이 발생하다가 유아기에 이르러 과도한 식욕으로 인하여 심각한 비만을 겪게 될 수 있습니다. 따라서 이들을 위해서는 철저한 식사 관리 및 영양 교육, 그리고 꾸준한 신체활동이 필수적으로 제공될 필요가 있습니다.

프라더-윌리 증후군은 약 20~90 정도의 폭넓은 지능 수준을 보입니다. 이 학생들은 보통 순차적인 처리보다는 동시적인 처리가 요구되는 과제에서 강점을 보이며, 특히 시공간적 처리능력이 요구되는 조립, 퍼즐 맞추기 등에 상대적인 강점을 보이기도 합니다. 반면에 모든 연령대에서 강박장애와 충동조절장애 혹은 우울증 등의 정신과적 문제가 동반하여 나타나는 사례가 많아 약물치료, 심리치료를 포함한 적절한 정신과적 치료 지원이 필요할 수 있습니다.

③ **윌리엄스 증후군**(Williams syndrome)

윌리엄스 증후군은 7번 염색체 장완의 미세결실이 원인입니다. 보통 2만여 명당 한 명꼴로 발생하는 경향을 보입니다. 이 학생들은 작은 코끝, 긴 인중, 작은 볼 등의 외향적 특징을 가지고 있는데, 생김새가 '요정'을 닮았다고 말하기도 합니다. 이들은 평균적으로 50~60 이상의 경도 지적장애를 보이는 경우가 많습니다. 학습에 있어서 미세한 소근육 운동이나 시공간적 사고를 요구하는 과제에서는 상대적으로 어려움을 보이기도 하지만, 반면에 언어능력과 기억력은 우수한 편입니다. 다만, 이들은 과도하게 말을 많이 하거나 지나친 사회성을 나타내는 경향을 보이기도 하여, 이에 대한 적절한 교육이 필요할 수 있습니다.

④ **프레자일 X 증후군**(fragile X syndrome)

프레자일 X 증후군은 취약 X 증후군이라고도 불리는데, X염색체 장완의 끝부분 문제로 인해서 유전됩니다. 보통 남자의 경우 10만 명당 17~25명의 발생빈도를 보이며, 여자의 경우에는 남자의 절반 정도로 나타나곤 합니다. 보통 남자의 경우에는 자폐성장애와 유사한 행동장애(상동행동, 반복적 행동, 충동적 행동 등)와 낮은 지능을 보이며, 긴 언굴, 튀어

나온 턱, 크고 뚜렷한 귀 등의 특징적인 형태를 보이곤 합니다. 사례에 따라서는 자폐스펙트럼장애로 진단될 수도 있습니다. 그러나 여아의 경우에는 보통 다양한 범주의 낮은 지능만을 보이는 경우가 많다고 알려져 있습니다.

순차적인 처리보다는 동시적인 처리가 요구되는 과제에서 상대적으로 강점을 보이며(글이나 말로 설명하는 것보다는 그림 등의 시각적인 제시가 더 효과적임), 일상생활 기술에서 지적 기능에 비해서 상대적인 강점을 보이곤 합니다. 모든 나이대에서 불안장애가 나타나는 경향이 있으므로 이들을 교육하는 교육자와 양육자는 이 점을 고려하여 불안감을 낮출 수 있는 충분한 사전 안내, 예측성을 증진하기 위한 구조화된 환경 등과 함께 필요하다면 적절한 정신과적 치료를 고려할 수 있습니다.

⑤ **페닐케톤뇨증**(PKU)

페닐케톤뇨증은 단백질 속에 약간 함유되어 있는 페닐알라닌을 분해하는 요소의 결핍으로 인하여 페닐알라닌이 몸속에 지속해서 축적되어, 뇌전증 및 지적장애를 일으키는 상염색체 유전대사장애를 말합니다. 출생 시에는 기형도 없고 나타나는 증상도 없으나 모유 또는 분유를 먹기 시작하면서, 조금씩 먹는 양이 줄어들고, 피부에 습진이 생기거나 모발이 연한 갈색을 띠게 됩니다. 일반적으로 생후 일 년이 지나도록 적절한 치료와 페닐알라닌이 포함된 음식을 제한하지 못하면 지능지수가 50~60 미만으로 저하될 수 있다고 알려져 있습니다. 하지만 최근에는 국가에서 무료로 제공하는 선천성 대사이상 선별검사를 통해서 출생 시에 바로 확진이 가능하여, 이들에게 맞는 적절한 식단이 제공된다면 지적장애를 동반하게 되는 사례는 많지 않다고 알려져 있습니다.

한편 매일유업에서는 국내에서는 유일하게 페닐케톤뇨증을 가진 영유아 및 아동을 위한 특수분유를 많은 경제적 손해를 감수하면서 생산하고 있습니다. 사실 국가가 나서서 해야 할 이러한 일을 영리를 추구하는 기업이 큰 손해를 감수하면서까지 하는 사례는 전 세계적으로도 그리 많지 않다고 합니다. 개인적인 생각이지만, 한 사람의 윤리적인 소비자로서 '착한 소비'를 통해서 매일유업 이외에도 이러한 윤리경영을 하는 기업을 응원하는 분들이 늘어났으면 합니다.

| 그림 1-2 | 매일유업 특수분유 관련 동영상

출처 : www.youtube.com/watch?v=0K38mWUKhX8

지금까지 살펴본 여러 증후군과 페닐케톤뇨증 등에 대한 보다 자세한 설명과 사진 등은 네이버나 구글 등의 검색엔진을 활용하면 손쉽게 찾아볼 수 있습니다. 특히 네이버 '지식백과'를 통해서 보다 전문적이고 정확한 내용을 검색하실 수 있습니다.

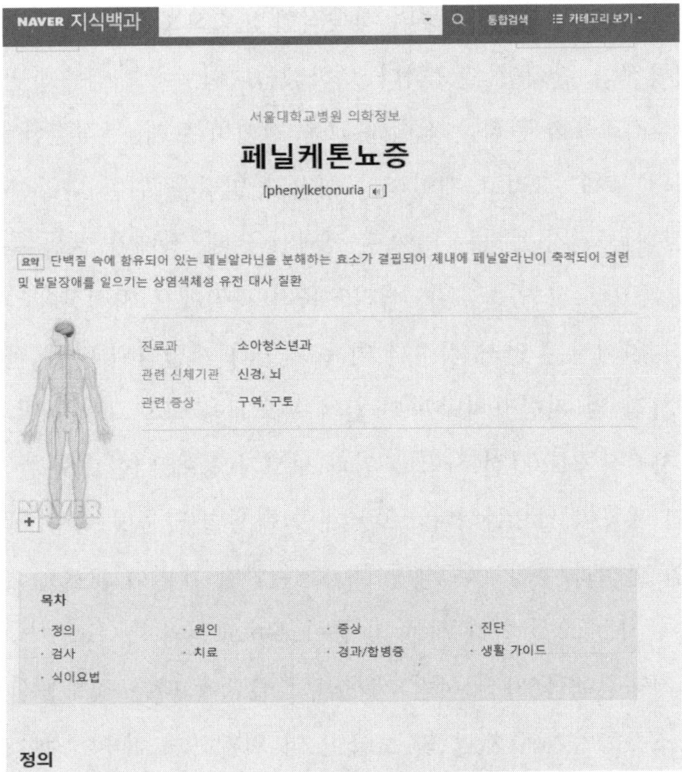

| 그림 1-3 | 네이버 지식백과 페닐케톤뇨증 화면

(2) 심리교육적, 사회문화적, 사법적 관점

앞서 밝힌 생의학적 관점에 따른 원인은 주로 중등도 이하의 심한(severe) 지적장애를 유발하는 경우가 많습니다. 반면에 심리교육적, 사회문화적, 사법적 관점에 따른 원인은 반드시 그렇지는 않지만, 상대적으로 경도(mild)의 지적장애를 주로 유발하는 경향이 있습니다. 또 이러한 관점에 따른 원인 요인은 생의학적이고 유전적인 요인으로 인해 발생한 장애를 가지고 살아가는 어려움을 더 키워 장애 정도를 심화시키는 주요한 요인이 될 수 있습니다. 심리교육적, 사회문화적, 사법적 관점에 따른 원인은 개인, 지역사회, 국가 등의 지속적인 노력으로 예방할 수 있으므로 더욱 적극적인 관심이 필요하다고 하겠습니다.

먼저 심리교육적 관점은 적절한 교육 기회의 부재, 부적절한 육아, 조기 중재의 부재, 그리고 개인적인 성장과 발달을 위한 다양한 기회가 지속해서 제공되지 못하는 일이 누적되었을 때, 장애가 발생 혹은 심화될 수 있다고 보고 있습니다. 심리교육적 관점에서 지적장애의 발생을 예방하기 위해서는 먼저 적절한 양육 기술과 개별화된 발달 전략 등에 대한 국가적 및 지방자치단체 차원의 부모교육 프로그램 개발과 보급, 그리고 지적장애를 가진 사람 본인과 보호자 등에 대한 충분한 상담 프로그램의 제공이 필요합니다. 또한 개별 학생별 맞춤형 특수교육으로의 지속적인 발전과 통합교육 장면에서도 원활한 개별화 교육을 제공받을 수 있도록 하는 교실 환경 개선 및 통합교육 교원의 특수교육 역량 강화, 그리고 지적장애를 가진 사람 개개인의 필요에 따른 정보통신기기 및 각종 보조공학기기의 개발 및 보급이 더 원활하게 이루어져야 합니다.

다음으로 사회문화적 관점은 사회경제적인 문제와 분리된 환경이 지적장애를 발생 혹은 심화시킬 수 있는 요인으로 보고 있습니다. 따라서 더 질 높은 공교육의 제공, 사회경제적인 어려움을 개선하기 위한 취약계층 복지 정책 강화, 그리고 분리된 환경이 아닌 학교와 지역사회에서의 통합적인 생활 환경 구축을 통해서 지적장애의 발생과 심화를 예방할 수 있다고 보고 있습니다.

마지막으로 사법적 요인은 사회적인 불평등, 아동학대 등을 포함하는 법적·사회적 정의에 어긋나는 행동, 장애인과 소외계층에 대한 차별, 장애 등록이나 특수교육대상자 선정을 거부하는 것과 같이 장애인과 보호자 스스로 자신의 권리를 거부하는 일 등이 지적장애를 발생 혹은 심화시킬 수 있다고 보고 있습니다. 따라서 적절한 법률 상담, 자기 옹호 기술에 대한 충분한 교육, 권리에 대한 지속적인 확인과 정책적인 차원에서의 사각지대 발굴, 그리고 올바른 정보에 입각한 사법적 결정 등을 통해서 지적장애의 발생과 심화를 어느 정도 예방할 수 있다고 보고 있습니다.

2) 자폐성장애의 원인

자폐성장애는 정확하게 알려진 단일 원인이 없습니다. 다만, 자폐성장애의 복잡성과 양상이 스펙트럼의 차원으로 다양하다는 점을 고려할 때 상당히 많은 원인이 있을 수 있다고 짐작할 수 있습니다. 그럼에도 자폐성장애의 원인을 범주화하면 유전적 요인, 뇌의 기능 이상, 환경적 요인 등으로 구분해 볼 수 있습니다.

먼저 유전적인 요인은 일란성 쌍생아에서의 자폐증 일치율이 70~90%인 데 반해, 이란성 쌍생아에서는 10% 전후인 점으로 확인할 수 있습니다. 현재까지 약 40~50개의 유전좌위에 위치한 100여 개의 다수 유전자가 자폐성장애의 발생과 다양한 방식으로 연관되는 것으로 확인되고 있습니다.

다음으로 뇌의 기능 이상 요인은 사회적인 지각과 관련되는 사회적 뇌 부분이 다른 사람의 행동, 의도, 심리 상태와 성향을 해석하는 역할을 하는데 이와 관련된 뇌 기능의 이상이 자폐성장애와 관련되어 있다고 보고 있습니다.

마지막으로 환경 요인은 주산기 감염, 조산이나 분만 과정에서의 문제, 저체중 신생아, 호흡기 부전, 고연령 임신, 중금속을 포함한 각종 환경오염 물질이 부모의 체내 누적되는 것 등을 포함하는 환경적 요인이 자폐성장애의 발생에 영향을 미칠 수 있다고 보고 있습니다. 최근의 연구결과를 살펴보면, 이러한 환경적 요인이 단독으로 자폐성장애를 유발하기보다는 유전적인 취약성이 있는 개체에서 환경적 인자가 작용할 때 여러 요인의 상호작용이 아이의 뇌 발달에 부정적인 영향을 주게 될 수도 있다고 추정하고 있습니다.

다시 말해서 자폐성장애의 의학적인 원인은 유전적이든 환경적이든 어떠한 이유이든 결국 전전두엽, 편도체, 대뇌피질 중 시각피질이나 두정피질 등을 포함하여 뇌의 특정 부위의 구조적 손상으로 인한 신경발달장애임이 밝혀졌을 뿐, 명확한 단일 원인이 확인되지는 않았습니다. 어쩌면 그래서 '스펙트럼'이라는 용어처럼 다양한 양상을 보이는 것일지도 모르겠습니다. 다만, 과거에 제시된 부모의 양육 문제나 비디오의 과다한 시청이 자폐성장애를 유발할 수 있다는 주장은 과학적인 근거가 없음이 이미 오래전에 밝혀졌습니다. 애착 형성의 문제로 인해 후천적으로 발생하는 반응성 애착장애와 자폐성장애는 행동 양상이 일면 비슷해 보이기도 하지만, 원인이 다른 만큼 중재 방법과 예후에서도 큰 차이를 보입니다. 자폐성장애는 어디까지나 신경발달적인 문제로 인해 발생함을 기억해서 자폐성장애 자녀를 둔 부모님이 자녀의 양육 과정에 대해서 잘못된 비난을 받거나, 자신을 자책하는 일이 없었으면 합니다.

여기서는 의학적인 원인을 대신하여 인지 이론적 측면에서 자폐성장애의 원인을 주로 살펴보고자 합니다. 사실 원인이라기보다는 자폐스펙트럼의 특징을 설명하는 근거 이론이라고 볼 수도 있습니다. 이러한 이론에는 마음 이론(Theory of Mind), 중앙응집 이론, 그리고 실행기능의 문제 등이 있습니다. 지금부터는 이러한 이론에 대해서 간략하게 살펴보겠습니다.

(1) 마음 이론

마음 이론(Theory of Mind)은 쉽게 말해서 상대방의 입장이나 관점에서 사고하고, 상대방의 마음 상태를 추측할 수 있는 능력을 말합니다. 비슷한 개념으로 조망 수용(perspective-taking)이라는 용어도 있는데, 이 용어는 다른 사람의 행동을 해석하고 다음에 무엇을 할 것인지를 예측하기 위해 다른 사람의 욕구와 신념을 유추하는 능력을 말합니다. 조망 수용 능력을 증진하기 위해서 마음 이론을 활용한 접근을 사용할 수 있습니다. 마음 이론의 발달은 보통 다섯 단계로 나누어서 설명합니다.

1단계 : 단순한 시각적 조망 수용(VPT-1)

다른 사람이 자신과 다른 것을 보고 있을 수 있거나 내가 보는 것을 보지 못할 수 있음을 인식합니다. 예를 들어, 두 사람 사이에 양면 카드를 주면 내가 앞면을 보면, 상대방은 앞면이 아닌 뒷면을 볼 수 있음을 인식합니다.

2단계 : 복잡한 시각적 조망 수용(VPT-2)

사람들이 같은 사물을 보는 위치나 각도에 따라 다르게 볼 수 있음을 인식합니다. 최근에는 이러한 시각적 조망 수용에 대한 직접적인 학습이 자폐인의 전반적인 조망 수용과 사회적 상호작용 능력을 높일 수 있다는 연구가 이어지고 있습니다. 예를 들어, 상대방의 위치에서 같은 사물이 어떻게 보일지를 유추해 보도록 하고, 오답을 보일 시 직접 그 위치에 가서 확인하여 올바르게 수정하는 과정을 꾸준히 반복 학습할 수 있습니다.

3단계 : 보이는 것이 아는 것으로 이어지는 수준

사람은 자신이 본 것만 알 수 있으며, 본 적이 없는 것은 알 수 없다는 것을 이해합니다.

4단계 : 진실한 믿음 수준

다른 사람이 제공한 정보를 바탕으로 행동을 예측합니다. 예를 들어, 다른 사람이 자신에게 진실을 말했을 때, 그 정보를 기반으로 한 사람의 행동을 예측할 수 있습니다.

5단계 : 잘못된 믿음 수준

사람이 잘못된 믿음이나 생각을 가질 수 있으며, 이러한 잘못된 믿음이나 생각을 바탕으로도 행동할 수 있다는 점을 이해합니다. 이러한 인식을 바탕으로 이전에 가지고 있던 믿음이나 생각이 잘못된 것임을 깨닫고 적절하게 수정할 수도 있습니다.

흔히 영유아기에는 아무래도 아직 마음 이론이 형성되지 못했으므로 비교적 자기중심적인 사고를 보이는 경향이 있습니다. 하지만 전형적인 발달을 보이는 아동들의 경우에는 만 4세 정도가 되면 마음 이론을 어느 정도 갖추어 나가기 시작합니다. 하지만 자폐성장애를 가진 아동들의 경우에는 집중적이고 의도적인 학습이 이루어지지 않는다면 이러한 마음 이론을 이 나이가 지나도 적절하게 갖추지 못하는 경우가 많은 것으로 알려져 있습니다.

마음 이론이 적절하게 발달했는지 확인할 때는 주로 샐리-앤 테스트(Sally & Anne test)를 사용합니다. 이 검사는 그림으로 되어 있는데, 먼저 샐리가 바구니에 있는 공을 상자로 옮기고 사라집니다. 그 이후에 앤이 샐리가 보지 못하는 상황에서 상자에 있는 공을 바구니로 옮겨 담습니다. 이때 샐리가 다시 장소에 돌아왔을 때, 어디서 공을 꺼내려고 할지를 문제로 제시합니다. 마음 이론이 형성된 아동들의 경우에는 샐리의 입장에서 봤을 때, 앤이 공을 다시 옮기는 것을 확인할 수 없었으므로, 상자에서 공을 찾는다고 말합니다. 하지만 마음 이론이 형성되지 못한 아동들의 경우에는 샐리의 입장을 고려하지 못하고 제삼자의 전지적 관점에서 모든 상황을 본 자기 입장만을 생각하여, 샐리가 바구니에서 공을 찾을 것이라고 응답하는 등 적절한 답을 하지 못할 수 있습니다.

(2) 중앙응집 이론 및 실행기능의 문제

중앙응집 이론은 어떠한 사물이나 현상을 볼 때, 일반적으로는 중심이 되는 내용이나 지점을 먼저 보게 된다는 이론을 말합니다. 반면 자폐인은 이러한 중앙응집 이론의 문제로 인하여, 전체가 아닌 한 부분에 초점을 맞출 수 있다고 보기도 합니다. 예를 들어, 공룡 스티커가 붙어 있는 냉장고를 보여주고 무엇이냐고 물어보았을 때, 비장애인은 냉장고라고 말하는 반면, 자폐인은 냉장고가 아닌 공룡 스티커에 먼저 초점을 두어 '공룡'이라고 언급할 수도 있습니다. 또 줄을 설 때도 전체적인 모습에 초점을 맞추지 못해 줄을 설 곳을 찾지 못하거나, 새치기하는 것 같은 모습을 보일 수도 있다고 알려져 있습니다.

한편 실행기능은 최선의 문제해결을 위해 어떠한 전략을 언제, 어디서, 어떻게 적용할 것인지를 알고 실제로 적용하는 기능을 말합니다. 심리학자나 신경과학자와 교육자들은 인지조절 또는 초인지(meta-cognition)와도 연관되는 부분이 있다고 말하고 있습니다. 문제해결 과정에는 자신이 현재 어느 위치에 있는지를 적절하게 확인하는 자기점검과 자신의 행동을 계획하고 진행하는 자기조절 등이 있습니다. 자폐성장애를 가진 학생들은 이러한 실행기능 문제로 인하여 적절한 자기조절이 이루어지지 못할 수 있어 상동행동이나 반복적으로 자신만의 루틴(일과)을 지키려고 하는 모습을 보일 수 있다고 합니다. 하지만 실행기능은 자폐성장애와도 연관될 수 있겠지만, 사실 기본적으로 인지적 · 행동적인 어려움을 보이는 지적장애 등 발달장애 대부분에서 원인 및 특성으로 지목되고 있는 영역이기 때문에 자폐성장애만의 단일 원인이라고 보기에는 다소 무리가 있습니다. 그럼에도 교육적인 차원에서 실행기능의 향상을 도모하는 중재를 제공하는 것은 필요하다고 볼 수 있으며, 이에 대한 내용 역시 이 책의 교육 방법 및 교육 내용 파트에서 꼭 필요한 내용을 중심으로 다루고 있습니다.

3. 발달장애 학생의 특성

1) 지적장애 학생의 특성

지적장애를 가진 학생들의 인지 및 발달적 특성, 학습 특성, 심리적 특성에 대해서 살펴보겠습니다. 지적장애인이 가진 순수함, 어른을 잘 따르는 모습 등 잘 다듬으면 장점이 될 수 있는 여러 특성이 있음에도, 제한점에 대한 보완책을 제시한다는 관점에서 다소 부정적인 특성을 주로 이야기하는 점은 양해 바랍니다.

첫째, 인지 · 발달적 특성에 대해서 살펴보면, 피아제(Piaget)의 인지발달이론을 근거로 할 때, 경도 지적장애를 가지고 있는 학생들은 구체적 조작기 수준의 발달을 보이며, 형식적 조작기까지의 발달에는 어려움을 겪는 경우가 많습니다. 그리고 중등도, 중도, 최중도를 포함하는 심한 지적장애 학생들은 주로 전조작기 수준의 발달을 보이는 경우가 많습니다. 따라서 이러한 인지 및 발달적 특성을 고려할 때 교육 장면에서 실제적이고 시각화되어 있으면서 구체적인 교육 자료가 주로 활용될 필요가 있습니다.

둘째, 학습 특성에 대해서 살펴보면, 지적장애 학생들은 필요할 때 적절하게 주의를 집중하는 선택적 주의집중에 어려움을 가지는 경우가 많습니다. 그리고 기억의 측면에서 장기기억에는 크게 문제가 없지만, 단기기억과 작동기억(장기기억에 저장된 기억을 필요에 따라 다시 꺼내는 과정)에는 어려움을 겪는 경우가 많이 있습니다. 또한 모방과 일반화(습득한 지식이나 기술을 실제 장면이나 다양한 환경에서 그대로 혹은 응용하여 활용하는 능력)에 어려움을 보이기도 합니다. 따라서 지적장애 학생들을 교육할 때는 먼저 주의집중했는지부터 확인해야 합니다. 이때 호각, 구호, 각종 동작, 신호 용도의 짧은 음악 등으로 주의를 집중시킬 수 있습니다. 또한 구체적인 칭찬과 함께 적절한 수준의 강화제(보상)를 활용하는 방법, 교재 및 교구를 다양하게 제시하는 방법, 보드게임과 신체활동 등 학생이 좋아하는 활동을 매개체로 활용하여 수업을 진행하는 방법(예 수 연산 연습을 간이 볼링 게임이나 자석 다트 게임을 하면서 함께 진행하는 방법) 등을 포함하여 전반적인 집중도를 높일 수 있는 효과적인 동기유발 전략을 수립해야 합니다. 다양한 기억 전략과 반복 학습을 통해서 단기기억의 어려움을 보완할 필요가 있습니다. 이때 단순히 같은 방식으로 반복된 연습을 시키는 것보다는 같은 개념이나 기술을 배우더라도 교재나 교구 혹은 활동을 조금이라도 더 다양화하는 노력이 필요할 수 있습니다. 그리고 습득한 개념이나 기술을 실제 생활 환경을 포함하는 다양한 상황에서 수행하도록 하여 일반화의 어려움을 보완할 필요가 있습니다.

셋째, 심리 및 사회 · 정서적 특성에 대해서 살펴보면, 이 학생들은 보통 지속해서 실패를 경험함으로써, 일종의 학습된 무기력(learned helplessness)을 보일 수 있습니다. 학습된 무기력에 빠지면 자아효능감에도 문제가 발생하므로, 새로운 것을 배우는 과정을 두려워하거나, 학습 과제를 잘 수행하지 않으려고 할 수 있습니다. 또한 어떠한 결과의 원인을 자신에게 두기보다는 타인이나 환경에 두는 외적 통제소를 가지고 있는 경우도 많은 것으로 알려져 있습니다. 따라서 부모님과 선생님은 먼저 지적장애 학생들에게 적절한 수준과 양의 과제와 촉진(도움 또는 지원)의 제공을 통해 다양한 성공 경험을 쌓도록 이끌어야 합니다. 예를 들어, 수학 문제를 푸는 과제를 제시하더라도 문제 수를 줄이거나, 절반 이상은 이전에 잘 풀 수 있었던 문제를 섞어서 제공할 수 있으며, 때에 따라서 학습된 무기력이 매우 크게 자리 잡고 있으면서 인지적인 어려움이 심한 학생이라면 충분한 촉진을 통해서 오류를 보이지 않고 정확한 반응만 보일 수 있도록 하는 무오류 학습(errorless learning)으로 교육을 시작할 수도 있습니다. 어쨌든 이러한 다양한 방법을 통해서 긍정적인 자아인식 및 효능감을 먼저 심어주면서, 조금씩 본격적인 배움을 위한 과제를 투입할 필요가 있습니다.

지적장애의 이러한 특성을 보완하기 위한 다양한 전략에 관한 내용은 뒤이어 제시될 교육 방법 장에 상세하게 설명하였습니다.

2) 자폐성장애 학생의 특성

자폐성장애(자폐스펙트럼장애)를 가진 학생의 특성에 관해서 살펴보면 다음과 같습니다.

첫째, 자폐성장애 학생은 자기 행동을 다른 사람이 어떻게 보는가(사회적 참조)에 대해 크게 관심을 두지 않는 경향이 있습니다. 또한 타인의 관점을 이해하는 것(마음 이론 또는 조망 수용)에 어려움을 겪곤 합니다. 그리고 기본적으로 사회적 상호작용과 의사소통에 어려움을 겪는데요. 보통 약 7~8개월부터는 부모와의 상호관심 형성이라고 할 수 있는 눈 맞춤이나 지시하는 곳에 눈을 응시하는 공동관심을 나타내는데 이러한 모습을 자폐성장애 영유아는 잘 보이지 않는 경향이 있습니다. 또한 자신의 이름을 불렀을 때 고개를 돌려서 부른 사람을 쳐다보는 호명반응 역시 잘 나타나지 않을 수 있습니다. 이러한 공동관심 등의 어려움을 시작으로 하여, 보통 의사소통의 질적인 문제(적절한 주고받기 형태의 대화가 이루어지지 않는 등)가 지속해서 나타날 수 있습니다. 이러한 사회적 상호작용이나 의사소통은 각각의 행동을 뒤이어 교육 방법에서 설명할 체계적 교수나 비연속 시행 훈련(discrete trial training)[3] 등을 이용하여, 직접적으로 가르치는 것이 필요합니다. 다만, 최근 신경다양성에 관한 연구에서는 눈 맞춤을 하지 않는 특성이 뇌 구조 자체에서의 차이로 인해서일 수 있으며, 눈 맞춤 자체가 자폐인에게 심리적으로 어려움을 줄 수 있다고 보기도 합니다. 또한 눈 맞춤의 여부가 반드시 사회적 상호작용과 의사소통의 증진과 밀접하게 연관되는 것은 아닐 수 있습니다. 따라서 억지로 눈 맞춤을 하도록 지속해서 집중적으로 가르치기보다는 적절한 사회적 의사소통 기술을 가르치는 과정에서 자연스럽게 교육이 이루어지도록 하는 방법도 고려할 필요가 있습니다.

둘째, 자폐성장애 학생은 다른 사람이 보기에 의미 없어 보이는 반복

3) 응용행동분석에서 구조화된 상황에서 행동을 교수하는 기본 방법으로, ① 주의집중 유도(예 박수를 치면서 학생의 주의집중을 유도함), ② 자극 제시[예 (사과 그림 카드를 보여주며) 이게 뭐지요?], ③ 학생의 반응[예 사과(정반응), 배(오반응), 무반응], ④ 피드백 제시(강화 제공 또는 촉진을 통한 교정적 피드백 제시), ⑤ 시행 간 간격(수 초에서 십여 초 정도 간격을 두고 시행을 반복함)의 순서로 교수학습이 이루어집니다(신현기 외, 2014). 자세한 내용은 교육 방법 장에서 다룹니다.

적인 행동 패턴을 나타낼 수 있습니다. 이러한 행동 패턴은 팔을 계속 펄럭이는 것처럼 신체 특정 부위를 반복해서 움직이는 상동행동으로 나타나거나, 특정 상황이나 장소에서 수행하는 루틴(일과)에 따른 활동 양상으로 나타날 수 있습니다. 또한 특별하게 관심을 가지는 영역이 있을 수 있는데, 이러한 영역을 특정한 흥미 영역(specific interest area)이라고 부릅니다. 이 특정한 흥미 영역은 교육과 직업재활 영역에서 좋은 교육 매개체 또는 직무 개발 소재로 활용할 수 있습니다.

셋째, 자폐성장애를 가진 학생 중 일부는 때때로 사회적으로 용인되기 어려운 부적응 행동을 보일 수도 있습니다. 또한 학생에 따라서 자해행동, 공격행동, 파손행동 등의 문제행동(최근에는 도전적 행동 또는 어려운 행동으로 불리기도 함)을 보이는 경우도 있을 수 있습니다. 이러한 행동 중 상당수는 의사소통적인 목적(기능)을 가지고 있는데, 기능적 의사소통을 가르치고 배경 및 선행적인 상황 자체에 변화를 주어 문제행동의 발생을 예방하는 긍정적 행동지원 기반의 행동중재를 통해서 긍정적인 변화를 꾀할 수 있습니다. 이와 더불어 심리 및 행동적 양상과 정도에 따라서는 정신건강의학과 전문의의 충분한 진찰과 처방을 통해서 제공되는 약물치료 등의 적절한 정신과적 치료가 필요할 수 있습니다. 부모님과 선생님은 과학적인 연구의 반복적 수행을 통해 충분한 성과가 입증된 실제를 뜻하는 '증거기반실제(Evidence-Based Practices)'의 관점에서 문제행동의 감소와 바람직한 행동의 증가에 있어 근거가 확립되어 있는 긍정적 행동지원을 통한 행동중재와 함께 전문의가 충분한 진찰을 통해 필요성을 확인하고 처방하는 약물치료를 바라볼 필요가 있다고 봅니다. 응용행동분석을 중심으로 하는 긍정적 행동지원에 대한 자세한 설명과 실행 방법은 이 책의 뒷부분에 있습니다. 또한 약물치료에 관한 내용도 소개 차원에서 개괄적으로 제시하였으니 참고 바랍니다.

넷째, 자폐성장애 학생은 때때로 외적으로 발생하는 감각적인 자극을 주었을 때 이에 반응하는 과정에서 문제를 보이기도 합니다. 이는 자폐성장애 학생들의 감각 역치가 다른 학생들에 비해서 과소하거나 과대할 수도 있기 때문입니다. 만일 소리나 빛과 같은 감각적 자극에 민감하게 반응하거나 심리적인 어려움을 느낀다고 판단된다면, 이러한 자극을 가능한 없애줄 수 있도록 해야 합니다. 예를 들어, 형광등에 한지를 붙여 은은한 빛으로 바꾸어 주거나, 바닥에 카펫을 깔아 소음 발생을 방지하고, 공사 현장에서 주로 활용하는 차폐 헤드셋을 상황에 따라 사용하도록 가르칠 수 있습니다. 반대로 계속해서 더 강한 자극을 추구하여 문제가 된다면, 수업 시간 전에 트램펄린이나 그네 등과 같이 자극을 충분히 줄 수 있는 신체활동 기회를 주는 방법이나 좋아하는 음악을 들을 수 있도록 하는 방법 또는 감각적 놀잇감을 교육활동 사이마다 일정 시간 이용하게끔 허용하는 방법도 도움이 될 수 있습니다. 이 외에도 자폐성장애를 가진 학생은 타인의 말을 곧바로 따라 하는 즉각 반향어를 보이기도 하고, 다른 사람이 예전에 했던 말이나 예전에 인상 깊게 들었던 광고 문구 등을 따라 하는 지연 반향어를 보일 수도 있습니다. 사실 반향어는 영아기(생후 12~36개월 내외)의 어휘력 향상에 있어서 중요한 하나의 발달 과정이기도 하지만, 자폐인은 영유아기가 지난 후에도 반향어가 지속되는 모습을 보입니다. 반향어는 질문과 함께 응답을 곧바로 알려주다가 점차 제거하는 방법(예 "물 줄까요? 네.")이나, 질문과 동시에 그림 카드나 실물을 힌트로 제공하여 적절한 응답을 유도하는 방법 또는 양자 택일형 질문(예 "과자 줄까, 우유 줄까?")으로 아동에게 선택 응답 기회를 주는 방법 등을 꾸준히 실시하여 일정 정도 수정하기도 합니다. 하지만 의사소통에 큰 어려움이 없다면, 반향어를 자폐인의 고유한 속성으로 보고 인정하면서 자폐스펙트럼을 가진 개인마다 다를 수 있는 반향어가 뜻하는 바를 부모님이나 선생님 등이 간단한 목록(일종의 그 자폐인을 위한 의사소통 사전)으로 정리하고, 이를 이용해서 적절하게 이해한 바를 다시 정리해서 말해줄 수도 있습니다.

이 외에도 자폐성장애를 가진 사람은 규칙적인 일과에 대한 엄청난 선호를 보일 수 있습니다. 이는 자폐인이 예측하지 못하고 급하게 변경되는 일과에 대해서 불안감을 비장애인에 비해서 더 심하게 느낄 수 있기 때문입니다. 실제로 지적장애를 동반하지 않은 자폐인을 대상으로 한 외국 연구에 따르면, 정확한 비율은 연구마다 다소 차이가 있지만 이들이 불안장애를 함께 가지고 있는 비중이 작지 않음을 알 수 있습니다. 따라서 가급적 루틴에 따른 규칙적인 일과를 보장하고 이를 시각적인 일과표 등으로 안내하되, 부득이한 변경이 발생하거나 상황이나 장소의 전이가 있기 전에 미리 충분하게 사전 예고하는 전략 등을 자폐인을 위해 적용할 필요가 있습니다. 또한 이러한 불안감이 병리적인 수준으로 과도하여 생활에 지장을 주거나 지속해서 문제행동을 유발한다면, 전문의의 처방에 따라 기분 안정제나 항불안제 등의 약물을 복용하도록 할 수도 있습니다. 자폐성장애를 가진 학생들을 위해 학습 장면에서 물리적 · 시간적인 예측 가능성을 높이는 방법으로 구조화된 교수 중 하나인 티치(TEACCH) 프로그램을 적용할 수 있는데, 이에 대한 설명도 이 책의 마지막 장에 포함하였습니다.

지금까지 지적장애, 자폐성장애를 포함하는 발달장애를 가진 학생의 특성에 대해서 간략하게 살펴보았습니다. 이러한 특성에 대해서 살펴보다 보면, 설명의 목적상 어쩔 수 없이 이 학생들의 제한점에 대해서 먼저 이야기하게 됩니다. 하지만 부모님과 선생님은 그럼에도 발달장애 학생들 개개인이 가진 강점에도 충분한 관심을 가질 필요가 있습니다. 그리고 사례에 따라서는 이들의 약점이 강점으로 변화될 수 있다는 점도 충분히 이해할 필요가 있습니다. 예를 들어, 자폐성장애 학생이 가지고 있는 동일성에 대한 집착과 제한적인 흥미는 직업 영역에서 이들의 특성에 맞는 직무 영역을 찾아 교육하는 선생님과 부모님의 노력을 바탕으로 충분히 강점으로 변모될 수 있습니다. 또한 지적장애 학생들이 보이는 순수성과 성인에 대한 의존성 등은 사회적 기술 훈련 등을 통한 보완을 통해 향후 요양보호사 보조 직무 등 대인서비스 분야에서의 취업 가능성을 높이는 역할을 할 수도 있습니다. 실제로 비교적 우수한 사회성을 보이는 다운 증후군을 가진 학생들이 노인을 대상으로 한 요양보호 서비스 보조 직무에 강점을 보인다는 국외 연구도 있습니다.

어떻게 교육할 수 있을까요?

– 과학적인 연구로 성과가 반복해서 입증된 '증거기반실제' –

제 2 장

이 장에서는

1. 발달장애 학생들을 교육하는 방법으로, 증거기반실제의 중요성을 알아보고자 합니다.
2. 응용행동분석 원리를 기반으로 하는 체계적 교수의 정의, 절차 등을 알아보고자 합니다.
3. 발달장애 학생의 독립적인 수행을 촉진하는 자기 주도적인 학습전략에 대해서 살펴보고자 합니다.
4. 친구가 선생님이 되는 또래를 매개로 한 교육 방법에 대해서 알아보고자 합니다.
5. 테크놀로지를 기반으로 하는 증거기반의 교육 방법에는 어떠한 것들이 있는지 알아보고자 합니다.
6. 다양한 학습 수준을 가진 집단 장면에서의 효과적인 교육 방법에 대해서 알아보고자 합니다.
7. 발달장애 학생의 언어능력 향상을 위한 특별한 교육 방법에는 어떠한 것들이 있는지 살펴보고자 합니다.

어떻게 교육할 수 있을까요?

제 2 장

• 과학적인 연구로 성과가 반복해서 입증된 '증거기반실제'

앞서 우리 학생 또는 자녀가 가지고 있는 발달장애에 대해서 기본적인 내용을 살펴보았습니다. 그렇다면 선생님과 부모님은 발달장애를 가진 우리 학생들을 어떤 방법으로 가르쳐야 할까요? 아마도 여러분들이 생각하는 매우 다양한 방법이 있을 것입니다. 하지만 이러한 방법 중에는 효과적인 것도 있을 수 있겠지만 그렇지 못한 것도 적지 않습니다. 따라서 과학적으로 수행된 질 높은 연구에서 효과성이 반복 입증된 교육 방법 또는 중재 전략을 선택하여 우리 학생들을 교육하는 것이 더 효과적인 교육을 가능하게 합니다. 이렇듯 여러 연구자가 수행한 질 높은 연구를 통해서 효과성이 반복해서 입증된 교육 방법! 그것을 증거기반실제(Evidence-Based Practices)라고 부릅니다.

미국의 경우에는 법적으로 특수교육뿐만 아니라 일반교육에서도 다수의 연구를 통해 효과성이 입증된(증거기반의) 교육 방법을 교육자가 학생들에게 적용하도록 의무화하고 있습니다. 이에 따라 일반교육 차원에서도 다양한 증거기반의 교육 방법이 연구되고 있습니다. 미국 연방 교육부에서 제안하고 있는 장애 또는 비장애와 관계없이 모든 학생에게 일반적으로 적용될 수 있는 증거기반의 효과적인 교육원리의 일부는 다음과 같습니다.

〈표 2-1〉 일반적으로 적용될 수 있는 증거기반의 효과적인 교육원리의 예

- 명확한 교수학습 목표 수립 : 구체적이고 측정할 수 있는 행동적 목표 수립하기
  예를 들어, 자신이 선호하는 직업의 종류와 직무를 이해할 수 있다. (X) → 자신이 선호하는 직업의 종류 다섯 가지 이상과 해당 직업의 직무를 한 문장 이상으로 쓸 수 있다. (O)
- 학생들에게 설명할 때 시범(모델링)도 함께 제시하기 : Show & Tell의 원칙
- 학생들의 이해도를 점검하기 위해서 자주 이해 여부를 묻는 질문하기
- 새로 배운 내용을 도표나 그림으로 정리하여 제시하기(선행조직자 또는 도표조직자)
- 필요한 양의 반복적인 연습 기회 제공하기
- 질문에 대해서 학생이 대답한 뒤에는 명확한 피드백 제공하기
- 학습을 위한 충분한 시간 제공하기
- 학생들이 함께 활동할 수 있는 기회 제공하기 : 협동학습, 또래교수 등
- 학습전략 지도하기 : 시험전략, 학습전략, 필기전략, 문제 풀이 전략 등
- 초인지(meta-cognition) 촉진하기 : 자기교수, 자기점검, 자기평가, 자기강화 등
- 자기 주도적인 연습 기회를 반드시 제공하고, 학생의 수행을 지속해서 점검하기

이와 더불어 미국에서는 일반교육과 마찬가지로 특수교육 분야에서도 각 장애 유형별 또는 나이나 교육 목표에 따라 효과성이 입증된 증거기반실제를 목록으로 만들어 관련 기관 홈페이지에 게재하고 실행 방법을 온라인 강좌를 통해서 교육자에게 안내하고 있습니다. 예를 들어, 미국의 국립 자폐성장애 전문성개발센터(National Professional Development Center; autismpdc.fpg.unc.edu/evidence-based-practices)와 국립자폐센터, 그리고 중등 특수교육 전환지원센터 등에서는 지적장애와 자폐성장애를 포함하는 발달장애 학생들에게 적용될 수 있는 다양한 증거기반실제의 목록을 온라인상에서 제시하고 있습니다. 또한 연방 교육부 차원에서도 다양한 증거기반실제의 목록과 적용 대상 및 방법을 매뉴얼로 만들어 현장 교사들과 부모들에게 보급하고 있습니다. 저자가 운영하는 블로그 '석이 선생님의 특수교육 이야기'에는 이러한 증거기반실제의 목록과 설명을 나름대로 충실하게 제시하고 있으니 참고 바랍니다(해당 자료의 온라

인 주소 : blog.naver.com/bjs718/221882277959).

※ 자폐성장애 아동, 청소년, 청년을 위한 증거기반실제 목록(2020)

① 선행사건 중심 중재
② 보완대체 의사소통 체계(AAC) : 그림 교환 의사소통 체계(PECS) 포함
③ 행동 관성 중재(고확률 요구 연속 또는 고확률 절차)
④ 인지행동/ 교수전략
⑤ 차별강화 : 타행동 차별강화, 대체행동 차별강화, 상반행동 차별강화 등
⑥ 직접 교수
⑦ 비연속 시행 훈련(개별시도교수 또는 DTT)
⑧ 운동 및 동작
⑨ 소거
⑩ 기능적 행동평가
⑪ 기능적 의사소통 훈련
⑫ 모델링
⑬ 음악 매개 중재
⑭ 자연적 중재 : 환경중심 언어중재, 중심축 반응 훈련, 조기 덴버 프로그램(ESDM) 등의 자연적 · 발달적 · 행동적 중재(NDBI)를 포함함.
⑮ 부모 실행 중재
⑯ 또래 기반 교수 및 중재 : 또래 매개 교수 및 또래와 함께하되 성인의 적극적인 촉진이 이루어지는 중재(예 구조화된 놀이 집단 중재)까지를 포함함.
⑰ 촉진(촉구)

⑱ 강화

⑲ 반응 가로막기(반응 차단)/ 재지시

⑳ 자기관리 전략

㉑ 감각통합 중재 : 작업치료 기반의 감각통합을 위한 중재를 말함.

㉒ 사회적 담화 : 사회적 이야기 등

㉓ 사회적 기술 훈련 : 시판된 PEERS® 프로그램 등을 포함하여 사회적 매뉴얼을 직접적으로 지도하는 교육과정을 말함.

㉔ 과제분석

㉕ 테크놀로지 보조 교수 및 중재

㉖ 시간지연

㉗ 비디오 모델링

㉘ 시각적 지원 : 일반적인 시각적 일과표 중재 이외에도 스크립트를 활용한 중재도 포함함.

이 장에서는 이러한 여러 증거기반실제의 목록을 종합하여, 지적장애와 자폐성장애(자폐스펙트럼장애)를 포함하는 발달장애 학생들에게 효과적으로 적용할 수 있는 증거기반의 교육 방법에 대해서 살펴보도록 하겠습니다. 이때 미국 연방 교육부 특수교육국에서 보급한 Browder, Wood, Thompson, 그리고 Ribuffo(2014)의 증거기반실제 매뉴얼을 그 뼈대로 활용하면서 연구에 따라 보강된 내용을 추가하였습니다. 이 장 이후에 제시되는 교육 내용, 그리고 마지막 장인 긍정적 행동지원에 대한 장에서도 이 장에서 다루어졌거나 다루어지지 않은 다양한 증거기반실제가 포함되어 있음을 밝혀둡니다.

1. 응용행동분석 원리 기반의 체계적 교수(Systematic Instruction)

체계적 교수는 Skinner 등의 행동주의 이론에 근간을 두고 있는 응용행동분석(applied behavioral analysis) 원리를 기반으로 하여, 명시적이고 체계적인 교수를 제공하는 방법을 말합니다. 응용행동분석의 기본 원리에 대한 자세한 설명은 이 책에서는 지면 관계상 생략하고자 합니다. 이러한 기본 원리에 대한 정보와 함께 체계적 교수에 대한 보다 자세한 내용을 공부하고자 하는 분들은 저자(2021)의 『발달장애 청소년 자립생활 체계적으로 지원하기 개정판』과 기타 응용행동분석의 전문 서적을 참고로 하시면 도움이 될 것입니다. 저자가 운영하는 블로그에도 이에 대한 자세한 설명 자료가 있으니 참고 바랍니다(해당 자료의 온라인 주소 : blog.naver.com/bjs718/221778160017).

아무튼 이 체계적 교수는 수십 년간에 걸쳐 이루어진 국내외의 수많은 연구를 통해서 발달장애 학생들에게 학업, 기능적 기술, 사회적 기술, 직무 기술 등을 가르치는 데 높은 효과가 있음이 검증되었습니다. 체계적 교수는 단일의 교수전략이기보다는 응용행동분석 원리 기반의 다양한 교수학습 전략의 집합이라고 볼 수 있는데, 여기에는 과제분석, 행동연쇄, 반응촉진 체계, 시간지연, 강화, 일반화 증진 전략 등이 종합적으로 포함됩니다. 이 파트에서는 이러한 체계적 교수의 일반적인 절차에 대해서 자세하게 살펴보도록 하겠습니다.

1. 목표기술(행동)을 선정하고, 관찰 가능하게 정의하기

1) 목표기술 선정 : 각종 교육과정 성취기준, 진단평가 결과, 학생과 학부모 요구 반영
2) 목표기술의 조작적(관찰 · 측정 가능) 정의 : ① 조건, ② 성취기준, ③ 행동용어

2. 목표기술을 한 번에 가르칠 수 있을 만큼 작게 나누기

비연속적인(discrete) 개별 기술	**연쇄적(chained) 기술**
나누지 않거나, 필요할 경우 행동형성적으로 **단기목표** 설정하기	기술이 꼭 순차적으로 진행되어야 하기 때문에, **과제분석**을 통해 단계별로 나눔

3. 과정중심평가를 위한 체크리스트 제작하기

비연속적인(discrete) 개별 기술	**연쇄적(chained) 기술**
정반응의 빈도, 비율을 중심으로 제작	과제분석 기반, 하위단계별 수행 파악

4. 목표기술에 대한 현재 수행수준 파악하기(기초선 측정)

비연속적인(discrete) 개별 기술	**연쇄적(chained) 기술**
체크리스트를 이용해 정 · 오반응 측정	각 하위단계별로 정 · 오반응 측정

5. 목표기술을 가르치는 순서 결정하기

전진형	후진형	전체 과제 제시형

6. 학습자의 주의집중을 조성하고, 나누어진 하위목표별로 체계적으로 가르치기

자극촉진(위치, 색깔, 눈에 띄게)		반응촉진(언어적, 몸짓, 시범, 신체적 촉진)		
자극형성	자극용암	시간지연(2)	동시촉진(1)	반응촉진 체계(3)

7. 목표기술의 각 단계별로 피드백을 제공하기

정반응 시 칭찬과 강화 스케줄 제공	오반응 시 오류수정(error correction)

8. 3단계에서 만든 체크리스트를 이용하여 성취도를 자주 점검하기(상시적 평가)

9. 습득된 학습목표의 유지와 일반화를 도모하기

유지 전략 : 집중, 분산, 간격 연습	**일반화 전략 :** 다양한 사례, 실제 장소 이용

| 그림 2-1 | 체계적 교수의 진행 절차

출처 : 변관석(2019).

1) 목표기술(행동)의 조작적 정의와 작게 나누기

체계적 교수의 첫 번째 단계는 목표기술이나 행동을 조작적으로 정의하는 것입니다. 여기에서 조작적으로 정의한다는 것은 목표행동을 명료하게 제시한다는 의미로 수행 조건, 성취기준, 행동적 용어 등을 포함하여 관찰 가능하면서 수치화해서 측정도 가능하도록 목표행동을 제시하는 일을 말합니다. 예를 들어, '국어의 기본 지식을 알 수 있다.'보다는 '국어의 자음과 모음을 읽고 쓸 수 있다.'가 더 직접 관찰할 수 있는 진술입니다. 더 나아가 '국어의 기본 자음과 모음 중 90% 이상을 정확하게 읽고 쓸 수 있다.'라고 서술한다면 측정 및 평가도 더 명확하게 이루어질 수 있는 적절한 목표행동 진술이 될 수 있으며, '20분 이내에 어떠한 도움도 받지 않고, 국어의 기본 자음과 모음 중 90% 이상을 정확하게 읽고 쓸 수 있다.'라고 서술한다면 좀 더 상세한 수행 조건도 제시할 수 있습니다.

그런데 이러한 목표기술은 하나의 독립적인 행동(예를 들어, 자음 'ㄱ' 읽기와 같은)으로 비연속적인 개별 기술일 수도 있지만, 여러 번의 독립적인 행동들을 순차적으로 수행하였을 때 최종적으로 목표기술을 완수하게 되는 연쇄적(chained) 기술일 수도 있습니다. 가령 쉽게 생각해서 화장실을 이용하는 행동의 경우에도 우리는 익숙해져 있어 쉽게 수행할 수 있지만, 실제로는 다양한 독립적인 기술들이 순차적으로 수행되어야만 하는 연쇄적 기술이라고 볼 수 있습니다. 사실 우리가 살아가는 세상에서 이루어지는 다수의 기술은 연쇄적인 경우가 많습니다.

이러한 연쇄적 기술의 경우에 체계적 교수가 이루어지기 위해서는 학생의 수준에 맞도록 적절하게 행동을 나누어서 지도하는 절차가 필요한

데, 이를 과제분석(task analysis)이라고 말하곤 합니다. 과제분석은 특수교육에서 아주 중요한 기본적인 개념이라고 할 수 있습니다. 발달장애 학생의 특성상 복잡한 연쇄적 행동을 한 번에 지도하는 것은 쉬운 일이 아니므로, 과제의 특성과 학생의 학습 능력 등을 고려하여 적절하게 목표기술을 나누어서 가르치는 과제분석은 아주 효과적인 교육 방법이 될 수 있습니다. 여기에서는 경도에서 중등도의 지적장애를 가진 고등학생들에게 요양보호사 보조 직무를 지도해 저자(2016)의 연구에서 이루어진 과제분석 내용을 예시로 제시해 보았습니다.

〈표 2-2〉 요양보호사 보조원 직무 기술 중 식사지원 영역의 과제분석 예시

※ 목표기술 : 전반적인 신체적 지원이 필요한 요양보호대상자가 원활하게 식사를 마칠 수 있도록 필요한 모든 지원을 제공할 수 있다.

1단계 : 요양보호대상자에게 자신의 이름과 역할을 두 문장 이상으로 소개할 수 있다.
2단계 : 요양보호대상자를 식당으로 데려와 자리에 착석시키고, 식판을 준비할 수 있다.
3단계 : 요양보호대상자가 앞치마를 착용할 수 있도록 도움을 제공할 수 있다.
4단계 : 식판을 식탁 위에 놓고, 음식물 내용에 대한 간단한 안내를 할 수 있다.
5단계 : 가위 등을 이용하여 음식물을 삼키기 쉬운 상태로 조정할 수 있다.
6단계 : 숟가락의 2/3 정도로 음식물을 떠서, 음식을 떠먹일 수 있다.
7단계 : 요양보호대상자가 음식물을 오래 씹을 수 있도록 10까지 세고, 다 먹은 것을 확인한 이후에 음식을 다시 떠먹일 수 있다.
(중략)
10단계 : 식사가 끝나면 빨대를 이용하여 물을 먹인다.
(중략)
15단계 : 요양보호대상자를 데리고 방으로 돌아갈 수 있다.

만약 지도하고자 하는 발달장애 학생의 학습 능력이 상대적으로 부족하거나 목표기술의 난이도가 높은 경우에는 목표기술을 앞서 제시한 과제분석보다 더 세분화해 볼 수도 있습니다. 과제를 더 잘게 세분화할수록 해당 교수학습 시기(trial)에서 학생의 과제 성공 가능성이 높아질 수 있을 것입니다. 다음은 전반적인 지원이 요구되는 발달장애 학생을 대상으로 개인 청결 영역 중 손 씻기 기술을 아주 세분화하여 과제분석을 해본 예를 〈표 2-3〉과 같이 제시하였습니다.

〈표 2-3〉 손 씻기 기술의 과제분석 내용

※ 목표기술 : 비누를 이용하여 스스로 손을 깨끗하게 씻을 수 있다.

1단계 : 스스로 세면대 앞에 서거나 의자를 이용하여 앉을 수 있다.
2단계 : 찬물과 더운물의 중간 정도에 수도꼭지 손잡이를 위치시킬 수 있다.
3단계 : 적당한 수압으로 물이 나오게끔 수도꼭지 손잡이를 조절할 수 있다.
4단계 : 물에 손을 넣고 적당하게 적실 수 있다.
5단계 : 물을 충분히 적신 후 수도를 잠글 수 있다.
6단계 : 비누 거품을 적당하게 내어서 손바닥과 손바닥을 마주 대고 문질러 줄 수 있다.
7단계 : 손가락을 마주 잡고 문질러 줄 수 있다.
8단계 : 손등과 손바닥을 마주 대고 문질러 줄 수 있다.
9단계 : 엄지손가락을 다른 편 손바닥으로 돌려주면서 문질러 줄 수 있다.
10단계 : 손바닥을 마주 대고 손깍지를 끼고 문질러 줄 수 있다.
11단계 : 손가락을 반대편 손바닥에 놓고 문지르면서 손톱 밑을 깨끗하게 씻을 수 있다.
12단계 : 반대편 손톱을 10단계와 동일한 방법으로 깨끗하게 씻을 수 있다.
13단계 : 물이 나오게끔 수도꼭지 손잡이를 조절하고, 물로 비누를 씻어낼 수 있다.
14단계 : 비누를 완전하게 씻어내고 나면 수도꼭지를 끝까지 잠글 수 있다.
15단계 : 수건이나 종이 타월 등을 이용하여 손에 물기가 없도록 닦을 수 있다.

이러한 과제분석 과정은 부모님이나 선생님이 직접 목표기술을 수행해 보면서 어떠한 하위단계가 있는지, 어떻게 한 번에 가르칠 수 있을 만큼 나눌 수 있을지 확인해 보는 방식으로 진행할 수 있습니다.

그런데 사실 비연속적인 개별 기술(독립적 기술)과 연쇄적 기술을 나누는 기준은 조금 모호할 수 있습니다. 예를 들어, 점프하는 동작을 가르칠 때도 학습자의 인지 수준이나 신체 발달 수준에 따라서 연속동작으로서 한 번에 '통'으로 수행하는 비연속적 개별 기술로 접근하여 가르칠 수도 있는 반면에, 때로는 점프 동작의 한 동작, 한 동작을 아주 세분화하여 순차적으로 수행해야 하는 연쇄적 기술로 접근하여 지도할 수도 있습니다. 따라서 이럴 때는 목표기술의 난이도나 학습자의 학습 수행 능력 및 발달 수준 등에 따라 부모님이나 선생님이 어떤 유형으로 접근해서 지도할지를 적절하게 판단해야 합니다.

2) 평가 체크리스트 제작과 현재 수행수준(기초선) 파악하기

목표기술을 위에서 본 것처럼 과제분석을 통해서 하나의 독립적인 행동들로 나눈 이후에는 본격적으로 교수학습 과정(중재)을 실행하기 이전에 기초선(base-line)을 측정해야 합니다. 기초선 측정은 쉽게 말해서 중재 이전에 현재 수행 수준을 명확하고 관찰 가능하도록 몇 차례 측정하는 일을 말합니다.

그런데 기초선을 측정하기 위해서는 먼저 수행 점수를 어떻게 매길 것인지를 결정하고 이를 바탕으로 평가 체크리스트를 제작하는 과정이 실행되어야 합니다. 비연속적인 개별 기술의 경우에는 올바른 반응을 뜻하는 정반응의 횟수, 빈도, 비율 등을 기준으로 체크리스트를 만듭니다. 예를 들어, 자음 'ㄱ'을 정확하게 읽는 비연속적 개별 기술을 교수학습 하고자 할 때, 각 교수학습 시도(시기)마다 학생이 보이는 정반응, 촉진(도움)을 받아 수행, 오반응 등을 기록하여, 자음 'ㄱ'을 총 20번의 시도 중에 몇 번 정확하게 읽었는지 계산하도록 체크리스트를 만들 수 있습니다.

한편 연쇄적 기술의 경우에는 각 하위단계별로 정반응과 잘못된 반응 또는 무반응을 뜻하는 오반응으로 구분해서 기록하기도 하고, 5점은 완전히 독립적으로 수행, 4점은 간접적인 언어적 촉진(도움)을 받아 수행, 3점은 언어적 도움을 받아 수행, 2점은 언어적 도움 및 시범을 보고 수행, 1점은 부분적인 신체적 도움을 받아 수행, 0점은 전체적인 신체적 도움을 받아 수행 등으로 점수를 세분화하여 각 하위단계별로 측정이 이루어지기도 합니다.

여기에서는 저자(2018)의 논문에서 조립 과제의 각 하위단계를 정반응과 오반응으로만 구분하여 기록하고, 최종적으로 정반응 단계 수에서 전체 단계 수를 나누어 수행률을 측정해 본 경우를 다음과 같이 제시하였습니다.

〈표 2-4〉 조립 과제(미니레이싱카) 체크리스트(연쇄적 기술-2점 척도)

	조작적 정의	그 림	정반응 여부
1	볼트와 너트를 이용하여, 미니레이싱카 차체의 왼쪽 부분을 완전하고, 단단하게 조립한다.		
2	볼트와 너트를 이용하여, 미니레이싱카 차체의 오른쪽 부분을 완전하고, 단단하게 조립한다.		
3	와셔 등을 이용하여, 차체의 왼쪽 바퀴를 완전히 조립한다. 이때 바퀴는 정상적으로 작동하여야 한다.	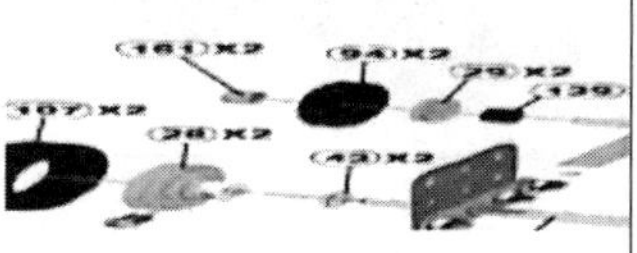	
4	와셔 등을 이용하여, 차체의 오른쪽 바퀴를 완전히 조립한다. 이때 바퀴는 정상적으로 작동하여야 한다.		
5	볼트와 너트를 이용하여, 차체의 상단부에 위치하는 부속품을 완전하고 단단하게 조립한다.		

<table>
<tr><td>6</td><td>볼트와 너트 그리고 스패너를 이용하여, 차체 상단부의 천장 덮개를 완전하고 단단하게 조립한다.</td><td colspan="2"></td><td></td></tr>
<tr><td>7</td><td>볼트와 너트 그리고 플랙서블 디바이스를 이용하여, 운전석을 완전하고 단단하게 조립한다.</td><td colspan="2"></td><td></td></tr>
<tr><td>8</td><td>볼트와 너트 그리고 스패너를 이용하여, 뒷날개를 완전하고 단단하게 조립한다.</td><td colspan="2"></td><td></td></tr>
<tr><td>9</td><td>볼트와 너트 그리고 스패너를 이용하여 뒷날개를 차체와 연결한다. 이때 볼트와 너트를 꽉 조여 단단하게 연결한다.</td><td colspan="2"></td><td></td></tr>
<tr><td>10</td><td>볼트와 너트 그리고 스패너를 이용하여 운전석을 차체와 연결한다. 이때 볼트와 너트를 꽉 조여 단단하게 연결한다.</td><td colspan="2"></td><td></td></tr>
<tr><th colspan="2">완성품(예시)</th><th colspan="3">평가</th></tr>
<tr><td colspan="2" rowspan="3"></td><td>정반응</td><td>오반응</td><td>점수(백분율)</td></tr>
<tr><td rowspan="2">개</td><td rowspan="2">개</td><td>( )/ 10개 × 100</td></tr>
<tr><td>= %</td></tr>
</table>

출처 : 변관석(2018).

이 연구에서는 하나의 목표기술인 조립 과제 수행을 학생의 수행 수준에 맞게 10단계로 과제분석하여 제시하였습니다. 그리고 해당 단계별 수행의 정반응(해당 단계의 조립공정을 독립적으로 완수함)과 오반응(조립공정을 완수하지 못함)을 기록하도록 하고, 최종적으로는 정반응의 비율을 백분율로 산출하여 점수화하였습니다.

만약 도움의 정도에 따라 점수를 세분화하여 체크리스트를 만들 때는

〈표 2-5〉와 같이 제작할 수 있으며, 이 체크리스트는 저자(2021)의 책 『발달장애 청소년 자립생활 체계적으로 지원하기 개정판』에서 인용한 것임을 밝힙니다.

〈표 2-5〉 손 씻기 기술 체크리스트 예(연쇄적 기술-6점 척도)

손 씻기 기술에 대한 과제분석	0	1	2	3	4	5
1. 온수와 냉수의 중간 위치에 수도꼭지를 위치시킨다.			V			
2. 수도꼭지의 물을 튼다.		V				
3. 따뜻한 물로 양손 전체를 20초 이상 고르게 적신다.		V				
4. 비누로 손을 충분히 문지른다.	V					
5. 거품을 내어 30초 이상 씻는다.	V					
6. 비누거품을 씻어낸다.	V					
7. 수도꼭지의 물을 끈다.	V					
합 계	4/35(11.4%)					

0점 : 전반적인 신체적 촉진(도움)을 받아 수행함
1점 : 부분적인 신체적 촉진을 받아 수행함
2점 : 시범(모델링 촉진)을 보고 수행함
3점 : 간단한 몸짓 촉진을 받아 수행함
4점 : 간접, 또는 직접적인 언어적인 촉진을 받아 수행함
5점 : 완전히 독립적으로 수행함

위와 같은 체크리스트는 기초선 측정 이후에도 중재가 제공되는 과정에서도 지속해서 학생의 성취도를 평가하는 데 활용되어야 합니다. 이러한 지속적인 평가를 학문적으로 상시적 진보 점검(ongoing progress monitoring)이라고 말하기도 합니다. 최근에 교육계에서 많이 이야기되고 있는 과정 중심의 수행평가에서도 이러한 방법을 활용할 수 있습니다. 많은 연구에서는 이러한 상시적이고 빈번한 성취도 확인 과정과 이에 따른 적절한 피드백이 발달장애 학생들의 학습에 긍정적인 영향을 미친

다고 보고하고 있습니다. 또한 상시적 진보 점검으로 얻어진 학습성취도 결과를 그래프로 시각화하고 그 패턴을 사용하여, 부모님과 선생님은 증거에 입각한 교육적인 결정을 수행할 수 있습니다.

예를 들어, 상시적인 점검 결과 학생의 진보가 다소 더디다고 평가한다면, 부모님이나 선생님은 자신의 중재 전략을 뒤돌아보고, 좀 더 효과적인 교육이 이루어질 수 있게끔 교육 방법이나 보상 방법을 수정하거나 보완할 수 있습니다. 일반적으로 상시적인 진보 점검은 성취도를 그래프로 그림으로써 의사결정을 더 쉽게 이끌어내곤 합니다. 이러한 그래프는 손으로 그릴 수도 있지만 워드프로세서나 엑셀 등의 차트 생성 기능을 이용해서도 손쉽게 만들어 볼 수 있습니다.

3) 목표기술을 가르치는 순서 결정하기

목표행동(기술)이 하나의 통문자, 다시 말해서 일견단어(sight word)를 한 번에 읽는 것과 같이 독립된 비연속적 개별 기술이라면 지도 순서를 결정할 필요가 없이 바로 교수학습 절차를 시작하면 되겠습니다. 하지만 여러 독립적인 개별 행동이 순차적으로 수행되어야 하는 연쇄적 행동이라면 지도 순서를 결정하는 과정이 포함되어야 합니다. 연쇄적 행동을 지도하는 순서에는 크게 전진형 행동연쇄, 후진형 행동연쇄, 그리고 전체 과제 제시형 행동연쇄가 있습니다.

(1) 전진형 행동연쇄

전진형 행동연쇄는 연쇄적 행동을 지도할 때 과제분석된 첫 번째 단계부터 차례대로 지도하는 방법을 말합니다. 예를 들어, 앞서 손 씻기 기술을 전진형 행동연쇄로 지도한다고 했을 때, 1단계 하위 행동으로 스스로 세면대 앞에 서도록 하는 행동부터 체계적인 교수를 제공하고, 1단계 행동이 사전에 설정한 만큼 완수되었을 때, 2단계 하위 행동으로 나아가는 방식입니다. 해당 하위단계에 대한 성취기준이 달성되고 나면, 다음 단계에 대한 교수학습이 진행되며, 그렇게 마지막 하위단계 행동까지 나아가게 됩니다.

(2) 후진형 행동연쇄

후진형 행동연쇄는 연쇄적 행동을 지도할 때 과제분석된 마지막 단계부터 역순으로 차례대로 지도하는 방법을 말합니다. 예를 들어, 앞서 손 씻기 행동을 과제분석에 맞춰 지도한다고 하였을 때, 1~14단계 하위 행동까지는 부모님 또는 선생님이 대신 수행해 주고, 마지막 15단계부터 체계적인 교수학습을 실시하게 됩니다. 그리고 15단계 하위 행동이 완수되면, 1~13단계까지는 대신 수행해 주고, 14단계부터 체계적 교수 절차가 진행됩니다. 이러한 방식으로 역순으로 1단계까지 성취기준이 달성되도록 합니다. 이 방법은 학생에게 행동의 전 단계를 관찰할 수 있는 기회를 제공하고, 최종 단계가 항상 완수되어 그 결과에 따른 자연스러운 강화가 이루어질 수 있으므로 주로 상대적으로 학습 능력이 부족하거나 과제의 난도가 높은 경우에 사용되고는 합니다.

(3) 전체 과제 제시형 행동연쇄

전체 과제 제시형 행동연쇄는 한 교수학습 회기 내에 목표기술의 모든 하위단계 행동을 순차적으로 가르치는 방법입니다. 먼저 1단계를 가르치고, 1단계의 성취기준을 달성하지 못하더라도 대신 수행해 준 뒤 다음 단계로 교수학습이 진행됩니다. 쉽게 말해서, 실제 목표기술이 수행되는 과정에 따라 '쭉' 교수학습이 이루어지는 것입니다. 예를 들어, 성취기준의 달성 여부와 관계없이 손 씻기 기술을 가르치면서 1단계부터 마지막 단계까지를 한 회기 안에 순서대로 가르칠 수 있습니다. 전체 과제 제시형 행동연쇄는 실제 목표기술이 수행되는 단계에 따라 지도가 이루어지기 때문에 자연스럽다는 장점이 있지만, 반면에 학습자의 학습 능력이 상대적으로 부족하거나 목표기술의 난도가 높은 경우에는 교육적 효과가 낮아질 수 있다는 단점도 있습니다.

4) 촉진체계와 시간지연 절차의 도입

목표기술에 대한 체크리스트가 만들어지고 중재의 성과를 비교 검증할 수 있는 기초선 자료가 수집된 이후에, 본격적인 중재 절차가 시작됩니다. 중재 절차는 뒤에 이야기할 촉진체계와 시간지연 전략을 적절하게 활용하여 진행하게 되는데, 그보다 먼저 각 하위단계를 제시하기 전에 발달장애 학생의 주의를 집중하는 과정이 선행되어 이루어질 필요가 있습니다. 선택적 주의집중력이 다소 부족할 수 있는 발달장애 학생이 집중하도록 하기 위해서는 다양한 방법이 적용될 수 있습니다. 여기서는 저자가 경험적으로 얻은 예를 몇 가지만 제시해 보고자 합니다.

- 과제 수행 시 얻게 될 강화물에 대해서 미리 알도록 행동 계약하기 (예 이번 시간에 과제를 수행하면, 다음 시간에 학생이 좋아하는 활동을 할 수 있음을 알려줌)
- 과제에 집중하는 것을 목표행동으로 하는 체계적 교수 절차를 사전에 실행하기(예 10초 동안 선생님 또는 과제물을 집중하여 응시하는 것을 비연속 시행 훈련 등으로 지도함)

- 학생에게 신기함을 줄 수 있는 방법(간단한 마술, 놀이, 동영상 등)을 사용하기
- 학생에게 친숙한 사람(자기 자신을 포함하여)이 과제나 문제에 나타나도록 하기
- 언어적으로 발문하면서 강조할 필요가 있을 때 적절하게 강약 조절하기
- 교수학습 과정을 학생이 받아들일 수 있는 선에서 되도록 빠르게 진행하기

위와 같은 방법이나 기타 다양한 방법으로 주의집중이 이루어진 이후에 부모님이나 선생님은 하위단계별로 행동(기술)을 가르치는 촉진체계를 수립하여 교수학습을 실시해야 합니다. 또한 촉진 절차로 행동이 점진적으로 학습되어 갔을 때, 촉진을 점차 줄여나가도록 해서 성취기준을 달성하게끔 해야 합니다. 촉진체계는 크게 자극촉진과 반응촉진으로 구분할 수 있습니다(변관석, 2021).

(1) 자극촉진

자극촉진(stimulus prompting)은 교수 자극이 제시되기 전 또는 자극이 제시되는 상황에서 도움이나 단서를 학습자에게 제공하는 방법을 말합니다. 예를 들어, 사과와 딸기 사진 중 딸기를 고르는 과제에서, 딸기 사진을 사과 사진보다 학습자에게 가까이 두거나(위치 단서 제공), 딸기 사진만 컬러로 표시해 두거나(색깔 단서 제공), 사과 사진보다 딸기 사진 카드를 더 크게 만들어 제시할 수 있습니다(자극을 눈에 띄게 하여 단서 제공).

자극촉진은 가르치는 사람의 직접적인 도움 없이도 스스로 사전에 제

시된 단서를 통해서 보다 수월하게 목표행동을 수행할 수 있도록 한다는 장점이 있는 반면에(경제성 높음), 여러 연구를 통해서 보았을 때 반응촉진에 비해서 교육의 효과성은 낮을 수 있다는 단점도 있습니다. 보통 발달장애를 가진 학습자를 교육하는 과정에서는 적어도 중재 초기에는 뒤이어 자세하게 설명할 반응촉진을 주로 활용하고 자극촉진을 보조적 성격으로 활용하는 경향이 있습니다.

자극촉진을 이용한 교수학습 전략에는 자극형성과 자극용암이라는 두 가지 방법이 있는데, 모두 단서의 강도를 점차 본래의 자극에 일치하도록 자연스럽게 하거나, 줄여가는 방법으로 전략마다 차이는 있지만, 이 책에서는 자세하게 설명하지 않도록 하겠습니다. 더 자세한 내용은 저자(2021)의 책 『발달장애 청소년 자립생활 체계적으로 지원하기 개정판』을 참고 바랍니다.

(2) 반응촉진

반응촉진(response prompting)은 교수 자극이 제시되고 난 뒤에 습득해야 할 기술이나 행동에 대해서 적절한 지원이나 도움을 제공하는 방법을 말합니다. 이러한 방법을 통해서 학습자는 주어진 과제를 좀 더 쉽게 수행할 수 있게 됩니다. 반응촉진에는 일반적으로 언어적 촉진, 시범 촉진, 신체적 촉진 등이 있으며, 학습자가 스스로 활용할 수 있는 자기 주도적인 반응촉진으로는 그림 촉진, 비디오 촉진, 텍스트 촉진 등이 있을 수 있습니다. 자기 주도적인 반응촉진은 이후에 테크놀로지 기반의 중재 전략에서 더 자세히 살펴보도록 하고, 여기서는 일반적인 반응촉진의 유형에 대해서 다음과 같이 살펴보고자 합니다(국립특수교육원, 2018).

- **언어적 촉진** : 말을 이용한 지시나 설명을 통해서 단서를 제공하는 촉진을 말합니다. 예를 들어, 손 씻기를 지도한다고 했을 때 "(비누를 모두 씻어내고 나면) 수도꼭지를 끝까지 잠그세요."라고 말로 간략하게 설명할 수 있습니다. 발달장애 학생에게 언어적 촉진 또는 설명을 제시할 때는 장황하고 자세하게 이야기하기보다는 학생의 수준에 맞는 용어를 사용하여, 짧은 문장들로 나누어서 꼭 필요한 내용을 간략하게 설명하는 방법이 더 효과적입니다. 그리고 학생이 구체적인 지시를 통하지 않아도 과제를 수행할 수 있을 것으로 판단되면, 간접적인 언어촉진(예 다음에는 무엇을 해야 하지?)을 제공할 수도 있습니다.
- **몸짓**(동작) **촉진** : 자세(gestural) 촉진 또는 지적하기(pointing) 촉진이라고도 불리는데, 간단한 몸짓으로 목표행동을 유도하거나, 특정한 방향을 지적하도록 하여 목표행동을 유도하는 방법을 말합니다. 예를 들어, 그림 카드를 변별하는 활동에서 해당 카드를 손가락으로 살짝 지적해 주거나, 목표기술을 수행하는 데 필요한 자세를 간단하게 몸짓으로 보여줄 수 있습니다. 몸짓 촉진은 때에 따라서 언어적 촉진보다 더 강도가 높은 촉진이 될 수도, 반대로 덜 강도 높은 촉진이 될 수도 있습니다. 다만, 책에 따라서 몸짓 촉진은 자극촉진으로 분류되기도 합니다. 몸짓 촉진의 사용 시점이나 사용 방식, 형태에 따라서 자극촉진에 가까울 수도, 또 반응촉진에 가까울 수도 있기 때문일 것입니다. 가령 변별자극을 포인팅 해주는 등 변별자극에 직접적인 단서를 제공한다면 자극촉진에, 반대로 반응을 할 때 약간의 자세 힌트를 주는 방식이라면 반응촉진에 좀 더 가까울 수 있다고 봅니다.
- **시범**(모델링) **촉진** : 해당 기술이나 행동에 대해서 명확하게 시범을 보여

주는 촉진을 말합니다. 예를 들어, 비누를 모두 씻어내고 나서 수도꼭지를 잠그는 모습을 선생님이나 부모님이 직접 보여줄 수 있습니다.

- **신체적 촉진** : 해당 기술이나 행동을 학습자가 적절하게 수행하지 못할 때, 신체적으로 도움을 주는 촉진을 말합니다. 예를 들어, 수도꼭지를 독립적으로 잠그지 않는 학습자의 손을 잡아서 수도꼭지를 학습자와 함께 잠글 수 있을 것입니다. 이러한 신체적 촉진에는 중간중간 필요할 때마다 도움을 주는 형태인 부분적인 신체적 촉진과 지속해서 완전한 도움을 주는 전반적인 신체적 촉진이 있습니다. 신체적 촉진은 자칫 학생에게 불쾌한 자극을 줄 수 있으므로, 특히 자폐인 중에서 감각적인 민감성이 높은 학생이라면 더욱 충분한 친밀감을 쌓은 뒤에 조심스럽게 실시할 필요도 있습니다.

이러한 반응촉진을 학생에게 적용하는 교수학습 전략에는 일반적으로 여섯 가지가 있습니다. 여기에는 여러 가지 반응촉진 유형을 종합적으로 사용하는 최소촉진체계와 최대-최소촉진체계, 점진적 안내가 포함됩니다. 더불어 학생이 목표기술을 능히 수행할 수 있을 정도의 촉진을 확인해서 그 촉진만 지속해서 사용하되, 촉진의 제공 시간을 조절하는 시간지연 전략도 포함됩니다. 이 외에도 두 번까지 올바른 반응을 보일 기회를 주고, 정반응을 보이지 못할 시 세 번째는 충분한 촉진을 제공하는 'No-No 촉진(prompting)'이라는 전략도 자주 사용되지는 않는 편이지만 적용할 수 있습니다. 이러한 교수학습 전략에 대한 자세한 내용은 저자(2021)의 책 『발달장애 청소년 자립생활 체계적으로 지원하기 개정판』 또는 저자의 블로그 자료(blog.naver.com/bjs718/221526127635와 'no-no 촉진'에 관한 자료인 blog.naver.com/bjs718/222489958035)를 참고 바랍니다.

• 최소촉진체계 : 교수학습 시도마다 반응촉진의 양이나 강도를 가장 작은 것에서 차츰 높여가는 체계를 말합니다. 예를 들어, 몇 초에서 십여 초 등의 일정한 시간 간격을 두고 기다려도 독립적으로 과제를 수행하지 못하는 발달장애 학생에게 처음에는 언어적 촉진을 이용하여 도움을 제공할 수 있습니다. 그리고 다시 기다려 준 뒤에도 적절하게 목표행동을 수행하지 못한다면, 언어적 촉진과 함께 더 강도 높은 직접적인 시범을 제공할 수 있습니다. 만일 이를 통해서도 반응을 보이지 않거나 오반응을 보인다면, 부분적인 신체적 촉진을 함께 제공하고, 이도 여의치 않을 때는 전반적인 신체적 촉진을 제공하여 과제를 수행할 수 있도록 합니다. 그리고 다음 교수학습 시도에는 처음부터 다시 절차를 진행합니다. 어쨌든 최소촉진체계는 교수학습 시행(trial : 시기, 시도)마다 학습자가 올바른 목표기술 수행을 하는 데 꼭 필요한 만큼의 도움을 받도록 할 수 있습니다. 최소촉진체계는 쉬운 말로 표현하면, **"학습자가 어떻게 수행해야 할지 모른다면 말해주고, 그래도 어려워한다면 보여주며, 그럼에도 어려워한다면 도와줘라."**와 같이 이야기할 수 있습니다. 최소촉진체계가 교수학습 장면에서 제대로 적용된다면, 교수학습 초반 회기에는 신체적인 도움을 받아야만 수행할 수 있었던 행동이 점차 시범을 보고도 가능해지고, 나중에는 언어적 도움으로도 가능해지며, 최종적으로는 독립적으로 수행할 수 있게 됩니다. 최소촉진체계는 교수학습 시행마다 독립적인 수행에서 시작해서 위계에 있는 각각의 촉진을 학습자가 정반응을 보일 때까지 거쳐나가기 때문에 비교적 교수학습에 소요되는 시간이 많이 걸릴 수 있다는 단점이 있습니다. 하지만 최소촉진체계는 시기마다 독립적인 수행을 유도하는 단계

부터 시작해서 정반응을 보일 때까지의 촉진 위계를 거치므로 학습자의 현재 수행 수준을 별도의 평가 과정 없이 가르칠 때 바로 확인할 수 있음과 함께, 매번 최소한의 도움으로 최대한 독립적인 수행을 유도해 볼 수 있다는 큰 장점이 있습니다. 개인적으로는 특별한 경우가 아니라면, 최소촉진체계를 가장 먼저 적용해 보곤 합니다.

- **최대–최소촉진체계** : 최소촉진체계와는 달리 반응촉진의 양이나 질을 가장 큰 것에서 점차 가장 작은 것으로 줄여가는 체계를 말합니다. 예를 들어, 독립적으로 과제를 수행하지 못하는 발달장애 학생에게 처음에는 전반적인 신체적 지원을 충분히 제공하여 과제를 수행하도록 합니다. 그 이후에는 촉진의 양이나 질을 조금 줄여 부분적인 신체적 촉진만 제공하고, 또 이후에는 모델링 촉진, 언어적 촉진의 순으로 촉진을 감소하여 제공합니다. 최소촉진체계에서 교수학습 시행마다 촉진의 강도가 변화하는 것과는 달리 최대–최소촉진에서 가르치는 사람은 학습자가 충분히 준비되었을 때만 강도가 덜한 촉진으로 옮겨가면서 이 순서를 비교적 느리게 진행합니다. 따라서 이 절차는 학습자의 수행 능력 정도에 대한 가르치는 사람의 판단, 또는 미리 설정된 교수학습 시행의 수에 따라, 혹은 교수학습을 시작하기 이전에 이루어지는 수행 능력에 관한 평가 결과에 따라서 점차 촉진의 강도가 낮아지게 됩니다. 일반적으로 최대–최소촉진체계는 인지적 어려움이 상대적으로 더 큰 중도장애(severe disability) 학생들에게 주로 사용되는 경향이 있습니다. 더불어 신체적 촉진만을 점차 줄여나가는 전략도 때에 따라 필요할 수 있는데(가령 처음에는 필기 지도를 위해서 손을 잡아가면서 연필 잡는 법에 대한 전반적인 신체적 지원을 제공하다가 나중에는 손끝으로 미세한 촉진을 제공하는 절차), 이는 최

대-최소의 신체적 촉진으로 '점진적 안내'라고 부릅니다. 최대-최소 촉진은 그때그때 충분한 강도와 양의 도움을 제공하여 무오류 학습을 이끌 수 있다는 장점이 있는 반면에, 도움의 강도나 양을 줄여나가는 시점이 비교적 명확하지 않아 지속해서 때에 따라 불필요한 촉진이 계속될 수 있다는 점과 함께 과정 중심의 수행평가를 위해서는 별도의 평가 회기(프로브)가 필요하다는 단점도 있습니다.

- **고정(constant) 시간지연** : 시간지연은 쉽게 말해서 촉진을 제공하기 이전에 학습자가 독립적으로 목표행동을 수행하도록 일정 시간 동안 기다리는 방법입니다. 이 중에서 고정 시간지연은 처음 몇 번의 교수학습 시기에는 교수 자극이 제시된 이후에 지연 없이 곧바로 목표행동의 수행이 충분히 가능한 정도의 촉진을 제공하게 됩니다. 이러한 절차를 0초 시간지연이라고 말합니다. 이러한 0초 시간지연 절차를 몇 차례 반복해서 실행한 뒤에는 교수 자극 제시 이후에 일정하게 고정된 시간 간격(예 수 초 혹은 십여 초)만큼 학생의 독립적인 수행을 기다려 주게 됩니다. 예를 들어, 발달장애 고등학생을 대상으로 직무교육을 실행할 때 여러 개의 공구 중에서 전동드라이버를 찾는 목표행동을 가르치고자 한다면, 학생이 어느 정도 학습을 할 때까지 몇 시행 정도 전동드라이버를 찾아보라고 말로 문제(조건자극)를 제시한 즉시 여러 종류의 비교자극 중 변별자극인 전동드라이버 실물을 다른 공구들(비변별자극)보다 학생의 손 바로 앞까지 가져가서 올바르게 선택하도록 적절한 촉진을 제공합니다. 이런 식으로 도움을 받아 올바른 반응(정반응)을 보이도록 합니다. 이를 0초 시간지연 절차라고 할 수 있습니다. 0초 시간지연 절차를 몇 시행 반복한 이후에는 미리 설정된 시간인 몇 초만큼 기다렸음에도 학생이

독립적인 수행을 하지 못할 때만 충분한 촉진을 제공하여 도움을 받아서라도 정반응을 수행하도록 합니다. 보통 올바른 반응을 수행한다면 구체적인 칭찬과 함께 필요에 따라서는 외적인 강화제를 제공할 수 있습니다. 반면 정해진 지연 시간만큼 기다렸음에도 아무런 반응을 보이지 않는다면(무반응), 이때는 충분한 촉진을 제공하여 정반응을 보일 수 있도록 합니다. 또한 정해진 시간 내에 반응을 시작했지만 그릇된 반응(오반응)을 보인다면, 즉시 반응을 멈추게 하고 충분한 촉진을 교정적 피드백으로 제공하여 정반응으로 고쳐 수행하도록 할 수 있습니다. 이러한 시도 절차를 해당 회기가 끝날 때까지 약간의 간격을 두고 반복해서 진행할 수 있습니다(예 10~30 시행 내외 등).

- **점진적**(progressive) **시간지연** : 점진적 시간지연은 고정 시간지연과 비슷한 방법이지만, 점차 지연 시간의 간격이 늘어난다는 차이가 있습니다. 보통 촉진을 제거하고 학생의 독립적 수행을 촉진할 때 많이 사용합니다. 예를 들어, 처음에는 고정 시간지연에서와 마찬가지로 0초 간격으로 촉진을 제공하다가 점차 1초, 2초, 3초, 4초, 5초, 6초 등의 순서로 기다리는 시간을 점진적으로 늘려갈 수 있습니다. 다만, 이렇게 늘어나는 지연 시간은 해당 목표행동을 실제 생활에서 수행할 때 용인될 수 있는 정도의 지연 정도를 고려하여 한계를 설정할 필요도 있습니다. 가령 시내버스에 교통카드를 찍는 하위 목표행동을 가르치고자 했을 때, 지연 시간을 아주 길게 설정한다면 설혹 연습에서 올바른 반응을 보이더라도 실제 버스 탑승 시에는 이러한 목표행동을 수행할 기회를 얻지 못할 수 있음을 고려해야 할 수 있습니다.
- **동시촉진**(simultaneous prompting) : 동시촉진은 앞서 고정 또는 점진적 시간지연에서 초기에 이루어지는 0초 시간지연을 목표기술의 성취

기준 달성 시까지 계속해서 적용하는 방법을 말합니다. 다시 말해서, 목표 달성 시까지 계속해서 교수 자극(과제) 제시 후에 곧바로 충분한 수준의 도움이 제공됩니다. 예를 들어, 발달장애 고등학생을 대상으로 직무교육을 실시할 때 여러 개의 공구 중에서 전동드라이버를 찾을 수 있는 것을 목표로 한다면, 학생이 완전히 성취기준을 달성할 때까지 계속 모든 회기에서 선생님이 전동드라이버를 찾아보라고 구어로 문제(자극)를 제시한 즉시 전동드라이버 실물을 학생의 손에 닿도록 위치시켜 줄 수 있습니다. 이러한 과정을 통해 학습자의 무오류 학습을 이끌어, 성공 경험을 증대시키면서 동시에 반복 학습의 기회를 주게 됩니다. 동시촉진은 보통 학습 과제가 어렵거나 학생의 학습 능력이 상대적으로 부족할 때 주로 사용됩니다. 동시촉진은 매번 교수 자극 제시와 동시에 바로 촉진이 이루어지기 때문에, 학생의 성취 정도를 파악할 기회가 없습니다. 따라서 학생의 성취 정도를 상시 점검하고 평가하기 위해서는 별도의 평가 회기(프로브)가 함께 실시되어야 합니다. 저자(2021)의 논문 중에도 동시촉진을 활용한 체계적 교수로 중도 지적장애 및 자폐성장애 중학생에게 디스크골프 퍼팅 기술을 효과적으로 가르친 사례가 있습니다.

- No-No 촉진(prompting) : 다시-다시 촉진이라고도 불리는 이 방법은 정반응을 수행할 수 있는 두 번의 기회를 제공하고, 두 번째까지 오반응이나 무반응을 보일 때 세 번째는 충분한 촉진을 제공하여 도움을 받아 정반응을 수행하도록 이끌 수 있습니다. 이 방법은 학생에게 독립적인 반응을 보일 수 있는 한 번의 기회를 더 제공함으로써 목표행동을 수행할 수 있음에도 실수로 인해서 종종 오반응을 보이는 학생에게 효과적으로 적용할 수 있습니다. 이 방법은 다른

여섯 가지 방법에 비해서 자주 사용되지는 않을 수 있지만, 학생의 특성이나 과제의 종류에 따라서는 꽤 유용한 교수학습 전략이 될 수도 있습니다.

5) 강화제 제공하기

발달장애 학생들은 내적인 동기 형성에 어려움을 보일 수 있습니다. 사실 비장애인이라고 해도 외적인 보상 없이 학습 및 직무 과제에 충분한 내적 동기를 처음부터 가지는 일은 사실 쉽지 않다고 생각합니다. 따라서 최소한 행동이나 기술을 수행하도록 처음 가르칠 때는 행동의 발생을 증가시킬 수 있는 적절한 강화제(목표행동을 증가 또는 최소한 유지하게끔 할 수 있는 보상)를 학생들에게 제공하는 절차를 포함할 필요가 있습니다. 참고로 응용행동분석에서 강화(reinforcement)는 어떠한 행동을 증가시키는 현상 그 자체를 말합니다. 그리고 강화제(강화물)는 이러한 강화를 일으키는 자극을 말합니다. 이 자극에는 물건, 음식, 토큰, 활동, 사람, 칭찬 등 유·무형의 모든 것들이 포함될 수 있습니다.

강화제는 보통 구체적이고 명시적인 칭찬(그냥 "○○아 잘했다."보다는 "○○이가 숫자 6을 참 잘 말해주었네."와 같이 칭찬을 받아야 하는 행동을 구체적으로 제시)과 함께, 학생이 평소에 선호하는 자극(선호하는 활동, 과자 등의 음식, 장난감 등의 물건, 토큰 강화 활용 시에는 스티커 등의 토큰 등)을 함께 제공합니다. 이렇게 외적인 강화제와 칭찬을 함께 제시하는 것은 지금 당장은 칭찬이 강화제로 기능하지 못할 수 있더라도, 지속적인 자극(외적 강화제)-자극(칭찬) 간의 연합(페어링 : paring)을 통해 차츰 칭찬만으로 목표행동을 증가하거나 유지하는 사회적 강화제로의 기능을 하게끔 유도하기 위함입니다.

부모님과 선생님은 평상시에 학생의 활동이나 선호도를 유심히 관찰하고 관련인에게 묻는 방법 등으로 강화제로 기능할 만한 선호 자극을 최대한 많이 찾아두는 작업이 필요합니다. 본격적이지는 않을 수 있지만 일련의 자극 선호도 평가 절차라고 볼 수 있습니다. 이렇게 찾은 여러 개의 선호 자극을 적절하게 번갈아 가면서 사용하면 특정 강화제에 질려 더 이상 목표행동을 강화하지 못하는 포만 현상을 방지하는 데 도움이 될 수 있습니다. 또한 일단 어떠한 목표행동을 지도하기 위해서 특정한 강화제를 사용하기로 하였다면, 그 행동을 수행하는 것 이외에 다른 경로로는 해당 자극을 얻을 수 없도록 노력할 필요도 있습니다. 목표행동의 수행 이외에 다른 여러 경로로 동일한 강화제를 얻게 될 때를 밀수 혹은 부틀렉(bootleg) 강화라고 말합니다. 이러한 상황이 자주 나타나면 당연히 목표행동의 수행에 대한 동기를 저해할 수 있습니다.

또한 강화제로 기능하는 범위 안에서는 한 번에 제공되는 강화물의 양을 가급적 적게 하는 방법으로도 포만을 예방할 수 있습니다. 예를 들어, 과자를 강화물로 사용한다면 과자를 몇 등분으로 잘라서 사용할 수 있습니다. 이와 더불어 처음부터 완전하게 성취기준을 달성할 때만 강화제를 제공하지 말고, 행동형성적인 접근으로서 수행 정도가 조금씩 나아질 때마다 강화제를 제공하는 방식으로 점차 더 완전하게 수행하도록 점진적으로 가르칠 수 있습니다. 그리고 과자 등의 먹는(edible) 강화물의 경우에는 특히 학생의 장애 정도가 심하거나 어린 아동일 경우에 주로 사용될 수 있는데, 사회적인 타당성을 고려하여 차츰 먹는 강화물이 아닌 다른 강화물(활동 강화, 토큰 경제 스티커, 칭찬 등의 이차적 강화)로 바꾸어 나가는 게 좋습니다.

이와 더불어 모든 유형의 외적인 강화제는 학생이 가능한 독립적으로 목표행동을 수행할 수 있도록 점차 제거해야 할 필요가 있습니다. 이러한 과정을 용암(fading : 페이딩)이라고 합니다. 보통 처음에는 목표행동 발생 시마다 강화제를 제공하다가 점차 고정 비율(예를 들어, 세 번 목표행동을 수행했을 때 강화제 제공) 또는 간격(예를 들어, 5분마다 첫 번째로 목표행동이 나타날 때 강화제 제공)에 따라 간헐적으로 강화제를 제공할 수 있습니다. 그리고 그 이후에는 변동 비율 또는 간격에 따라 강화제를 무작위로 제공하다가 그 이후에는 점점 더 긴 간격이나 비율로 점진적으로 띄엄띄엄 강화제를 제공하면서 최종적으로는 강화제를 제거하게 될 수 있습니다. 다만, 이러한 강화제의 제거는 충분한 시간을 가지고 무리하지 않고 천천히 진행되어야 합니다.

6) 유지전략

앞서 제시한 방법으로 체계적 교수를 실행하여, 발달장애 학생이 어떠한 목표행동을 수행할 수 있게 되었다고 생각해 봅시다. 이렇게 어떠한 개념이나 행동을 배우게 된 것을 습득(acquisition)이라고 말하는데, 발달장애 학생이 이를 꾸준히 기억하고 실행하기 위해서는 학습된 목표행동을 숙달하고 유지할 수 있도록 하는 교육전략이 실행될 필요가 있습니다. 유지전략이라는 말이 거창하고 대단하게 들릴 수도 있지만, 사실 쉽게 말하면 발달장애 학생에게 반복 학습 기회를 충분히 제공하여야 한다는 말이라고 봐도 무방합니다. 다만, 반복 학습 기회를 어떠한 간격으로 제공할지에 따라서 크게 다음과 같은 형태가 있습니다.

(1) 집중연습

집중연습은 목표행동을 습득한 초기에 이루어질 수 있는데, 흔히 한 회기나 하루 일과 중에서 계속 해당 목표행동을 반복연습하는 방법을 말합니다. 에빙하우스(Ebbinghaus)의 망각곡선에 따르면, 학습된 개념을 잊어버리는 일은 학습이 이루어진 초기에 가장 많이 발생합니다. 따라서 습득이 이루어진 초기의 집중연습은 초기 망각 현상의 발생 가능성을 대폭 줄일 수 있으므로 목표행동의 숙달 및 유지를 돕는 데 효과적입니다.

(2) 분산연습

분산연습은 목표행동이 습득 및 숙달되고 나서 시간이 지난 후에 이루어지는 경우가 많습니다. 스케줄을 정해서 하루에 몇 번, 3일에 몇 번, 1주일에 몇 번, 1달에 몇 번과 같이 간격을 점차 늘려가면서 때때로 반복 학습의 기회를 제공하는 절차를 말합니다. 그 과정에서 여러 개의 목표행동이 분산적으로 다루어집니다. 저자는 학생들에게 어휘 카드를 이용한 체계적 교수를 실행할 때, 보통 학습한 어휘 카드를 처음에는 하루에 여러 번 다시 물어보다가, 나중에는 하루에 한 번, 3일에 한 번, 1주일에 한 번, 1달에 한 번의 식으로 반복해서 다시 물어보고 유지 여부를 점검하곤 하였습니다. 당연히 연습하는 어휘 카드의 개수는 누적해서 늘어났습니다. 다만, 유지를 위한 교수 회기는 학생이 흥미를 잃거나 지루해하지 않도록, 되도록 짧은 시간(약 5분에서 길어도 10분 내외로)에 걸쳐(대신 필요하다면 빈도는 자주) 이루어질 필요가 있습니다.

이 외에도 소집단 교수 상황에서 학생마다 번갈아 가면서 간격을 두고 순차적으로 교수 자극을 제시하고 올바르게 반응할 기회를 제공하는 간격연습을 실행할 수도 있습니다.

7) 일반화 증진 전략

일반화는 학습한 목표행동을 다양한 환경이나 상황에서 그대로 또는 일부를 적절하게 변형하여 적용할 수 있는 능력을 말합니다. 가령 체계적 교수를 통해서 교실에서 대중교통을 이용하는 연쇄적 행동을 익혔다면, 이를 활용하여 실제 지역사회에서 버스를 이용하는 것을 일반화라고 말합니다. 학습한 개념이나 기술의 일반화는 사실 체계적 교수의 궁극적인 목표이자 더 나아가 어쩌면 특수교육의 최종적인 목표가 될 수 있을 정도로 중요하다고 할 수 있습니다. 학습한 개념이나 행동의 일반화를 촉진하는 방법은 다음과 같습니다.

(1) 실제 환경에서의 일반화 기회 제공

일반화를 증진하기 위해서는 먼저 실제 목표행동을 수행해야 하는 환경에서 기술을 교수하고 수행할 기회를 제공하는 것이 필요합니다. 예를 들어, 일반학교의 특수학급에서 공통 교육과정 국어과 텍스트를 읽을 수 있도록 가르쳤다면, 일반학급에서도 이를 수행할 수 있도록 교수하고 평가하는 과정이 필요합니다. 또한 지역사회에서 활용해야 하는 기능적인 기술(예 물건 구매 기술, 은행 이용 기술 등)을 지도하였다면, 이를 실제 지역사회 환경에서도 체계적으로 가르치고 수행도를 빈번하게 평가해 보는 과정이 포함되어야 합니다. 이와 같이 실제 지역사회에서 기능적 기술 또는 직무 기술 등을 체계적으로 교수하는 방법을 지역사회 중심 교수(community-based instruction)라고 말합니다. 지역사회 중심 교수가 일반적인 현장학습과 다른 점은 일반적인 현장학습이 일회성의 경험을 갖도록 하는 데 중점을 두는 반면, 지역사회 중심 교수는 체계적인 교수전략을 통하여 지속해서 지역사회 내에서 교육이 이루어질 수 있도록 하는 데 있습니다.

지역사회 중심 교수는 크게 지역사회 가상 교수(시뮬레이션), 지역사회 참조 교수, 지역사회 중심 교수로 나눌 수 있습니다. 예를 들어, 발달장애 학생에게 물건 구매 기술을 지도한다고 하였을 때, 교실에서 가상환경을 조성하여 가르쳤다면 이를 가상 교수라고 말할 수 있습니다. 그리고 여기에서 더 나아가 학교 내의 매점 등을 이용하여 교수를 제공하였다면 지역사회 참조 교수, 마지막으로 실제 지역사회에서 교수가 제공되었다면 지역사회 중심 교수라고 이야기합니다.

사실 대부분의 기능적인 기술들은 지역사회 중심으로 가르치는 것이 가장 적절할 수 있지만, 교육 인력 및 재정적인 면을 고려하였을 때 현실적으로 쉬운 일이 아니므로 가상이나 참조 장면에서 충분히 교육이 제공된 이후에 실제 지역사회를 활용하는 방식으로 교육이 이루어지기도 합니다. 그럼에도 때에 따라서는 중도 발달장애 학생의 경우 가상이나 참조적 상황에서 목표행동을 독립적으로 수행하도록 가르치는 일종의 '완전한 준비'가 어려울 수 있으므로, 지역사회 장면에서도 함께 교육이 이루어지는 것이 더욱 적절할 수 있습니다.

(2) 다양한 사례 제시

다양한 사례를 제시하는 방법 또한 일반화를 증진할 수 있는 좋은 수단이 될 수 있습니다. 예를 들어, 학생들에게 어떠한 단어를 가르쳤다면, 이 단어를 손 글씨, 다른 폰트 등으로 제시하는 것 역시 실제 장면에서의 일반화 가능성을 높일 수 있습니다. 발달장애 학생들의 경우에 일반화 능력의 부족으로 인하여 실제로 컴퓨터로 쓴 글씨는 잘 읽는 반면,

손으로 쓴 글씨는 잘 읽지 못하는 경우도 있을 수 있습니다. 또한 물건 구매 기술을 지도하고 있다면, 동네 슈퍼, 편의점, 마트 등 다양한 관련 환경(예시)에서 행동을 지도하고 수행도를 점검하여야 할 필요도 있습니다. 응용행동분석에서는 이렇게 다양한 사례나 예시를 교수 자극으로 제시하여 이에 대한 다양하게 응용된 반응을 연습할 기회를 제공함으로써 일반화 가능성을 높이는 방법을 다중반응교수법 또는 다중사례교수법(multiple examplar instruction)이라고 부르기도 합니다.

(3) 교수학습 상황이 아닌 다른 조건이나 상황 부여하기

학생이 학습한 조건이나 상황과는 다른 조건이나 상황을 부여하는 방법도 일반화를 증진하는 데 도움이 될 수 있습니다. 예를 들어, 대중교통을 이용하는 기술을 지도할 때, 충분히 실제 환경에서 다양한 사례를 가지고 교육이 이루어졌다면 버스를 놓치는 상황을 조성하여 이때의 적절한 해결책(예 스마트폰 앱을 이용하여 다음 시간을 보거나 다른 버스 노선이 있는지 확인하기 등)을 학생이 독립적으로 알아갈 수 있도록 지도할 수 있습니다. 또한 간단한 반찬 중에서 달걀찜을 조리하는 기술을 지도하는 과정에서 가스를 사용할 수 없는 상황에서 다른 방법으로 달걀찜을 만드는 방법(예 전자레인지 이용하기)에 대해서도 학생이 독립적으로 이를 수행할 수 있도록 지도할 수 있습니다.

이러한 과정을 학문적으로는 반응일반화(학습된 개념이나 기술을 다른 상황에서 응용하여 활용하는 일반화)라고 말할 수 있습니다. 이러한 반응일반화를 증진하는 것은 학생들이 실제로 일상생활에서 삶을 영위하는 데 있어서 꼭 필요한 능력이기 때문에 충분히 학습이 이루어진 뒤에는 다른 조건이나 상황을 부여하는 일반화 증진 전략도 고려할 필요가 있습니다.

앞서 설명하였듯 체계적 교수는 응용행동분석 원리를 적용한 교육 방법으로, 학업 기술, 기능적인 일상생활 기술, 직무 기술, 사회적 기술, 의사소통 기술 등을 포함하여 다양한 목표행동에 효과적으로 적용할 수 있습니다. 다만, 체계적 교수는 비교적 학습자보다는 가르치는 사람이 주도해서 교수학습이 이루어지는 방법이므로, 실제 일상생활에서 자기 주도적으로 활용할 수 있도록 지도하는 데는 다소 어려움이 있을 수 있습니다. 이 때문에 일반화 전략이 반드시 포함될 필요가 있으며, 때에 따라서는 자기 주도적인 수행을 촉진하는 방법들이 함께 적용되어야 할 수 있습니다. 이에 대해서는 뒤의 자기 주도적 학습전략 파트에서 자세하게 설명하였습니다. 마지막으로 실제로 저자가 체계적 교수 절차를 활용하여, 발달장애 학생을 지도해 본 사례를 간략하게 요약해서 제시하여 보겠습니다.

석이 쌤의 특수교육 이야기

체계적 교수–비연속적 개별 기술

임용을 합격하고 나서 처음 우리 반과 제자들이 생겼을 때, 그때의 감격은 이루 말할 수 없었습니다. 당시 저는 특수학교의 중학교 1학년 담임을 맡았는데, 우리 반 학생 중에는 중도의 지적장애를 가지고 있는 학생인 철홍(가명)이가 있었습니다. 철홍이는 구어가 어느 정도는 가능하였으나, 단어를 읽는 것에 어려움을 가지고 있었습니다. 저는 학교에 있는 장소를 중심으로 단어의 읽는 것을 목표행동으로 하는 체계적 교수를 제공하였습니다.

첫째, 학교의 다양한 사물 중에서 먼저 철홍이가 제일 좋아하는 '식당'이라는 단어를 지도하기로 하고, 식당이라는 글자를 제시했을 때 철홍이가 읽을 수 있는지를 측정하였습니다. 측정 결과 철홍이는 '식당'이라는 글자를 전혀 읽지 못했습니다.

둘째, 처음에는 식당 사진(자극촉진)과 글자가 함께 들어간 그림 카드를 제시한 뒤, 읽어보도록 지시하고 곧바로 식당이라고 말해준 뒤 철홍이가 따라 말하도록 지도하였습니다(0초 시간지연). 이를 5회 정도 반복한 이후에는 그림 카드를 읽어보도록 지시하고, 2초간 기다려 준 뒤 철홍이가 대답하지 못하면 '식당'이라고 이야기해 주었습니다. 그리고 처음에는 2초간 기다렸던 것을 점차 5초까지 늘려가면서 철홍이가 '식당'을 읽을 수 있도록 지도하였습니다(점진적 시간지연).

셋째, 철홍이가 그림 카드에서 식당을 스스로 읽을 수 있게 되었을 때, 식당의 사진이 제거되고 글자만 제시된 카드를 이용해서 위와 동일한 방법으로 '식당'이라는 단어를 읽도록 체계적으로 교수하였습니다. 마지막으로 다른 단어 두 가지를 포함하여, 총 세 가지의 단어를 제시한 뒤 식당 어휘 카드를 스스로 고르고 '식당'이라고 읽을 수 있도록 지도하였습니다.

넷째, '식당' 이외에도 여러 학교 장소에 대한 단어를 습득하도록 하였는데, 이를 3일, 1주일, 2주일, 1개월 등의 간격으로 분산하여 다시 점검 및 교수하였습니다(유지전략 중 분산연습). 그리고 실제로 식당을 포함하여 학교의 해당 장소 팻말을 보고도 단어를 읽을 수 있는지를 점검하고 교수하였습니다(일반화 증진 전략).

위와 같은 방법으로 약 3개월 동안 학교의 다양한 장소의 명칭을 체계적으로 교수하였고, 결과적으로 철홍이는 학교의 모든 장소를 글자로 제시했을 때 스스로 읽을 수 있게 되었습니다.

석이 쌤의 특수교육 이야기

■■ 체계적 교수–연속적 기술 1 ■■

① 철수를 대상으로 국립특수교육원 적응행동검사를 실시하였습니다. 그리고 일상생활 기술과 관련성이 많은 실제적 적응행동의 하위 영역 중 '기본생활' 영역에서 현재 철수가 독립적으로 수행하지 못하지만, 체계적 교수를 통해서 독립 수행할 수 있을 것으로 판단되는 '샤워하기' 기술을 가르쳐 보기로 하였습니다. 그리고 이 목표기술을 관찰 및 측정이 가능하도록, 다음과 같이 조작적으로 정의하였습니다.

> 집에 있는 샤워부스에서 샴푸, 물비누 등의 용품을 이용하여(조건), 모든 하위 단계를 스스로 수행하면서(성취기준), 샤워를 할 수 있다(행동용어).

다음으로, ② 샤워하기 행동이 여러 가지 비연속적(discrete)인 개별 행동들이 연속적으로 순서에 맞게 수행되어야 하는 연쇄적 기술(예 옷을 벗는 단계를 건너뛰고, 바로 샤워기 물을 틀어서는 안 됨)이기 때문에, 부모님이 먼저 샤워하기 과제를 직접 수행해 보면서, 총 10단계로 하위단계를 과제분석하였습니다.

③ 과제분석한 것을 바탕으로 평가를 위한 체크리스트를 간단하게 만들게 되었습니다. 그리고 ④ 체크리스트를 이용하여 현재 철수의 샤워하기 수행 수준을 정확하게 확인하는 기초선 측정을 실시하였습니다. ⑤ 철수에게 샤워하기 행동을 가르치기 위해서 1단계부터 10단계까지의 하위단계를 한 회기에 모두 순서대로 가르치는 전체 과제 제시형 행동연쇄를 적용하기로 하였습니다.

지도 순서가 결정된 이후에는 ⑥ 각 하위단계별로 체계적 촉진전략을 통한 지도가 이루어졌습니다. 부모님은 먼저 철수가 독립적으로 하위단계를 수행할 수 있는지를 확인하고, 철수가 제대로 수행하지 못할 때는 간접적인 언어적 지원(예 다음에는 무엇을 해야 할까?)을 해주고, 그래도 제대로 수행하지 못할 때는 직접적인 언어적 지원(예 수건을 걸어보자. 속옷과 옷을 입어보자), 시범 촉진(예 수건으로 머리와 몸에 묻은 물기를 닦는 시범을 보여줌), 부분적인 신체적 지원, 전반적인 신체적 지원의 순으로 도움을 줍니다. 이렇게 학습자가 목표행동을 수행하지 못할 때마다 촉진의 강도를 점차 높여가는 교수학습 전략을 최소촉진체계라고 합니다.

이러한 방법으로 각각의 하위단계를 가르치게 되며, ⑦ 철수가 이전보다 나아진 해당 단계의 수행을 보일 때는 칭찬과 함께 적절한 보상을 제공하고, 부족한 부분이 있을 때는 행동을 수정할 수 있도록 구체적으로 피드백을 해줍니다. ⑧ 앞서 제작된 체크리스트를 이용하여, 중재 과정에서도 지속해서 평가하여 성취도를 자주 점검하고, 마지막으로 이러한 과정을 통해서 샤워하기 기술 전체에 대한 습득이 이루어진 뒤에는, ⑨ 집중연습, 분산연습 스케줄을 통해서 계속 유지하고, 가능하다면 다른 장소나 상황(예 학교나 목욕탕 등)에서도 습득한 기술을 일반화하도록 지도할 수 있습니다. 이때 만일 철수가 기술의 수행 과정에서 조금 헷갈리면 일종의 자기촉진으로서 화장실에 '샤워하기'의 각 단계에 대한 그림이나 사진을 표로 만들어서 방수 코팅하여 제시해 두어 활용하도록 하였습니다(그림 기반의 자기촉진체계). 이러한 일련의 과정을 거쳐 철수는 최소한의 도움만 받고, 비교적 독립적으로 샤워할 수 있게 되었습니다.

출처 : 변관석(2021). 발달장애 청소년 자립생활 체계적으로 지원하기 개정판.

석이 쌤의 특수교육 이야기

■■ 체계적 교수–연속적 기술 2 ■■

제가 가르치던 학생 중에서는 고등학교 3학년 졸업을 앞두고 취업을 준비하던 자폐성장애를 가진 학생 민수(가명)가 있었습니다. 민수는 졸업 이후에 전공과에 입학하는 것보다 집 근처에 있고 부모님과도 인연이 있는 자동차 부품 조립 공장에 취직하기를 바라고 있었습니다. 그래서 2학기에 한 달여 동안 그 공장으로 실습을 나가보기로 하였습니다.

민수는 자동차 부품을 조립하는 과정에 있어서는 크게 무리가 없었지만, 사회적 의사소통에 다소 어려움이 있었고, 특히 먼저 인사를 하거나 인사를 받아주는 것을 잘하지 못하였습니다. 당시 제 생각으로는 직무를 잘 수행하는 것도 중요하지만 직장에 처음 입사하여 여러 선배과 함께 일을 할 때, 먼저 인사를 건네는 것을 가르치는 것이 필요하다고 느꼈습니다. 실제로 장애 학생이 취업하게 되었을 때, 직업 능력보다는 사회적 능력에 어려움이 있어서 취업 유지가 힘들다는 이야기도 익히 들었습니다. 그래서 민수에게 대상과 상황에 적절한 인사하기를 주제로 체계적 교수를 다음과 같이 실시하였습니다.

첫째, 당시 해당 직장에는 아직 민수보다 나이가 어리거나 경력이 적은 사람은 없었으므로, 상급자를 만났을 때 인사하는 행동을 지도하기로 하고, 목표행동을 '직장에서 상급자를 처음 만났을 때, 고개를 숙여 인사할 수 있다'로 정의하였습니다.

둘째, 인사하는 행동도 하나의 독립적인 행동이기보다는 여러 가지 하위단계 행동들이 연속적으로 이루어져야 하는 연쇄적 행동이기 때문에, 인사하는 행동에 대해서 행동연쇄 과제분석을 실시하였습니다. 과제분석한 내용은 다음과 같습니다.

① 상급자가 있는 위치를 확인하고, 해당 위치로 이동한다.
② 상급자와 두세 걸음 정도의 거리를 두었을 때, 상급자의 얼굴을 본다.
③ 고개를 45도 정도로 숙이며, '반갑습니다'라고 인사한 뒤, 고개를 든다.
④ 잠시 자리에서 기다려 상급자의 응답(예 '그래, 반갑다' 등)을 듣는다.
⑤ 상급자의 응답에 응답(예 '네' 등)한 뒤, 근무 장소로 이동한다.

셋째, 저는 과제분석한 내용을 바탕으로 체크리스트를 만들어서 현행 수준을 파악하는 기초선 측정을 실행하였습니다. 민수는 상급자를 확인하고도 그냥 지나쳐가는 모습을 계속 보여, 모든 단계를 적절하게 수행하지 못하였습니다.

넷째, 민수가 학습 능력이 어느 정도 있는 학생이었기 때문에, 과제분석한 순서대로 교수를 제공하는 전진형 행동연쇄를 적용하기로 하고, 각 단계별로 최소촉진체계를 적용하여 교수학습을 실시하였습니다. 먼저 1단계를 지도할 때, 상급자를 만나는 상황에서 얼마간 기다려도 직장 선배에게 스스로 다가서지 않으면 '민수야 직장 선배가 있네. 어떻게 해야 할까?'라고 간접적인 언어촉진을 제공하였습니다. 민수가 상급자가 있는 위치로 다가가지 않으면, 다시 '민수야 직장 선배께 인사하러 가볼까?'라고 직접적인 언어촉진을 제공하였고, 여기에도 반응하지 않으면, 다가가는 모습을 실제로 시범 보여주는 모델링 촉진을 제공하였습니다. 이와 같이 매 시기 점차적으로 촉진의 양을 늘려가는 최소촉진체계를 적용하여 민수에게 1단계 행동을 교수하였습니다.

다섯째, 넷째와 같은 방법으로 체계적 교수를 제공하여 하위단계의 목표행동을 독립적으로 수행하게 되면, 다음 단계의 행동으로 나아가는 방식으로 모든 단계를 지도하였고, 결과적으로 민수는 상급자를 만났을 때, 해당 위치로 이동하여 적절하게 인사하는 모습을 보여주게 되었습니다.

여섯째, 이러한 인사하기 기술을 먼저 하루 일과 중에 여러 번 반복해서 연습하도록 하였고(유지전략 중 집중연습), 이후에는 이틀 간격으로 한 번씩 잊어버리지 않도록 연습 기회를 제공하였습니다(유지전략 중 간격연습). 마지막으로 실습가기 전에 실습할 회사로 함께 인사를 가는 날 실제 장소에서도 상급자를 만났을 때, 적절하게 인사하는지를 점검하고, 부족한 부분을 지도하였습니다(일반화 증진 전략).

그로부터 한 달 뒤에 민수가 실습을 마치고 학교로 돌아오게 되었고, 실습 회사에서는 민수가 졸업 후에 정식 사원으로 채용될 수 있게 하겠다고 약속해 주었습니다. 어머님께서는 사장님께서 지적장애인을 사원으로 고용해 본 경험이 있었지만, 자폐성장애 학생은 처음이라 걱정되는 부분도 있었는데 생각보다 잘 적응했고, 특히 아침에 만날 때마다 예의 바르게 인사하는 모습이 참 좋았다고 말씀하셨다고 하시며, 고맙다고 말씀해 주셨습니다. 저로서도 아주 보람찬 일이었습니다.

2. 학생의 독립적인 수행을 촉진하는 자기 주도적 학습전략

응용행동분석 기반의 체계적 교수는 올바르게 적용한다면, 발달장애 학생에게 매우 효과적인 교육 방법입니다. 하지만 발달장애 학생들에게는 체계적 교수만큼이나 자기 주도적인 학습 기회도 충분하게 제공될 필요가 있습니다. 이는 실제로 학생들이 학습된 행동이나 기술을 수행할 때는 스스로 판단하여 자율적으로 이루어져야 하기 때문입니다. 따라서 자기 주도적 학습을 촉진하기 위한 전략들은 발달장애 학생들의 자율성을 높이고, 실제 장면에서의 일반화 가능성을 높이는 데 있어서 매우 중요하다고 말할 수 있겠습니다.

발달장애 학생의 독립적인 과제 수행을 촉진하는 이러한 전략들에는 크게 자기관리 전략, 픽토리얼(pictorial) 자기교수, 자기결정 교수학습 모델(self-determined learning model of instruction), 자기 주도적 탐구 전략 등이 있습니다. 또한 이 외에도 자기촉진 전략(self-prompting)도 자기 주도적 학습전략으로 볼 수 있는데, 이에 대한 설명은 테크놀로지 기반의 전략 파트에서 자세하게 설명하였습니다.

1) 자기관리 전략(Self-management Strategies)

자기관리 전략은 초인지를 활용하는 자기 주도적인 교수, 평가, 강화 전략의 전반을 말하며, 여기에는 자기교수, 자기점검, 자기평가 및 강화 등의 요소가 포함될 수 있습니다. 반드시 그런 것은 아니지만 보통 자기관리 전략은 고차원적인 능력인 초인지(meta-cognition)가 요구되기 때문에 상대적으로 지적 기능이 높은 경도 및 중등도 지적장애를 가지고 있는 발달장애 학생을 대상으로 이루어지는 경우가 많습니다. 하지만 중도의 지적장애를 가지고 있다고 하더라도, 적절한 시각적 지원 도구들을 활용한다면 자기관리 전략을 가르칠 수 있습니다.

(1) 자기교수법

자기교수법은 학생이 언어적 촉진을 사용해 가면서 목표행동을 수행하도록 자기 스스로에게 교수하도록 하는 방법을 말합니다. 쉽게 말해서 자신을 자기 언어로 가르친다고 이야기할 수 있겠습니다. 예를 들어, 덧셈 문장제 문제를 풀기 위해서 다음과 같은 단계를 거쳐야 한다고 생각해 봅시다.

문제 : 사과 7개와 배 2개가 있다면, 과일은 총 몇 개인가요?

1단계 : **문**제를 읽고, 더해야 할 숫자를 표시한다.

2단계 : **더**해야 할 숫자를 빈칸에 적어 수식을 만든다.

※ (7) + (2) = (   )

3단계 : **각** 숫자의 개수만큼 동그라미를 그려 넣는다.

4단계 : **그**려진 동그라미를 모두 센다.

5단계 : **모**두 세서 나온 수를 정답 칸에 적는다.

먼저 부모님이나 선생님은 ① 큰 소리로 문제 푸는 단계를 말해가면서 시범을 보입니다. 다음으로 ② 학생이 큰 소리로 단계를 따라 말하도록 지도하면서, 문제를 풀어보도록 지도합니다. 그리고 ③ 학생 스스로 큰 소리로 단계를 말하면서 절차에 맞게 문제를 풀어보도록 합니다. 그 이후에는 ④ 점차 작은 목소리로 단계를 말하면서 문제를 풀어봅니다. 마지막으로 ⑤ 소리 내지 않고 마음속으로 단계를 말하면서 문제를 풀어보도록 할 수 있습니다. 각 단계를 좀 더 쉽게 외울 수 있도록 두문자법을 이용해 각 단계의 앞 글자를 따서 '문더각그모'로 외우도록 지원할 수도 있습니다. 사실 앞 글자를 딴 것이 어떠한 의미가 있는 단어가 되도록 하면 더욱 기억하기에 좋을 수 있지만, 제 경험상 영어와 달리 우리나라 말은 그게 마냥 쉽지는 않은 것 같습니다.

사실 자기교수는 일상생활에서 사람들이 많이들 활용하고 있습니다. 다만, 자신이 자기교수를 하고 있다고 생각하고 있지 않을 뿐입니다. 예를 들어, 운전을 처음 배울 때 종종 사람들은 은연중에 "먼저 안전띠를 매고, 브레이크를 밟은 뒤에, 시동 버튼을 누르고, 시동이 켜진 뒤에 사이드미러로 좌우를 확인하고 천천히 가속 페달을 밟는다."를 자기 말로 되뇌면서 행동을 수행하곤 합니다. 다만, 발달장애 학생이 자기교수를 활용하기 위해서는 앞서 설명된 부모님이나 선생님의 시범과 체계적인 교수학습 과정이 포함되어야 할 뿐이라고 생각하시면 좋겠습니다. 자기교수법은 앞서 예로 든 교과 학습 이외에도 시험전략, 필기전략, 일상생활에서 필요한 생활 기술 전략 등 다방면으로 해당 과제 수행 절차에 대한 과제분석을 거쳐 수립된 전략을 실행하는 데 활용할 수 있습니다. 이는 일종의 전략 교수법이라고 볼 수 있습니다.

(2) 자기점검법

자기점검법은 학생으로 하여금 목표행동의 빈도나 비율, 크기나 강도 등에 대해서 스스로 기록하게 하는 방법입니다. 일반적으로 발달장애 학생들이 효과적으로 자기점검을 수행할 수 있도록 하기 위해서는 자기 체크리스트 등의 도구를 제공하기도 합니다. 예를 들어, 한 시간 동안 집중하여 수업에 참여하는 것을 목표행동으로 하는 학생에게 3~5분 간격으로 스마트폰에 진동이 울릴 때마다 수업에 집중하고 있는지를 체크리스트에 스스로 기록하도록 할 수 있습니다. 앞서 응용행동분석 원리 기반의 체계적 교수 파트에서 제작했던 체크리스트와 비슷한 방식으로 점검표를 만들 수 있습니다. 이러한 자기점검 과정이 원활하게 이루어지도록 학생이 자기 행동을 관찰하고 기록하는 방법을 체계적으로 가르치고, 필요하다면 올바르게 측정하고 있는지 지속해서 함께 확인해야 합니다. 또 글이나 숫자를 잘 모르는 학생이라면, 자기점검표를 단순화하여 제시할 수도 있습니다(예 하루의 행동을 점검할 때 '잘했음'을 뜻하는 스마일 이모티콘과 '개선 필요'를 뜻하는 슬픔 이모티콘 중에 선택하여 기록하게 함).

(3) 자기평가 및 자기강화

자기평가는 학생이 자신의 수행이 특정한 기준에 부합하는지를 결정하기 위해 사전에 설정된 준거와 자기 행동을 비교하는 것입니다. 자기점검이 단순히 객관적으로 자기 행동을 측정하는 것이라면, 자기평가는 이를 바탕으로 질적으로 판단하는 과정을 의미합니다. 마지막으로 자기강화는 자기평가 과정을 통해서 미리 설정된 자신과의 약속에 따라 세운 목표행동의 수행 수준을 성취했다고 판단했을 때 자기를 강화하는 방법입니다. 자기강화는 학생이 스스로 강화물을 선정하고 바람직한 행동 이후에 자신에게 강화를 제공합니다. 이 방법은 타인에 의해서 제공되는 강화와 마찬가지로 체계적이며 일관된 방식으로 실시될 수 있도록 부모님이나 선생님이 주기적으로 관리 · 감독하는 것이 필요할 수 있습니다. 사실 응용행동분석의 학문적 관점에서는 자기평가의 결과로 어떠한 강화제나 벌제를 자기에게 주는 절차로 '자기강화'나 '자기 벌'보다는 자기실행이라는 용어를 더 선호합니다. 그 이유는 학문적으로 강화나 벌은 자극이 주어진 뒤에 비교적 짧은 시간 내에 표적행동이 증가하거나 감소했을 때를 말하는데, 이 경우에는 그렇기보다는 나중에 받을 보상을 기약하며 미리 정한 규칙에 따라서 목표한 행동을 수행하는 '규칙지배 행동'에 좀 더 가깝기 때문입니다. 다만, 특수교육 영역에서는 자기강화라는 용어가 널리 사용되고 있으며, 직관적으로 이해하기에도 더 쉬울 수 있어 이 책에서는 이 용어를 사용했습니다.

(4) 이 외의 자기관리 전략

앞서 설명한 것 이외의 자기관리 전략으로는 먼저 선행사건 통제 절차를 활용하는 선행사건 기반 자기관리 전략이 있습니다. 여기서 선행사건에 대해서 좀 더 이야기하자면, 긍정적 행동지원 장에서도 자세히 설명하겠지만 응용행동분석에서는 보통 하나의 행동이 발생하는 과정을 기본적으로 선행사건(A) → 행동(B) → 후속결과(C)의 과정으로 설명합니다. 여기서 선행사건은 행동의 발생 이전에 그 행동을 직접적으로 촉발하는 변별자극을 의미한다고 볼 수 있습니다. 여기에 직접적인 선행사건은 아니지만 행동의 발생에 영향을 줄 수 있는 요소로 동기조작(일종의 배경사건)을 선행사건 앞에 둘 수 있습니다. 또한 때로는 동기조작을 간접적인 선행사건으로 보고, 직접적인 선행사건인 변별자극과 함께 넓은 의미의 '선행사건'으로 포괄해서 설명하는 문헌도 꽤 있습니다. 다시 돌아와서, 선행사건 기반의 자기관리 전략의 예는 다음과 같습니다. 참고로 다음에서의 '선행사건'은 동기조작과 변별자극을 모두 포괄하고 있다고 볼 수 있습니다.

① 스스로 행동 발생에 영향을 미치는 동기조작 요인을 수정하는 전략 : 예를 들어, 음식이나 식재료를 과소비하지 않기 위해서 충분히 식사한 뒤에 마트에 감. 실제로 배가 찼을 때 마트에 가면 불필

요한 소비를 할 가능성이 감소한다는 연구가 다수 있음.

② 스스로 주어진 환경을 재배치하거나, 직접적인 변별자극을 제시하거나 제거하는 전략 : 학습에 집중할 수 있도록 학습 전에 주변을 정리 정돈함. 또는 잠자리에서 스마트폰을 오래 사용하여 충분한 수면 시간을 확보하지 못하는 문제를 해결하기 위해서 잠자기 전에는 변별자극인 스마트폰을 정해진 시간이 지나야만 꺼낼 수 있는 보관함(시중에서 구매 가능)에 넣어 두거나, 침실이 아닌 다른 방에 둠.

③ 연쇄적 행동의 첫 번째 단계를 먼저 수행하는 전략 : 예를 들어, 운동을 힘들어한다면 먼저 신발장에 가서 신발을 신는 것부터 먼저 수행함. 또는 숙제를 하기 힘들다면 먼저 의자에 앉아서 책을 펴는 행동부터 먼저 수행할 수 있음.

④ 반응에 필요한 노력을 증가 또는 감소시키는 전략 : 바람직한 행동에 드는 반응 노력은 줄이고(예 전날에 미리 필요한 재료 준비하기), 반대로 바람직하지 않은 행동에 드는 반응 노력은 늘림.

⑤ 특정 행동을 수행할 수 있는 장소, 상황, 시간을 스스로 설정하는 전략 : 예를 들어, 유튜브 동영상을 볼 수 있는 장소와 시간을 스스로 설정하는 방식으로 동영상 시청 시간을 줄임. 또는 자위행위를 자기 방 등의 사적인 장소에서 개인 정비 시간에만 할 수 있음을 청소년기에 이른 장애 학생에게 꾸준히 가르쳐서 학생 스스로 이러한 장소와 시간을 구별하여 설정할 수 있도록 함.

이 외에도 습관반전 절차, 자기 주도적 체계적 둔감화, 반복연습(massed practice) 등의 전략도 있는데 이에 대한 간략한 설명은 아래를 참고 바랍니다.

① **습관반전 절차** : 고쳐야 할 버릇이나 문제행동을 스스로 관찰하고, 그 버릇과는 양립할 수 없는 행동을 꾸준히 수행하도록 함. 예를 들어, 손으로 다른 사람을 때리는 행동을 하려고 할 때 양손으로 머리를 감싸고 웅크리는 일명 '거북이 자세'를 취하도록 스스로 훈련함. 또는 자기 손톱을 물어뜯는 행동을 하려고 할 때 껌을 씹도록 스스로 훈련하거나, 머리를 뜯는 행동(발모벽)을 하려고 할 때 양손으로 에어캡을 잡고 터뜨리는 행동을 하도록 스스로 훈련함.

② **자기 주도적 체계적 둔감화** : 체계적 둔감화는 보통 불안을 느끼는 대상에 대한 불안 위계를 만들고 이를 활용하여 차근차근 조금씩 적응(둔감화)하는 절차를 말함. 여기서 '자기 주도적'이라 함은 이러한 과정을 자기 주도적으로 실행한다는 의미임. 한편 자기 주도적인 체계적 둔감화가 원활하게 이루어지기 위해서는 불안을 주는 상황이나 자극을 접하여 경직되었을 때 긴장을 이완하는 전략을 스스로 사용할 수 있도록 미리 배우고 연습하는 과정이 필요함. 긴장을 이완하기 위해서 사용하는 이완 전략에 관한 내용은 마지막 장의 긍정적 행동지원의 인내 기술 파트에서 설명하는 전략을 참고할 수 있음. 또한 보건복지부 국립정신건강센터에서도 '마음 안정화를 위한 근육 이완 운동'이나 '마음 안정화를 위한 복식훈련 기법' 등과 같은 영상자료를 유튜브에 올려두었음(www.youtube.com/watch?v=j6ICKnpn054).

③ **반복연습**(massed practice) : 바람직하지 않은 표적행동(문제행동)과 형태적으로 동일하거나 유사한 행동을 반복해서 수행하게 하여 질리게 하는 방법을 부적연습이라고 하는데, 반복연습은 이 부적연습을 자기 주도적으로 수행하는 방법이라고 볼 수 있음.

2) 픽토리얼 자기교수(Pictorial Self-instruction)

픽토리얼 자기교수는 앞서 설명한 자기교수를 더욱 용이하게 하기 위해서 픽토리얼(그림) 기반의 도표조직자(graphic organizer) 플래너를 사용하는 방법을 말합니다. 한 연구에서는 순환 형태의 도표조직자에 ① 작업 주제, ② 목표량, ③ 현재 수행 정도를 그려 넣어 학생들이 이를 과제를 수행하는 동안 계속 볼 수 있도록 하여, 자기교수를 제공하기도 하였습니다. 이러한 방법은 과제 수행 시간에 대한 학생들의 예측 가능성을 높여 문제행동(도전적 행동 또는 어려운 행동) 발생을 예방하면서 과제 수행 완수를 촉진할 수 있습니다.

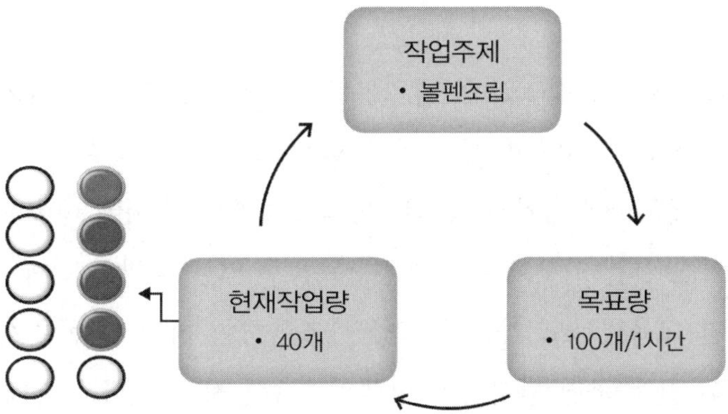

| 그림 2-2 | 순환 형태의 도표조직자 플래너의 예 : 전공과 직업교육 상황

또한 몇몇 연구에서는 그림 기반의 시각적 스케줄을 이용하여 독립적으로 활동을 전이할 수 있도록 지도하기도 하였습니다. 꼭 자폐성장애만이 아니더라도 다수의 발달장애를 가진 학생들은 시각적 자극에 대한 반응도가 청각적 자극에 비해서 높은 경우가 많으므로, 시각적으로 촉진 자료를 제시했을 때, 상대적으로 더 높은 효과를 보일 수 있습니다.

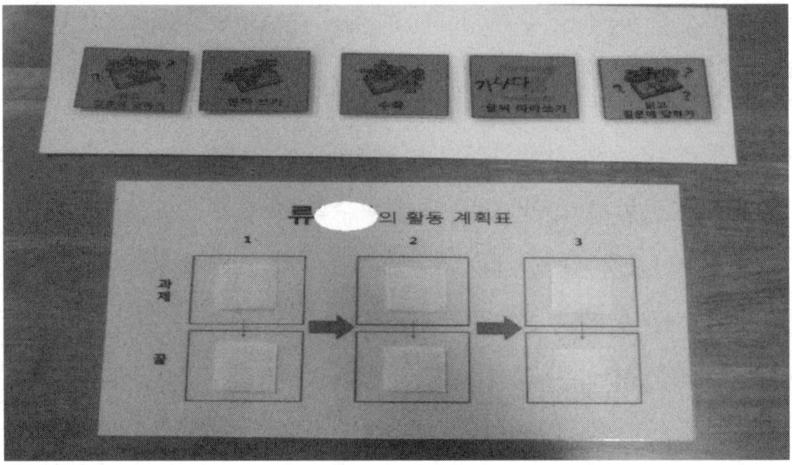

| 그림 2-3 | 그림 기반의 자기 계획 시각적 스케줄

출처 : 홍 경(2014).

| 그림 2-3 | 은 홍경(2014)의 학위논문에서 사용된 그림을 인용한 것으로, 자기 계획에 따라 '과제' 칸에 그림 카드를 모두 붙이고 각 활동을 완료할 시 '끝' 칸에 옮겨서 붙이는 방식으로 활동 순서에 대한 자기교수가 이루어집니다. 연구에 따르면, 예측할 수 있는 일과와 함께, 한 수업 등의 개별 교육활동도 가능한 만큼 구조화하여 하위 활동 순서(패턴)를 예측할 수 있게 하면 발달장애 학생의 학습능률 증진과 문제행동 감소에 더 효과적일 수 있다고 합니다.

3) 자기결정 교수학습 모델

(Self-determination Learning Model of Instruction)

자기결정 교수학습 모델은 교과 학습 과정에서 학생의 자기결정 능력을 신장하면서, 동시에 교과 학습 능력도 향상될 수 있도록 하는 교수전략이자 모형입니다. 자기결정 교수학습 모델은 보통 다음과 같은 순서로 실시합니다.

① 학습목표를 스스로 설정하기
② 설정된 학습목표를 달성하기 위한 계획을 수립하고 실행하기
③ 성과를 스스로 평가하고 필요에 따라 목표나 계획을 조정하기

첫째, 목표를 설정하는 단계에서는 자신의 학습목표를 스스로 결정하고, 해당 학습을 수행할 수 있도록 계획을 세우게 됩니다. 예를 들어, 학생은 부모님이나 선생님의 도움을 받아 지금 배우고 있는 수학 교과의 학습목표를 스스로 수립하게 되는데, 관찰 및 측정이 가능하도록 '덧셈과 뺄셈이 포함된 문장제 문제를 10개 중 8개 이상 맞출 수 있다.'라는 목표를 설정할 수 있습니다. 그리고 이 목표를 달성하는 방법으로 몇 주에 걸쳐 하루에 30분 이상 연관된 문장제 문제를 자기 주도적으로 풀어보고 채점 결과에 따라 틀린 문제는 2~3번 다시 풀어보는 등의 여러 학습계획을 학생 스스로 세우게 됩니다. 다만, 이러한 학습계획 수립 과정에서 부모님이나 선생님이 적절한 수준의 도움을 줄 수 있습니다.

둘째, 목표를 설정하고 학습계획을 구체적으로 설정한 이후에는 계획된 대로 실행하게 됩니다. 이때 처음에는 부모님이나 선생님의 도움이나 피드백이 지속해서 제공될 필요가 있지만, 점차 실행의 주체를 학생 본인으로 이양하게 됩니다. 그리고 학습계획의 실행에 따른 학습 성과를 과정 중심으로 중간중간 점검하도록 합니다.

셋째, 실행 단계가 어느 정도 이루어진 후 또는 실행 단계가 종료된 이후에는 스스로 정한 학습목표를 달성했는지에 대해서 자기평가를 실행합니다. 평가 결과에 따라 스스로 세운 학습목표나 학습계획이 조정

되기도 하는데, 가령 목표를 초과 달성하였다면 향후 목표를 더 높일 수 있고, 그렇지 못하다면 목표를 낮추거나 목표를 달성하기 위한 학습 계획을 다시 보강할 수 있습니다.

자기결정 교수학습 모델은 사실 그 과정을 이해하기에 그리 어려운 방법은 아닙니다. 쉽게 말해서 일반적으로 선생님이나 부모님이 중심이 되어 수립해 왔던 학습목표와 학습계획을 학생이 주도적으로 수립할 수 있도록 지원하는 방법이라고 말할 수 있습니다. 하지만 비교적 쉽게 이해할 수 있는 이 방법은 발달장애 학생들의 자기결정 능력을 증진하고, 자기 주도적인 학습을 촉진하는 데 매우 효과적인 전략이 될 수 있습니다. 다만, 자신의 학습목표를 수립할 때, 발달장애 학생 본인이 주요하게 참여할 수 있도록 하는 부모님이나 선생님의 사고 전환이 꼭 필요하다고 하겠습니다. 또한 필요에 따라서 앞서 자기점검에서도 이야기한 자기점검 체크리스트 등을 제작해서 함께 활용할 수 있습니다.

자기결정 교수학습 모델의 단계별 진행과 실행해야 할 교수학습 절차에 대해서 제시한 표는 다음과 같습니다. 이 표는 위마이어(Wehmeyer) 외(2007)의 『Promoting Self-Determination in Students with Developmental Disabilities』에 제시된 그림을 발췌 및 수정한 것임을 밝힙니다.

〈표 2-6〉 자기결정 교수학습 모델의 1단계 : 목표설정

질문		교사 지원
나의 목표는 무엇인가?	⇦	교수적 지원 • 흥미, 능력, 교수적 요구에 대한 자기평가 • 인식 훈련 • 선택하기 교수 • 문제해결 교수 • 의사결정 교수 • 목표설정 교수
⇩		
질문 1 : 내가 배우고 싶은 것은 무엇인가?	⇦	부모님이나 선생님의 목표 • 학생이 구체적인 강점과 교수적 요구를 확인할 수 있게 한다. • 선호도, 흥미, 신념, 가치관에 대해 의사소통할 수 있게 한다. • 학생에게 요구에 대한 우선순위를 매기도록 지도한다.
⇩		
질문 2 : 지금 내가 알고 있는 것은 무엇인가?	⇦	• 학생이 자신의 현재 수준을 알아볼 수 있게 한다. • 학생이 자신의 환경 내에 있는 기회와 문제점에 대해 정보 수집을 할 수 있도록 지원한다.
⇩		
질문 3 : 모르는 것을 배우기 위해서는 무엇이 바뀌어야 하는가?	⇦	• 계획 실행의 초점을 능력 함양과 환경 수정 중 어디에 둘 것인지(또는 둘 다에 둘 것인지) 결정하도록 지도한다. • 우선순위 목록에서 한 가지 요구를 선택하도록 지원한다.
⇩		
질문 4 : 내가 할 수 있는 것은 무엇인가?	⇦	• 학생이 목표를 진술하고 목표 달성을 위한 준거를 파악하도록 지도한다. • 완료 시 2단계로 이동한다.

〈표 2-7〉 자기결정 교수학습 모델의 2단계 : 계획 실행

질문		교수적 지원
나의 계획은 무엇인가?	⇦	교수적 지원 • 자기일정 계획 • 문제해결 교수 • 자기교수 • 의사결정 • 선행단서 조정 • 자기옹호와 주장하기 훈련 • 선택하기 • 의사소통 기술 훈련 • 목표 달성 전략 • 자기점검
⇩		
질문 5 : 모르는 것을 배우기 위해 내가 할 수 있는 것은 무엇인가?	⇦	부모님이나 선생님의 목표 • 학생이 자신의 현행 수준과 자신이 파악한 목표 수준을 스스로 평가할 수 있게 한다.
⇩		
질문 6 : 계획을 실행하는 데 문제가 될 수 있는 것은 무엇인가?	⇦	• 학생이 자신이 평가한 현행 수준과 자신이 파악한 목표 수준 간의 차이를 메울 수 있는 학습계획을 결정하도록 한다.
⇩		
질문 7 : 이러한 문제를 없애기 위해 내가 할 수 있는 것은 무엇인가?	⇦	• 가장 적절한 교수전략을 파악하도록 학생과 협력한다. • 학생에게 필요한 학생 주도적 학습전략을 지도한다. • 학생 주도적 학습전략을 수행하도록 지원한다. • 학생과 성인이 서로 동의한 성인 주도적 교수를 일정 정도 제공한다.
⇩		
질문 8 : 언제 계획을 실행할 것인가?	⇦	• 학생이 학습계획을 위한 일정을 결정할 수 있게 한다. • 학습계획을 실시할 수 있게 한다. • 학생이 자신의 진보를 점검할 수 있게 한다. • 완료 시 3단계로 이동한다.

〈표 2-8〉 자기결정 교수학습 모델의 3단계 : 평가 및 조정

질문		교사 지원
내가 배운 것은 무엇인가?	⇦	교수적 지원 • 자기평가 • 의사결정 교수 • 선택하기 • 자기강화 • 목표설정 교수 • 자기점검 및 기록 • 문제해결 교수
⇩		
질문 9 : 내가 실행한 계획은 무엇인가?	⇦	부모님이나 선생님의 목표 • 학생이 목표 성취에 대한 진보를 스스로 평가할 수 있게 지도한다.
⇩		
질문 10 : 어떤 문제가 제거 되었는가?	⇦	• 학생이 바라던 성과와 실제 성취를 비교하기 위해 학생과 협력한다.
⇩		
질문 11 : 모르던 것에 대해서 어떤 변화가 있었는가?	⇦	• 학생의 성취가 불충분하다면 목표를 재평가하도록 학생을 지원한다. • 목표를 유지할 것인지, 또는 변경할 것인지 결정하도록 돕는다. • 필요하다면 학습계획을 변경하도록 학생을 지원한다.
⇩		
질문 12 : 알고 싶어 하던 것을 충분히 알게 되었는가?	⇦	• 학생의 성취가 적절하거나 부적절한지 또는 목표가 달성되었는지를 학생이 스스로 결정할 수 있게 한다.

출처 : Wehmeyer et al.(2007).

어느 정도 자기결정 능력을 갖춘 비장애인은 자기결정 교수학습 모델이라고 거창한 이름을 붙이지 않더라도 위에서 설명한 일련의 절차를 거쳐 자기 주도적인 과제 설정 및 실행을 하곤 합니다. 예를 들어, 체중

감량을 목표로 할 때, 어느 정도 기간 안에 얼마만큼의 체중을 감량할지를 목표로 정하고, 이를 위해 필요한 식단 관리, 운동의 종류나 강도를 관련 영상이나 자료를 참고로 해서 스스로 정하곤 합니다. 다만, 이렇게 자기 주도적으로 수립한 목표와 계획을 꾸준히 실행하는 일은 비장애인이라도 결코 쉬운 일은 아닙니다. 그게 말처럼 쉽다면, 비만 인구도 거의 없을 테고 비싼 돈을 주고 PT로 관리받는 사람도 별로 없을 수 있습니다. 그래서 비장애인이라도 어느 정도 그 학습이나 훈련 과정에 익숙해지고 그 활동 자체로 내적 동기를 얻기 전까지는 자기 주도적인 수행을 도모한다고 할지라도 적절한 수준의 지원과 관리 및 감독이 요구될 수 있습니다. 그리고 그러한 지원은 발달장애를 가지고 있는 학생에게라면 더 세심하고 체계적으로 이루어져야 할 필요가 있습니다.

4) 자기 주도적 탐구 전략(Directed Inquiry)

자기 주도적 탐구 전략은 발달장애 학생들이 교과 학습에 좀 더 원활하게 참여하게끔 하기 위해서 사용되고 있습니다. 자기 주도적 탐구 전략은 과학이나 사회과에서 비장애 학생들에게 많이 사용되는 탐구학습을 발달장애 학생들에게 효과적으로 적용하기 위해서 자기 주도적인 탐구 차트(일종의 도표조직자 형식)를 제공하여 주제에 대한 답을 좀 더 편하게 할 수 있도록 지원하는 전략을 말합니다. 예를 들어, 몇몇 연구에서는 기존의 KWL 전략에 H를 포함하여, KWHL 차트를 사회 및 과학 수업에 이용하였는데, 여기에서 KWHL은 다음과 같습니다.

- K(what to know) : 해당 개념에 대해 이미 알고 있는 점은 무엇인가?
- W(what they want to know) : 알고 싶은 점은 무엇인가?

- H(how to find out) : 학습하기 위한 방법은 무엇인가?
- L(what they learned) : 이 방법을 통해서 알게 된 점은 무엇인가?

이상의 질문들이 포함된 KWHL 차트를 사회 수업에 활용하여 자기 주도적 탐구학습을 촉진한 예는 〈표 2-9〉와 같습니다.

〈표 2-9〉 사회 수업에서의 KWHL 차트 활용 예

〈탐구문제〉
• 우리나라에서 국가적으로 시행하는 선거의 종류에는 어떤 것들이 있을까?

알고 있는 것(K)	알고 싶은 것(W)	찾는 방법(H)	알게 된 것(L)
• 선거의 뜻 : • 국가 뜻 : • 대통령의 뜻 :	• 우리나라에서 국가적으로 시행하는 선거의 종류	• 인터넷 검색 • 교과서 읽어보기 • 선생님께 질문	• 대선 : 대통령 • 총선 : 국회의원 • 지방선거 : 시장, 도지사, 교육감 등

자기 주도적인 학습은 비장애 학생뿐만 아니라 발달장애 학생들에게도 매우 중요합니다. 이는 앞서 설명하였듯이 결국 어떠한 기술을 수행해서 자신에게 도움이 되고자 한다면, 자기결정 능력에 따른 판단으로 목표행동을 수행해야만 하기 때문입니다. 하지만 발달장애 학생들은 초인지에서의 어려움 등으로 인하여 자기 주도적 학습에 어려움을 겪을 수 있습니다. 그렇기에 이 절에서 언급한 증거기반의 자기 주도적 학습 전략을 적절하게 활용하는 것이 필요합니다. 자기 주도적 학습에 대한 다른 내용은 뒤이어 제시할 테크놀로지 기반의 전략과 다음 장인 교육 내용 파트에서 자기결정 능력을 다루면서 제시하도록 하겠습니다.

석이 쌤의 특수교육 이야기

■ ■ 자기 주도적 학습전략 ■ ■

저는 수업을 마무리할 때, 종종 학생이 자신의 학습 내용 습득 및 수업 태도를 종합적으로 점검하도록 돕는 간단한 체크리스트를 주고, 학생들이 이 체크리스트로 자기 행동을 잠깐이나마 되돌아볼 수 있도록 하곤 합니다. 사실 지적장애의 정도가 심한 학생들의 경우에는 자기점검에 어려움을 느낄 때도 있습니다(이때는 자신의 기분 상태나 행동을 나타내는 이모티콘 등의 그림 상징을 선택해 볼 수 있도록 하는 정도로 실행할 수 있음). 하지만 꽤 많은 학생은 자기 행동을 스스로 되돌아보는 자기점검 및 평가 과정을 통해서 좀 더 나은 모습을 보이기 위해서 자신이 해야 할 일과 하지 말아야 할 일에 대해서 조금이라도 생각하는 모습을 보여줍니다.

이 외에도 저는 자기결정 교수학습 모델을 일부 적용하여, 가능한 경우에는 개별화교육계획의 장기목표 일부를 학생의 의견을 반영해서 수립하기도 합니다. 더 완전한 수준의 학생 주도형 개별화교육계획 수립은 아니더라도 부분적으로나마 이러한 과정을 통해 본인 스스로 자신의 학습목표를 수립하도록 함으로써, 학생들의 학습능률이 높아지는 사례를 몇 차례 경험할 수 있었습니다.

저는 자기 주도적인 학습전략이 학생들의 자기결정 능력을 높이는 데에도 도움이 되겠지만, 실제로 일상생활에서 배운 기술을 수행하도록 하는 데 있어서 반드시 포함되어야 하는 교육 방법이라고 생각합니다. 자기 주도적 학습전략이라는 방법을 너무 거창하게만 생각하지 않는다면, 상당수의 발달장애 학생도 충분히 자기 주도적인 학습이 가능하고, 또 필요하다는 점을 부모님이나 선생님 모두에게 안내하면서 글을 마칩니다.

3. 친구가 선생님이 되는 또래를 매개로 한 교육 방법

또래를 매개로 한 교육 방법은 특히 통합교육 장면에서 발달장애 학생의 학업적 기술과 사회적 기술 모두에 긍정적인 효과를 보인다고 보고되어 있습니다. 이러한 또래를 매개로 한 교육 방법에는 또래교수(peer tutoring), 또래 관계망 중재(peer network intervention), 그리고 또래 지원 배치(peer support arrangement) 등이 있습니다.

1) 또래교수(Peer Tutoring)

또래교수는 학생들이 서로의 지도자와 학습자가 되어 가르치고, 또 피드백을 받는 방법을 말합니다. 보통 또래교수는 학습 수준이 높은 학생(보통 비장애 학생 등)이 선생님의 지도와 꾸준한 지원을 바탕으로 상대적으로 학습 수준이 낮은 학생(예를 들어, 발달장애 학생)에게 개인교수를 제공합니다. 하지만 반드시 또래 교수자와 또래 학습자가 언제나 같아야 하는 것은 아니고, 상황이나 조건에 따라 또래 교수자와 또래 학습자의 역할을 상보적으로 바꾸어 볼 수도 있습니다.

또래교수는 또래 학습자뿐만 아니라 또래 교수자에게도 누군가를 가르치는 과정을 통해 자기효능감을 줄 수 있으며, 배운 지식의 복습 및 심화학습 등의 측면에서도 긍정적인 결과를 가져오는 것으로 보고되었습니다. 이러한 또래교수의 구체적인 전략으로 주로 문헌에서 제시되는 방법에는 크게 세 가지가 있습니다. 이 전략들은 읽기, 쓰기, 수학 등 다양한 학습 영역에 걸쳐 적용이 가능하지만, 가장 기본이 되는 읽기 영역에 초점을 맞춰서 예를 들도록 하겠습니다.

(1) 전 학급 또래교수

전 학급 또래교수(class-wide peer tutoring)란 말 그대로 전체 학급 학생 모두가 또래교수 활동에 참여하는 방법을 말합니다. 이 방법은 또래 교수자와 또래 학습자를 위해서 구조적이고 상보적인(역할을 교대하는) 역할을 포함하는 또래 중재 교수입니다. 전 학급 또래교수의 실행 순서 예시는 다음과 같습니다(신진숙, 2017).

① 먼저 선생님이 전체 학생들에게 활동에 참여하는 방법, 점수를 획득하는 방법, 피드백을 제공하는 방법 등에 대해서 안내합니다. 필요하다면 역할놀이 과정에서 체계적이고 집중적으로 이러한 방법을 가르칠 수 있습니다.

② 학급을 보통 2개 이상의 팀으로 나눕니다. 팀 안에서 학습 능력 수준이 다른 두 학생씩을 서로 짝지은 뒤(교수자-학습자) 과제를 제시합니다.

③ 또래 교수자는 또래 학습자를 지원하고 채점과 피드백 등을 제공합니다. 예를 들어, 오늘 배운 어휘를 어휘 카드로 복습하는 또래 교수 활동을 진행한다면, 또래 교수자는 어휘의 뜻이 적힌 카드를 또래 학습자에게 순차적으로 보여주고 정확한 어휘를 답하는지를 기록하고 채점합니다. 또한 오답을 말할 시 올바른 답을 제시함으로써 피드백을 제공할 수도 있습니다. 이러한 교수자와 학습자의 역할은 상보적으로 바뀔 수 있습니다. 만약 발달장애 학생이 포함된 경우라도 적합한 방식의 지원 제공(예를 들어, 어휘 카드 학습을 또래 교수로 한다면 발달장애 학생이 볼 수 있는 뒷면에 해당하는 사물의 그림을 그려두어 발달장애 학생도 정답 유무를 확인해 줄 수 있도록 하는 등의 지원 방법)을 통해 또래 교수자의 역할을 하도록 할 수 있습니다.

이러한 전 학급 또래교수에는 네 가지 주요한 원칙이 있습니다. 실제 현장에서는 이러한 원칙을 상황과 필요에 따라 적절하게 적용하면서 전 학급 또래교수를 진행할 수 있습니다. 이 원칙에는 다음과 같은 것들이 있습니다.

① 주 단위로 경쟁하도록 팀을 구성합니다. 팀은 필요에 따라 때때로 바꿀 수 있습니다.
② 구조화되고 체계적인 교수학습 절차를 통해 또래교수의 절차나 적절한 응답을 가르칠 수 있습니다.
③ 학생의 수행 결과를 자주 객관적으로 평가하고 그 결과를 게시합니다. 그런데 개인적으로 결과를 공개적으로 게시하는 부분은 요즘 교육 현장에서 불필요한 갈등을 유발할 수도 있다고 봅니다. 따라서 공개적 게시는 학생과 부모님의 충분한 동의를 받아 진행해야 하며, 어려울 시에는 생략할 수 있다고 봅니다. 그럼에도 게시 여부와는 관계없이 상시 측정과 평가는 이루어져야 합니다. 그리고 그 결과를 바탕으로 학생 개개인의 발전 정도를 확인하고, 필요하다면 학습 상담 또는 보충 학습이나 추가적 지원 등과 같은 교육적 결정에 측정 자료를 활용할 수 있습니다.
④ 또래교수로만 수업 시간 전체를 채우는 방법보다는 자기 주도적이고 직접적인 연습 및 학습 시간을 제공하는 것이 더 바람직할 수 있습니다.

(2) 또래 보조 학습전략

또래 보조 학습전략(peer assisted learning strategies)은 특히 읽기와 수학에서 학생의 기술을 개발하기 위해 설계된 또래 중재 학습 프로그램이라고 할 수 있습니다. 이 방법은 또래들이 자주 상호작용을 하며, 도우미(또래 교수자)와 배우미(또래 학습자)의 역할을 교대로 담당하는 구조화된 활동들을 이용합니다. 학습의 전 과정에서 또래 학습자에 대한 또래 교수자의 꾸준한 피드백이 제공되어야 합니다. 읽기 학습에서의 또래 보조 학습전략의 과정은 다음과 같습니다.

① **파트너 활동**(파트너 읽기) : 도우미와 배우미 두 파트너가 짝을 지어서 함께 글을 읽어나갑니다. 필요하다면 도우미가 먼저 글을 읽고 배우미가 따라 읽는 방식으로 진행할 수도 있습니다. 이때 학생의 읽기 이해를 돕기 위해서 읽기 전·중·후에 걸쳐 중간중간 읽은 내용을 다시 이야기해 보거나 적절한 이해 확인용 질문을 제시하여 배우미의 이해를 확인하는 과정이 수반됩니다. 교육 재료가 되는 글의 양과 수준은 배우미 학생의 읽기 수준을 충분히 고려하고, 필요하다면 전체 글을 적절하게 잘라서 제시할 수 있습니다.

② **읽은 내용 요약하기** : 글의 중심 내용을 파악하기 위해서 도표(그래픽) 조직자 등을 이용하여 짧고 간명하게 요약해 볼 수 있도록 합니다. 도표조직자는 도표, 차트, 마인드맵 등으로 학습 내용을 시각적으로 일목요연하게 요약하여 제시하는 방법입니다. 도표조직자의 예시는 교육 내용 장을 참고 바랍니다.

③ **예측하기** : 충분한 상호 대화 과정, 필요하다면 선생님의 적절한 설명을 참고하여 지금까지 읽은 글의 다음 상황을 예측합니다. 만약 이러한 방법으로 충분한 예측이 이루어지지 못한다면, 개인적인 경험으로는 그림이나 사진이 포함된 몇 가지의 상황 예시를 제시하고, 이 중에서 가장 적합하다고 생각하는 다음 상황의 예시를 고르도록 하는 방식으로 지원할 수 있었습니다.

(3) 협력적 읽기 전략

협력적 읽기 전략(collaborative strategic reading)은 읽기 소집단에서의 또래교수이며, 선생님이 소집단 전체를 지도하는 형식에서 이루어지는 또래교수라고 할 수 있습니다. 이 방법에서는 예습하기(예를 들어, 동영상 자료 등으로 배경지식 활성화 및 주요 어휘 파악하기 등), 점검하기(읽는 동안 읽기와 읽고 있는 어휘 점검하기), 요지 파악하기, 요약하기 등의 주요한 네 가지 과정이 순차적으로 수행됩니다. 이 과정에서 아래와 같은 세부적인 활동이 진행됩니다. 협력적 읽기 전략의 경우 개인적으로 발달장애 학생을 가르치는 현장에서 주로 활용하기에는 무리가 있을 수 있다고 판단하여, 지면 관계상 자세하게 제시하지는 않았습니다. 구글 등에서 검색(특히 영어 원어로 검색 후 번역 기능을 활용하면 더 풍부한 정보를 얻을 수 있음) 시 좀 더 자세한 내용을 확인할 수 있습니다.

① 선생님은 소집단의 각 학생에게 저마다의 역할을 부여합니다.
② 집단의 리더 역할을 맡은 학생은 그 집단이 과제에 집중할 수 있도록 촉진합니다.
③ 읽기 점검 전문가의 역할을 맡은 학생은 다른 학생들이 읽기 전략(예 어휘 검색하기, 도표조직자 활용하기, 선생님에게 설명 요구하기 등)을 이용하여 이해가 어려운 부분을 해결하도록 도와줍니다.
④ 요지 파악 전문가는 모든 학생에게 요지 파악 방법을 알려줍니다. 이때 도표조직자를 활용하거나 선생님의 도움을 받을 수 있습니다.
⑤ 집단을 대표하여 발표하고 응답할 발표자를 선정하고, 발표하도록 합니다.

2) 또래 관계망 중재(Peer Network Intervention)

또래 관계망 중재는 또래 구성원 간의 다양한 사회적 접촉 기회를 제공하여 응집력 있는 소집단을 형성함으로써, 또래 간의 사회적 관계성을 증진하도록 하는 개별화된 전략으로 정의할 수 있습니다. 쉽게 말해서 비장애 학생과 장애 학생을 포함하는 소집단(특수학교의 경우 장애 학생들로만 집단을 형성할 수도 있음)을 구성하여, 점심시간 등의 남는 여가 시간에 집단 활동을 해보도록 지원하는 방법을 말합니다.

예를 들어, 점심 식사 후 남은 점심시간을 이용해서 집단 내에서 생활연령이나 흥미 등을 고려하여 선정한 레고 조립, 보드게임이나 닌텐도 게임, 신체활동 등을 같이 해보도록 할 수 있습니다. 게임을 할 때는 승패에 집중하기보다는 적극적인 사회적 상호작용이 일어날 수 있도록 해주어야 하며, 이때 발달장애 또래가 게임에 참여하는 방법이나 최소 참여 시간, 핸디캡 등에 대한 규칙을 미리 설정해 둘 필요도 있습니다. 또 이러한 규칙을 준수했을 때 진심을 담은 칭찬과 함께 적절한 보상을 비장애 또래에게 제공하는 것도 고려해야 합니다. 또한 비장애 또래가 좀 더 풍부하고 정교화된 의사소통을 보일 수 있도록 때에 따라 선생님이 자연스럽게 촉진을 줄 필요도 있습니다. 그렇기에 특히 초기에는 또래 관계망 중재에 참여하는 적절한 비장애 또래를 선정하는 일부터 촉진자로서의 역할까지 선생님의 적극적인 활동이 반드시 필요하다고 볼 수 있습니다.

한편 영유아기 및 학령기 초반의 아동을 대상으로 발달장애 학생과 비장애 학생 몇 명으로 구성된 구조화된 놀이 모둠을 구성(특수학교 상황이라면 장애 학생으로만 구성해야 할 수도 있음)하고, 그 안에서 발달장애 아동이 가상놀이 기술, 소근육 운동, 의사소통, 사회적 기술 등의 목표행동을 수행하도록 적절하게 지원하는 전략으로 '구조화된 놀이 집단'이라는 증거기반의 전략도 있습니다. 이 전략은 가장 최근인 2020년에 목록화된 증거기반실제 매뉴얼에서 '또래 기반 교수 및 중재'에 포함되어 있습니다. 이 전략에 대한 설명은 아랫글을 참고 바랍니다.

> 구조화된 놀이 집단 중재는 넓은 범위의 성과를 가르치기 위해서 소집단을 사용하는 방법입니다. 이 활동은 명확하게 정의된 영역과 활동, 그리고 집단 내에 속할 비장애 또래의 특별한 선정, 명확하게 나열된 주제와 성인 촉진자의 이끄는 역할, 활동의 목적에 관한 학습자의 수행을 지원하기 위해서 요구되는 촉진이나 스캐폴딩 제공 등으로 특징지을 수 있습니다. 쉽게 말해서 소집단 내에서의 놀이 활동을 좀 더 환경과 개개인의 역할 등이 구조화된 상황에서 제공하고, 이 과정에서 목표행동(예 가상놀이 기술, 소근육 운동, 의사소통, 사회적 기술 등 다양함)을 장애 아동이 수행할 수 있도록 지원하는 데 목적이 있습니다.

여담으로 미국의 소아신경 심리학자 다니엘 레고프(Daniel LeGoff) 박사가 자폐성장애를 가진 아동의 사회적 상호작용 및 놀이 기술, 의사소통 등의 증진을 목적으로 개발한 레고 치료(Lego therapy)라는 방법이 있는데요. 여기서 '레고'는 우리가 흔히 알고 있는 장난감 '레고'가 맞습니다. 이 치료는 레고를 놀이 재료로 활용해서 구조화된 소집단 놀이 상황과 명확한 역할을 설정하고, 중재자의 적절한 촉진하에 놀이 프로그램을 진행하면서 사회적 기술의 발달을 지원하는 방법입니다. 개발자는 자폐스펙트럼장애를 가진 2명의 아동이 치료 대기실에서 레고를 가지고 놀면서, 이전에 보이지 않은 긍정적인 사회적 상호작용을 보여주는 것을 보고 영감을 받아 이 방법을 개발했다고 합니다. 이 방법은 레고 놀이 소집단 내에서 각 아동이 건축 설계자(설명서를 보고 그때그때 필요한 부품을 부품 공급자에게 알려주고, 어디에 조립해야 하는지 건축업자에게 안내하는 역할), 부품 공급자(건축 설계자의 설명을 바탕으로 부품을 찾아 건축업자에게 전달하는 역할), 건축업자(실제로 조립하는 역할), 그리고 감독자(올바르게 조립이 되었는지 확인하는 역할로 건축 설계자가 겸임할 수 있음) 등의 구조화된 역할을 맡아 시각적인 자료와 교수자의 적절한 도움을 받아 조립 활동을 진행하면서 자연스럽게 사회적 상호작용을 합니다. 교수자는 이때 좀 더 정교하고 올바른 의사소통을 점진적으로 가르칠 수도 있습니다. 관련 자료에서는 꼭 레고를 사용하지 않더라도 제과제빵, 요리 수업, 간단한 공예 활동 등 다양한 시간에 이 방법의 일부 또는 전체를 적용할 수 있다고 밝히고 있습니다.

이 방법은 개발자가 구조화된 놀이 집단 중재에 기반하고 있다고 명확하게 밝힌 것은 아니지만, 제가 개인적으로 관련 논문과 자료를 충분히 연구했을 때 앞서 설명한 바와 같이 여러 측면에서 구조화된 놀이 집단 중재의 요소를 상당수 포함하고 있다고 보입니다. 이 치료 방법에 대한 더욱 자세한 설명은 저자의 블로그 글을 참고하신다면, 관련 영상 시청 등 도움을 얻을 수 있습니다(blog.naver.com/bjs718/222717842122).

다시 돌아와서, 저자(2016)는 특수학교의 학생들을 대상으로 다양한 장애를 가진 학생들이 포함된 소집단을 구성하여, 점심시간에 연극놀이 활동을 활용한 또래 관계망 중재를 수행해 본 경험이 있습니다. 이를 통해 자폐성장애 학생들과 지적장애 학생들의 사회적 상호작용이 향상되는 결과를 확인할 수 있었습니다. 이 연구의 독립변인이었던 또래 관계망 중재는 신체적 동작을 이용한 친교활동, 역할놀이, 상황 만들기,

상상과 변형 활동 등을 포함하는 연극놀이(고용노동부, 2013)의 방법론을 활용하여 구조화된 또래 관계망 활동을 실천해 보는 프로그램입니다.

이 연구에서는 『애들아, 우리 연극놀이 하자(연극으로 어울리는 사람들, 2015)』에서 제시된 연극놀이 활동 중에서 연구 참여자가 경도에서 중도의 지적장애를 가지고 있어 모방하기 쉬운 비교적 간단한 활동들을 실시해야 한다는 점과 종속변인을 고려했을 때 또래 간의 사회적 접촉성을 강화할 수 있어야 한다는 조건, 그리고 점심시간 30분 동안에 연구 참여자 6명이 동시에 2명씩 짝을 이루어 연극놀이 활동을 수행할 수 있어야 한다는 점 등을 고려하여 〈표 2-10〉과 같이 연극놀이 프로그램을 구성하였습니다.

〈표 2-10〉 연극놀이 프로그램 예시

순	활 동	내 용
1	이어지는 체조	학생마다 돌아가면서 자신만의 독창적인 체조나 간단한 동작을 먼저 보여주고 다른 학생들은 이를 함께 따라 모방해 본 뒤, 왜 이 동작을 생각했는지 발표해 보는 활동이다. 연극에 필요한 모방 능력을 익히면서 본격적인 연극놀이 이전에 신체를 이완해 보는 준비 활동 성격의 연극놀이이다.
2	걸으면서 인사하기	학생들 전체가 빈 공간을 찾아 자유롭게 돌아다니면서 마주치는 사람과 인사를 한다. 처음에는 한 가지 방법으로 인사를 하다가 점차 여러 방법의 인사(손 흔들기, 영어로 인사하기, 악수하기, 포옹하기 등)를 해볼 수 있도록 한다. 연극에 필요한 공간개념을 익히면서, 또래 간의 친밀도와 집단 유대감을 높일 수 있는 연극놀이이다.
3	Go, Stop, Back, Jump	학생 모두가 빈 공간을 찾아 자유롭게 걷는다. 교사가 걷기, 멈추기, 뒤로 돌기, 점프하기 등의 지시를 내리면 이에 맞춰 학생들은 그대로 동작을 따라 해야 한다. 처음에는 교사가 지시자의 역할을 하다가 점차 또래 촉진자에게 역할을 이양하게 된다.

4	거울놀이	두 사람이 짝이 되고 이들 중 한 사람은 '사람', 다른 한 사람은 '거울'이 된다. 거울은 사람이 행동하는 대로 동작을 따라 해야 하며, 처음에는 작은 동작부터 점차로 큰 동작으로 변형되게 되고, 두 사람의 역할은 교대로 이양되게 된다. 연극의 기본이 되는 타인의 행동을 따라 하는 모방 능력 향상에 도움이 되며, 또래 간의 밀착된 활동을 통해 사회적인 접촉이 증대되도록 하는 놀이이다.
5	심장놀이	먼저 심장이 우리 몸에 어떤 역할을 하는지 간단하게 지도한다. 그리고 공을 준비한 뒤, 공을 심장이라고 생각하고 심장이 땅에서 떨어지면 고통을 느끼는 흉내를 내야 한다는 것을 지도해 본다. 둥글게 서서 학생들끼리 눈을 마주치면서 공을 주고받다가 실수로 공이 떨어지면 온몸으로 괴로워하는 흉내를 내본다. 기초적인 연기력의 향상을 도모하고, 눈 맞춤 등을 포함하는 사회적 접촉을 증진할 수 있도록 하는 연극놀이이다.
6	막대기로 변형하기	팔 길이 정도의 막대기 2개를 준비하여, 돌아가면서 막대기를 다른 사물에 빗대어 연기해 본다(가령 막대기 2개를 이용하여 스키를 타는 모습을 보임). 다른 학생들은 어떠한 동작을 보인 것인지 맞히고, 이를 따라 한다.
7	대장 찾기	술래 한 명을 정해서 밖에 나가 있게 한 뒤에 대장을 선정한다. 대장은 신체를 이용하여 어떠한 행동을 보이고, 다른 학생들은 대장의 행동을 주의 깊게 살펴보고 이를 모방하게 된다. 술래는 대장이 누군지 찾아보도록 한다.
8	몸으로 말해요	성인 중재자가 지정된 단어나 문장을 제시하면, 이를 순차적으로 몸동작만을 이용하여 설명하게 되며, 마지막 학생은 어떠한 문장을 설명하는 것인지 알아맞혀 보는 연극놀이 활동이다. 학생들의 표현력, 창의성, 사회적 관계를 강화할 수 있도록 할 수 있다.

출처 : 변관석(2016b).

3) 또래 지원 배치(Peer Support Arrangement)

또래 지원 배치는 흔히 우리나라의 통합교육 현장에서 실행하고 있는 또래 도우미 제도를 더 체계적으로 실시하는 방법을 말합니다. 발달장애 학생 한 명에게 또래 도우미가 최소한 한 명 이상 배정(또래 도우미의 애로점을 고려해서 가능하다면 교과 학습, 일상생활, 예체능 등의 영역별로 여러 명의 또래 도우미가 배정되는 것이 더 적절할 수 있음)될 수 있습니다. 또래 도우미는 발달장애 학생이 통합학급에서 적응할 수 있도록 교과, 생활 측면에서 도움을 줄 수 있습니다. 또한 지속적인 상호작용 기회를 제공할 수 있으므로 발달장애 학생의 사회적 의사소통 증진에도 도움이 됩니다.

다만, 적절하게 또래 지원 배치가 이루어지기 위해서는 무엇보다도 좋은 또래 도우미를 선정하는 것이 가장 우선되어야 합니다. 최근에는 입학사정관 제도를 포함하여 다양한 고등학교와 대학 입학 전형이 있으므로 교육이나 사회복지 관련 학과에 진학을 희망하는 학생들을 중심으로 또래 도우미 역할을 해볼 수 있도록 하는 것도 하나의 좋은 방법이 될 수 있습니다. 이때 학교 관리자 및 담임교사 등과 협의하여, 생활기록부에 또래 도우미 관련 내용을 기록하고, 필요하다면 또래 도우미 활동에 대한 표창을 수여하는 등의 행정적인 처리가 필요할 수 있습니다.

또래 도우미가 선정된 다음에는 발달장애 학생의 특성과 이들에게 적절한 지원을 제공하는 방법에 대해서 교육 및 훈련을 충분하게 제공할 필요가 있습니다. 이러한 교육이나 훈련은 창의적 체험활동 시간 등을 이용해서 담임교사나 특수교사가 진행할 수 있습니다. 또래 도우미에게 제공해야 하는 교육의 내용으로는 다음과 같은 것들이 있습니다.

- 발달장애 친구의 장점을 인식할 수 있는 강점 중심의 장애 이해 교육을 제공합니다.
- 지적장애와 자폐성장애를 포함하는 발달장애 학생의 일반적인 특성과 기본적인 지원 방법을 안내합니다.
- 또래 지원을 받는 해당 학생의 개인적인 특성과 이에 대한 지원 방향을 안내합니다.

- 학습 영역, 사회성 영역, 학교생활 영역 등 영역별 지원 방법을 상세하게 안내합니다. 앞서 살펴본 체계적 교수 중 과제분석, 시간지연(기다리기)이나 최소촉진체계 등 전문용어를 최대한 배제하면서 설명하고 시범 보여주고, 가능하다면 역할놀이를 통해 연습해 보도록 할 수 있습니다.
- 문제행동(도전적 행동이나 어려운 행동)의 발생을 예방할 수 있는 기본적인 방법과 함께 이러한 행동 발생 시의 기본적인 대체 방법에 대해서 안내합니다.
- 교사와 협의한 적절한 격려와 강화제 제공 방법에 대해서 안내합니다. 이때 동등한 또래 관계가 아니라 보상을 제공하는 선생님과 학생의 관계로 또래 도우미가 인식하게 된다면 다양한 문제가 발생할 우려가 있습니다. 따라서 이에 대한 충분한 설명이 필요합니다.

4차 산업 시대로 나아갈수록 오히려 인공지능이 대체하기 힘든 인간의 본성인 '인간성'에 대한 교육적 중요성은 더 커지고 있습니다. 여러 미래학자가 미래 사회에서 살아남을 직업 중 상당수가 인간성을 기반으로 하는 직무라고 예측한다는 점은 결코 과장된 주장이 아니라고 생각합니다. 이러한 이유로 인성을 함양하기 위한 다양한 교육이 최근 교육계에서 많은 관심을 받고 있지만, 사실 통합교육 장면에서 여러 장애를 가진 학생과 함께 생활하고 때로는 그들의 특성과 어려움을 이해하며 조금이나마 무언가를 양보하는 반복적인 경험은 그 어떤 인성교육 이상으로 인간성을 함양할 수 있는 좋은 기회가 될 수 있다고 확신합니다. 이런 관점에서 보면, 또래교수나 또래 관계망 중재, 또래 지원 배치와 같은 또래 기반의 교육 방법이 비장애 학생들에게도 의미 있는 교육 수단이 될 수 있다고 봅니다.

다만, 또래 기반의 교육을 실행할 때는 비장애 또래가 가질 수 있는 여러 가지 심리적 어려움 역시 충분히 고려해야 하고, 점진적으로 책무성이나 역할을 조금씩 더 부여해 가야 합니다. 또한 이들에 대한 충분한 격려 및 인정과 함께 필요하다면 연령대에 적합한 적절한 보상 방법을 고려해 볼 필요성도 있습니다.

4. 테크놀로지를 기반으로 하는 스마트한 교육 방법

최근의 테크놀로지(기술) 발전은 발달장애 학생을 위한 테크놀로지 기반 중재의 활용도를 높이는 데 기여하였습니다. 특히 스마트폰, 태블릿 PC 등을 포함하는 스마트기기의 적극적인 활용을 통해서 발달장애 학생들을 위한 다양한 교육 자료가 개발 및 적용되고 있습니다. 실제로 테크놀로지를 기반으로 하는 다양한 교육 방법은 전통적인 교수전략과의 접목을 통해서 발달장애 학생의 교과 학습, 일상생활 기술, 직무 기술 등의 학습에 있어 그 효과성이 입증되고 있습니다.

테크놀로지를 기반으로 하는 교육 방법에는 크게 다양한 유형의 자기촉진체계(self-prompting system)와 함께 컴퓨터(또는 스마트기기) 보조 교수가 있습니다. 이 외에 장애 학생의 신체 및 지적인 어려움을 보완하기 위한 다양한 유형의 보조공학(assistive technology) 기기들도 테크놀로지를 기반으로 하는 교육 도구에 포함될 수 있는데, 이러한 보조공학 기기에 관한 내용은 국립특수교육원의 에듀에이블 사이트[1]의 에듀테크 코너에서 더 자세하게 확인할 수 있습니다.

---

1) www.nise.go.kr/main.do?s=eduable

1) 자기촉진체계(Self-prompting System)

앞서 체계적 교수 파트에서 반응촉진 체계에 대한 설명을 읽어보셨을 것으로 압니다. 앞서 설명해 드린 대로 반응촉진 체계는 발달장애 학생의 목표행동(기술) 학습을 위해서 언어적 촉진, 모델링, 신체적 촉진 등의 방법으로 지원을 제공하는 방법을 말합니다. 자기촉진체계도 사실 이러한 반응촉진 체계의 하나라고 볼 수 있습니다. 중요한 차이점이 있다면 일반적인 반응촉진은 선생님, 부모님, 때로는 또래 등을 포함하는 타인의 교수적 지원을 필요로 하지만, 자기촉진은 몇몇 촉진 매체를 학생이 스스로 이용하여 목표행동(기술)을 수행하는 데 필요한 도움을 받는다는 것에 있습니다. 이러한 자기촉진의 활용을 통해서 발달장애 학생들은 과제 수행에 대한 독립성을 높여, 실제 환경에서의 일반화 가능성을 확장할 수 있습니다.

학습자 스스로 각종 촉진체계를 조작하여 본인에게 독립적인 과제 수행에 대한 도움을 제공하는 전략인 자기촉진의 매체에는 그림, 텍스트(textual), 비디오 동영상, 청각적 자료 등이 포함되며, 두 가지 이상의 매체를 동시에 활용할 수도 있습니다.

(1) 비디오 기반의 자기촉진체계

비디오 기반의 자기촉진체계는 목표행동이나 기술에 대해서 스마트기기 등의 도구를 이용하여 비디오로 녹화된 영상으로 시범을 제공해 주는 방법으로, 계속된 교사의 시범이 아닌 학생 스스로 자발적인 촉진을 제공받는 것이 가능합니다. 또한 비디오 기반의 자기촉진체계는 광범위한 연령대나 장애 정도를 가진 발달장애 학생을 위한 증거기반의 실제로 인정되고 있으며, 적용 영역도 교과, 사회적 기술, 직무 기술 등 매우 다양한 것으로 알려져 있습니다. 비디오 기반의 자기촉진체계의 유형은 범주에 따라서 다양하게 제시할 수 있는데, 그 내용은 아래와 같습니다.

① 모델링(시범) 동영상의 제시 시점에 따라

- (일반적인) **비디오 모델링** : 전체 시범 동영상을 시청한 뒤 과제를 수행하는 일반적인 형태의 비디오 모델링 중재를 말합니다. 보통 상대적으로 적은 수의 단계를 가진 목표행동을 수행하도록 가르칠 때 주로 사용할 수 있습니다. 예를 들어, 출근 전에 직장 상사를 보면서 적당한 거리로 다가서서 고개를 숙이며 "안녕하세요."라고 인사하는 30초~1분 내외의 동영상을 시청하고, 곧이어 실제로 출근했을 때 방금 본 영상을 참고해서 직장 상사에게 예의 바르게 인사할 수 있습니다.
- **동시적 비디오 모델링과 연속적 비디오 모델링** : 시범 동영상을 시청하면서 동시에 과제를 수행합니다. 만약 더 나아가 과제를 모두 마칠 때까지 계속해서 동영상을 다시 볼 수 있도록 자동 반복 재생된다면, 이는 연속적 비디오 모델링 중재라고 말하기도 합니다. 예를 들어, 작업대에서 간단한 조립 작업을 수행하도록 할 때, 직무 공정의 수행 과정이 계속해서 영상으로 제시되고, 발달장애 작업자가 이를 필요에 따라 적절하게 활용한다면 동시적 비디오 모델링이자 연속적 비디오 모델링 중재가 될 수 있습니다.
- **비디오 촉진**(비디오 프롬팅) : 일반적인 비디오 모델링 중재는 한 번에 전체 과정에 대한 동영상을 제시하지만, 비디오 촉진은 과제분석한

각 하위 과정을 20~40초 정도의 동영상 클립으로 끊어서 제시합니다. 학생은 첫 번째 동영상 클립을 본 뒤, 해당 하위단계의 과제를 수행합니다. 그 이후에 다음 단계의 동영상 클립을 보고, 해당 단계의 과제를 수행합니다. 이러한 방식으로 마지막 동영상 클립까지 보고, 마지막 하위단계의 행동을 수행합니다. 예를 들어, 다소 복잡한 조립 과제의 시범 동영상을 10개의 동영상 클립으로 잘라 별개의 파일로 제작합니다. 그리고 첫 번째 동영상 클립부터 순차적으로 보면서 해당 하위 조립 과제를 수행하고, 다시 다음 동영상 클립으로 넘어가는 식으로 마지막 동영상 클립의 시청과 이에 대한 하위 과제 수행까지 순서대로 진행할 수 있습니다. 일반적으로 비교적 복잡한 연쇄적 행동(기술)의 경우에는 과제의 복잡성과 발달장애 학생의 기억 문제 등으로 인해서 비디오 모델링에 비해서 비디오 촉진이 더 효과적인 것으로 여러 연구를 통해 확인되었습니다.

② 시범자(모델)의 유형에 따라

동영상 속 모델은 일반적으로는 선생님, 부모님, 기타 불특정 다수가 수행할 수 있지만, 상황에 따라서는 학생의 동기를 유발하고, 자기 주도적 학습을 촉진하기 위해서 다음과 같은 모델을 사용할 수 있습니다.

- 비디오 자기 모델링 : 주의력에 어려움을 지닌 지적장애 등을 포함한 장애를 가진 학생 중 일부는 일반적인 시범자를 통해서는 적절한 학습이 어려울 수 있습니다. 이때 학습자 본인이 자기 행동의 모델이 되어 자신이 하는 행동을 따라 수행할 수 있다면 주의력 부족 문제를 어느 정도 해소할 수 있을 뿐만 아니라 과제를 성취하는 본

인의 모습을 통해 긍정적인 자아 인식도 가능하게끔 할 수 있습니다. 비디오 자기 모델링은 긍정적 자기 고찰과 피드 포워드(선형 피드백)의 두 가지 기법이 있는데, 그 내용은 〈표 2-11〉과 같습니다.

〈표 2-11〉 비디오 자기 모델링의 두 가지 기법

유 형	설 명	예 시
긍정적 자기 고찰	어떠한 목표행동의 상당수 또는 전체를 수행할 수는 있지만 그 정확성이나 유창성이 부족할 때 주로 사용하는 방법입니다.	농구 슛을 연습할 때 철수가 자신이 정확한 자세로 슛을 던져 골을 넣는 모습만 편집하여 담은 동영상을 꾸준히 보면서 슛을 연습하게 합니다.
피드 포워드 (선형 피드백)	피드 포워드 기법은 연쇄적으로 단계가 있는 행동의 각 단계는 일부 또는 전체를 수행할 수 있지만 완성된 행동으로 표현하지는 못할 때 적용하는 기법입니다.	가구를 만드는 각 단계를 수행하는 모습을 모아 편집하여, 마치 하나의 가구를 만드는 과정 전체를 할 수 있게 보이도록 해서 동영상을 제작하고, 수행에 활용합니다.

- 비디오 또래 모델링 : 비디오 자기 모델링은 학생들의 동기를 유발하는 데 효과적으로 적용될 수 있지만, 학생의 현행 수준에 따라서는 시범 동영상 촬영에 어려움을 겪을 수도 있습니다. 비디오 또래 모델링은 이러한 단점을 보완하는 차원에서, 학생이 평소에 잘 알고 있으면서 모델의 역할을 할 수 있는 또래가 시범자의 역할을 합니다.

③ 동영상 촬영 시점에 따라

- 1인칭 시점 비디오 모델링 : 마치 1인칭 게임 장면과 마찬가지로 학생이 눈으로 바라보는 시점에서 시범 동영상이 재생될 수 있도록 합니다. 따라서 보통 화면에는 과제를 수행하는 손동작을 중심으로 영상이 제시됩니다. 상황성을 높일 수 있으며 때에 따라서 공정이

복잡한 기술의 수행을 동영상으로 제시할 때 시점 차이로 헷갈리는 부분도 방지할 수 있습니다.

- **3인칭 시점 비디오 모델링** : 1인칭 시점이 아닌 전체적으로 화면이 제시되어 시범자의 모습 중 상당수가 등장하는 일반적인 형태를 3인칭 시점 비디오 모델링이라고 말합니다. 1인칭 시점과 3인칭 시점 모두 어떤 방식이 우월하다기보다 상황이나 과제의 특성에 따라 그때그때 더 적절한 시점이 있는 만큼, 보통은 이 두 시점을 적절하게 배합하여 시범 동영상을 제작합니다.

시범 동영상을 만들 때는 먼저 목표행동에 관한 과제분석을 통해서 하위단계 행동을 명확하게 구분하는 일이 선행되어야 합니다. 또 이러한 시범 동영상은 선생님이나 부모님이(또는 학생 본인이) 직접 만들어서 활용할 수도 있지만, 인터넷에 탑재되어 있는 다양한 동영상을 적절하게 이용할 수도 있습니다. 실제로 네이버, 구글 등의 검색엔진과 세계 최대의 동영상 플랫폼인 유튜브 등에는 요리, 가구 제작, 각종 일상생활 기술 등 다양한 기술에 대한 동영상을 검색하여 찾아볼 수 있어 발달장애 학생들에게 유용한 도구가 될 수 있습니다. 또 국립특수교육원 에듀에이블의 '교수학습지원' 코너에는 클립형 교육 영상 자료를 제공하고 있으며, 국립특수교육원 온맘의 '온맘TV' 코너에서도 발달장애 학생과 성인이 직접 만들 수 있는 간단한 요리의 시범 동영상을 제작하여 제공하고 있습니다. 그리고 발달장애인 콘텐츠 전문 사이트 '다모아'에서는 검색을 통해 좀 더 손쉽게 발달장애인에게 적합한 각종 영상 자료를 제시하고 있어 그 활용성이 높다고 볼 수 있습니다. 모두 포털 검색으로 손쉽게 접속할 수 있습니다. 따라서 동영상을 스스로 제작하기 전에 지도하고자 하는 동영상이 인터넷상에 존재하는지를 먼저 확인해 보는 것도 시간 절약 측면에서 효과적일 수 있습니다. 요즘은 스마트폰에 내장된 사진 및 영상 편집 앱만 이용해도 꽤 쓸만한 편집도 가능합니다.

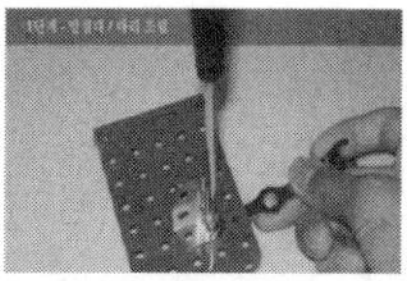	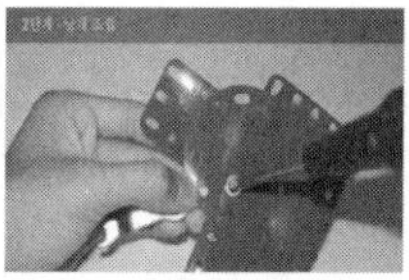	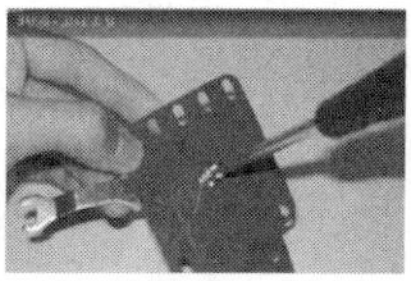	
1단계–받침대/ 다리조립 : 38초	2단계–날개조립 : 40초	3단계–꼬리조립 : 39초	4단계–몸통조립 : 35초
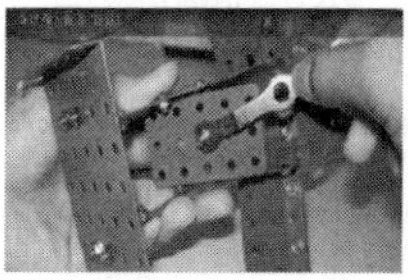		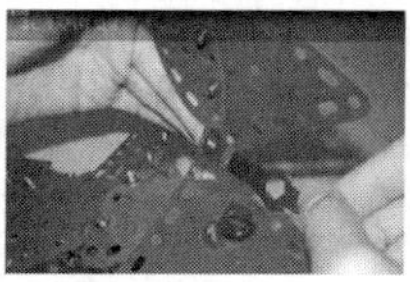	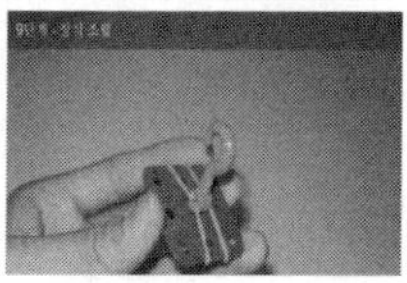
5, 6단계–몸통연결, 머리조립 1 : 33초	7단계–머리조립 2 : 30초	8단계–머리연결 : 30초	9, 10단계–장식조립, 완성 확인 : 35초

| 그림 2-4 | 비디오 촉진(프롬팅) 동영상 클립의 예(직무 기술 중 조립기술)

(2) 그림 기반의 자기촉진체계

그림촉진(picture prompting)은 행동의 결과나 행동연쇄의 각 단계에 참여하고 있는 모습을 사진으로 찍거나 그림으로 그려서 학습자가 순서에 맞게 행동할 수 있도록 촉진으로 이용하는 것을 말합니다. 학습자는 순서에 맞게 사진을 보아야 하고, 각 사진은 묘사된 행동에 대한 자극통제를 가져야 합니다. 쉽게 말해서, 각 하위단계 행동을 묘사하는 사진이나 그림이 실제로 해당 행동을 학습자가 충분히 수행할 만한 정도의 도움을 주어야 한다는 말입니다.

최근 여러 연구에서는 그림촉진이 중도 지적장애 청소년들이 세탁물 정리나 공구 조립, 그리고 수학에서의 문장제 문제해결과 같은 과제들을 수행하는 데 있어서 적절하게 활용될 수 있음을 보고하였습니다. 해당

연구자들은 공책에 과제의 각 단계에 대한 그림을 그려두고, 연구 참여자들에게 그림촉진을 활용하는 방법을 지도하였습니다. 연구결과 모든 연구 참여자는 독립적으로 공구를 이용한 조립작업을 수행할 수 있게 되었습니다. 최근에는 전통적인 방식의 그림촉진에서 나아가 발달장애 학생들이 휴대하기 편하도록 스마트기기에 그림촉진 자료를 저장해서 편의에 따라 활용할 수 있도록 하기도 합니다.

저자(2018) 연구에서는 비디오 촉진(프롬팅)과 그림촉진이 함께 적용되었을 때 효과성이 높아진다는 연구결과도 있었습니다. 그리고 그림촉진과 텍스트(textual) 촉진이 함께 적용되었을 때, 그림촉진만 제공되었을 때보다 연쇄적 기술을 가르치는 데 더 효과적일 수 있다는 연구도 있었습니다.

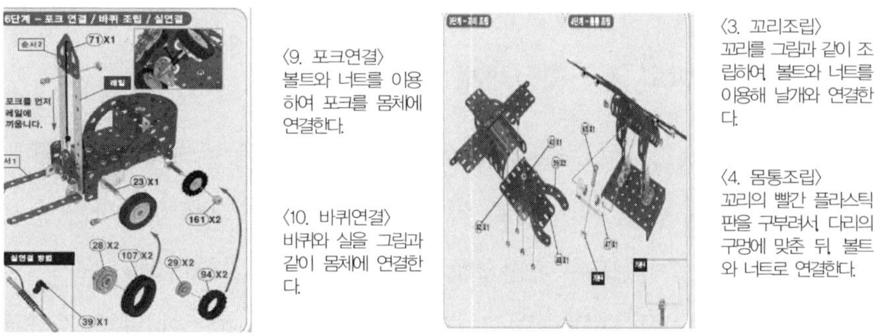

지게차 과제 앵무새 과제

| 그림 2-5 | 그림 및 텍스트 촉진을 동시에 활용한 자기촉진도구의 예(조립기술)
출처 : 변관석 · 신진숙(2018).

(3) 텍스트 기반의 자기촉진체계

텍스트(textual) 촉진 또는 성문과제분석(written task analysis)은 주로 읽기 능력이 있는 아동에게 행동연쇄 또는 다단계 기술을 가르칠 때 사용됩니다. 이 체계를 활용하여 행동 및 기술을 교수할 때, 중재자는 지도할 행동 및 기술을 적절하게 과제분석하여 학습자에게 제시하고, 학습자는 이를 그대로 사용할 수 있습니다.

예를 들어, 어떠한 조립 상품을 구매하였을 때 지시 사항을 그대로 읽고 따라 하면 되는 것과 같습니다. 이때 그 지시 사항이 바로 텍스트 촉진 또는 성문과제분석이라고 볼 수 있습니다. 텍스트 기반의 촉진은 연구 참여 학생이 지시를 읽고 이해할 수 있으며, 그것을 행동으로 옮길 수 있어야 적용이 가능합니다. 텍스트 촉진이 효과적으로 적용되기 위해서는 과제분석이 명확하게 이루어져야 하며, 행동이나 기술의 각 요소를 구체적으로 기술할 필요가 있습니다. 다만, 이 방법을 적용하고자 하는 해당 발달장애 학생의 학습 수준에 기초했을 때, 길고 자세한 글을 이해하는 데 어려움이 있다면, 과제분석을 좀 더 세밀하게 나누는 방법으로 각 단계에 대한 설명은 비교적 짧고 명료하게 제시할 수 있도록 하는 것도 고려해야 합니다. 또한 발달장애 학생들에게는 텍스트 촉진만 단독으로 적용하기보다는 그림촉진이나 비디오 기반의 촉진과 함께 활용할 수 있도록 자료를 만드는 것이 더 효과적이라고 알려져 있습니다.

(4) 자기 청각적 촉진체계

자기 청각적 촉진은 어떠한 기술을 수행하기 위해 요구되는 언어촉구를 사전에 녹음하고, 가능한 한 학생이 기계를 직접 작동하여 목표기술 수행에 필요한 언어촉구를 청각적으로 제공받는 것을 말합니다. 몇몇 연구에서는 이러한 자기 청각적 촉진체계를 사용하여 장애 학생에게 직업기술을 습득하게 할 수 있음을 증명하였습니다.

중재자는 복잡한 다단계 과제를 요소별 하위 과제로 나누고, 각 단계에 대해 언어촉진 또는 설명(지시)을 녹음합니다. 학생은 스마트폰에 내장된 애플리케이션을 이용하거나 휴대용 MP3 등을 이어폰이나 헤드셋에 연결하여 작동하는 방법과 지시에 맞춰 행동하는 것을 배우게 됩니다. 먼저 참여 학생에게 각 단계를 듣도록 지시하고 이를 수행하기 위해 기기를 작동하게 합니다. 이후에 참여 학생은 해당 하위단계의 과제를 수행하게 되고, 해당 단계의 수행이 종료된 이후에는 다시 기기를 켜고 다음 단계의 녹음된 내용을 듣고 촉진을 받게 됩니다.

위와 같은 기술의 습득 상황에서와 더불어 자기 청각적 촉진체계는 과제 수행의 유창성을 증가시키는 데에도 사용될 수 있습니다. 예를 들어, 학생이 회사에서 직무를 수행할 때 집중력이 흐트러지고 작업 속도가 현저히 느려질 때가 몇 분에서 십여 분 간격으로 발생한다면 그 시간대마다 "계속해." 혹은 "집중해, 얼마 있으면 휴식 시간이야."와 같은 음성을 듣도록 할 수 있습니다. 이러한 절차의 장점은 상당수의 직업 수행에서 이어폰이나 헤드셋의 사용이 앞서 설명한 다른 자기촉진체계에서 사용하는 도구를 이용하는 것보다 더 편리할 수 있다는 점입니다. 요즘에는 블루투스로 선이 없는 형태의 이어폰이나 헤드셋으로 좀 더 손쉽게 청각적 촉진을 들을 수 있습니다. 따라서 장기적 혹은 영구적으로 촉진이 필요한 발달장애인이라면, 상황이나 학습자의 특성에 따라 자기 청각적 촉진을 적절하게 활용할 수 있습니다.

이와 같이 자기촉진체계에는 여러 유형이 있습니다. 효과적인 자기촉진을 위해서는 먼저 자기촉진체계를 개발하기 위한 절차가 적절하게 수행되어야 합니다. 그림촉진, 청각적 촉진, 비디오 기반의 촉진을 포함하는 자기촉진체계의 제작 절차는 〈표 2-12〉와 같습니다.

〈표 2-12〉 자기촉진체계의 개발 절차

그림 기반의 자기촉진	자기 청각적 촉진	비디오 기반의 자기촉진
1. 중재의 목표가 되는 과제를 명확하게 선정하기		
2. 목표가 되는 과제에 대한 과제분석 실행하기		
3. 그림의 유형 선정하기 (그림, 사진, 상징 등)	청각적 촉진의 스크립트 결정하기	비디오 모델링과 비디오 프롬팅 중에서 적절한 것 선택하기
4. 그림과 동반하여 사용될 단어 선정하기	청각적 촉진에 사용될 목소리나 톤 선택하기(학생 본인, 교사, 부모, 또래 등)	– 시청 관점 선택하기 (1인칭, 3인칭, 혼합 등) – 모델 선정하기 (본인, 또래, 교사 등)
5. 어떠한 방식으로 그림이 제시될지 결정하기 (공책, 컴퓨터, 태블릿 등)	어떠한 방식으로 청각적 촉진이 학생에게 제시될지 결정하기(MP3, 스마트폰, 블루투스 스피커 등)	어떠한 방식으로 동영상이 학생에게 제시될지 결정하기(스마트폰, 태블릿, TV 등)
6. 촉진체계를 개발하고, 타인을 대상으로 촉진체계의 활용성을 예비-시험하며, 이를 바탕으로 필요한 내용을 수정하기		
7. 학생이 촉진체계와 함께 자기관리 기술(예를 들어, 자기점검, 자기평가)을 사용할지 결정하기		
8. 자기촉진체계를 사용한 과제 수행 결과에 대해서 꾸준히 평가하기		

출처 : Weng & Bouck(2017).

이러한 절차에 따라 자기촉진 매체가 결정되고, 도구가 개발되고 나면, 자기촉진을 활용한 과제 수행(학습)이 이루어지게 됩니다. 앞서 말했듯이 자기촉진은 교과 학습, 일상생활 기술, 직무 기술, 심지어 사회적 기술 등에서 다양하게 활용될 수 있습니다. 예를 들어, 학습 영역에서는 기본적인 연산 과정이나 수학 문장제 문제를 푸는 과정을 비디오 동영상으로 찍은 뒤에 학생이 이를 단계별로 시청하면서 문제를 해결해 나갈 수 있도록 한 연구도 많이 있습니다. 이러한 연구를 바탕으로 최근 문헌연구에서는 비디오 모델링 기반의 자기촉진체계가 발달장애 학습자의 수학 교과 학습에 있어서 증거기반을 충분히 갖춘 것으로 평가되기도 했습니다(관련 논문 요약 : blog.naver.com/bjs718/223520460202).

다만, 중요한 점 하나는 자기촉진체계의 매체가 상대적으로 높은 수준의 테크놀로지를 기반으로 한다면(예를 들어, 컴퓨터, 스마트기기 등) 발달장애 학생들에게 먼저 기기를 능숙하게 활용할 수 있도록 직접적으로 지도하는 절차가 선행되어야 합니다. 이러한 절차는 앞서 체계적 교수나 명시적인 교수 등을 통해서 이루어질 수 있습니다. 어떻게 보면 당연할 수도 있지만, 매체 활용 방법에 대한 선행학습을 거친 발달장애 학생이 그렇지 않은 학생보다 더 효과적으로 자기촉진 도구를 활용한다는 사실을 여러 연구에서 확인할 수 있습니다.

석이 쌤의 특수교육 이야기

■■ 자기촉진체계 ■■

아래에서는 저자(2018)의 연구논문 초록을 제시하고자 합니다. 이 논문은 앞서 제시한 다양한 유형의 자기촉진체계의 효과성을 중등도 지적장애 중학생들을 대상으로 비교해 본 연구로 박사학위논문의 일부를 요약 및 수정해서 학술지에 게재해 본 논문입니다. 논문의 전체는 한국학술지인용색인(KCI)에서 검색하시면 무료로 다운로드 가능합니다.

- **연구목적** : 본 연구는 연속적 비디오 모델링, 비디오 프롬팅, 그림 및 텍스트 촉진, 연속적 비디오 모델링+그림 및 텍스트 촉진, 비디오 프롬팅+그림 및 텍스트 촉진을 포함하는 다섯 가지 유형의 자기촉진 전략이 중등도 지적장애 중학생의 조립 과제 수행에 미치는 효과를 비교 · 검증하는 데 목적이 있다.
- **연구방법** : 중학교 2~3학년에 재학 중인 중등도 지적장애 학생 4명이 연구 대상자로 참여하였으며, 특수교사 3명이 중재자로 연구에 참여하였다. 종속변인

은 과학상자 1호에 제시된 조립 과제 중 난이도가 유사한 다섯 가지 유형의 조립 과제였다. 본 연구는 다요인 설계(교대중재설계)를 활용하여, 사전교육, 기초선 구간, 다요인 중재 구간, 복제 구간의 순으로 실험을 진행하였다.

- **연구결과** : 연속적 비디오 모델링이 낮은 효과를 보인 것을 제외하고, 중등도 지적장애 중학생의 조립 과제 수행률은 다른 네 조건에서 현저하게 향상되었다. 또한 자기촉진 전략 유형 간의 효과를 비교한 결과, 비디오 프롬팅+그림 및 텍스트 촉진이 가장 높은 효과를 이끌었다. 다만, 과제 수행 시간을 고려할 때, 중재 초 · 중반 회기에는 이러한 중재를 적용하되, 과제 수행이 습득된 이후에는 그림 및 텍스트 촉진을 단독으로 적용하는 방법도 고려할 필요가 있다.
- **논의 및 제언** : 본 연구는 대상자의 특성과 자기촉진 전략의 유형별로 중재의 효과에는 다소 간의 차이가 발생할 수 있으므로, 중재 시에 이를 고려할 필요가 있음을 논의하였다.

출처 : 변관석 · 신진숙(2018).

2) 컴퓨터(스마트기기) 보조 교수

컴퓨터 보조 교수(computer-assisted instruction)는 컴퓨터와 정보통신 기술을 수업 일부 또는 전체에 활용하여 학생이 학습할 수 있도록 하는 방법을 말합니다. 십여 년 전부터는 컴퓨터에서 나아가 이동성과 편의성이 높고 다양한 학습용 애플리케이션을 활용하는 것이 가능한 스마트기기를 교수학습 장면에 적극적으로 활용하는 스마트러닝이 관심을 받고 있는데, 이러한 스마트러닝도 컴퓨터 보조 교수의 발전된 형태라고 볼 수 있겠습니다.

컴퓨터 보조 교수는 개별화된 학습을 촉진하고, 학생이 실수를 두려워하지 않고 지속적인 오류 수정을 통해 피드백을 받을 수 있도록 한다는 점, 그리고 학습 동기를 유발함과 동시에 이동성과 편의성이 높아 다양한 장소에서 학습이 이루어질 수 있다는 장점이 있습니다. 발달장애 학생들에게 컴퓨터 보조 교수를 적용하기 위해서는 먼저 컴퓨터 또는 스마트기기 등을 활용하는 방법에 대해서 체계적으로 지도하는 일이 선행되어야 합니다. 컴퓨터 보조 교수의 유형에는 반복연습형, 개인교수형, 게임형, 가상학습형, 발견학습형, 문제해결 학습형 등의 여섯 가지 유형이 있으나, 이 중 특수교육에서 주로 사용되는 네 가지 유형에 대한 설명을 제시하면 아래와 같습니다.

- **반복연습형** : 이미 학습이 이루어진 내용이나 기본적인 사실이나 기술 등에 적용될 수 있습니다. 컴퓨터는 질문을 제시하고 학습자의 반응을 평가하며, 즉각적인 피드백을 제공하면서 학습자의 진도를 기록하는 역할을 하게 됩니다. 최근에는 다양한 형태의 반복연습형 학습 애플리케이션들이 개발되어 발달장애 학생들에게 적용될 수 있습니다.
- **개인교수형** : 새로운 정보를 제시하거나 개념과 원리를 가르칠 때 적용될 수 있습니다. 컴퓨터는 정보를 제시하고, 질문을 제기하며, 응답을 점검하고, 교정적 피드백을 제공할 수 있습니다. 일반적인 원격 연수 과정들이 개인교수형 컴퓨터 보조 교수에 해당합니다.
- **게임형** : 경쟁을 통해 높은 학습 동기를 유발할 수 있습니다. 컴퓨터는 경쟁상대가 되거나 심판, 기록자의 역할을 할 수 있습니다. 단어 게임, 타자 게임, 계산 게임 등으로 다양하게 학습에 적용될 수 있습니다.
- **가상학습형**(시뮬레이션) : 안전 또는 재정적인 어려움으로 반복 학습이 제공되기 어려운 실제 상황을 컴퓨팅 기술로 묘사하여 맥락적인 학습이 가능하게 합니다. 컴퓨터는 실제 상황을 묘사하고, 주어진 역

할을 실행하며, 학습자가 결정한 결과를 통보하는 등의 역할을 실행하게 됩니다. 예를 들어, 지역사회 이동 기술이나 직무 기술 등을 가상환경을 통해 조성할 수 있습니다.

발달장애 학생들에게 적용할 수 있는 컴퓨터 보조 교수 자료가 제공되는 사이트나 스마트기기를 통해 이용 가능한 애플리케이션의 예는 다음과 같습니다.

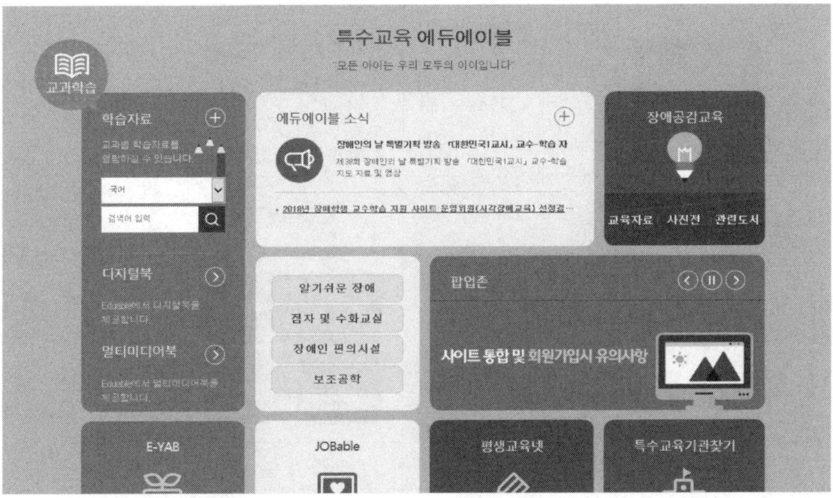

| 그림 2-6 | 국립특수교육원 에듀에이블 사이트 : 특수교육 교사와 학부모를 대상으로 기본교육과정 멀티미디어북과 소프트웨어 교육, 각종 실감형 교육, 무인 키오스크 교육 프로그램 등 각종 에듀테크 자료가 제공되며, 진로교육 콘텐츠와 같은 컴퓨터 보조 교수도 제공합니다. 에듀에이블 이외에도 국립특수교육원에서 운영하는 열린배움터, 평생배움세상, 온맘 등의 사이트에서 온라인 학습을 도울 수 있는 자료들을 무료로 찾아볼 수 있습니다. 자세한 사항은 검색 포털에서 '국립특수교육원'을 검색하셔서 홈페이지에 접속하신 후 살펴볼 수 있습니다.

<table>
<tr><td colspan="3">
</td><td>한국교육학술정보원(KERIS)에서 개발한 인공지능을 활용하는 초등수학수업 지원시스템으로 교육과정에 맞춘 재미있는 미션 활동으로 수학 학습 과제를 해결하는 프로그램</td></tr>
<tr><td colspan="4">초등수학수업 지원시스템 '똑똑! 수학탐험대' 사이트</td></tr>
<tr><td>
</td><td rowspan="2">영유아 및 아동의 한글학습을 지원하는 애플리케이션으로 특수교육 대상 학생에게도 활용도가 높음(안드로이드 버전).</td><td>
</td><td rowspan="2">'즐거운 속도로 배우는 한글공부'라는 부제목으로, 개인에 맞는 커리큘럼으로 놀이 중심의 한글학습 제공(안드로이드 버전).</td></tr>
<tr><td>한글공부
허당 문선생</td><td>소중한글</td></tr>
<tr><td>
</td><td rowspan="2">초등 1~2학년 수준의 국어 교과서 받아쓰기 애플리케이션으로 철자법에 대한 반복 학습이 가능함(안드로이드 버전).</td><td></td><td rowspan="2">수학의 기본 과정인 사칙연산을 반복적인 연습을 통하여 학습하도록 도움(안드로이드 버전).</td></tr>
<tr><td>교과서 받아쓰기</td><td>숫자셈 놀이</td></tr>
<tr><td>
</td><td>
</td><td>
</td><td></td></tr>
<tr><td>나의 AAC</td><td>국립특수교육원
'위톡'</td><td>스마트 AAC</td><td>Leeloo AAC</td></tr>
<tr><td colspan="4">비구어 학생의 의사소통 지원과 언어 학습을 돕기 위한 보완대체 의사소통 체계 앱</td></tr>
</table>

| 그림 2-7 | 초등수학수업 지원시스템 '똑똑! 수학탐험대' 사이트와 추가로 활용할 수 있는 교육용 애플리케이션 예

여기에서 NC소프트 문화재단에서 개발한 '나의 AAC', 국립특수교육원에서 개발한 '위톡', 삼성전자의 지원을 받아 경기도재활공학서비스센터에서 개발한 '스마트 AAC(smartaac.or.kr)', 'Leeloo AAC' 등은 보완대체 의사소통 체계(AAC) 애플리케이션으로 특수교육에서의 활용도가 특히 높습니다. 보완대체 의사소통 체계는 구어로 의사소통이 어려운 사람들을 대상으로 구어가 아닌 다른 의사소통 상징(예 글, 그림, 사진 등)을 이용하여 의사소통할 수 있도록 지원하는 방법을 말합니다. 이에 대한 보다 자세한 설명은 교육 내용 파트에서 상세하게 제시하겠습니다. 이들 AAC 애플리케이션은 기본적인 AAC로서의 활용 이외에도, 구어가 가능한 학생에게도 언어 학습 및 치료에 활용할 수 있다는 장점이 있습니다.

위에서 살펴본 것 이외에도 발달장애 학생들에게 적용할 수 있는 교육용 애플리케이션은 생각보다 많습니다. 꼭 특수교육이나 장애 학생용으로 만들어진 애플리케이션(앱)이 아니더라도 우리 학생들에게도 적용할 만한 다양한 교육용 앱이 개발되고 있으므로, 구글 플레이스토어 등에서 필요한 주제(예 한글 학습, 수학 학습, 어휘 카드) 등으로 검색해서 찾아보면 꽤 괜찮은 무료 앱을 다운받을 수 있습니다.

한편 꼭 교육용으로 만들어진 애플리케이션이 아니더라도, 발달장애 학생의 교육에 있어서 효과적으로 적용될 수 있는 애플리케이션도 상당히 많습니다. 이건 교육의 목적에 따라서 그 활용 범위가 무궁무진할 수 있습니다. 예를 들어, 구매 기술을 가르치기 위해서 마트 앱을 이용한다면, 마트 앱도 매우 훌륭한 교육용 자료 역할을 할 수 있습니다. 또 모바일 뱅킹 앱을 이용하는 금융 기술을 가르치고자 한다면, 이 앱도 좋은 교육용 자료 역할을 할 것입니다. 그렇기에 여기서는 제가 수업이나 기타 교육 준비 활동 등에 활용하고 있는 앱을 중심으로 그 예를 몇 가지만 살펴보도록 하겠습니다.

앱	설명	앱	설명
네이버 지도	지리에 대한 학습과 함께 지역사회 이동 기술(대중교통)에 대한 광범위한 학습이 가능함.	유튜브	비디오 모델링 중재에 활용할 수 있는 생활 기술, 직무 기술 동영상이 많음.
키네마스터	동영상 편집이 가능한 앱으로 손쉽게 좀 더 전문화된 모델링 동영상 제작이 가능함.	캠스캐너	문서를 스캔할 수 있는 앱으로 사무 기술 교수 시에 지도될 필요가 있음.
모바일팩스	팩스를 스마트기기로 송수신할 수 있는 앱으로 사무 기술 교수 시에 지도할 필요가 있음.	네이버	포털 앱으로 자료검색, 어휘학습, 온라인 구매 학습 등에 매우 다양하게 이용할 수 있음.
Chat GPT	인공지능을 활용할 수 있는 앱으로 업무 및 수업 준비에도 활용도가 높으며, 장애 학생에게도 기본적인 기능을 가르칠 필요 있음.	문제행동 치료 매뉴얼	국립서울병원에서 보급하는 자료로 문제행동 중재에 대한 증거기반의 방법을 이해하는 데 도움을 줄 수 있음.

| 그림 2-8 | 교육적으로 활용 가능한 상용 애플리케이션 예

특히 Chat GPT를 포함하는 대화형 인공지능 서비스는 무료 버전만 이용해도 다양한 정보를 손쉽게 얻을 수 있다는 장점이 있습니다. 처음 질문을 할 때 역할을 설정하는 명령어를 입력하면서 질문하면, 상황이나 필요에 맞는 더 적절한 답을 얻을 수 있습니다(예 "너는 특수교사야. 장애 학생도 이해할 수 있을 정도로 쉽게 ○○에 대해서 알려줘." 등). 경계선 지적 기능이나 경도 지적장애 범주에 있는 학생으로 간단한 글을 읽고 이해할 수 있는 학습 수준을 가지고 있다면, 생활 속에서 필요한 여러 질문에 대한 답을 간단하게 얻을 수 있습니다. 예를 들어, "너는 특수교사야. 장애 학생도 이해하기 쉽게 냉장고 청소하는 법을 알려줘."와 같이 질문하면 인공지능 서비스는 최대한 간단하면서도 일목요연하게 그 방법을 설명하고, "더 쉽게 해줘."라고 명령어를 입력하면, 거기서 조금 더 쉽고 간단명료하게 방법을 설명하는 식입니다. 학생들은 이러한 설명 글을 참고하여 일상생활에서 주어지는 다양한 문제상황에서 그때그때 적절한 답을 얻는 데 이러한 서비스 결과를 참고할 수 있습니다.

한편 최근 들어서는 디지털 교과서가 점차 확대되고 있습니다. 특히 인공지능까지 탑재되어 학습자의 개별화된 교육적 요구를 반영할 수 있는 디지털 교과서를 정부 차원에서 개발·보급하고 있습니다. 특수교육에서도 2010년대 후반부터 국립특수교육원을 중심으로 기본교육과정 교과서에 대한 디지털 교과서를 에듀에이블 사이트에 탑재하였으며, 2022 개정 교육과정에서는 인공지능이 탑재된 첨단형 디지털 교과서도 일부 학년에 시범적으로 보급될 예정입니다. 디지털 교과서는 일반적인 서책형 교과서와는 달리 학생의 특성이나 수준에 적합한 제시 및 반응 양식을 제공하고, 다양한 교육 자료를 학습자가 선호하는 정보 습득 방식에 맞추어 효과적으로 제시할 수 있다는 장점이 있습니다. 이러한 디지털 교과서의 장점은 보편적 학습설계(universal design for learning)에 입각한 것입니다. 보편적 학습설계는 장애인과 비장애인을 포함한 모든 사람에게 편리한 상품을 디자인하자는 보편적 설계의 원칙을 학습 장면에 반영한 개념입니다. 따라서 보편적 학습설계는 수업 상황에서 교실 안에 있는 모든 학생의 학습 수준과 정보 습득 방식을 최대한 고려하는 수업 과정과 교과서를 포함한 교육 자료를 설계하고자 노력하는 일련의 개념이라고 볼 수 있습니다. 우리나라에서는 이 개념이 특수교육학에서 처음 관심받았지만, 최근에는 통합교육이 이루어지는 일반교육의 학문 영역에서도 지속해서 많은 연구가 이루어지고 있습니다. 보편적 학습설계에 대한 자세한 내용은 지면 관계상 다룰 수 없지만, 기본적으로 보편적 학습설계에는 다음과 같은 세 가지 요소가 포함됩니다(blog.naver.com/bjs718/221341541746).

① 모든 학습자의 특성에 맞는 다양한 정보 제시 양식을 고려합니다. 예를 들어, 수업에서의 정보 제시를 위해서 청각적 · 시각적 자료, 글자, 동영상 자료 등을 학습자의 수준과 필요에 따라 다양하게 제시하고, 학습자가 자신에게 가장 적합한 자료를 자유롭게 선택할 수 있도록 지원합니다.

② 모든 학습자의 특성을 고려한 다양한 학습자 반응 양식을 구현합니다. 예를 들어, 질문이나 문제에 대한 응답을 요구할 때, 말로 반응하기, 그림 카드, 의사소통 판, 몸짓, 음성산출기기, 애플리케이션 등을 포함하는 보완대체 의사소통 체계(AAC)를 활용하여 반응하기 등을 모두 가능하게끔 포함합니다. 디지털 교과서라면 이러한 AAC 기능을 처음부터 탑재할 수 있습니다. 또한 학습자의 학습 수준에 따라 좀 더 수월하게 답하도록 주관식 문항을 객관식이나 양자택일형으로 자유롭게 바꿀 수 있도록 하거나, 필요시 적절한 촉진(단서나 지원)을 받아 반응하도록 교육 자료를 개발하거나 수업을 구성할 수 있습니다.

③ 학습자의 참여도를 증진할 수 있는 방식을 충분히 고려합니다. 예

를 들어, 너무 쉬어서 학습 동기를 꺾거나 반대로 너무 어려워서 학습된 무기력을 부르지 않는 수준의 개별화된 맞춤형 학습 과제를 제시하거나, 개별 학생의 발달 과정에서의 생활 양식이나 문화적 관심 등을 고려한 개별화된 교육 자료를 제공할 수 있습니다. 또 학습자가 학습 자료를 수용하거나 과제를 해결하는 데 어려움을 보인다면, 다시 다른 자료를 제공하는 등의 유연한 교수학습 자료 제공 등도 고려할 수 있습니다.

이러한 일련의 요소를 공교육 현장의 수업 장면에서 교사가 모두 고려하기에는 현실적으로 어려움이 따르므로, 애초에 교과서 등을 포함하는 교육 자료를 개발할 때 인공지능 등을 활용해서 이러한 점을 반영하는 디지털 교과서를 개발할 수 있습니다. 다만, 개인적으로는 이러한 첨단기술을 활용하는 교육만큼이나 전통적인 방식의 교육이 갖는 가치도 특히 특수교육에서 중요하다고 생각합니다. 우리 학생들의 인지적 수준을 고려하면 구체물을 조작하고 일상생활에서 다양한 실제적인 경험을 가지면서, 수행도에 대한 직접적인 평가를 꾸준히 하는 일은 너무도 중요할 수 있기 때문입니다. 따라서 저는 전통적인 특수교육 방법과 첨단기술을 활용한 특수교육 방법이 적절하게 조화를 이루어 실행되어야 한다고 봅니다.

5. 집단교수 장면에서의 효과적인 다수준 포함 교육 방법

우리나라의 특수교육 통계에 따르면, 현재 특수학교의 학급당 학생 수는 평균적으로 약 5~6명 내외입니다. '장애인 등에 대한 특수교육법'

에서도 2024년 12월 현재까지 유치원 4명, 초등학교 및 중학교 6명, 고등학교 7명의 학급당 정원을 십수 년 이상 그대로 유지하고 있습니다(유치 및 초등 4명, 중·고등학교 5명으로 학급당 정원을 줄이는 개정안이 발의되었으나 아직 통과되지 못함). 더 나아가 전공과의 경우 시·도마다 다소 차이가 있지만, 학급당 10명에서 많게는 12명까지의 정원을 유지하고 있는 사례가 꽤 있습니다. 그래서 일반적인 특수학교 수업 상황에서 개별 학생을 대상으로 체계적인 교수가 이루어지는 것은 쉬운 일이 아니며, 집단교수를 통해서 교수학습이 제공되는 경우가 더 많을 것입니다. 하지만 한 학급 내에 소속되어 있는 학생도 장애 정도나 학습 수준 등의 차이가 매우 큰 경우가 대부분이므로 집단교수 상황에서 모든 학생이 유의미한 교육적 성과를 얻도록 하는 것은 결코 쉬운 일은 아닙니다. 아마도 특수학교 또는 과밀 특수학급에 계시는 특수교육 선생님은 충분히 공감하실 것입니다.

따라서 이러한 특수교육 현장에서의 어려움을 줄이기 위해서는 다양한 학습 수준을 가진 학생들이 집단교수 장면에서 교육적 성과를 보일 수 있도록 하는 방안에 대해서 연구가 충분히 이루어질 필요가 있습니다. 여러 관련 연구와 제 경험을 모두 비추어 보았을 때, 다양한 학습 수준을 가지고 있는 발달장애 학생들이 집단교수 장면에서 유의미한 교육적 성과를 거두기 위해서는 학습목표와 주제 교과를 개별화하는 중다수준 및 중복 교육과정 운영, 교사 주도의 체계적 교수 이외에도 자기교수를 포함하는 자기관리 전략, 자기촉진체계, 또래교수 등을 포함하는 다양한 교육 방법의 활용, 그리고 학생들의 기능적 목표에 맞게 다양한 교과를 융합하여 가르치는 주제중심 수업 등을 고려해야 합니다.

1) 용어의 정의

집단교수 장면에서의 효과적인 다수준 포함 교육 방법에 대해서 예를 들기 이전에, 먼저 주로 제시되는 용어의 정의를 설명하겠습니다.

(1) 중다수준 및 중복 교육과정

중다수준 및 중복 교육과정은 모두 집단교수 장면에서 학생의 학습 수준과 특성에 맞도록 학습목표를 개별화하는 교육과정을 말합니다. 하지만 두 개념에는 큰 차이가 있습니다. 중다수준 교육과정은 모든 학생에게 동일한 교과의 목표를 설정하되, 그 수준을 달리하는 경우를 의미합니다. 반면에 중복 교육과정은 더 나아가 학생들이 모두 동일하거나 비슷한 활동에 참여하지만 실제로는 다른 교과의 목표를 설정하는 방법을 말합니다.

예를 들어, 수학 교과 수업 시간에 전체 집단 학생들이 곱셈과 나눗셈으로 이루어진 문장제 문제를 해결하는 것을 학습목표로 할 때, 발달장애를 가진 몇몇 학생은 문장제 문제에 제시된 수에 해당하는 구체물의 개수를 올바르게 골라보는 목표를 제시할 수 있는데, 이를 중다수준 교육과정이라고 말합니다. 반면에 수학 교과 수업 시간에 곱셈으로 이루어진 문장제 문제를 협동하여 푸는 과정에서 발달장애를 가진 일부 학생에게는 수학 교과의 목표가 아닌 사회 교과의 목표로 집단 내에서 적절하게 사회적 의사소통을 수행하는 행동을 설정하였다면, 이를 중복 교육과정이라고 봅니다.

중다수준 교육과정은 흔히 특수교육 현장에서 많이 사용되지만, 목표가 되는 교과 자체를 달리하는 중복 교육과정은 비교적 덜 사용되는 경향이 있다고 생각합니다. 하지만 학생의 장애 정도가 더 심할 때, 해당 교과의 목표 수준을 하향 조정하더라도 적절한 성취를 기대하기 어렵다고 판단한다면, 다른 교과나 사회적 기술, 일상생활 활동 영역의 목표를 가져오는 중복 교육과정을 사용하는 방법이 더 적절할 수 있습니다.

(2) 다중요소중재

다중요소중재(multiple component intervention)는 특정 목표기술을 학습하도록 하는 데 효과가 있다고 입증된 증거기반실제를 종합적으로 활용하는 교육 방법을 말합니다. 예를 들어, 이 파트에서 저자가 예시로 제시할 집단교수 방법론에서도 각 집단의 수준에 따라 강화체계를 포함하는 체계적 교수, 자기관리 전략, 또래교수 등을 복합적으로 적용하였습니다.

(3) 주제중심 수업

발달장애 학생들을 교육할 때, 여러 교과 수업 장면에서 현재 및 미래에 해당 학생이 생활하는 지역사회의 특성을 반영하는 기능적 기술을 학습하도록 하는 일은 매우 중요합니다. 그런데 이러한 기능적 기술들은 주로 단일 교과의 교육 내용 안에서 모두 다루어지기보다는 다양한 교과의 내용을 포함하고 있는 경우가 많습니다.

예를 들어, 필요한 물건을 구매하는 구매 기술도 국어과 목표로 물건 이름 명명하기, 수학과 목표로 화폐 계산과 계산기 이용, 측정 단위 알기, 사회과 목표로서 대중교통을 이용하여 지역사회 이동하기, 정보통신활용 교과 목표로 스마트기기 앱을 이용하여 지역사회 이동 방법 검색하기 등의 다양한 기본교육과정 교과 내용을 포함할 수 있습니다. 따라서 발달장애 학생에게 요구되는 기능적 기술을 효과적으로 교육하기 위해서 단일 교과별로 나누어진 수업도 필요하겠지만, 이와 함께 해당 목표를 달성하는 데 요구되는 여러 교과 내용을 하나의 주제를 중심으로 묶어서 교육하는 교과 통합형 교육 방법인 주제중심 수업(theme-based instruction)을 적극적으로 고려해야 합니다.

(4) 합창반응과 반응카드

수업 장면에서 일반적으로 학생들의 학습성취 여부를 확인하기 위해서, 선생님은 관련된 내용에 관한 질문을 하게 됩니다. 그리고 이 질문에 대한 학생의 답을 통해서 학습의 성취 여부를 확인합니다. 이때 학생이 여러 명일 때 한 번의 질문으로도 모든 학생의 성취 여부를 점검할 수 있도록 하는 방법이 합창반응(choral responding)과 반응카드(response card) 방법입니다.

합창반응은 선생님이 질문을 하였을 때 집단 내 학생들이 동시에 답을 해볼 수 있도록 하는 방법인데요. 예를 들어, "우리나라의 수도는 어디일까요. 하나, 둘, 셋 하면 함께 이야기해 봅시다."라고 질문하고, 학생들이 함께 답해보도록 할 수 있습니다. 하지만 합창반응도 학생 수가 많은 경우에는 개별 학생의 답변 여부를 확인하기 쉽지 않은데요. 이때 사용할 수 있는 방법이 반응카드입니다. 반응카드는 우리가 흔히 알고 있는 '도전 골든벨'이라는 프로그램에서 학생들이 화이트보드에 답을 써서 제시하는 방법을 예로 들 수 있는데요. 많은 학생이 한꺼번에 답을 답해도 효과적으로 정답과 오답 여부를 가려낼 수 있습니다. 만약 학생이 글을 알고 있는 경우라면 화이트보드에 써보도록 할 수 있겠고, 그렇지 않은 경우라면 그림이 그려진 카드 깃발 또는 O, X가 그려진 카드 깃발 중에서 적절한 답을 학생들이 선택해 보도록 할 수 있습니다.

2) 다중요소중재를 활용한 주제중심 수업(집단교수)의 예

이 파트에서는 저자가 학교 현장에서 다양한 수준을 가진 발달장애 학생 집단을 교육할 때 주로 활용하여 효과성을 확인해 보았던 집단교수 방법의 예를 들어 설명하고자 합니다. 여기에서 설명하는 방법론은 하나의 예시이며, 중다수준 및 중복 교육과정, 그리고 다중요소중재를 활용하는 다양한 집단교수 방법을 설계할 수 있습니다.

(1) 주제중심 수업 프로그램 구성

저자는 주제중심 수업 내용을 선정함에 있어서 가장 먼저 학생들이 살고 있는 지역사회 환경을 고려하고, 그 외에 부모님 또는 학생 본인의 교육적 요구를 최대한 반영하고자 합니다. 그리고 적응행동검사와 같은 목표행동 목록에 제시된 내용을 참고로 하여 여러 일상생활 영역에서 일반화될 수 있는 기능적 기술들을 선정하여 프로그램을 구성하려고 노력합니다. 그리고 학생들에게 해당 기간에 교육하고자 하는 기능적 기술들이 선정된 이후에는 해당 기능적 기술을 학습하는 데 필요한 세부 기술들에 대해서 살펴보고, 교육과정 내에서 이 기술들이 교육 내용으로 포함되어 있는 여러 교과의 성취기준과 단원을 살펴본 뒤에 필요하다면 교육과정 재구성을 통해 각 차시를 구성합니다.

위와 같은 과정을 통해서 선정된 이 책에서의 예시는 다양한 물건 또는 서비스를 구매하는 계획을 수립하는 과정에 대해서 주제중심 수업 프로그램을 구성해 본 예입니다. 여러 연구에서 물건을 구매하는 기술 자체를 가르쳐 본 경우는 많지만(구매 기술은 실제적 적응행동의 중요한 유형으로 포함되어 있음), 어떠한 물건을 구매할 때 합리적인 소비자로서 가장 선행될 필요가 있는 '상황에 따라 구매할 필요가 있는 물건을 적절하게 선별하여 구매 계획을 수립하는 과정'에 대해서 중점을 둔 경우는 찾아보기 힘들었습니다. 그래서 이 예에서는 위에서 제시한 필요성을 바탕으로 하여, 주어진 상황에 따라 필요한 품목을 구매하기 위한 계획을 수립하는 과정에 대해서 다중요소중재를 활용한 주제중심 수업을 계획 및 적용해 보고자 하였습니다. 이때 발달장애 학생들의 경우 학습된 내용의 유지를 위해서 분산학습이 필요하다는 점을 고려하여, 각 하위 주제별로 2~3회에 걸쳐 학습이 반복될 수 있도록 하였습니다. 이러한 과정을 통해서 〈표 2-13〉과 같이 간단하게 프로그램을 구성해 보았습니다.

〈표 2-13〉 구매 계획 수립을 목표로 하는 주제중심 수업 프로그램 구성(예)

중재 회기	하위 활동	관련 교과 및 단원 (2011 개정 특수교육 기본교육과정)
1, 7 회기	마트에서 요리실습 재료를 구매하기 위한 계획 수립하기(떡볶이)	(생활경제) • 예산작성(고등학교)
2, 8 회기	영화관에서 영화 관람을 위한 구매 계획 수립하기 1	(사회) • 경제생활의 이해(고등학교)
3, 9 회기	마트에서 요리실습 재료를 구매하기 위한 계획 수립하기(미역국 백반)	(수학) • 화폐의 계산(중학교) • 화폐의 활용(고등학교)
4, 10 회기	지역사회 내 이동을 위한 구매 계획 수립하기(시내버스)	(진로와 직업) • 예산에 맞는 지출(중학교) • 금전관리(고등학교)
5, 11 회기	영화관에서 영화 관람을 위한 구매 계획 수립하기 2	
6, 12 회기	지역사회 내 이동을 위한 구매 계획 수립하기(경전철)	(정보통신활용) • 인터넷과 정보 검색(중학교) • 인터넷과 정보 활용(고등학교)

(2) 다수준 포함 집단교수 실행 방법 : 중다수준 및 중복 교육과정과 다중요소중재

이 수업에서는 호프만과 필드(Hoffman & Field, 1995)의 자기결정증진모형[2)]을 기반으로 하여, ① 동기유발, ② 계획, ③ 실행, ④ 평가 및 조정의 단계로 교수학습이 이루어질 수 있습니다. 그리고 각 과정에서 문제기반학습, 애플리케이션 기반 학습, 체계적 교수, 협동학습(함께 학습), 자기관리 전략 등의 다중요소중재가 각 학생의 수준에 따라 차별화되어 적용될 수 있도록 함으로써, 다수준의 집단을 대상으로 한 교수 장면에서의 중재 효과성을 높일 수 있습니다. 중재 과정에 대한 더 세부적인 내용은 〈표 2-14〉의 중재과정안과 함께 다음과 같이 제시하였습니다.

① 동기유발 단계

첫째, 동기유발 단계는 약 5분 동안 이루어집니다. 이 단계에서는 먼저 '지역사회에서 독립적으로 생활하는 나' 등에 대한 긍정적인 미래 모습을 서로 이야기해 보도록 할 수 있습니다. 그 이후에 선생님이 제시하는 문제상황에 대한 비디오(혹은 1컷 만화)를 보고 공부할 문제를 파악해 볼 수 있도록 지도합니다. 선생님은 학생들이 문제를 파악해 볼 수 있도록 질문, 단서 제시 등의 비계를 제공하며, 이러한 비계는 중재 후기에 이르러서는 점차 제거될 수 있습니다.

② 계획단계

둘째, 계획단계는 약 10분 동안 이루어집니다. 이 단계에서는 문제를

---

2) 앞서 자기 주도적 학습전략에서 제시된 자기결정 교수학습 모델(SDLMI)에 참고가 되었던 교수학습 모형으로, 수업 장면 내에서 제시된 문제를 해결하는 과정에서 자기결정력을 증진하는 것을 목적으로 합니다.

해결하고 학습목표를 성취하기 위한 계획을 수립해 보도록 할 수 있습니다. 이때 학생들이 아직 계획을 수립하는 과정에 익숙하지 못한 점을 반영하여, 초기에는 순서가 뒤섞인 과정 목록을 제시하고, 협의를 통해서 문제해결 과정의 순서를 맞추어 보는 비계를 제공합니다. 이 과정에 익숙해진 이후에는 단계 목록을 제거하고, 학생들 간의 협의를 통해 계획을 세워볼 수 있도록 유도할 수 있습니다.

③ 실행단계

셋째, 실행단계는 약 25분 동안 이루어집니다. 이 단계에서는 수립된 계획을 바탕으로 실제로 문제를 해결해 볼 수 있도록 지도합니다. 선생님은 집단 내의 협력을 촉진하고, 학생들이 자신의 역할을 적절하게 나누고 스마트기기와 애플리케이션을 적극적으로 활용할 수 있도록 촉진합니다. 그리고 학생들은 스마트기기와 애플리케이션 등을 활용하여 단계별 활동을 협력하여 수행하고, 이를 통해 문제를 해결해 봅니다. 이때 각 집단별로 상대적인 학습 수준이 높은 수준인 학습자와 보통 수준인 학습자는 2명씩 짝을 지어 함께 학습(learning together)을 통해 구매 계획표를 완성하며, 필요할 때는 중재자 또는 실무사님 등 지원인력에게 도움을 요청하여 지원을 제공받습니다.

이같이 높은 수준과 보통 수준 학생들의 또래교수가 이루어지는 동안, 선생님은 낮은 학습 수준의 학생 2명을 대상으로 하여 집중적으로 화폐 단위에 대한 체계적 교수를 제공할 수 있으며, 이때 최소촉진체계를 적용합니다. 선생님은 낮은 수준의 학생 2명에게 특정 화폐의 단위를 구어로 제시하고 5초가 지났음에도, 적절하게 해당 화폐를 손가락으로 지적하지 못하면 언어 및 모델링 촉진을 제공합니다. 그리고 이를 통해서도 정반응을 보이지 못한 경우에는 신체적 촉진을 제공하여 정반응을 보일 수 있도록 합니다. 또한 자극촉진으로 정반응에 해당하는 화폐를 연구 참여자와 가까이 둘 수 있도록 하고, 점차 거리를 다른 화폐와 같게 조정할 수 있습니다.

④ 평가 및 조정 단계

넷째, 평가 및 조정 단계는 5분 동안 이루어집니다. 이 단계에서는 학습목표를 달성하였는지, 그리고 학습 과정에서 자신의 역할을 적절하게 수행하였는지 등을 담은 3~5문항의 자기평가 양식을 작성해 보고, 자기를 평가해 볼 수 있도록 합니다. 자기평가 양식은 '예/ 아니요'로 응답하도록 제작할 수 있습니다. 마지막으로 사전에 약속한 행동계약서에 따라 강화를 제공하게 되며, 다음 차시에 대해서 간략하게 소개한 뒤 수업을 마치게 됩니다. 이러한 방법으로 실시한 수업을 통해서 다음과 같은 효과를 거둘 수 있었습니다.

첫째, 또래교수와 자기 주도적 학습을 학습 수준에 따라 포함하여, 상대적으로 학습 수준이 낮은 학생에게 특수교사가 직접 체계적 교수를 제공할 수 있는 시간을 벌 수 있었습니다. 그래서 전체 학생들의 수업 참여도가 향상된 것을 실증적으로 확인할 수 있었습니다. 한편 학생 수준이나 특성에 따라 또래교수의 실행에 어려움이 있다면, 지원인력의 도움을 받도록 하거나, 비디오 모델링 중재 등을 함께 고려할 수도 있습니다. 핵심은 상대적으로 학습 수준이 낮은 심한 장애를 가진 학생을 특수교사가 직접 개별 교수할 시간을 조금이라도 더 버는 것입니다.

둘째, 다중요소중재, 주제중심 수업 등을 활용하여, 학생별로 개별화된 목표를 완전히 또는 부분적으로 성취할 수 있었습니다.

〈표 2-14〉 다중요소중재를 활용한 주제중심 수업의 교수학습 과정안(예시)

<table>
<tr><th rowspan="2">순</th><th rowspan="2">중재 절차 (45분)</th><th colspan="3">활동 내용</th><th rowspan="2">교재 및 교구</th><th rowspan="2">지원 인력 활용</th><th rowspan="2">중재기법</th></tr>
<tr><th>높음(2명)</th><th>보통(2명)</th><th>낮음(2명)</th></tr>
<tr><td>1</td><td>동기 유발 (5분)</td><td colspan="3">• 비디오 앵커(video anchor)로 제시된 문제 상황(예 학급 요리실습 재료를 구매해 달라고 말하는 담임 선생님의 영상)을 시청하고, 공부할 문제를 확인함
• 질문에 구어 또는 AAC로 적절하게 답함</td><td>비디오 앵커</td><td>낮은 수준 학생의 AAC 사용 지원</td><td>문제기반 학습</td></tr>
<tr><td>2</td><td>계획 (10분)</td><td colspan="2">• 순서가 뒤바뀐 실행 단계를 적절하게 수정하면서 활동계획을 수립함
1. 물건 알아보기 : QR코드 이용
2. 물건 가격 알아보기 : 마트 앱
3. 구매 계획표 작성하기
4. 가격 합산하기</td><td>• 계획 수립 과정을 집중해서 보며, 필요할 경우 질문을 함
• 중재자의 질문에 AAC로 답함</td><td>실행 과정 제시 카드</td><td>낮음 · 보통 수준 학생들의 착석 지원</td><td>자기결정 교수, 그림촉진, 성문과제 분석</td></tr>
<tr><td rowspan="3">3</td><td rowspan="3">실행 (25분)</td><td colspan="3">• 낮은 수준 학생들이 QR코드 스캔을 이용하여, 필요한 물건을 알아봄
• 보통 수준 학생들이 마트 앱에 접속함</td><td rowspan="3">태블릿 PC

구매 계획표

화폐 실물</td><td rowspan="3">중재자가 낮은 수준 학생에게 교수를 제공하는 동안 높은, 보통 수준 지원</td><td rowspan="3">앱 기반 교수, 협동학습, 체계적 교수</td></tr>
<tr><th colspan="2">협동학습(함께 학습)</th><th>체계적 교수</th></tr>
<tr><td colspan="2">• 높은 수준 학생은 또래 교수자, 보통 수준 학생들은 또래 학습자의 역할을 수행하면서, 가격 검색 및 구매 계획표 작성 과정을 완수함
• 높은 수준 학생은 직접 계산, 보통 수준 학생은 계산기를 이용하여 합산함
• 필요할 경우 중재자 또는 보조원의 도움을 받음</td><td>• 중재자의 체계적 교수를 제공받으면서, 화폐의 단위를 구별하는 학습을 수행함</td></tr>
<tr><td>4</td><td>평가 및 조정 (5분)</td><td colspan="3">• 수업 과정 및 성과에 대한 자기점검 체크리스트를 학생들이 협력하여 완성하고, 평가를 실시함
• 자기 피드백 및 강화를 실시함</td><td>체크 리스트</td><td>AAC 사용 지원</td><td>자기결정 교수</td></tr>
</table>

〈표 2-15〉 학생별 학습목표(예시)

학습 수준	학습자	목표기술	요구되는 기능적 수학기술	측정방법 (정확도)
높은 수준	A, B (2명)	• 제시되는 문제상황에 따른 구매 계획표를 20분 내에 타인의 도움 없이 <u>스스로</u> 작성한다. 예 화채 재료에 대한 구매 계획 수립	• 덧셈(4자리 수) • 곱셈(4자리× 1자리 수)	(올바르게 기입한 칸/구매 계획표의 전체 빈칸) × 100
보통 수준	C, D (2명)	• 제시되는 문제상황에 따른 구매 계획표를 25분 내에 계산기를 활용하여 <u>스스로</u> 작성한다.	• 계산기를 활용하여 덧셈 수행하기	
낮은 수준	E, F (2명)	• 화폐의 금액을 제시하였을 때 동전(4종), 지폐(4종) 중에서 올바른 화폐를 도움 없이 <u>스스로</u> 찾는다. 예 500원이라고 교사가 말했을 때, 500원 동전을 찾아서 지적한다.	• 동전의 구별 • 지폐의 구별	(올바르게 단위를 구별한 화폐의 수/전체 화폐의 수) × 100

〈표 2-16〉 학습도구의 예시

<table>
<tr><th>높은 학습 수준 평가도구</th><th colspan="2">보통 학습 수준 평가도구</th><th>낮은 학습 수준 평가도구</th></tr>
<tr>
<td>
<table>
<tr><th>재료 이름</th><th>단 가 (1개당 가격)</th><th>수량</th><th>가 격 (단가X수량)</th></tr>
<tr><td>①</td><td>⑥ 원</td><td>3개</td><td>⑪ 원</td></tr>
<tr><td>②</td><td>⑦ 원</td><td>2개</td><td>⑫ 원</td></tr>
<tr><td>③</td><td>⑧ 원</td><td>3개</td><td>⑬ 원</td></tr>
<tr><td>④</td><td>⑨ 원</td><td>3개</td><td>⑭ 원</td></tr>
<tr><td>⑤</td><td>⑩ 원</td><td>3개</td><td>⑮ 원</td></tr>
<tr><td colspan="3">총 계</td><td>⑯ 원</td></tr>
</table>
</td>
<td>
<table>
<tr><th>재료 이름</th><th>가 격</th><th>글자로 적어보기</th></tr>
<tr><td>①</td><td>④ 원</td><td>⑧ 원</td></tr>
<tr><td>②</td><td>⑤ 원</td><td>⑨ 원</td></tr>
<tr><td>③</td><td>⑥ 원</td><td>⑩ 원</td></tr>
<tr><td>소 계</td><td>⑦ 원</td><td>⑪ 원</td></tr>
</table>
<소계 금액에 맞게 화폐 스티커를 붙여보세요.>
⑫
</td>
<td></td>
<td></td>
</tr>
<tr><td>구매 계획표(덧셈, 곱셈)</td><td>구매 계획표(덧셈)</td><td>계산기 앱</td><td>의사소통 판(화폐 사진)</td></tr>
</table>

6. 발달장애 학생의 의사소통 능력 증진을 위한 특별한 교육 방법

발달장애 학생들의 의사소통 능력 증진을 위해서 학교 또는 가정에서 교육이나 생활 장면에서 일상적으로 행할 수 있는 방법론을 아동 중심 접근법이라고 말합니다. 아동 중심 접근법은 자연적인 상황에서 학생이 필요한 언어적 표현을 사용하도록 유도하는 방법을 말합니다. 보통 부모 또는 교사와 학생 간의 대화 상황에서 학생의 표현을 확장하거나 재구조화시켜 주는 방향으로 교육을 실행하게 됩니다. 아동 중심 접근법에는 여러 가지 기법들이 있을 수 있지만, 이 중에서 몇 가지를 제시하면 다음과 같습니다. 더 자세한 설명은 김영태(2014)의 『아동언어장애의 진단 및 치료』라는 책을 참고 바랍니다.

- 혼잣말하기 기법 : 가장 주요한 언어모델이 되어주는 부모님이 많은 언어표현을 들려줄 때 유아는 언어 발달기에 더욱 효과적으로 많은 어휘나 언어표현을 습득할 수 있습니다. 마찬가지로 장애 학생의 언어 중재에도 중재자가 자신이 행하고 있는 모습을 묘사해서 중계하듯 아동에게 말해주는 혼잣말하기 기법은 아동의 언어표현을 풍성하게 만들어 줄 수 있습니다.
- 평행적 발화기법 : 혼잣말하기 기법과 유사하지만, 평행적 발화기법에서는 중재자가 자기 행동을 언어표현으로 묘사하는 것이 아니라, 아동의 행동을 언어로 표현해 주는 방법입니다. 가령 아동이 과일을 먹고 있다면, 중재자가 "과일을 먹고 있어요."라고 표현해 줄 수 있으며, 아동이 과일을 먹고 싶어서 손을 내밀 때, "과일 주세요."라고 아동의 입장에서 표현해 줍니다.

- **수정 및 재구조화** : 수정이나 재구조화는 아동이 적절하지 못한 표현을 사용했을 때 이를 올바른 어휘나 표현으로 바꾸어 주는 방법을 말합니다. 예를 들어보면 다음과 같습니다.

〈수정〉

학생 : (사과를 들고 있는 엄마에게) 엄마, 손에, 바나나 주세요.
엄마 : 이건, 사과야. 사과라고 말해보자.

〈재구조화〉

학생 : 오늘은 놀이터에 못 갈래요.
엄마 : 오늘은 놀이터에 안 갈래요.

- **기다리기(시간지연)** : 아동이 언어를 표현할 때 그 시간이 늦을 수 있습니다. 이때 아동이 하고자 하는 말을 바로 말해주기보다는 적절한 어휘를 생각해서 말해볼 수 있도록 시간을 충분히 주는 과정은 매우 중요합니다. 개인적으로 가장 효과적인 교육 방법 중 하나가 '기다리기'라고 생각합니다.
- **확대와 확장** : 확대와 확장은 모두 아동의 언어표현을 좀 더 성숙한 문장으로 늘려주는 기법을 말합니다. 그러나 조금 다른 점이 있는데, 확장은 주로 문법적인 표현력을 증대시켜 주기 위해 활용되고, 확대는 의미적인 영역의 증대를 위해 사용될 수 있습니다.

〈확장〉

학생 : 엄마 나 밥.
엄마 : 엄마 나 밥 주세요.(시범)

〈확대〉

아동 : 저기 공 주세요.
엄마 : 저기 하얀색 축구공 주세요.(시범)

이 외에도 부모와 아동의 의사소통 상황에서 활용할 수 있는 다양한 아동 중심의 중재 방법이 있습니다. 이러한 기법 중 대부분은 이론적으로 그렇게 어렵지 않고, 조금만 배우면 부모님도 충분히 활용할 수 있다고 생각합니다. 다만, 이론적으로 아는 것 이상으로 더 중요한 것은 학생과의 의사소통 상황에서 이를 꾸준히 실천하는 일인데, 막상 실천해 보려고 하면 귀찮기도 하고 또 기타 등등의 이유로 인해 잘 실행되지 못하는 경우가 많습니다. 하지만 학생의 수용언어 및 표현언어를 증대하기 위해서 이러한 기법들을 장기간에 거쳐 지속해서 활용한다면 한층 성숙해진 언어표현을 사용하는 학생을 만날 수 있다고 생각합니다.

지금부터는 앞서 설명한 아동 중심의 접근기법 이외에, 아동의 의사소통 형태에 따라 적절하게 활용될 수 있는 특별한 교육 방법에 대해서 살펴보고자 합니다. 여기에서 살펴볼 교육 방법으로는 1) 그림교환 의사소통 체계, 2) 강화된 환경중심 언어중재, 3) 비연속 시행 훈련, 4) 스크립트 언어중재가 있습니다. 이 중에서 그림교환 의사소통 체계는 보완대체 의사소통 체계(argumentative and alternative communication system)의 한 유형이라고 볼 수 있는데, 보완대체 의사소통 체계에 대한 더 자세한 내용은 교육 내용 장에서 자세하게 제시하도록 하겠습니다.

1) 그림교환 의사소통 체계(PECS) : 말을 통한 의사소통에 어려움이 있는 경우

소위 펙스(PECS)라고 불리는 그림교환 의사소통 체계(Picture Exchange Communication System)는 언어발달이 다소 많이 지체되어 무발어 단계에 있거나 발화는 하지만 의사소통을 위한 적절한 수준의 말하기는 어려운 발달장애 아동이나 학생을 대상으로 의사소통 능력을 발달시켜 주기 위해서 적용하는 보완대체 의사소통(AAC)의 한 유형입니다. 일반적인 보완대체 의사소통 체계가 주로 반영구적으로 활용되는 접근이라면, 펙스(PECS)는 아동에게 표현언어를 가르치기 위해서 비영구적으로 활용하는 경우가 많은 전략입니다. 또한 아동의 구어적 표현도 촉진할 수 있는 전략이기도 합니다. 그리고 응용행동분석을 기반으로 하는 방법으로서 꾸준히 강화가 제공되기 때문에 매우 강력한 유인이 제공되는 전략이기도 합니다.

그림교환 의사소통 체계를 적용할 때, 보통 처음에는 그림 또는 사진 상징카드를 아동에게 자연적인 강화를 주는 물건(또는 음식) 등과 교환하는 절차를 통해 요구 언어행동(맨드 : mand)을 포함한 기능적 의사소통 능력을 길러줍니다. 그리고 이러한 과정이 꾸준히 이루어진 후에는 비교적 정교화된 문장으로 표현하는 방식으로 확장하는 것도 가능한 접근법입니다.

이 접근법을 정석대로 적용한다면 초기 중재 시에 학생과 그림상징과 강화제를 교환하는 역할을 하는 주 중재자 이외에도 학생에게 신체적 촉진을 제공하는 보조 중재자까지 필요합니다. 이는 주 중재자가 신체적 촉진을 제공하면서 그림과 물건의 교환자 역할까지 수행한다면, 아동에게 올바른 교환 개념이 인식되기 어렵기 때문입니다. 또한 초기 중재에서 언어적인 촉진보다는 보통 신체적 촉진이 주로 사용되는 경우가 많습니다. 지금부터 그림교환 의사소통 체계의 시작을 위한 준비 과정부터 실제 교수학습 절차까지 자세하게 살펴보겠습니다.

(1) 그림교환 의사소통 체계의 시작을 위한 준비 과정

그림교환 의사소통 체계를 발달장애 학생에게 적용하기 위해서는 먼저 의사소통 환경을 조성하고, 학생의 현재 수준을 진단평가해야 합니다. 마지막으로 가장 중요한 것으로 학생에게 교환 개념을 지도하기 위해서 적용할 강화물을 여러 개 정해두는 과정이 필요합니다.

① 의사소통 환경 만들기 : 의사소통 기회 제공

발달장애 학생의 일과 중에서 어떠한 것이든 요구할 수 있는 상황을 만들어서 원하는 것을 얻으려면 의사소통을 어떻게 해야 할 것인지를 가르쳐야 합니다. 그래서 현재의 생활환경을 관찰하여, 학생이 원할 가능성이 높은 것이 무엇인지 확인할 필요가 있습니다. 그리고 원하는 물건이나 활동을 포함하는 선호 자극을 학생이 요구하고 원할 때까지 충분히 기다리는 시간을 두어서 의사소통이 필요한 환경을 만듭니다.

② 학생의 현재 수준 파악하기

현재 학생이 자신의 요구를 어떠한 방식으로 표현하고 있는지 확인해야 합니다. 이를 통해서 어떠한 단계부터 지도할 수 있을지를 좀 더 명확하게 알 수 있습니다. 지도 단계에 대한 설명은 뒤이어 설명하겠습니다.

③ 강화제 평가하기

요구행동(맨드: mand)을 자연적으로 지도하기 위해서는 학생이 평소에 좋아하고, 요구하는 사물이나 활동을 강화제로 미리 선정할 필요가 있습니다. 따라서 부모님과 선생님은 우선 학생이 원하는 것이 무엇인지를 지속적인 관찰을 통해서 확인할 필요가 있습니다. 강화제(선호 자극)를 선정하기 위해서 다음과 같은 자극 선호도 평가 방법을 이용합니다.

이 방법들은 꼭 그림교환 의사소통 체계뿐만 아니라 다양한 교육 상황에서 학생이 선호하는 물건이나 활동 등 자극을 찾는 데 활용할 수 있습니다. 다만, 사실 학문적으로 더 깊이 들어가면 선호하는 물건이나 활동, 다시 말해 선호 자극이라고 해서 반드시 강화제로 기능하는 것은 아닐 수 있습니다. 학문적으로 강화제가 되기 위해서는 그 자극이 제시되었을 때 목표행동의 증가 또는 높은 상태로의 유지가 실증적으로 확인되어야 하기 때문입니다(별도의 강화제 평가 혹은 실제 활용 과정에서 확인 가능). 하지만 이 책은 이러한 학문적인 구분을 짓기보다는 비슷한 용어로 혼용해서 사용하겠습니다.

- **간접적인 자극 선호도 평가** : 학생에 대해서 잘 아는(부모, 친구 등) 인물과의 인터뷰를 통해서 선호하는 물건이나 활동에 관한 정보를 수집할 수 있습니다. 학생에게 직접 물어보는 방법도 있겠지만, 학생의 장애 정도가 심한 경우라면 다소 어려울 수 있습니다. 이 외에도 '중도장애인을 위한 강화제 평가(RAISD)'와 같은 구조화된 질문지를 이용하는 방법도 있습니다. 구글에서 검색하면 이 질문지 양식을 쉽게 다운받을 수 있습니다.
- **직접적인 관찰을 통한 자극 선호도 평가** : 자연적인 상황에서 학생의 행동이나 활동 참여 정도를 관찰함으로써 선호하는 물건이나 활동을 찾을 수 있습니다. 더 나아가 학생이 선호할 것으로 예상되는 여러 물건 등을 한꺼번에 모아두고 어떤 물건을 더 많은 시간 동안 가지고 노는지 관찰하여 선호도의 위계를 정하는 사전에 설계된 방식의 평가 방법을 활용할 수도 있습니다.
- **시도 기반의 체계적인 자극 선호도 평가** : 시도 기반의 자극 선호도 평

가는 단일자극, 짝지어진 자극(2개), 중다자극(3개 이상) 선호도 평가로 다시 세분화됩니다. 하지만 이론적인 내용은 차치하고, 보통 한 시도에 2~3개의 자극씩을 무작위로 번갈아 가며 제시하였을 때, 어떤 자극을 더 많이 선택하는지를 측정하여 학생이 선호하는 자극을 선정할 수 있습니다.

④ 의사소통 도구 준비하기

그림교환 의사소통 체계의 지도를 위해서는 마지막으로 의사소통에 필요한 도구를 제작할 필요가 있습니다. 여기에는 학생이 이해할 수 있는 수준의 그림(또는 사진)이 제시된 의사소통 카드, 그리고 꾸준한 지도를 통해서 학생이 학습한 의사소통 카드를 모아둘 의사소통 책이나 의사소통 판 등이 포함됩니다. 가정에서는 냉장고에 자석으로 그림상징 카드와 의사소통 판을 만들어 붙여두는 방식으로 제작할 수도 있습니다. 비록 영어로 되어 있기는 하지만 의사소통 카드와 책을 제작하는 방법에 대한 동영상 주소를 제시하니, 참고 바랍니다.

- **의사소통 카드 제작** : www.youtube.com/watch?v=5kN0s1LbCto
- **의사소통 책 제작** : www.youtube.com/watch?v=ooMK-DvPVI4
  www.youtube.com/watch?v=X-7XK1USpBc

그림교환 의사소통 체계에 사용되는 그림상징은 앞서 테크놀로지 기반 교수에서 예시로 제시한 보완대체 의사소통 체계(AAC) 애플리케이션의 상징을 활용할 수 있습니다. 또한 한국형 AAC 상징 검색 시스템인 'KAAC Symbols Search'에서도 다양한 상징을 비영리적 목적으로는 무료로 다운받을 수 있습니다(symbol.ksaac.or.kr).

(2) 그림교환 의사소통 체계 교수 과정

그림교환 의사소통 체계의 교수 과정은 크게 여섯 단계로 이루어집니다. 여기에서 1~3단계까지는 그림상징만을 이용하며, 4단계부터는 심화 과정으로 문장을 만들고 활용하는 절차가 포함됩니다. 이 책에는 단계별로 참고 영상의 주소를 제시하고 있습니다. 이 외에도 유튜브에 'PECS' 등으로 검색하면 다양한 그림교환 의사소통 체계 활용 동영상을 보실 수 있습니다. 또 Chat GPT에 질문했을 때도 상세한 정보를 얻을 수 있으니 참고 바랍니다.

1단계 : 그림 교환하기(의사소통 방법 익히기)

학생에게 강력한 강화가 될 수 있는 사물 및 활동(가령 아동이 좋아하는 과자나 공 등)을 준비합니다. 이때 주의할 점은 음식을 강화물로 선정할 때는 중재 과정에서 포만을 느끼지 않도록 그 양을 적절하게 조절해야 합니다. 신체적 촉진을 제공하는 보조 중재자가 해당 강화제를 묘사하는 그림상징을 학생에게 쥐여 주고, 주 중재자에게 다가가서 강화제와 교환하는 과정을 집중적으로 또 때로는 자연스러운 장면에서 반복하면서 학생에게 그림상징을 교환하는 기능적인 요구 언어행동(맨드 : mand)을 통해 자신이 원하는 것을 얻을 수 있다는 교환 개념을 습득할 수 있게끔 해줍니다. 주 중재자는 그림에 나타난 단어를 짧게 말하면서, 학생에게 강화물을 제공할 수도 있습니다. 그리고 보조 중재자의 신체적 촉진의 양이나 강도는 점진적으로 줄여야 합니다.

* 참고 영상 : www.youtube.com/watch?v=91jshtfnPMY

2단계 : 자발적으로 교환하기(의사소통 상대자와의 거리 늘리기)

두 번째 단계에서는 보조 중재자의 신체적인 도움이 최소화된 상태에서 학생 스스로 그림상징과 강화물을 교환하는 과정이 이루어집니다. 이때 점차 그림상징 또는 의사소통 상대자(주 중재자)를 학생과 멀리 떨어뜨려 놓는 과정을 통해서 아동이 더 자발적으로 교환 의사소통을 하게끔 해줍니다.

* 참고 영상 : www.youtube.com/watch?v=shxMeZebKNU

3단계 : 그림상징 변별하기

단정적으로 이야기할 수는 없지만 1~2단계를 통해서, 아동이 두세 가지 사물을 각각 자발적으로 교환하게 되었을 때, 3단계인 그림상징 변별하기를 도입할 수 있습니다. 그림상징 변별하기 단계에서는 두 가지 이상의 그림상징 중에서 교환을 위해서 필요한 그림상징을 골라서 교환을 위해 제시할 수 있도록 지도하는 과정이 이루어집니다. 초기에는 명확하게 구별할 수 있도록 선호하는 자극에 대한 그림상징과 비선호하는 자극에 대한 그림상징을 제시하고 이들 중에서 선호하는 자극에 대한 그림상징을 골라 실제 자극(물건, 활동 등)과 교환하도록 가르칩니다. 이후에는 선호하는 자극에 대한 그림상징 중에서 지금 요구하는 것을 구별하도록 가르치고, 점차 구별해야 하는 그림상징의 개수를 늘릴 수 있습니다. 만약 학생이 그림상징 변별에 어려움을 보인다면, 시범을 보여주거나 신체적 촉진을 포함한 다른 촉진을 제공하여 1~2회 반복해서 연습하도록 합니다. 그리고 그림상징의 위치를 변경해서 이러한 절차를 반복할 수 있습니다.

* 참고 영상 : www.youtube.com/watch?v=GYy069115zE

4단계 : 문장으로 표현하기 및 문장 확장하기

처음에는 강화물에 대한 그림상징과 함께 '주세요'라고 적힌 문장(또는 손을 펼쳐 그것을 달라는 몸짓을 취하는 그림) 상징을 제공하여, 학생이 강화물에 대한 그림상징과 함께 '주세요' 카드도 배열하여 '○○주세요.'라는 식으로 표현이 되도록 가르칩니다. 이때 학생이 말을 조금이라도 할 수 있다면, 구어적 표현을 함께 지도해 주고, 그렇지 않더라도 지속해서 구어적 표현에 대한 시범을 보여줍니다.

'○○주세요.'라는 문장을 구성할 수 있게 되면, 그 다음에는 학생의 언어표현을 형용사, 동사, 전치사 등을 사용하여 확장하도록 지도할 수 있습니다. 스키너(Skinner)가 주창한 언어행동분석 관점에서는 이러한 '꾸밈어'를 오토클리틱(autoclitic) 또는 부차적 언어관계라고 말합니다. 예를 들어, '사과 주세요.'라는 요구 언어행동(맨드)을 확장시켜서 '**빨간** 사과 주세요.'라고 표현하도록 빨간색 상징을 포함하여 가르칩니다. 또한 '공 주세요.'라는 표현을 '저기 큰 흰색 축구공 주세요.'와 같은 식으로 좀 더 풍성한 표현으로 나아갈 수 있게끔 지도할 수 있습니다.

4단계는 '원하는 자극에 대한 그림상징+주세요.'가 순서대로 제시되어 문장 형태로 제시되어야 하므로, 일종의 연쇄적 행동이라고 볼 수 있습니다. 학생이 문장 형태로 표현하는 것을 어려워한다면, 후진형 행동연쇄를 적용해서 가르쳤을 때 더 효과적으로 배울 수 있습니다. 예를 들어, 그림상징으로 '빨간색+사과+주세요.'라는 문장으로 표현하도록 가르친다면, 먼저 빨간색 상징 카드와 사과 그림상징 카드를 문장 띠에 붙이는 것까지는 중재자가 대신 해주면서 보여줍니다. 그리고 마지막 '주세요' 그림상징(또는 문장 상징) 카드를 붙이는 행동은 최소촉진체계나 시간지연 절차 등을 이용하여 체계적으로 가르칩니다. '주세요' 상징을 스스로 문장 띠의 마지막에 붙이게 되면, 다음은 '빨간색' 상징 카드를 붙이는 것까지 중재자가 대신 해주면서 보여줍니다. 그리고 '사과' 그림 상징을 문장 띠에 붙이는 행동부터 체계적으로 가르치면서 마지막 '주세요'까지 문장을 완성하도록 합니다. 후진형 행동연쇄 가르쳤을 때의 가장 큰 장점은 앞서 응용행동분석 기반의 체계적 교수에서 설명했듯이, 항상 연쇄적 행동의 마지막 완성까지 볼 수 있도록 해서 반복 학습의 효과를 기대할 수 있다는 점입니다.

* 참고 영상 : youtu.be/Apkrezk5W-U

5단계 : 질문에 대답하기

학생은 "무엇을 줄까요?"나 "무엇을 원하니?"와 같은 부모님 또는 선생님의 질문에 그림상징과 문장을 사용하여 응답할 수 있습니다. 중재자는 꾸준히 이러한 절차를 반복하여 학생이 질문에 대한 적절한 답을 조금씩 더 정교하게 할 수 있도록 합니다. 이러한 과정을 통해서 학생은 자발적인 사회적 반응에 대해서 학습하게 됩니다. 스키너가 주창한 언어행동분석에서는 이러한 언어자극(여기서는 중재자의 질문)에 대한 언어반응(여기서는 질문에 대한 학생의 응답)을 인트라버벌(intraverbal)이라는 용어로 말합니다. 스키너는 이러한 인트라버벌이 더 상위 언어행동으로 나아가는 데 매우 중요한 역할을 한다고 보았습니다.

* 참고 영상 : www.youtube.com/watch?v=JMN6qYN-BV4

6단계 : 언급하기

그림교환 의사소통 체계의 최종적 목표가 되는 단계입니다. 5단계에서 교환에 입각한 질문(예 '무엇을 줄까요?' 등)에 대해서 답하는 행동을 목표로 한 것에서 넘어서서, 더욱 다양한 질문(예 '무엇이 들리나요?', '무엇이 보이나요?', '이것은 무엇일까요?' 등)에 답하도록 지도합니다. 학생은 다양한 품사의 상징(예 '~가 보여요.', '~가 들려요.', '느껴요.', '○○입니다.' 등)을 사용하여 다양한 유형의 문장을 구성할 수 있습니다. 또한 질문에 대한 응답 이외에도 다양한 상황이나 행동, 느낌 등을 적절하게 묘사하는 표현이나 질문을 그림상징 카드 등을 이용해서 먼저 해볼 수 있도록 가르칩니다. 당연히 이러한 표현을 조금씩 더 정교한 문장 형태로 풍부하게 하도록 이끌 수 있습니다.

* 참고 영상 : www.youtube.com/watch?v=i0L_v2irDEU

한편, 그림교환 의사소통 체계는 기본적으로 스키너의 언어행동분석 이론과 응용행동분석의 교수학습 이론을 기반으로 만들었으므로 이에 대한 이야기를 하지 않을 수 없는데요. 스키너가 주창한 언어행동분석은 촘스키(Chomsky)로 대표되는 구조주의 언어학과는 다른 관점에서 행동주의적으로 인간의 언어를 바라보는 이론입니다. 구조주의 언어학이 수용언어를 중요시하는 데 반해, 언어행동분석은 표현언어라 할 수 있는 화자(speaker)행동을 더 중요하게 바라봅니다. 그리고 꼭 말이 아닌 다른 어떠한 방식의 표현도 언어행동으로 볼 수 있습니다.

스키너의 언어행동분석 관점에서 보면, 그림교환 의사소통 체계는 요구 언어행동인 '맨드'를 가르치는 데 기본적인 목적이 있지만, 서서히 꾸밈어인 '오토클리틱'과 언어자극에 대한 언어반응인 '인트라버벌'을 맛보게 하다가 마지막 6단계에 이르면서 서술 언어행동인 택트(tact)도 포함하여 다룬다고 볼 수 있습니다. 언어행동분석에 대한 자세한 설명은 저자의 블로그 글(blog.naver.com/bjs718/223114694133)을 참고하고, 여기서는 간단하게 언어행동분석에서 말하는 언어행동의 구성 요소에 대해서 짚어보겠습니다.

가. **청자**(listener)**행동** : 구조주의 언어학의 수용언어에 대응하는 개념으로 상대방의 언어행동을 듣고 이해하는 청자로서의 행동을 말함. 예를 들어, "손 들어봐."라는 말에 손드는 행동은 청자행동(반응)이라고 봄.

나. **화자**(speaker)**행동** : 구조주의 언어학의 표현언어와 대응하는 개념으로 구성 요소는 다음과 같음.

① 에코익(echoic) : 상대방의 언어행동을 모방하여 따라 표현함. 글자를 모방하여 그대로 따라 쓰는 행동을 구분하여 '카피 어 텍스트'라고 말하기도 함. 에코익을 기반으로 여러 언어행동을 가르침.

② 맨드(mand) : 상대방에게 무언가를 요구하기 위한 언어행동

③ 택트(tact) : 어떠한 사물, 동작 등을 명명하기 위한 서술적 언어행동

④ 인트라버벌(intraverbal) : 상대방의 언어자극에 대한 언어적 반응

⑤ 오토클리틱(autoclitic) : 꾸밈어와 같은 부차적 언어관계를 말함.

⑥ 텍스츄얼(textual) : 문자(글)를 해독하는 것을 말함. 글의 내용을 이해하는 독해는 청자행동에 더 가까울 수 있다고 함.

⑦ 트랜스크립션(transcription) : 상대방의 말을 글로 받아쓰는 행동

다시 돌아와서, 본격적으로 그림교환 의사소통 체계를 활용해서 가르치기 시작하는 시기로 보자면 사실 유아기 또는 학령전기 아동과 초등 저학년 학생 정도를 주된 대상으로 볼 수 있습니다. 물론 초등 고학년이나 중등 과정에 있는 학생에게도 적용할 수 있지만, 그 발전 정도가 현저히 다를 수 있으므로 아동기에 조기 중재를 통해서 지도하는 것이 좀 더 바람직합니다. 하지만 다소 뒤늦게나마 중등 연령의 학생들에게도

적용된다면 나름대로 의미 있는 의사소통 능력 향상 효과를 기대할 수 있습니다. 그리고 이 방법의 주된 대상이 말을 이용한 의사소통이 어려운 중도(심한, severe)장애 학생이므로, 생각보다 쉽게 학습이 진행되지 못할 수도 있습니다.

저자의 경험상 1~2단계까지는 비교적 수월하지만, 3단계 이후부터는 시간이 다소 길게 필요할 수도 있습니다. 그렇지만 수년이 걸리더라도 포기하지 않고 꾸준히 지속한다면 의미 있는 성과를 거둘 수 있다고 봅니다. 무엇보다 요구에 대한 적절한 표현의 어려움으로 인해서 심각한 문제행동을 보이는 학생들에게는 이러한 펙스(PECS) 절차의 부분적 혹은 전체적인 적용을 통해 문제행동의 발생이 감소하는 효과도 기대할 수 있습니다. 마지막으로 그림교환 의사소통 체계에 대한 블로그 글 링크와 함께(blog.naver.com/bjs718/222310631548), 지도에 참고할 만한 영상을 추가로 소개하면서 설명을 마치도록 하겠습니다.

〈표 2-17〉 그림교환 의사소통 체계 지도 시 참고 영상

단 계	구 분	활용 영상
1단계	그림 교환하기	www.youtube.com/watch?v=mECl6PKVFiA
2단계	거리 & 지속	www.youtube.com/watch?v=shxMeZebKNU
3단계	그림 변별하기	www.youtube.com/watch?v=LVlCwxJkcyw
4단계	문장 구성하기	www.youtube.com/watch?v=HGtZNy0PcVw
		www.youtube.com/watch?v=vPRZlg9levk
5단계	질문에 대답하기	www.youtube.com/watch?v=_XvLGZ-bTrk
6단계	언급하기	www.youtube.com/watch?v=3S1cXdrvWPo

실제적 활용	가정에서의 활용	www.youtube.com/watch?v=dbh_-XD5MuU
		www.youtube.com/watch?v=l5EoSEpW0lk
	학교에서의 활용	www.youtube.com/watch?v=cPcRz1s80y8
	TEACCH[3] 프로그램 활용	www.youtube.com/watch?v=qYfp00dYrnY
		www.youtube.com/watch?v=XbTQTpxm6e4

2) 강화된 환경중심 언어중재(Enhanced Milieu Teaching)

환경중심 언어중재(MT)는 아동 중심의 지연주의적 접근과 좀 더 구조화된 행동주의적 접근법을 적절하게 섞은 방법이라고 말할 수 있습니다. 요즈음에는 이런 중재 전략을 자연적 · 발달적 · 행동적 중재(NDBI)라는 유형으로 묶기도 합니다. 환경중심 언어중재는 어느 정도 말로 의사소통하는 것이 가능한 학생부터 말로 의사소통이 힘든 학생에게 보완대체 의사소통 체계를 이용하여 의사소통하도록 지도할 때까지 매우 광범위하게 사용될 수 있습니다. 환경중심 언어중재를 실행하기 위해서는 먼저 목표언어를 선정하고, 그 뒤에는 학생이 자연스럽게 의사소통해야 할 환경(상황)을 의도적으로 만들어 줍니다. 그리고 이렇게 만들어진 상황에서 응용행동분석의 교수학습 전략을 활용해서 목표로 한 의사소통을 표현하도록 가르칩니다. 이 전략은 치료실이나 구조화된 장소뿐만 아니라 자연적인 상황에서도 요구 언어행동에 대한 교수학습이 이루어지는 방법이므로 실제 상황에서의 일반화 가능성이 높을뿐더러, 최종적

3) 티치(TEACCH) 프로그램은 자폐성장애 학생을 위해 예측성을 도모하려는 목적으로 물리적 구성, 시각적 일과표, 작업체계, 과제 조직화 등을 고려하는 방법입니다. 자세한 사항은 마지막 장인 긍정적 행동지원에서 자세하게 다룹니다.

으로 자연적인 강화(natural reinforcement)[4]가 제공되기 때문에 학생의 동기를 더 효과적으로 유도할 수 있습니다.

(1) 목표언어 선정

환경중심 언어중재를 시행하기 전에 부모님이나 선생님은 가장 먼저 적절한 목표언어를 선정해야 합니다. 학생의 의사소통 수준과 생활 장면에서 주로 사용하게 되는 의사소통 표현을 목표언어로 선정합니다. 목표언어는 반드시 말의 형태를 가질 필요는 없으며, 몸짓, 그림상징 카드, AAC 애플리케이션 등의 다양한 보완대체 의사소통 체계를 활용할 수도 있습니다. 중요한 점은 학생의 언어능력 수준에 적합한 수준으로 목표언어를 정하는 것입니다. 때에 따라서는 이러한 목표언어를 여러 개 정해두고, 하루 일과 중 여러 별도 장면에서 개별 목표언어를 사용해야 하는 환경을 다양하게 만들어, 동시에 여러 의사소통 표현을 중재 목표로 할 수도 있습니다(예 교실에는 '장난감 주세요.'라는 표현을 목표로 환경을 구성하고, 점심시간에는 '밥 더 주세요.'를 목표로 할 수 있음).

(2) 환경(상황) 만들기

이번에는 의사소통 환경을 만드는 방법에 대해서 살펴보도록 하겠습니다. 환경을 조성한다는 말이 어려울 수 있지만, 쉽게 말해서 학생이 의사소통을 해야만 하는 상황을 만들어 주는 일이라고 생각하면 좀 더 쉽게 이해할 수 있습니다. 의사소통을 위한 환경을 만드는 방법에는 크

---

4) 실제 상황에서 해당 행동을 했을 때 주어지는 보상을 자연적 강화라고 말합니다. 예를 들어, 학생이 "장난감 주세요."라고 말했을 때 해당하는 장난감을 준다면, 이를 자연적 강화라고 말할 수 있습니다. 다만, 응용행동분석의 학문적 용어로는 직접적 강화 또는 기능적 강화라는 말이 더 적절하다고 알려져 있습니다.

게 여섯 가지 유형이 있습니다.

① 갖고자 하는 사물이 손에 닿지 않는 상황을 만들 수 있습니다. 예를 들어, 장난감 놀이를 하는 도중에 필요한 부품을 학생의 눈에는 보이지만 손에 닿지는 않는 곳에 놓아두고, 적절한 요구 언어행동을 보이도록 이끌 수 있습니다.
② 학생에게 흥미를 유발하는 상황을 조성할 수 있습니다. 어떠한 활동을 중재자나 어른의 관점에서 고르지 않고, 어린 연령대인 학생 본인에게 흥미를 유발할 수 있는 것으로 최대한 선정해 봅니다.
③ 장난감의 위치가 바뀌어 있는 것과 같은 예상하지 못한 상황을 만들 수 있습니다. 예를 들어, 평소에 이용하는 놀이 상자에 다른 물건을 넣어두어, 장난감이 어디 있는지 찾을 때 사용하는 적절한 요구 언어행동을 보이도록 이끕니다.
④ 둘 이상의 것 중에서 하나를 선택해야 하는 상황을 조성할 수 있습니다. 예를 들어, 좋아하는 음식 두 가지 이상을 제시하였을 때, 학생이 이 중에서 하나를 선택하는 언어적 표현을 보이도록 이끌 수 있습니다.
⑤ 자신의 요구를 충족시키기 위해서 누군가의 도움이 필요한 상황을 만들 수 있습니다. 예를 들어, 급식 시간에 물컵을 미리 치워두고 학생이 물을 마시기 위해서 물컵을 찾기 위한 언어적 표현을 하도록 이끕니다.
⑥ 갖고자 하는 물품의 양이 부족한 상황을 조성할 수 있습니다. 예를 들어, 급식 시간이나 간식 시간에 음식을 원하는 양보다 좀 적게 주어 "더 주세요."와 같은 언어적 표현을 하게끔 하거나, 장난감

부품 중에서 일부러 몇 개를 부족하게 빼고 주는 방법을 생각해 볼 수 있습니다.

이러한 여섯 가지의 상황들은 항상 개별적으로 구분되는 상황이기보다는 여러 가지 유형이 동시에 발생할 수 있다고 보는 게 더 맞으리라 생각합니다. 다만, 기본적으로 발달장애 학생이 무언가를 얻기 위해서 자연스럽게 의사소통해야만 하는 상황을 의도적으로 만든다는 생각이 중요합니다.

(3) 중재 전략

의사소통이 필요한 환경을 만든 이후에, 부모님 또는 선생님은 학생의 언어표현 수행 정도에 따라 아래와 같은 네 단계로 아동에게 목표언어를 중재할 수 있습니다.

① 모델링(시범)

학생이 해당 언어표현을 잘 모르는 초기에 적용할 수 있습니다. 조성된 상황에서 아동에게 필요한 의사소통을 시범 보이고, 따라 해보도록 합니다. 학생이 언어표현을 따라 말하면, 원하는 자연적 강화제를 제공합니다. 이러한 절차를 반복하여 언어표현을 가르칠 수 있습니다.

학생 : **(손에 닿지 않는 장난감을 보고 있음 : 손에 닿지 않는 상황 조성)**
선생님 : 장난감 주세요. (모델링)
학생 : 장난감…
선생님 : 장난감 주세요. (학생의 언어를 확장하는 교정적 피드백)
학생 : 장난감 주세요.
선생님 : (장난감을 제공함 : 자연적 강화)

② 선 요구–후 모델링

모델링 절차를 진행하다가 학생이 어느 정도 익숙해졌다고 판단되면, 이번에는 먼저 "뭐라고 해야 하지?"라고 적절한 의사소통을 해보도록 요구합니다. 아동이 적절한 의사소통을 하면 자연적인 강화제를 제공하고, 그렇지 못할 때는 모델링(시범)을 해주고 따라 표현해 보도록 합니다.

학생 : **(밥을 더 먹고 싶은데 양이 적어서 식판을 쳐다보고 있음 : 부족한 상황 조성)**
부모님 : 뭐라고 말해야 하지? (요구)
학생 : 밥… 더…
부모님 : 밥 더 주세요. (모델링)
학생 : 밥 더 주세요.
부모님 : (밥을 더 제공함 : 자연적 강화)

③ 시간지연(기다리기)

요구를 했을 때 적절한 의사소통을 보인다면, 이제는 요구를 하지 않고 상황만 조성한 뒤, 몇 초(예 5초) 정도 기다리고 학생이 스스로 목표 의사소통을 하도록 유도합니다. 학생이 스스로 목표언어를 보이면, 자연적인 강화물을 제공합니다. 그렇지 않을 때는 다시 모델링 절차를 도입해서 따라 해볼 수 있도록 합니다.

학생 : **(TV를 보고 싶은데 리모컨이 손에 닿지 않음 : 손에 닿지 않는 상황)**
학부모 : (5초 시간지연)
학생 : 리모컨…
학부모 : 리모컨 주세요. (학생의 언어를 확장하는 교정적 피드백)
학생 : 리모컨 주세요.
부모님 : (리모컨을 제공함 : 자연적 강화)

④ 우발 교수

환경중심 언어중재의 마지막 단계로, 부모님이나 선생님이 만들지 않은 우발적인 상황에서 학생이 먼저 의사 표현을 할 때, 이를 모델링, 선요구–후 모델링, 시간지연 등의 방법으로 더 확장해 주거나 피드백을 제공하는 방법을 말합니다.

학생 : **(장난감 가게에서 뽀로로 인형을 가지고 싶어 한다) 저기… 뽀로로… (우발교수)**
부모님 : 뽀로로 인형 사줘요. (학생의 언어를 확장하는 교정적 피드백)
학생 : 뽀로로 인형 사줘요.
보모님 : (뽀로로 인형을 사줌 : 자연적 강화)

이러한 네 단계에 맞춰 교육을 진행하는데, 처음부터 확장된 문장을 중심으로 교육하기보다는 학생의 언어발달 수준에 맞춰서 단어 수준부터 시작해서 점차 2어절, 3어절, 4어절 문장으로 확장하는 것이 좋습니다. 또한 처음에는 ㉠ 눈에 보이는 사물(강화물) 요구로부터 시작해서 ㉡ 눈에 보이지 않는 사물 요구하기, ㉢ 놀이나 동작에 관한 요구하기(예 그네를 밀어 주세요.), ㉣ 불쾌한 상황을 벗어나기 위한 요구하기[예 (냄새나는 물건을) 치워 주세요.], ㉤ 원하지 않는 활동이나 상황에 대한 회피 요구하기(예 싫어요. 하지 않을래요.), ㉥ 원하는 사물이나 활동 추가로 요구하기(예 더 주세요. 더 할래요.), ㉦ 상대방의 질문(예 이거 줄까요?)에 '예 또는 아니요'로 대답하기, ㉧ 선택 의문문(예 과자 줄까?, 과일 줄까?)에 대답하기, 그리고 ㉨ 의문문 이용하여 요구하기(예 사과 어디에 있어요?) 등의 순서로 더욱 정교한 요구 언어행동을 가르칠 수 있습니다(최진혁 · 박혜숙, 2013). 그리고 말이 어려운 학생에게 보완대체 의사소통을 적용할 때도, 체계적 교수 혹은 비연속 시행 훈련을 통해서 지도한 상징을 실제로 표현해 보는 방법으로 환경중심 언어중재를 활용한다면 아주 효과적으로 상징을 습득하고 유지, 일반화할 수 있습니다. 참고로 유튜브에 Milieu Teaching을 검색하시면, 각 중재 단계별로 다양한 외국의 동영상을 보실 수 있습니다.

※ 중재 동영상 예 : youtu.be/3HHcvMqIPP8

※ 놀이 활동 중 환경중심 언어중재 활용에 대한 안내 자료 : blog.naver.com/bjs718/221862834169

최근에는 기본적인 환경중심 언어중재에 반응적 상호작용 전략을 포함하는 강화된 환경중심 언어중재(EMT)가 문헌에 많이 등장하고 있습니다. 강화된 환경중심 언어중재는 일반적인 환경중심 언어중재와 크게 다르지 않지만, 반응적인 상호작용을 좀 더 강조하는 방법이라고 볼 수 있습니다. 강화된 환경중심 언어중재에 포함되는 반응적인 상호작용 전략에는 다음과 같은 사항들이 포함됩니다.

- 공동관심(중재자와 학생이 같은 사물이나 활동에 집중)과 상호관심(학생과 중재자가 서로를 집중해서 바라보기)을 조성합니다.
- 의사소통 시에 적절하게 차례를 주고받습니다. 예를 들어, 학생과 중재자가 한 번씩 번갈아 가며 의사소통합니다.
- 상대방의 행동에 따른 적절한 반응을 합니다. 예를 들어, 중재자가 학생의 의사소통 시도에 즉시 의미 있게 반응하는 등으로 학생의 의도를 이해했음을 보이도록 노력합니다.
- 긍정적인 감정 표현을 제공합니다. 학생과의 긍정적인 관계 형성을 위해서 적절한 언어와 비언어적 의사소통을 사용합니다.

〈표 2-18〉 환경중심 언어중재 구성(예)

학생명 : 김ㅇㅇ(10세)			훈련자 : 어머니, 할머니	
날짜 : ㅇㅇㅇㅇ. ㅇㅇ. ㅇㅇ.~ㅇㅇ.			의사소통 상황 : 집에서 식사하기	
활 동	**훈련자**	**목표어휘**	**절 차**	**자료/ 점검**
식사 준비 돕기	어머니 할머니	"수저 어디 있어요?"	어머니의 모델, 성공 시 언어적 칭찬 제공	어머니가 독립적 수행/촉진 받아 수행/ 수행하지 못함 등으로 기록함.
식사 전 인사하기	어머니 할머니	스스로 "잘 먹겠습니다"라고 인사하기	시간지연 후 필요한 경우 구어적 촉진 제공	
식사하기	어머니 할머니	"(오늘 한 일) 했어요"라고 대답하기, "예" 혹은 "아니요"라고 대답하기	가족 구성원의 적절한 응답 모델, 지연된 모델, 확장, 칭찬 사용	
좋아하는 반찬 더 달라고 요구하기	어머니 할머니	"(반찬 이름) 더 주세요"라고 말하기	처음에 좋아하는 반찬을 적게 제공, 필요한 경우 구어적 촉진 제공	
식사 후 인사하기	어머니 할머니	스스로 "잘 먹었습니다"라고 인사하기	시간지연 후 필요한 경우 구어적 촉진 제공	

3) 비연속 시행 훈련(DTT)

비연속 시행 훈련(Discrete Trial Training)은 번역에 따라 개별시도교수 등으로도 불리는데, 앞서 설명한 체계적 교수의 근간이 되는 응용행동분석에서 공동관심, 상호관심, 모방 기술, 청자행동(예 변별하기 등)과 화자행동을 포함하는 언어행동, 사회적 기술, 각종 교과 내용, 개념학습 등을 포함하여 매우 광범위한 목표행동을 가르치는 데 가장 많이 사용하는 기본적인 교수학습 전략입니다. 사실 체계적 교수 절차에도 비연속 시행 훈련의 절차나 요소가 대부분 포함되어 있지만, 일반적으로 비연속 시행 훈련은 구조화된 환경에서 반드시 그런 것은 아니지만 보통 1:1 교수로 목표행동을 지도한다는 점에서 다소 차이가 있습니다.

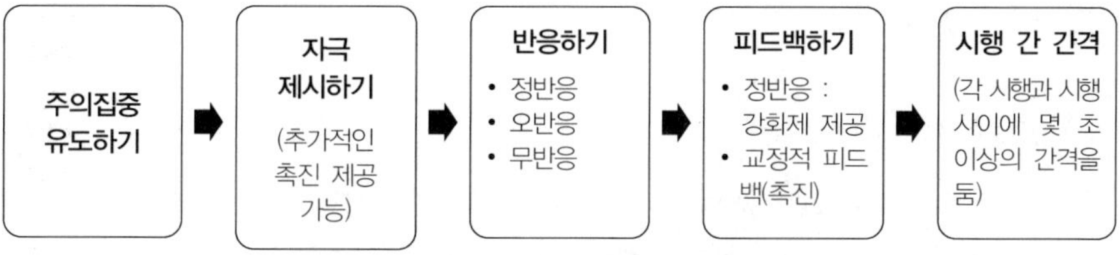

| 그림 2-9 | 비연속 시행 훈련의 절차

앞서 제시한 그림교환 의사소통 체계나 강화된 환경중심 언어중재가 어떠한 것을 요구하는 언어행동[(이를 응용행동분석에는 '맨드(mand)'라고 말함] 을 가르치는 데 가장 많은 초점을 두었다면, 비연속 시행 훈련의 경우 언어행동의 교육 상황에서는 주로 물건이나 활동, 동작 등의 이름을 명명하는 서술적인 언어[응용행동분석에서는 '택트(tact)'라고 말함]를 가르치기 위해서 사용하는 경향이 있습니다. 비연속적 시행 훈련은 간단하게 설명하면 다음과 같은 순서로 교수가 진행됩니다.

(1) 주의집중 유도하기

먼저 학생이 주의를 집중하도록 합니다. 예를 들어, "여기를 보세요." 등의 말을 하거나 신호음을 주거나, 박수로 관심을 유도할 수 있습니다. 이 외에도 다양한 방법으로 학생의 주의를 유도할 수 있으며, 주의집중에 어려움이 있다면, 선생님이 신호를 주면 선생님이나 과제를 바라보는 행동, 신호를 주면 착석하는 행동, 또는 일정 시간 동안 착석을 유지하는 행동 등의 주의집중 행동을 별도의 비연속 시행 훈련으로 먼저 가르칠 수도 있습니다.

(2) 자극 제시하기

목표 언어행동(예 사과 사진을 보고, 사과라고 답하기)을 유도하기 위해서 자극(사과 사진 카드)을 제시합니다. 이때 필요에 따라 자극을 제시할 때부터 자극촉진(단서)을 줄 수도 있습니다. 예를 들어, 여러 사진 중에 사과 사진을 골라야 하는 상황이라면 사과 사진만 컬러로 제시하거나 더 크게 제시할 수 있습니다. 만약 무오류 학습으로 진행하고자 한다면, 자극촉진에서 더 나아가 과제 제시와 동시에 충분한 반응촉진을 함께 제공하여 촉진에 의한 정반응을 이끌 수도 있습니다. 비연속 시행 훈련 초기에는 학생이 헷갈리지 않도록 언어적인 질문을 최대한 사용하지 않고 위와 같이 간단하게 자극만 제시하다가(순수한 택트), 점차 익숙해지면 언어적인 질문(예 이게 뭐지?)을 포함하여 자극을 제시할 수 있습니다(비순수 택트로서 언어자극에 대한 언어반응이 나타나므로 인트라버벌로도 볼 수 있음).

(3) 반응(행동)하기

제시된 자극에 대해서 사전에 설정된 일정 시간 안에 학생이 반응을 시작하여 마무리 짓습니다. 이러한 반응은 정반응("사과"라고 말함), 오반응(틀리게 말함), 무반응의 형태로 나타날 수 있습니다.

(4) 피드백하기

학생의 반응에 따라 정반응을 보인다면, 적절한 칭찬과 함께 필요하다면 선호하는 음식, 물건, 활동 또는 토큰 등의 사전에 설정된 강화제(강화물)를 제공하고, 오반응을 보이거나 일정 시간 기다려 주어도 무반응을 보일 때는 언어적 촉진, 시범 촉진, 신체적 촉진 등을 포함하는 반응촉진을 이용한 교정적 피드백(예 '다시 생각해 보자', '사… 다음에 뭐지?',

'사과'라고 말해줌 등)을 제공합니다. 오반응의 경우 오반응을 보이기 시작하면 멈추게 하고 촉진을 제공하여 수정하도록 할 수도 있고, 오반응을 시작하더라도 약간의 무시를 보이면서 그 반응이 끝난 뒤에 교정적인 피드백으로서 촉진을 제공할 수도 있습니다. 보통 전자인 오반응을 보이기 시작하면 바로 멈추게 하고, 적절한 촉진을 받아 정반응을 보이도록 하는 방법을 많이 사용합니다. 또한 앞서 체계적 교수 파트에서 설명한 최소촉진체계, 최대-최소촉진, 시간지연 절차 등을 충분히 활용하여 가르칠 수도 있습니다.

(5) 시행 간 간격

위와 같이 선행자극(A)을 제시하여 반응 또는 행동(B)을 이끌고 이에 대한 후속결과(C)를 제공하는 'A-B-C' 형식으로 해당 목표 언어행동을 10~30회 정도 각 시행(시도) 간에 일정 시간 간격을 두고 반복해서 가르칩니다(1회기). 이러한 시행 간의 간격은 수 초에서 십여 초 혹은 수십 초 정도도 될 수 있는데, 보통 학생이 정해진 강화제를 소비하는 데 걸리는 최소한의 시간으로 설정할 수 있습니다. 가령 토큰을 제공한다면 몇 초 정도면 토큰을 받아 붙일 수 있을 테지만, 놀잇감을 제공한다면 그 놀잇감으로 잠깐이라도 놀도록 수십 초 이상 간격을 두어야 할 수도 있습니다. 이러한 시간 간격 중에 중재자는 앞서 학생의 반응을 정반응(+), 촉진을 받아 반응(P), 오반응(−), 무반응(X) 등 다양한 방식으로 기록합니다. 이러한 방식으로 학생이 한 회기에서 80~90% 이상의 정확도로 목표 언어행동을 독립적으로 수행하는 모습을 2~3회기 연속하여 보일 때까지 집중적으로 가르칠 수 있는데, 이를 집중시행이라고 말합니다. 그 이후에는 차츰 시간 간격을 두고(예 하루에 한 번, 2일에 한 번, 일주일에 한 번, 2주에 한 번 등으로 간격을 늘려가면서) 반복 학습 회기를 제공합니다. 이를 분산시행이라고 말하며, 이 시기에는 보통 회기별로 다양한 목표 행동을 포함하여 가르칩니다. 또한 비연속 시행 훈련이 1:1 교수를 기본으로 하지만, 상황에 따라 몇 명으로 이루어진 소집단 교수로 실행되는 상황이라면, 한 사람씩 번갈아 가면서 교수학습 시도를 제공하게 됩니다. 이때 소집단 내 다른 학생들은 최대한 관찰학습을 유도합니다. 이러한 방식은 간격시행이라고 부릅니다.

요구 언어인 맨드(mand)가 사람의 기본적인 일상생활 영위에 있어서 매우 중요하다고 한다면, 서술적인 언어인 택트(tact)는 특히 향후 학습 상황에서 매우 유용하게 사용하는 언어행동이라고 말할 수 있습니다. 사물의 명칭을 명명하고, 행동이나 상황을 묘사하는 것이 어떤 내용을 학습하는 데 기본이 될 수 있기 때문입니다. 비연속 시행 훈련을 정석대로 시행하거나 자연스러운 상황에서 부분적으로 활용하여 택트(tact)를 체계적으로 지도하는 일은 발달장애 아동 및 학생에게 매우 유용할 수 있습니다.

서술 언어행동인 택트를 가르칠 때는 보통 먼저 ① 집 안이나 학교, 길거리 등에서 구체적인 사물을 보고 이름을 명명하도록 지도하고, 다음으로 ② 그림책을 보고 동물, 교통수단, 만화 인물 등의 이름을 명명하도록 지도하기, ③ 1, 2번의 사항을 다양한 수식어(색, 모양, 크기, 숫자)를 함께 사용해서 명명하도록 지도하기, ④ 동작을 말로 묘사하도록 지도하기, ⑤ 실제 사람이나 그림책에 제시된 인물의 표정을 보고 감정을 명명하도록 지도하기, ⑥ 전치사(위, 아래, 여기, 저기 등)를 이용하여 사물의 위치를 말하도록 지도하기, ⑦ 날씨에 대해서 명명하도록 지도하기, 그리고 ⑧ 어제 일어난 일을 과거시제(예 어제 수영을 했어요.)를 이용하여 말하도록 지도하기의 순서로 서술 언어행동을 점차 정교하게 익힐 수 있도록 지도할 수 있습니다(최진혁 · 박혜숙, 2013). 유튜브에서 DTT, discrete trial training 비연속 시행 훈련, 개별시도교수 등으로 검색하면, 정말 다양한 실제 중재 동영상을 시청할 수 있습니다.

4) 스크립트 언어중재(Script Intervention)

스크립트(script)는 '어떠한 특정 문맥 속에서 진행되는 단계적인 일련의 사건들을 설명하는 구조'를 말합니다. 아동과 학생은 익숙하고 일상화된 상황적 문맥 속에서 성인의 말을 예측할 수 있게 되고, 성인의 언어와 그 상황 간의 관계를 인지적으로 연결해서 그 상황에 맞는 의사소통을 학습하게 됩니다.

쉽게 말해서 아동이 경험하는 언어표현이 요구되는 환경에서의 단계적 순서에 따른 대화의 목록을 스크립트, 다시 말해 대본이라고 말하고 이러한 대본을 활용해서 의사소통을 지도하는 방법을 스크립트 언어중재 또는 스크립트 문맥 치료라고 말합니다. 흔히 치료 장면에서 적용되는 스크립트 언어중재의 절차는 다음과 같습니다.

(1) 단기적인 목표언어의 구조를 계획합니다.
(2) 아동에게 익숙하며 주제가 있는 일상적인 활동을 선정합니다.
(3) 선택한 활동 속에서 포함될 하위 행동들을 나열합니다.
(4) 선택된 하위 행동마다 구체적인 목표언어를 계획합니다.
(5) 불필요한 하위 행동을 삭제합니다.
(6) 목표언어를 유도할 수 있는 상황이나 발화를 계획합니다.
(7) 활동들을 변화시키면서 여러 회기 동안 반복해서 실시합니다.

위와 같은 절차로 스크립트 언어중재를 실행하는 예는 다음과 같습니다.

(1) 단기적인 목표언어의 구조 계획하기

자발화 검사를 통한 분석 결과, 철수는 2어절 수준의 문장 표현에는 어려움이 없었으나, 3어절 수준의 문장 표현에는 다소 어려움을 나타내었습니다. 따라서 부모님은 철수에게 행위자-대상-요구(예 아빠 수건 주세요.)의 3어절 구조 목표언어를 가르치기로 했습니다.

(2) 익숙하며 주제가 있는 일상적인 활동 선정하기

부모님은 철수의 하루 일과를 찬찬히 생각해 보았습니다. 이 중에서 철수가 가장 좋아하면서도 다양한 언어표현이 가능한 장소를 찾아보았고, 최종적으로 철수가 매일 아침 이용하는 실내 수영장에서의 활동을 스크립트로 선정하기로 하였습니다.

(3) 선택한 활동 속에서 포함될 하위 행동 나열하기

부모님은 다른 사람들과 철수가 실내 수영장 활동을 이용하는 모습을 관찰하면서, 실내 수영장 활동에서 포함될 하위 행동으로 다음과 같은 행동을 선정하였습니다. 이러한 행동들은 의사소통이 주로 발생할 수 있는 상황으로 선정하고자 노력했습니다.

- 안내대에서 맡겨둔 수영복과 열쇠 받기
- 수영장에 들어와 발판, 킥보드 등 보조도구 받기
- 수영하기
- 수영 마치면서 샤워장에서 아빠에게 샤워용품 받기

- 샤워 마치고 아빠에게 수건, 로션 등을 받기
- 집으로 이동하기

(4) 선택된 하위 행동마다 구체적인 목표언어 계획하기

이 단계에서는 선택된 하위 행동마다 목표언어를 계획하게 됩니다. 이 때 앞서 단기적인 목표언어의 구조를 바탕으로 목표언어의 수준을 결정할 수 있습니다. 예를 들어, "아저씨 수영복 주세요." 혹은 "선생님 발판 주세요." 그리고 "아빠 샴푸 주세요." 등이 목표언어가 될 수 있습니다.

(5) 불필요한 하위 행동 삭제하기

당초 목표가 행위자–대상–요구였기 때문에 이러한 구조의 어휘를 배우는 데 불필요한 수영하기와 집으로 이동하기 하위 활동들은 삭제합니다.

(6) 목표언어를 유도할 수 있는 상황이나 발화 계획하기와 반복 학습

나머지 하위 활동들을 활용해서 순서에 따라 목표어휘를 유도할 수 있는 대화 내용을 고려한 대본을 만들고, 이를 지속해서 반복 교육함으로써 상황에 적절한 말을 목표한 구조에 맞춰 표현하도록 가르칠 수 있습니다. 스크립트를 의사소통 중재에 활용할 때는 스크립트 안에 주고받는 대화의 기회를 많이 가지거나, 상황적 언어를 활동에서 많이 사용할 수 있도록 하는 것이 좋습니다. 그리고 학생이 스크립트에 충분히 익숙해지면 의도적으로 스크립트를 위반하는 사건을 만들어 아동의 자발적인 언어를 유도하도록 시도하는 방법(일종의 행동연쇄 방해전략)이 일반화 가능성을 높이기 위해서 좋습니다. 예를 들어, 학생이 "아빠 샴푸 주세요."라고 말했을 때, 정해진 샴푸가 아닌 비누를 준다면(행동연쇄 방해), 이때 아동이 추가로 재요구를 하는 등의 자발적인 의사소통 행위를 유도할 수 있습니다.

지금까지 설명한 스크립트 언어중재는 일반적인 방법으로 특히 언어치료적 관점에서 목표언어의 구조를 계획하고, 이 구조에 입각한 목표언어를 배울 수 있는 환경을 찾는 데 중점을 두었습니다. 하지만 스크립트 언어중재가 반드시 이렇게만 사용되어야 하는 것은 아니라고 생각합니다. 다양한 일상생활 장면 또는 통합교육 상황에서 학생이 어떠한 목표기술을 수행하는 데 필요한 의사소통 행동을 스크립트(대본)로 만들어 지도함으로써, 실제 장면에서 효과적으로 의사소통을 수행하는 데 도움이 되는 것을 목적으로 중재를 실행할 수도 있습니다.

예를 들어, 마트에서 물건을 구매하는 데 필요한 의사소통을 대본으로 만들어서 교육한다든지, 직장에서 필요한 의사소통을 대본으로 만들어 교육하고, 필요할 경우 대본을 학생이 꾸준히 숙지하고 읽어볼 수 있도록 함으로써, 자기촉진이나 시각적 지원의 도구로 스크립트를 활용할 수도 있습니다. 제가 근무하던 학교에서는 전공과 학생들이 가정통신문이나 우편물을 교내에서 배달하는 업무를 배정받아 수행했습니다. 이때 우편배달 업무에 처음 배정받은 학생에게는 배달할 때 해야 할 말을 순서대로 스크립트로 만들어서 목걸이 형태로 지니고 다니며 참고하도록 하였습니다. 또한 안전교육에서 긴급전화를 이용하는 것을 대본으로 만들어서 지도해 보는 것도 효과적인 방법이 될 수 있습니다. 처음에는 대본을 만들어서 전체 대화 과정에 대한 안내를 해주다가 차츰 익숙해지고, 상황에 맞게 응용해서 말하는 능력이 어느 정도 갖추어지면, 그 이후에는 대화 상황에서 처음 해야 하는 말 정도만 작은 카드 형태로 만들어서 참고하도록 할 수 있습니다. 이러한 방법을 '대화 스타터'라는 중재로 구분하여 부르기도 합니다. 어쨌든 시각적 지원 도구로서 길든 짧든 스크립트를 이용하는 것에는 차이가 없습니다. 참고로 미국의 자폐스펙트럼장애를 가진 학생을 위한 증거기반실제 목록에서는 이전 버전까지 스크립트 중재를 별도로 구분했다가 최근인 2020년 버전에서는 시각적 지원에 스크립트 중재를 포함했습니다.

무엇을 가르쳐야 할까요?

– 교육 내용 –

제 3 장

이 장에서는

1. 발달장애 영유아와 아동을 위한 놀이 활동에 대해서 알아보고자 합니다.
2. 발달장애 학생의 학업능력을 기르기 위한 교육 내용과 방법을 알아보고자 합니다.
3. 발달장애 학생의 의사소통 및 사회적 능력을 기르기 위한 교육 내용과 방법을 알아보고자 합니다.
4. 발달장애 학생의 자기결정 능력을 기르기 위한 교육 내용과 방법을 알아보고자 합니다.
5. 발달장애 학생의 일상생활 기술을 기르기 위한 교육 내용과 방법을 알아보고자 합니다.
6. 발달장애 학생을 위한 진로 및 직업교육의 내용과 방법을 알아보고자 합니다.
7. 발달장애 학생의 건강 증진을 위한 신체활동의 내용과 방법을 알아보고자 합니다.

발달장애 학생을 위한 특수교육 중재

무엇을 가르쳐야 할까요?

제 3 장

• 교육 내용

앞서 발달장애 학생들에게 효과적이라고 확인된 증거기반실제에 대해서 살펴보았습니다. 그렇다면 지금부터는 앞서 살펴본 효과적인 교육 방법을 이용해서 발달장애 학생에게 무엇을 가르쳐야 할지 살펴보도록 하겠습니다. 즉, 교육 내용에 대해서 알아보겠다는 말입니다. 다만, 꼭 알아두어야 할 사항이 있다면, 이 장에서 다루는 교육 내용만 발달장애 학생들이 배워야 한다는 것이 아니라 이 장에서 언급한 내용을 우선해서 가르칠 교육 내용으로 고려할 수 있다는 점입니다. 이 장에서 언급하지 않은 교육 내용도 학생의 다양한 요구에 따라, 또 거주하는 지역사회나 취업하고자 하는 직무 영역 등에 따라 얼마든지 교육 내용으로 포함할 수 있습니다. 한편 이 장에서 교육 내용에 대해 살펴보는 과정에서 앞서 다루지 못한 특정 영역의 특별한 교수학습 방법에 대해서도 함께 이야기하도록 하겠습니다.

1. 놀이 활동

놀이 활동은 장애 여부를 떠나서 모든 영유아 및 아동에게 있어서 매우 중요합니다. 발달 수준에 적합한 놀이 활동에 충분히 참여하는 것만으로도 아이들은 인지, 언어, 사회성, 운동 등을 포함하여 전반적인 발달 영역에서의 성장을 보일 수 있습니다. 반대로 놀이 활동에 대한 충분한 참여가 보장되지 않는다면, 영유아 및 아동에게 전반적인 발달 문제가 발생할 수 있습니다.

발달장애를 가지고 있는 영유아 및 아동은 인지적인 어려움과 사회적 상호작용의 문제 등으로 인하여 비장애 아이들이 또래나 약간 더 나이가 많은 누나, 형, 언니, 오빠들을 보면서 자연스럽게 습득하여 수행하게 되는 놀이 행동을 적절하게 수행하지 못할 때가 많습니다. 따라서 발달장애 학생을 가르치는 부모님이나 선생님은 발달 수준에 맞고, 또 때에 따라서는 생활연령 역시 고려하여 발달 수준을 약간 상회하는 놀이 행동을 때때로 직접적으로 지도함으로써, 놀이 활동의 발달을 촉진함과 동시에 전반적인 성장을 도모할 수 있어야 합니다.

다만, 직접적인 지도가 필요하다는 말을 오해해서는 곤란합니다. 이 말이 놀이 활동의 전반적인 진행을 부모님이나 선생님이 항상 주도해야 함을 의미하지는 않습니다. 일반적으로 놀이 활동의 진행은 아동의 선호를 고려하는 활동이나 장난감 등을 활용하여 가급적 아동의 주도에 따라가는 방식을 기본으로 해야 합니다. 이때 발달 수준에 적합한 놀이 관련 행동이나 기타 행동(예 공동관심, 상호관심, 모방 등)을 최대한 자연스럽게 가르칠 수 있으며, 이러한 교수 기회(예 선행자극 제시-반응-후속결과 제시의 ABC 교수학습 시퀀스)를 아동이 놀이 활동 자체에 흥미를 잃지 않는 범위에서 조금씩 늘려갈 수 있습니다. 예를 들어, 아이와 블록 놀이를 하는 과정에서 설명서를 손으로 가리키고(선행사건), 아이가 설명서를 볼 수 있도록 촉진을 제공해서 보게 되면(행동), 적절한 칭찬을 통해(후속결과) 공동관심을 가르칠 수 있습니다.

한편 최근 자폐스펙트럼장애 등의 발달장애 영유아를 위한 조기 중재 방법으로 조기 중재를 위한 덴버모델(Early Start Denver Model), 중심축 반응 훈련(Pivotal Response Training) 등을 포함하는 자연적·발달적·행동적 중재(NDBI)가 많은 관심을 받고 있습니다. 이 방법은 자연스러운 놀이 활동을 긍정적인 정서 교류하에 아동과 성인이 함께 진행하는 과정에서(아동의 놀이 행동을 모방하는 등 아동 주도의 놀이 활동에 전력으로 참여하면서) 영유아의 발달 수준에 적합하면서 의미 있는 목표행동을 발달 수준에 따른 행동 목록에서 선정하고, 놀이 활동 중에 적절하게 삽입하여 응용행동분석의 교수학습 전략을 활용해서 가르치는 방법이라고 볼 수 있습니다. 이러한 NDBI의 교수 방식을 정말 간단하게 정리하면 앞서 설명한 발달장애 학생을 위한 놀이 활동의 기본적인 교육 방법론과 일맥상통합니다. NDBI에 대한 좀 더 자세한 설명과 대표적인 NDBI 범주로 평가받는 ESDM에 대한 설명은 저자의 블로그 글을 참고 바랍니다. 참고로 중심축 반응 훈련(PRT)에 대한 간단한 설명은 이 장의 '의사소통 및 사회적 능력' 파트에 제시하였습니다.

- NDBI에 대한 설명 : blog.naver.com/bjs718/223440118389
- ESDM에 대한 설명 : blog.naver.com/bjs718/223321710111

다시 돌아와서, 발달장애 영유아와 아동이 배워야 할 놀이 활동의 구체적인 내용과 교육 방법에 대해서 살펴보기 이전에 먼저 놀이의 발달 단계를 간략하게 살펴보겠습니다.

1) 놀이의 발달 단계

학자마다 또는 놀이의 어떠한 측면을 중점적으로 생각하느냐에 따라서 놀이의 발달 단계는 다양하게 나누어질 수 있습니다. 이 중에서 대표적으로 인지적 발달에 따른 놀이 발달 단계와 사회성에 따른 놀이 발달 단계에 대해서 각각 살펴보면 다음과 같습니다.

(1) 프로스트와 클레인의 놀이 발달 단계

프로스트와 클레인(Frost & Klein)은 피아제와 스밀란스키(Smilansky)의 인지적 놀이 발달 단계를 종합하여 기능 놀이 → 구성 놀이 → 상징 놀이 → 사회극 놀이 → 규칙이 있는 게임의 다섯 가지 유형으로 놀이 발달 단계를 정리하였습니다. 이에 대해서 살펴보면 다음과 같습니다.

① 기능 놀이

감각운동 기능을 중심으로 손, 발을 많이 움직여서 하는 놀이를 말합니다. 이 놀이는 장난감, 자동차, 오토바이가 움직이는 것을 보고 기뻐하거나 홀로 뜀뛰기를 하거나 공을 던지거나 자기의 신체를 움직여서 나타내는 단순하고 반복적인 근육운동 놀이라고 말할 수 있습니다. 기능 놀이는 감각기관이나 운동기관의 발달과 밀접한 관련이 있으며, 약 2세부터는 서서히 감소하는 경향이 있습니다.

② 구성 놀이

구성 놀이는 물건을 조작해서 새로운 것을 창조하거나 구성하는 놀이를 말합니다. 주로 창조력과 구성력이 그 중심이 된다고 볼 수 있으며, 블록 놀이, 점토, 공작, 모래 놀이, 종이접기, 그림 그리기, 퍼즐 맞추기 등이 이에 포함됩니다. 이 놀이는 2세경부터 나타나기 시작하여 4~5세경에 더욱 증대되며, 아동기로 갈수록 증대되는 경향이 있습니다. 구성 놀이는 향후 상징 놀이나 사회극 놀이가 나타나더라도 하나의 놀이 형태로 지속하게 되며, 아동의 인지 및 운동능력 발달 측면에서도 지속해서 교육할 필요가 있습니다. 특히 인지능력 중에서도 지각추론의 시지각 영역 발달에 레고 등의 블록 놀이, 각종 조립 활동, 퍼즐 맞추기 등이 효과적인 것으로 알려져 있습니다.

③ 상징 놀이(가상 놀이)

상징 놀이는 역할, 사물, 행동, 언어의 가작화에 따라 표현하는 놀이를 말하며, 빠르면 18개월부터 조금씩 나타나기 시작하여 점차 그 양과 질이 늘어나 향후 놀이, 인지 및 언어와 사회성 발달에 많은 영향을 미치게 됩니다. 가장 초기의 상징 놀이는 실제 사물이 아닌 다른 물건을 가지고 아동이 상상하는 물건을 사용하는 모습을 보이는 행동으로, 예를 들어 유아가 긴 나무토막을 가지고 이를 전화기라고 가정하여 전화하는 엄마의 모습을 따라 하는 행동을 보입니다.

상징 놀이는 아동의 상상력에 따라 대상물에 대한 상징화를 하면서 나타나게 됩니다. 이때의 상징은 아동의 개인적 경험에 국한되는 한계가 있을 수 있습니다. 상징 놀이는 가상 놀이(어떤 사물, 상황, 사건 등에 실제와 다른 가상의 새로운 의미를 부여하여 노는 것을 말함), 상상 놀이, 극놀이, 가작 놀이 등과 거의 동일한 개념으로 사용되기도 합니다.

아동의 성장 과정에서 사물에 이름을 붙이는 시기를 상징기라고 하는데, 이 시기에 상징 놀이나 언어 등을 통해 자기 의사를 표현합니다. 따라서 상징 놀이는 언어 발달 단계와 밀접한 관계가 있는데 언어가 심각하게 지연된 아동은 상징 놀이가 늦게 나타나는 경향이 있습니다. 발달장애 영유아와 아동도 장애 정도가 심하지 않다면, 기능 놀이나 구성 놀이는 나름대로 발달 단계에 따라 수행할 수 있습니다. 하지만 상징 놀이를 잘 보이지 않는 경향이 있습니다. 특히 자폐성장애 아동은 더 그럴 수 있습니다. 따라서 부모님과 선생님은 발달장애 아동이 적절하게 상징 놀이를 보일 수 있도록 놀이 장면에서 상징 놀이를 유도하고(예를 들어, 막대기로 만들어 흉내 낼 수 있는 사물이나 행동 모습을 보여주고 따라 해보게 함 등), 필요하다면 적절한 촉진을 제공하여 지원할 수 있습니다.

④ 사회극 놀이

사회극 놀이는 상징 놀이가 보다 발전된 형태로, 적어도 다른 한 명의 또래(또는 성인)와 협동하여 놀이 주제를 진행하고, 참여자 간에 언어나 행동으로 의사소통이 일어나는 놀이를 의미합니다. 가장 대표적인 사회극 놀이로는 우리가 어렸을 때 많이 하곤 했던 소꿉놀이를 들 수 있습니다. 비장애 학생들의 경우에는 나이가 자람에 따라 자연스럽게 어른의 모습을 모방하여 소꿉놀이를 할 수 있지만, 사실 소꿉놀이는 아주 발전된 놀이 형태로 상징 놀이가 충분히 이루어졌을 때 나타나는 고차원적인 놀이임을 알아야 합니다.

사회극 놀이에는 현실 요소와 비현실 요소가 포함됩니다. 아동은 자신이 현실에서 직접 경험한 상황이나 사람의 역할을 모방하는 사회극 놀이를 많이 하는데 이것이 현실 요소입니다. 엄마와 아빠의 모습을 보고 따라 하면서 소꿉놀이하는 모습을 예로 들 수 있습니다. 반면 아동은 현실을 재현해 보려고는 하지만 현실과 비현실에 관한 판단이 잘되지 못했거나 정확한 모방의 어려움으로 비현실적 요소 또는 상상적인 요소를 개입하게 됩니다. 이를 비현실적 요소라고 말할 수 있습니다. 예를 들어, 애니메이션에 등장하는 영웅을 보고 마치 실제로 본인이 영웅이 된 것처럼 생각하고 나름의 역할을 따라 할 수 있습니다. 사회극 놀이는 아동의 창의력과 인지적 성장 및 사회적 기술 증진에 효과가 있는 것으로 인정받고 있으며, 발달장애를 가지고 있는 학생들에게도 체계적 교수와 또래교수 등의 방법론을 활용하여, 놀이 집단을 구조화하여 꾸준히 지도할 필요가 있습니다. 이때 스크립트를 적절하게 사용할 수도 있습니다. 마지막으로 수준 높은 사회극 놀이의 기준은 다음과 같다고 합니다.

첫째, 가상의 역할을 언어나 행동으로 표현합니다.

둘째, 사물의 용도를 다양하게 상상해 언어나 행동으로 표현합니다.

셋째, 상황이나 행동을 상상하여 언어로 표현합니다.

넷째, 한 가지 놀이 주제를 적어도 10분 이상 지속합니다.

다섯째, 동일한 주제를 가지고 적어도 2명 이상이 상호작용합니다.

여섯째, 놀이에 참여하는 사람 간에 의사를 적절하게 교환합니다.

⑤ 규칙이 있는 게임

사회극 놀이가 발전하게 되면 규칙이 있는 게임의 형태로 놀이 행동이 나타나게 됩니다. 사실 사회극 놀이가 나타나기 이전에도 만 2~3세에는 나이가 더 많은 또래나 형제자매, 어른의 주도와 시범을 통해서 여러 가지 규칙이 있는 게임에 참여하는 모습을 보여주기도 하지만 이는 어디까지나 이들의 모습을 모방하면서 참여하는 모습을 보여주는 것이지 게임의 규칙을 온전히 이해하고 주도적으로 게임에 참여하는 것이라고 보기에는 무리가 있습니다.

일반적으로 만 4~5세를 시작으로 적은 수의 규칙이 있는 게임에 성인의 도움을 받아 참여하기 시작하다가 유치원에서 초등학교에 이르러 여러 가지 규칙이 있는 놀이에 주도적으로 참여할 수 있게 됩니다. 규칙이 있는 게임에 참여하는 것은 그 이후에도 또래 집단에서 적절하게 생활하는 데 꾸준히 필요한 행동이며, 사회성을 신장하는 과정에서도 보드게임, 연극놀이 등의 규칙이 있는 게임을 매우 효과적으로 활용할 수 있습니다. 따라서 발달장애 아동의 부모님과 선생님은 규칙이 있는 게임에 학생이 적극적으로 참여할 수 있도록 게임 방법과 규칙을 직접적으로 지도하고, 또래 집단을 형성하여 게임에 실제로 참여할 수 있도록 촉진해야 합니다. 다만, 어디까지나 생활연령과 함께 발달 수준도 고려하여 흥미를 느끼지 않고 어려워하는 놀이 활동에 억지로 참여시키는 일은 지양해야 할 것입니다.

(2) 파튼의 사회적 측면에서의 놀이 발달 단계

파튼(Parten)은 영유아와 아동의 놀이 활동을 사회적 측면에서 다음의 여섯 단계로 분류하였습니다.

① 몰입 행동

몰입 행동은 관심이 있는 것을 쳐다보는 행동을 말하며, 일반적인 놀이의 모습이라고 보기에는 무리가 있습니다. 흔히 관심이나 흥미가 없을 때는 자기 몸을 가지고 놀거나 왔다가 갔다가 하는 등의 몸을 움직이는 비몰입 행동을 보입니다. 자폐성장애를 가지고 있는 아동 중 일부도 이러한 모습을 보이는 경우가 많은데 이를 상동행동의 한 형태로 볼 수도 있습니다. 이러한 점에서도 볼 수 있듯이, 자폐성장애 아동이 자주 보이는 상동행동이 자폐적 성향에 의해서만 나타나는 것이 아니라 모든 환경이나 행동에 관심이나 흥미가 없을 때 나타나는 비몰입 행동의 일환으로 발생할 수도 있음을 기억해야 합니다. 따라서 아동이 관심을 가질 수 있는 놀이를 찾아 몰입할 수 있도록 하는 것이 여러 가지 비몰입 행동으로 인해 나타나는 문제행동을 예방하는 방법이 될 수 있습니다.

② 지켜보는 행동

지켜보는 행동은 단순히 무심코 아이들이 놀이하는 모습을 보기만 하는 것이 아니라, 다른 아이들이 무엇을 하는지 집중하여 관찰하는 행동을 말합니다. 이 단계의 아이들은 주어진 시간의 대부분을 이렇게 보내며, 다른 아이들에게 의사소통을 시도하기도 하지만 직접 놀이에 참여하지는 않는 모습을 보입니다.

③ 단독 놀이

단독 놀이 단계에서는 혼자서 장난감을 가지고 놀이를 합니다. 이때는 다른 아이들의 놀이에 상관하지 않고 그냥 옆에서 자신의 놀이를 하게 됩니다. 흔히 자폐성장애 영유아와 아동이 이러한 놀이 형태를 어느 정도 자라서도 계속 보일 수 있습니다. 바로 이때 부모님이나 선생님이 아이의 행동을 모방하기도 하고 관심을 제공하기도 하면서 아이 주도의 놀이 활동에 함께 참여하고, 적절한 눈 맞춤과 상호작용을 꾸준히 시도할 수 있습니다. 또 자연스러운 상황을 조성하여 더 상위의 놀이 행동이나 발달 수준에 적합한 기타 목표행동을 조금씩 가르치고 적절한 보상을 제공할 수도 있습니다. 다만, 청소년기 이후부터 개인적인 여가생활 시간을 보내는 과정에서 단독 놀이 활동은 장애인과 비장애인을 떠나 모두에게 의미가 있습니다. 특히 적절하게 여가 시간을 보내는 것은 여타의 문제행동 발생을 예방하는 전략이 되기도 합니다. 따라서 자폐인의 단독 놀이를 좋지 않게만 바라보는 일은 없어야 하겠습니다.

④ 평행 놀이

평행 놀이 단계에서는 다른 아이들이 갖고 노는 비슷한 장난감을 갖고 놀이를 하지만 함께 놀지는 않습니다. 다른 아이들의 놀이에 크게 상관하지 않고 그냥 옆에서 자신의 놀이를 하게 되는데, 앞서 말씀드렸듯 다른 아이들 근처에서 비슷한 장난감을 가지고 놀이하려고 합니다. 어린이집에서 아직 어린 영유아들이 노는 모습을 관찰하면, 옹기종기 모여서 같이 노는 것 같지만 실제 들여다보면 서로 비슷한 장난감을 가지고 따로 노는 모습을 목격할 수 있습니다. 간혹 서로 같은 장난감을 가지고 놀려다가 약간의 다툼이 일어나는 일도 발생할 수 있으며, 이러한 행동 역시 너무 과도하지만 않다면 발달 과정상에서 지극히 자연스러운 현상이라고 볼 수 있습니다.

⑤ 연합 놀이

연합 놀이 단계에서는 다른 아이들과 함께 놀이하게 됩니다. 그리고 놀이 내용에 대해서도 서로 이야기를 주고받습니다. 하지만 이러한 놀이 과정이 조직적이지 않고 각자의 역할도 없거나 미약한 경우가 많습니다. 예를 들어, 소꿉놀이를 하더라도 서로 이야기를 하면서 함께 놀이하는 모습을 보이기는 하지만, 각자의 역할이 정해져 있지 않고 자신이 하고 싶은 행동이나 역할을 계속하면서 자기가 하고 싶은 말을 이야기하는 데 중점을 두는 모습을 볼 수 있습니다.

⑥ 협동 놀이

협동 놀이 단계에서는 게임, 역할놀이 등을 포함하여 어떠한 결과를 얻기 위해서 집단을 조직해 함께 놀이하게 됩니다. 아이들은 서로 협의하여 각자의 역할을 나누게 되고, 협력적으로 놀이에 참여하게 됩니다. 예를 들어, 아빠, 엄마, 아이 등으로 각자의 역할을 정해서 소꿉놀이하거나 더 나아가 규칙이 있는 게임에 서로 협력해서 참여할 수 있습니다. 협동 놀이는 사회성 놀이의 최종 단계로 발달장애 아동과 학생이 생활연령에 맞는 협동 놀이에 참여할 수 있도록 적절한 지원을 제공하여야 하며, 필요하다면 꾸준한 사회적 기술 훈련을 통해서 사회적으로 용인되는 놀이 행동과 그렇지 않은 행동을 체계적으로 지도할 필요가 있습니다.

위와 같이 살펴본 인지적 · 사회적 놀이 활동의 단계는 서로 다른 것이 아니라 같은 놀이 활동에 대해서 어떤 부분에 중점을 두고 바라보았는가에 따라 다소 다르게 단계를 나눈 것이라고 볼 수 있습니다. 비장애 아동이든지 발달장애를 가지고 있는 아동이든지 모든 영유아와 아동에게 놀이는 '학습'의 창구가 되기 때문에, 가장 중요한 교육 내용이자 방법이 될 수 있습니다. 또한 놀이를 통해서 언어, 인지, 특히 사회성에 대한 배움이 이루어지게 됩니다.

따라서 부모님과 선생님은 아동의 놀이 단계에 적합한 놀이 활동을 지원할 수 있어야 하며, 점차로 상위단계의 놀이 행동이 발현될 수 있도록 돕는 역할을 할 수 있어야 합니다. 그러기 위해서는 앞서 설명한 대로 아동 주도의 놀이 활동 중에 의미 있는 놀이 관련 목표행동을 삽입하여 자연스럽게 가르칠 수 있어야 하며, 이때 응용행동분석 기반의 체계적 교수의 방법론을 적절하게 활용할 수 있습니다. 또한 때에 따라서 매번 같은 놀이만 반복하는 아동이 있다면, 조금씩 다른 놀이 활동을 긍정적인 분위기에서 안내하면서 자연스럽게 새로운 놀이 활동에 즐거움을 느끼고 따라 하도록 천천히 이끌어 줄 필요가 있습니다. 놀이 활동의 다양화는 결국 발달장애 영유아와 아동의 인지, 운동, 사회성 발달 등에도 크나큰 긍정적인 영향을 미칠 수 있습니다.

2) 발달 연령별 놀이 활동의 예

앞서 살펴본, 놀이의 발달 단계에 따른 놀이 활동의 예를 제시하면 〈표 3-1〉과 같습니다. 이 예시는 말 그대로 하나의 예일 뿐 부모님과 선생님은 이 외에도 아동의 흥미를 반영한 다양한 놀이 활동을 찾아보고, 또 개발해 볼 수도 있습니다. 놀이 활동이 발달장애 영유아와 아동에게 있어서 정말 중요한 교육 내용이자 방법이라는 사실을 꼭 인식해야 합니다. 이 책에 제시된 놀이 활동 이외에 좀 더 자세한 놀이 활동의 목록과 방법에 대해서 알고자 하는 분은 대구광역시에서 발간한 놀이 활동 장학 자료를 참조하면 도움이 될 것입니다. 해당 자료는 저자의 블로그에 탑재되어 있습니다. 저자의 블로그에서 '놀이'라고 검색하셔도 해당 페이지를 찾을 수 있습니다.

- 놀이 활동 장학자료 : blog.naver.com/bjs718/220091931983
- 지적 능력 향상을 위한 간단한 뇌훈련 활동 예 : blog.naver.com/bjs718/223656099790

〈표 3-1〉 발달 연령별 놀이 활동의 예

	성장발달놀이	지능발달놀이	시지각 및 시력발달놀이	언어발달놀이	사회성발달놀이
0~6 개월	▸앞에 있는 물건 잡기 ▸엎드려서 두 팔 짚고 머리와 가슴 일으키기 ▸통 안의 물건 꺼내기 ▸혼자서 앉기	▸거울 놀이 ▸냄새 맡기 놀이 ▸촉감놀이	▸응시 놀이 ▸시야 넓히기 놀이 ▸까꿍 놀이	▸옹알이에 대꾸하기 ▸다양한 소리 들려주기	▸쳐다보며 옹알이 해주기 ▸목말타기 ▸입으로 물건 가져가기 ▸다른 사람의 표정 보고 미소 짓기
7~12 개월	▸장난감 밀며 기어가기 ▸소리 나는 악기 두드리기 ▸공 굴리고 받기 ▸집게손가락으로 물건 집어 올리기 ▸양손으로 잡아 마시기 ▸블록 옮기기	▸낙서하기 ▸장난감 찾기 ▸퍼즐 놀이	▸이불 넘어가기 ▸거울 놀이 ▸짝짜꿍, 잼잼, 곤지곤지 놀이하기 ▸아기나 동물 사진 보여주기	▸동화 녹음해서 들려주기 ▸다양한 이름 들려주기	▸거울 보고 미소 짓기 ▸물건 줄 때 손 내밀기
13~18 개월	▸혼자 걷기 ▸거꾸로 끌어당기기 ▸무릎 위에서 흔들어주기 ▸계단 기어오르기 ▸전화기 놀이 ▸탑 쌓기	▸퍼즐 맞추기 ▸음악에 맞춰 춤추기	▸움직이는 장난감 가지고 놀기 ▸블록 놀이	▸2개의 다른 음절 결합하기 ▸통 안에 물건 넣기 ▸숨은 물건 찾기 ▸신체 부위 가리키기	▸거울에 비친 자기 모습에 반응하기 ▸아기 얼굴 그리기 ▸쌓기 놀이

	성장발달놀이	지능발달놀이	시지각 및 시력발달놀이	언어발달놀이	사회성발달놀이
19~24 개월	▸구슬 꿰기 ▸장난감 자동차 타기 ▸계단 걸어 오르기 ▸크레파스로 선 긋기 ▸인형 옷 입혀주기	▸모래놀이 ▸구슬 꿰기 ▸밀가루 반죽하기	▸두 발 동시에 구부리고 펴기 ▸고구마 굴리기 놀이 ▸앞으로 출발하기 놀이 ▸안구운동 놀이	▸음식 이름 말하면서 달라고 하기 ▸동물 이름 말하기, 울음 소리 내기 ▸손 인형 놀이	▸인형 밥 먹이고 잠재우기 ▸동네 한 바퀴 돌면서 인사하고, 다양한 사물 명명하기 놀이
25~36 개월	▸동그라미 그리기 ▸음악에 맞춰 행동 따라 하기 ▸블록과 같은 모양 만들기	▸흉내 내기 놀이 ▸종이 오리기 ▸숫자놀이(구체물에 해당하는 숫자 고르기, 수 세기 등)	▸두 발 동시에 차기 ▸한 발로 차기 ▸비행기 놀이	▸책에서 그림 가리키고, 묘사하기 ▸엄마 · 아빠 놀이 ▸소꿉놀이 ▸사진 보며 이야기 나누기	▸요리 놀이하기 ▸애완동물과 놀기 ▸어깨동무 놀이하기
37~48 개월	▸볼링 놀이 ▸가위질하기 ▸줄넘기 ▸건너뛰기 ▸깡충 다리로 걷기	▸같은 글자 오리기(찾기) ▸끝말잇기 ▸과거, 현재, 미래를 구별하는 놀이	▸정해진 기준에 따라 신발장 정리하기 ▸기준에 따라 물건 분류하기	▸수수께끼 놀이 ▸다양한 자연학습 활동	▸공놀이 ▸복잡해진 블록놀이(또래와 함께 역할 나누어 실시) ▸소꿉놀이 ▸각종 역할놀이
49~60 개월	▸꼬불꼬불 걷기 ▸뒤로 던지기 ▸철봉 매달리기 ▸축구하기 ▸공차기 ▸율동 따라 하기	▸지도 보고 길 찾기 ▸홀짝 놀이 ▸청진기 놀이 ▸물고기 잡기 ▸돋보기 놀이 ▸퍼즐 맞추기 ▸불러준 수 외우기(또는 거꾸로 외우기) ▸단어 만들기(흩어진 자모음 중에서 골라서 단어를 제한시간 내에 만들기 등)	▸롤러코스터 놀이 ▸눈동자 굴리기 놀이 ▸메모리 게임(이미지 기억활동)	▸책 내용 질문하기(답하기) ▸명사 외우기 ▸이야기 꾸미기 ▸그림 그리기 놀이 ▸책 내용 요약하기 ▸책 등장인물 감정 알아보기	▸역할놀이(의사놀이 등) ▸윷놀이 등 전통놀이 ▸보드게임(할리갈리, 리미큐브 등) ▸규칙이 있는 각종 게임

2. 학업능력

학업능력은 당장 학교생활에서 반드시 요구되는 능력이며, 더 나아가서 향후 지역사회 전환 과정에서도 기능적 생활을 영위하는 데 필요한 기술이 될 수 있습니다. 따라서 발달장애 학생이 미래에 성인이 될 때, 더 독립적으로 살아가는 데 요구되는 교육 내용을 중심으로 가르쳐야 할 학업 기술을 선별할 필요가 있습니다. 특히 중·고등학교 학생을 위해서는 이들의 생활환경이나 직업적 요구, 기능적 생활 기술 등을 고려하여 교육 내용이나 학습 자료를 선정해야 합니다. 예를 들어, 고등학생에게 동화책으로 읽기를 지도하기보다는, 학생에게 필요한 버스 노선표, 자기소개서, 직무설명서 등을 이용해서 읽기를 지도하는 방법이 더 적절할 수 있습니다. 학생의 기본 학습 능력에 따라 목표 수준이 다소 달라질 수 있지만, 일반적으로 발달장애 학생에게 우선하여 꾸준히 가르쳐야 하는 학업능력에는 읽기, 쓰기, 수학 등의 기초학습 능력이 주로 포함될 수 있습니다.

1) 읽기와 문식성(Literacy)

국어교육은 흔히 음소나 음운과 같은 작은 단위에서 단어 또는 문장으로 나아가는 음운 중심 접근법과 단어 또는 문장의 의미를 알아보는 것에서 시작하여, 점차 작은 단위로 나아가는 통문자 중심의 총체적 언어교육 접근이 서로 대치되는 주장을 하고 있습니다. 과거에는 통문자 중심의 총체적 언어교육 접근이 발달장애 학생들의 학습 능력을 고려하였을 때 더 효과적이라고 하여, 기능적인 일견 단어(시각 단어라고도 하는데, 예를 들어 '가방'이라는 단어를 음소나 음운 단위로 읽지 않아도, 한눈에 읽을 수 있도록 통문자로 지도하는 방법을 말함) 중심으로 교육이 이루어질 때가 많았습니다.

하지만 최근에는 물론 통문자 중심의 기능적 단어 교수도 상대적으로 인지적 어려움이 많은 발달장애 학생에게 효과적일 수 있지만, 가능한 한 음운인식, 파닉스 교수 등을 포함하여 발음 중심의 분석적 교수 접근을 먼저 시도하는 방법론이 우선 추천된다는 주장이 더 큰 힘을 얻고 있습니다. 총체적 언어교육 접근이 가지고 있는 일반화 가능성의 부족을 보완하는 방법으로 다양한 음소를 해독하여 읽도록 가르치는 방식의 교육이 필요하다고 보는 것입니다. 다만, 발달장애 학생의 경우 학생의 수준에 따라 음소나 음운을 합성하고 분석하여 글자를 읽고 쓰는 과정에 심각하게 어려움을 느끼는 사람도 있기 마련입니다. 이 경우에는 적절한 판단을 통해 총체적 언어교육 접근을 먼저 적용하여 통문자 중심으로 기능적 어휘를 지도해 나가는 방법이 선행되어야 합니다.

발달장애 학생들에게 읽기를 지도하는 방법에는 앞서 교육 방법 절에서 제시한 체계적 교수, 또래교수 등이 효과적으로 적용될 수 있지만, 이 외에도 본 파트에서 설명할 여러 방법도 함께 활용할 수 있습니다. 읽기의 과정은 크게 보면 해독과 독해로 나눌 수 있는데, 해독은 글자를 발음대로 정확하게 읽는 기술을 말하고, 독해는 글을 읽고 글의 내용을 이해하는 기술을 말합니다. 미국읽기패널(National Reading Panel)에서는 읽기 교수의 가장 중요한 요소로 (1) 음운인식, (2) 파닉스(phonics), (3) 유창성, (4) 어휘(vocabulary), (5) 독해(text comprehension)를 말하고 있습니다. 이 중에서 음운인식과 파닉스, 유창성까지는 주로 해독의 과정과 크게 관련이 있고, 어휘와 독해는 글을 읽고 이해하는 과정과 큰 관련이 있습니다. 다만, 적절한 해독이 유창하게 이루어지지 않는다면 독해에도 당연히 큰 어려움이 따를 것이므로, 사실 이 모든 요소가 결국 독해의 요소가 된다고도 볼 수 있겠습니다.

(1) 음운인식

음운인식(phonological awareness)은 구어에서 사용되는 여러 말소리를 지각하고 조작할 수 있는 능력을 말합니다. 다시 말해서, 문장이나 낱말이 음절이나 음소(말소리)와 같은 더 작은 단위로 나누어질 수 있다는 것을 인지하며, 말소리를 조작할 수 있는 능력을 말합니다.

음운인식을 공부하기 이전에 먼저 학생은 음소에 대해서 지식을 갖추어야 합니다. 음소에 대한 지식이란 쉽게 말해서 알파벳, 그러니까 우리 국어에서는 자모음에 대한 지식을 갖추는 것을 말합니다. 인지적인 어려움을 가지고 있는 발달장애 학생들에게 국어의 자·모음을 가르칠 때 중요한 점은 자음과 모음 중에서 먼저 모음부터 가르치는 순서가 더 효과적일 수 있다는 것입니다. 모음은 자음에 비해 직관적이면서 발음되는 대로 명칭도 만들어져 있기 때문입니다.

그렇게 먼저 모음을 가르친 이후에는 자음을 가르치게 되는데요. 인지적 어려움이 있는 발달장애 학생에게 처음부터 'ㄱ'을 기역, 'ㄴ'을 니은과 같은 식으로 명칭부터 가르치는 방법은 효과가 다소 부족할 수 있습니다. 'ㄱ'이 '기역'이라는 명칭을 가지고 있음을 아는 것이 'ㄱ'의 발음소리를 아동이 인식하는 데 당장은 큰 도움이 되지 않기 때문입니다. 그래서 초기에는 자음을 모음처럼 발음 나는 대로 외우도록 지도하는 방법이 좀 더 효과적일 수 있습니다. 예를 들어, 'ㄱ'은 /그/, 'ㄴ'은 /느/, 'ㄷ'은 /드/와 같은 식으로 /그느드르므브스으즈츠크트프흐/와 같이 읽도록 지도할 수 있습니다. 이렇게 하면 추후 음운인식이나 발음법 교수로 넘어갈 때, ㄴ+ㅏ를 /느…아/로 시작하여 점차 빨리 발음하여 /나/로 발음하는 과정까지 좀 더 쉽게 접근할 수 있습니다.

다만, 어디까지나 초기에 해당하는 사항으로 자음이 받침으로 쓰일 때는 이러한 명칭을 아는 것이 글의 해독에 도움이 되는 경우가 많습니다. 한글의 제자 원리에 따라 자음의 이름 뒷글자가 보통은 받침으로 쓰일 때의 발음을 제시하고 있기 때문입니다. 예를 들어, '감'이라는 글자를 읽을 때 /그/+/아/를 빠르게 말해 /가/까지 발음한 뒤에는 여기에 'ㅁ'의 명칭인 '미음'에서 두 번째 글자인 '음'을 받침을 발음할 때 사용하여 /가/+/음/을 빠르게 말해 /감/이라고 소리 내어 읽을 수 있게 됩니다. 따라서 초기 자음 교수 이후에는 차츰 각 자음의 명칭(예: 니은, 리을, 미음, 비읍 등)을 가르쳐야 합니다.

다만, 한글의 모든 자음 명칭 뒷글자가 받침으로 쓰일 때의 발음을 제시하고 있지는 않습니다. 사실 그렇지 않은 것도 꽤 있는데요. 가령, 'ㄱ'의 명칭인 '기역'의 경우에도 받침으로 'ㄱ'이 쓰였을 때 /역/으로 빠르게 발음해도 정확한 발음이 되지 않습니다. 사실 'ㄱ'의 경우에는 원래 '기윽'이라는 명칭으로 짓고 싶었는데 한글 창제 당시에 /윽/으로 발음되는 한자가 없어서 어쩔 수 없이 '기역'이라고 표시를 했다고 알려져 있습니다. '낙'이라는 글자를 예로 들어봐도, /나/+/윽/이라고 빨리 말해야 /낙/이 되지, /나/+/역/이라고 빨리 말해도 /낙/이라고 발음되지 않음을 알 수 있습니다. 이러한 'ㄱ' 이외에도 'ㄷ'은 '디읏'으로, 'ㅅ'은 '시읏'으로, 'ㅊ'은 '치읏'으로, 그리고 'ㅎ'은 '히응'으로 되어야 해당 자음이 글자의 받침에 쓰일 때, 자음 명칭의 뒷글자가 적절한 받침 발음이 될 수 있습니다. 사실 그래서 인지적 어려움이 있는 발달장애 학생에게는 각 자음의 본래 명칭을 계속해서 지도하기보다는, 각 자음이 어떻게 받침에서 발음되는지를 따로따로, 하나하나 체계적으로 가르치는 방법이 향후 파닉스 교육 등에서도 더 유용하리라고 예상할 수 있습니다. 지금까지 설명한 내용에 대한 좀 더 자세한 설명은 정가희 · 이대식(2019)의 「파닉스 중심의 한글읽기프로그램이 지적장애학생의 한글읽기에 미치는 효과에 관한 사례연구」를 한국학술지인용색인(KCI)이나 RISS 사이트에서 찾아볼 수 있습니다. 저자의 블로그에도 논문을 요약해서 제시하였으니 참고 바랍니다(blog.naver.com/bjs718/222141436727).

한편 음소 단위에서 좀 더 나아간 음운인식은 초보 수준과 심화 수준으로 나눌 수 있습니다. 먼저 초보 수준의 예를 들면, '가구', '가방'이라는 단어 짝이 공통적인 음운인 '가'를 가지고 있음을 인식하고 있기는 하나 그 음운을 의식적으로 표현하지 못하는 수준을 말합니다. 그리고 심화 수준은, 예를 들어 '수박'과 '송'라는 두 단어가 'ㅅ'으로 시작한다는 사실, '수박'은 /수/와 /박/ 2개의 음절로 이루어진다는 사실, '송'에서 초성을 빼면 '옹'이 된다는 사실, 그리고 '송'은 /ㅅ/+/ㅗ/+/ㅇ/의 3개 음소로 만들어진다는 사실 등을 전반적으로 인식할 수 있는 단계를 말합니다. 이러한 음운인식 능력은 더 큰 단위의 구어 단위를 더 작은 단위로 나누거나(분절), 말소리들을 결합하여 더 큰 구어 단위를 만드는 것(합성), 그리고 특정 위치의 말소리나 음절을 구분하는 것(변별) 등을 통해서 평가할 수 있습니다.

음운인식과 이를 바탕으로 한 파닉스 교수를 체계적으로 학생들에게 제공하기 위해서는 먼저 한글 음운의 구조에 대한 이해가 선행되어야 합니다. 일반적으로 한글 음운의 구조는 아래의 여섯 형식으로 세분화할 수 있습니다.

1형식 : 초성 + 종모음 예 가

2형식 : 초성 + 횡모음 예 고

3형식 : 초성 + 종모음 + 횡모음 예 과

4형식 : 초성 + 종모음 + 받침 예 강

5형식 : 초성 + 횡모음 + 받침 예 공

6형식 : 초성 + 종모음 + 횡모음 + 받침 예 광

위와 같은 형식에 따라 지도할 음운을 1형식에서 점차 6형식까지 나아가도록 위계적으로 조직하여 지도한다면 보다 체계적인 음운인식 및 파닉스 교수가 가능하리라 봅니다.

〈표 3-2〉 기본 음절표 예시

	ㅏ	ㅑ	ㅓ	ㅕ	ㅗ	ㅛ	ㅜ	ㅠ	ㅡ	ㅣ
ㄱ	가	갸	거	겨	고	교	구	규	그	기
ㄴ	나	냐	너	녀	노	뇨	누	뉴	느	니
ㄷ	다	댜	더	뎌	도	됴	두	듀	드	디
ㄹ	라	랴	러	려	로	료	루	류	르	리
ㅁ	마	먀	머	며	모	묘	무	뮤	므	미
ㅂ	바	뱌	버	벼	보	뵤	부	뷰	브	비
ㅅ	사	샤	서	셔	소	쇼	수	슈	스	시
ㅇ	아	야	어	여	오	요	우	유	으	이
ㅈ	자	쟈	저	져	조	죠	주	쥬	즈	지
ㅊ	차	챠	처	쳐	초	쵸	추	츄	츠	치
ㅋ	카	캬	커	켜	코	쿄	쿠	큐	크	키
ㅌ	타	탸	터	텨	토	툐	투	튜	트	티
ㅍ	파	퍄	퍼	펴	포	표	푸	퓨	프	피
ㅎ	하	햐	허	혀	호	효	후	휴	흐	히

(2) 파닉스

파닉스(phonics) 교수는 음소 간의 관계에 따른 발음 중심 언어지도법을 말합니다. 파닉스 교수는 음운인식과 낱자(군)-소리 대응 관계를 활용하여 단어를 해독할 수 있도록 가르치는 읽기 교수법이며, 많은 연구는 이 방법이 단어인지 능력의 향상에 효과적인 것으로 보고하였습니다.

파닉스 교수의 유형에는 합성 파닉스, 분석 파닉스, 유추 파닉스, 임베디드(삽입) 파닉스 등이 있습니다. 이 중 어떤 유형의 파닉스 교수가 더 효과적인가에 대해서는 학자마다 견해 차이가 있으나 이에 대한 메타 연구를 통해서 봤을 때는 합성 파닉스 교수가 가장 효과적인 것으로 나타났습니다. 파닉스 교수에 대한 보다 자세한 내용은 김애화 외(2012)의 『학습장애 이론과 실제』라는 책을 참고로 하시면 도움이 됩니다.

① 합성 파닉스

합성 파닉스는 부분-전체 접근법을 적용하여 단어를 구성하는 각각의 낱자를 소리로 바꾼 후 이 소리를 합쳐서 단어를 읽도록 가르치는 단어인지 교수법을 말합니다. 이를 위해 교사는 학생에게 단어를 구성하는 각각의 낱자에 대응하는 소리를 가르친 다음, 이 소리를 합쳐서 단어를 읽도록 지도합니다. 예를 들어, '나'라는 단어를 교수하기 위해서 'ㄴ'과 'ㅏ'를 각각 /느/+/아/로 소리 순서대로 발음하고, 이를 빠르게 발음하는 식으로 합쳐서 /느…아/에서 차츰 /나/로 발음하도록 교수하는 방법을 말합니다.

② 분석 파닉스

분석 파닉스는 합성 파닉스와 반대로 전체-부분 접근법을 적용하여 각 낱자에 대응하는 소리를 따로 가르치지 않고 단어 내에서 낱자–소리의 대응 관계를 파악하도록 가르치는 단어인지 교수법을 말합니다. 이를 위해서 학생이 이전에 습득한 단어 중 같은 소리를 포함한 단어(예 바지, 바위, 바다)를 제시한 후, 학생이 이 단어는 모두 /ㅂ/이라는 소리로 시작되고 /ㅂ/이라는 소리는 'ㅂ'라고 쓴다는 것을 파악하도록 가르칩니다.

③ 유추 파닉스

유추 파닉스는 학생이 알고 있는 단어나 단어의 부분을 활용하여 새로운 단어를 읽도록 가르치는 단어인지 교수법을 말합니다. 예를 들어, '사용하다'라는 어휘를 해독하도록 가르칠 때, 학생이 알고 있는 '이용'과 '자다'라는 단어를 '이용'과 '사용' 그리고 '자다'와 '하다'로 비교함으로써, /사용하다/라고 유추하여 소리 내어 읽을 수 있도록 가르칩니다.

④ 임베디드(삽입) 파닉스

임베디드 파닉스는 글을 읽는(독해하는) 과정에서 파닉스 교수를 삽입하여 단어를 읽도록 가르치는 교수법입니다. 임베디드 파닉스는 주로 총체적 언어 프로그램의 일부로 활용될 수 있습니다. 총체적 언어 프로그램에서 파닉스 교수를 매우 중요하게 강조하지는 않지만, 필요에 따라 삽입된 형태로 파닉스 교수를 삽입하여 지도하게 됩니다. 따라서 임베디드 파닉스는 일반적인 파닉스 교수처럼 순서성과 체계성에 따라 낱자–소리를 가르치는 것이 아니라 해당 글에 포함된 단어를 중심으로 가르치는 낱자–소리를 선택하여 자연스럽게 발음법을 가르칩니다. 임베디드 파닉스 교수는 좀 더 자연스러운 독해 상황에서 발음법을 가르칠 수 있다는 장점이 있지만, 교육과정의 체계성이 부족하고 교수 순서가 명확하지 않아 발음 교수법으로서의 효과성은 다소 부족할 수 있다는 단점도 있습니다.

(3) 읽기 유창성

읽기 유창성은 구문을 정확하게, 그리고 적절한 속도로 자연스럽게 해독하는 기술입니다. 글을 유창하게 해독하는 기술은 글을 해독할 때 크게 노력을 기울이지 않아도 충분히 소리 내어 읽을 수 있게 하며, 적절한 표현력을 구사하므로 읽기도 말하듯 자연스럽게 이루어질 수 있게 합니다. 읽기 유창성은 단어 재인과 읽기 이해를 연결해 주는 다리 역할을 하는 요소로, 읽기가 유창한 학생은 단순한 해독에 들일 힘을 글을 이해하는 독해에 더 쏟을 수 있게 해줍니다. 읽기 유창성을 높일 수 있는 전략에는 다음과 같은 것들이 있습니다.

① 소리 내어 읽기 : 유창성과 독해 능력을 함께 지도

- 1단계 – 소리 내어 읽을 텍스트 선택하기 : 교사와 학생이 선호하는 책을 선택하는 것이 좋습니다. 또한 글의 수준이 학생의 읽기 수준에 맞는 텍스트를 선정해야 합니다.
- 2단계 – 텍스트를 유창하게 읽는 연습하기 : 모델링 등의 전략을 통해 텍스트를 유창하게 읽도록 연습합니다. 이때 잘 모르는 단어가 나오면 뜻을 찾아보게 하거나, 학생이 이해하기에 어렵다고 생각되는 단어나 개념을 예측하고 학생이 의미를 이해하도록 미리 도울 수 있습니다.
- 3단계 – 신체나 감각적 요구를 고려하기 : 적절한 보조공학 지원, 인력 지원 등을 고려합니다.

- 4단계 – 읽고 생각을 소리 내어 말하기 : 텍스트를 읽는 동안 유창한 읽기 모델을 보여줍니다. 이후에 학생의 반응을 점검하고 문제 해결이나 의미를 이해할 수 있도록 때때로 생각을 소리 내어 말하도록 지도합니다.
- 5단계 – 읽는 동안 학생을 격려하기 : 구체적인 칭찬을 제공하고, 학생의 사전 지식이나 경험과 읽기 텍스트 내용을 연결할 수 있도록 도와줍니다.
- 6단계 – 읽은 후에 반응할 수 있는 기회 제공하기 : 토론, 일기 쓰기, 짧게 생각 쓰기 등 다양한 방법의 활용이 가능합니다.

② 같이 읽기(함께 읽기)

학생에게 비계나 도움을 제공하는 수단으로써 선생님이나 부모님과 학생이 함께 글을 읽어나갈 수 있습니다. 처음에는 가르치는 사람이 한 구절을 선창하고 학생이 따라 읽는 방식으로 시작하다가 익숙해지면 점차 거의 동시에 같이 읽을 수 있습니다.

③ 합창 읽기

소집단 또는 대집단의 학생들이 같이 텍스트를 읽는 방법입니다. 선생님이 신호를 주면 학생들이 함께 글을 읽습니다. 합창 읽기의 변형으로는 메아리 읽기가 있는데 선생님이 텍스트의 일부를 먼저 읽고, 신호를 주면 소집단의 여러 학생은 동시에 어법과 표현을 모방하면서 같은 텍스트 부분을 다시 읽는 방법입니다.

④ 또래교수를 통한 읽기(짝과 함께 읽어나가기)

또래 보조 학습전략(PALS)이 대표적인 또래교수 기반의 읽기 교수 프로그램이라고 할 수 있습니다. 또래 보조 학습전략에 대한 설명은 교육방법 장에 제시되어 있습니다.

⑤ 반복 읽기

학생의 읽기 유창성 수준에 적합한 자료(천천히 읽으면 정확성이 80~90% 이상 되는 자료)를 반복해서 읽게 하는 방법을 말합니다. 함께 읽기와 반복 읽기가 접목된 기법을 신경학적 각인 교수법이라고 말하기도 합니다. 실제로 학생들에게 읽기 유창성을 지도하기 위해서는 새로운 책으로 자주 바꿔가면서 제시하는 것보다는 충분한 유창성을 확립할 때까지 같은 책을 반복하여 제시하는 방법이 더 효과적이라고 알려져 있습니다.

⑥ 공연(연극, 역할놀이)을 통한 반복 읽기

공연(연극)의 형태를 포함한 교수설계는 텍스트를 다시 읽을 필요성에 관한 동기와 목적을 부여합니다. 지속적인 반복을 통해 대본을 숙지해야만 연극 공연을 관객에게 보여줄 수 있기 때문입니다. 또 반드시 무대에서 공연을 보일 필요 없이 교육연극의 DIE(Drama In Education) 패러다임 측면으로 접근하여 교실에서 수업 시간에 연극 활동을 할 수도 있습니다.

⑦ SAFMEDS : Say All Fast a Minute Each Day Shuffled

SAFMEDS는 Say All Fast a Minute Each Day Shuffled의 약자로 우리말로 하면, '매일 1분 안에 빨리 말하기' 정도로 번역될 수 있습니다. 이 전략은 습득된 개념의 유창성(숙달)을 촉진하는 방법으로, 질문, 단어 또는 문제를 앞면에 제시하고 정답을 뒷면에 제시한 카드가 도구로 필요합니다.

학생은 1분 안에 가능한 많은 카드를 최대한 빨리 답해야 하는데, 질문 면을 보고 답을 말한 뒤 카드를 뒤집어서 답을 확인하게 됩니다. 이후에 정답 또는 오답 여부를 확인하여, 해당 꾸러미에 카드를 올려놓도록 합니다. 만약 학생 스스로 수행할 수 없다면, 부모님이나 선생님이 정답과 오답 구분에 도움을 줄 수 있습니다. 이 방법은 간단하지만, 습득된 개념의 인출 유창성을 높일 수 있는 효과적인 실제 중 하나입니다. 또한 이 전략은 읽기 유창성 이외에도 다양한 교과 및 학습 영역에서 학생의 유창성(정확성과 적절한 속도를 모두 갖춤)을 향상하는 데 효과적으로 적용할 수 있으며, 자기 주도적 학습의 한 방법으로서 자기관리 능력을 신장하는 수단이 될 수도 있습니다.

(4) 어휘 지식

어휘를 지도할 때는 가장 먼저 구체적인 사물의 명칭부터 지도해 나가면서, 점차 동사, 형용사도 함께 지도해 나갈 수 있습니다. 이때에는 앞서 제시한 체계적 교수나 비연속 시행 훈련(DTT)을 사용하여 직접적으로 단어를 가르칠 수 있습니다. 그리고 구체적인 사물의 명칭이 어느 정도 익숙해진 뒤에는 여러 사물을 묶을 수 있는 명칭(예 드라이버, 스패너, 볼트, 너트 등의 어휘를 배운 뒤에, 이를 묶을 수 있는 '공구'라는 어휘를 배움)을 지도할 수 있습니다. 또 그 이후에는 좀 더 추상적이고 어려운 어휘(예 우정, 신뢰 등)도 지도할 수 있습니다. 이러한 추상적인 어휘를 가르칠 때는 도표조직자(그래픽조직자)나 브레인스토밍 등을 이용하여 시각적으로 어휘의 연결을 알 수 있도록 합니다.

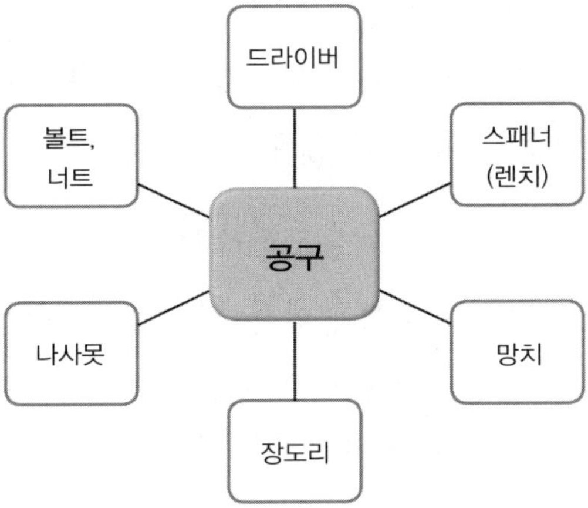

| 그림 3-1 | 어휘 지식을 지도하기 위한 도표조직자의 예

① 결합 지식 수준(조금 이해하는 수준)

결합 지식 수준에서는 목표어휘와 정의를 연결하도록 지도할 수 있습니다. 결합 지식 수준에서 해볼 수 있는 교육활동에는 다음과 같은 것이 있습니다.

- **사전적 정의 찾기 활동** : 사전을 찾을 수 있도록 지도하는 것은 자기주도적 어휘학습을 증진하는 데도 효과적입니다. 요즘은 전통적인 사전은 거의 사용하지 않습니다. 따라서 스마트폰을 이용한 포털 검색이나 Chat GPT 등의 오픈 AI 서비스를 통해서 단어의 정의를 파악하도록 지도할 수 있습니다.
- **키워드(keyword) 기억 전략** : 목표어휘를 이미 학생이 알고 있는 키워드와 연결 지어 가르칠 수 있습니다. 키워드 기억 전략에 대한 더 자세한 설명은 『최신특수교육』(제11판)(김진호 외, 2017)을 참조해 주십시오.

- **컴퓨터 보조 교수** : 어휘학습을 할 수 있는 다양한 애플리케이션을 플레이스토어에서 내려받을 수 있습니다. 컴퓨터 보조 교수에 대한 자세한 설명은 교육 방법 장에 제시되어 있습니다.

② 이해 지식 수준(부분적으로 이해하는 수준)

목표어휘를 여러 관련 어휘와 연결 지어 범주화하고, 목표어휘의 다양한 의미를 이해하도록 합니다. 이러한 이해 지식은 다양한 그래픽조직자의 활용을 통해서 그 수준을 증진할 수 있습니다.

- **개념지도 또는 개념 다이어그램의 활용** : 정의와 정의의 예가 될 수 있는 것, 예가 되지 못하는 것 등을 활용하여 그래픽조직자로 만들어 활용할 수 있습니다.
- **의미특징 분석** : 목표어휘와 그 어휘의 주요 특징 간의 관계를 표로 정리하는 방법으로, 관련이 있을 때(+), 없을 때(−)를 파악할 수 있습니다.
- **어휘 카드 만들기** : 어휘 카드를 학생이 만들 수 있도록 하면 이 역시 매우 효과적인 어휘학습 방법이 될 수 있습니다. 학생이 스스로 어휘 카드를 만들지 못한다면, 선생님이나 부모님의 도움이 필요할 수 있습니다. 만들어진 어휘 카드는 분산학습을 통해서 간헐적으로 반복 학습할 수 있도록 합니다. 어휘 카드의 예는 다음과 같습니다.

***앞면**

<table>
<tr><td>단어</td><td rowspan="2">그림(사진)</td></tr>
<tr><td>단어의 의미(뜻)</td></tr>
</table>

***뒷면**

단어의 관계 지도(그래픽조직자 이용), 기억에 도움이 되는 단서 제시 등

| 그림 3-2 | 어휘 카드 만들기의 예

③ **생성 지식 수준**(충분하게 이해하는 수준)

생성 지식 수준에 다다르면 여러 상황에 어휘를 적용할 수 있도록 지도할 수 있습니다. 또한 비슷한 어휘 간의 구분과 다양한 범주의 이해를 도모할 수 있습니다.

- 빈번하고, 풍부하면서, 확장하는 어휘 교수
  - 빈번한 : 일반적으로 매주 십여 가지의 어휘를 가르치고 각 어휘를 8~10번 이상 반복적으로 지도합니다.
  - 풍부한 : 목표어휘의 다양한 의미 이해를 위해 관련 어휘 및 학습자의 선행지식과 연결하도록 합니다.
  - 확장하는 : 다양한 상황에서 학습한 어휘를 활용하도록 하여 일반화를 돕습니다.
- 다양한 장르의 책을 다독할 수 있도록 계획하고 지도합니다. 또한 책을 읽다가 모르는 어휘가 나오면 스스로 파악할 수 있도록 돕는 전략을 지도하여야 합니다.

- 문맥 분석 전략 : 모르는 어휘를 전체적인 문맥의 유추를 통해 뜻을 파악하도록 합니다.
- 단어형태 분석 전략 : 단어를 구성하는 형태소를 통해 유추하도록 지도합니다. 예를 들어, '부동액'이라는 단어의 뜻을 모를 때는 부, 동, 액이라는 형태소가 각각 의미하는 한자 뜻을 찾아 '부동액'의 뜻을 유추하도록 합니다.

독해 과정에서 단어의 뜻을 알고 의미를 이해하는 일은 꼭 필요한 선행 요소입니다. 따라서 특수교육 대상 학생의 학습 지도에 있어서 어휘 교수를 체계적으로 지속해서 제공해야 함은 매우 당연할 수 있습니다. 부모님이나 선생님은 예전에 우리가 중·고등학생 시절에 영어단어를 공부하듯이, 발달장애 학생들에게도 어휘 카드나 어휘 노트 등을 만들어서 우리말의 어휘를 지속해서 반복하여 지도해야 합니다. 이때 직접적인 국어교육 시간을 통해서 접하는 단어 이외에도 학생이 살고 있는 환경, 경험, 교육적 요구, 미래의 목표 등을 반영했을 때 필요한 어휘를 선별하여 반복해서 지도할 수 있습니다.

이 외에도 총체적 언어교육 접근에서 어휘를 가르치는 방법도 있습니다. 먼저 요리 활동이나 기타 여러 학교 및 가정에서 이루어지는 다양한 활동 중에 여러 물건이나 용구의 명칭을 글로 적어 붙여두고 학생들이 꾸준히 관찰할 수 있도록 하고, 때에 따라서는 이러한 활동 중에 어휘를 지도하는 절차를 일부 포함하여 체계적인 교수를 제공하는 방법도 있을 수 있습니다.

또한 언어 경험 접근법(language experience approach)이라는 방법도 있습니다. 언어 경험 접근법은 총체적 언어교육 접근의 방법론으로 어휘학습뿐만 아니라 듣기, 말하기, 읽기, 쓰기의 총체적인 학습을 도모하는 방법입니다. 학생이 직접 경험한 내용을 바탕으로 읽기 및 단어 학습을 실행하는 방법으로, 학생이 자기 경험을 발표하는 과정에서 발생하는 구어적 표현과 읽기 학습을 통합적으로 접근할 수 있다는 장점이 있습니다. 언어 경험 접근법의 시행 단계와 설명은 다음과 같습니다.

- **1단계**(발표하기) : 특정 주제를 정해서 학생들이 자유롭게 자기 경험을 이야기하도록 합니다. 가령 소풍을 주제로 했을 때 학생별로 자신의 소풍 경험을 발표해 볼 수 있습니다.
- **2단계**(받아쓰기) : 학생들이 발표한 내용을 받아 적습니다. 받아 적는 과정은 선생님(부모님) 또는 학생이 할 수 있는데, 해당 교수법이 읽기 교수의 초기 단계에 주로 이루어진다는 점을 고려할 때 일반적으로 가르치는 사람이 발표한 내용을 받아 적게 됩니다. 하지만 점차 읽기와 쓰기에 익숙해지면 받아쓰는 과정을 학생에게 맡기고 적절한 도움만 제공할 수도 있습니다.
- **3단계**(읽기) : 받아 적은 내용을 학생들이 읽어볼 수 있도록 합니다. 도움을 제공하다가 점차로 도움을 줄이는 촉구 줄이기의 과정이 필요합니다.
- **4단계**(어휘학습) : 읽은 내용 중 학생들이 모르는 단어나 기능적으로 필요한 어휘들을 선정하여 이를 어휘 카드로 만들어 가르치게 됩니다. 만들어진 카드는 꾸준히 활용하여 아동이 그 단어를 완전히 습득하도록 노력합니다. 어휘 카드를 만들 때, 단어의 정의와 사진 등은 학생이 스스로 스마트폰 검색을 통해서 찾아볼 수 있도록 하고, 어휘 카드도 스마트폰의 메모장 혹은 캡처 기능 등을 이용해서 만든 뒤에 이를 저장해두고 계속 활용하게 할 수도 있습니다.

- 5단계(확장하기) : 같은 주제의 다른 텍스트 등을 통해서 읽기 및 단어 학습을 해볼 수 있습니다. 가령 소풍에 대한 소설이나 동화책 등을 어휘학습이 마무리된 이후에 수업 시간에 활용해 볼 수 있습니다.

언어 경험 접근법은 그 시행에 있어 일반적인 수업보다 조금 어려운 면도 있지만 학생의 경험을 바탕으로 하므로 일반화 가능성이 크고 비교적 흥미도가 높은 장점이 있습니다. 하지만 학생의 일화적인 경험을 바탕으로 하므로 교육과정을 구조화·체계화하는 데는 다소 어려움이 있을 수도 있습니다. 따라서 이러한 장단점을 반영해서, 구조화되고 체계적인 어휘 교수학습 과정과 함께 필요에 따라 언어 경험 접근법도 적재적소에 활용해 볼 필요가 있습니다.

변관석·신진숙(2016)은 「스마트 러닝 기반의 언어 경험 접근법이 중등도 지적장애학생의 직무 관련 어휘력과 자기 주도적 학습 능력에 미치는 효과」라는 논문에서 컴퓨팅 기술을 이용하여 자기 주도적으로 어휘를 찾고 어휘 카드를 만드는 방식으로 언어 경험 접근법을 활용하기도 하였습니다. 해당 논문은 한국학술지인용색인(www.kci.co.kr)에서 무료로 검색이 가능합니다.

(5) 독해

독해(text comprehension)는 읽기 교수의 최종 단계입니다. 다양한 전략을 활용하여 학생이 글을 이해하도록 지도할 수 있습니다. 글을 읽고 내용을 파악하고, 등장인물의 감정을 유추하는 등의 활동은 지적 능력 중에서도 언어이해나 유동추론 능력의 증진과도 밀접한 관련이 있으므로, 어린 시절부터 그림책을 읽어주는 방법 등으로 꾸준히 가르칠 필요가 있습니다. 독해 교수는 일반적으로 다음과 같은 글 읽기 단계를 거칩니다.

① read aloud : 소리 내어 읽어주기

이 단계에서는 선생님이나 부모님이 학생에게 나이와 수준에 적합한 글을 읽어주는 절차가 이루어집니다. 흔히 영유아에게 엄마가 동화책을 읽어주는 모습을 그리면 될 것입니다. 이러한 과정을 통해서 아동은 기초적인 문식성과 듣기 이해력을 기를 수 있습니다. 처음에는 동화책에 제시된 그림에 대해서 간단하게 이야기해 주는 것부터 시작하면 아동이 좀 더 쉽게 관심을 가질 수 있습니다.

② modeled reading : 읽기 시범 보이기

이 단계는 1단계와 유사한 과정으로 이루어지지만, 도움을 받으면 읽을 수 있을 만한 특정 구문을 더 강조해서 읽어주는 시범을 보이면서 아동에게 따라 말해볼 것을 요구할 수 있습니다.

③ shared reading : 함께 읽기

이 단계에서도 읽기의 주도권은 선생님이나 부모님이 가지되, 아동과 함께 글을 읽어보게 됩니다. 가령 동화책을 읽을 때 선생님이나 부모님의 선창에 맞춰 글을 따라서 읽어볼 수 있습니다. 또한 학생의 이해 여부를 점검하기 위한 이해 질문들도 제공될 수 있으며, 때에 따라서는 학생이 질문을 스스로 만들어 보도록 도움을 줄 수도 있습니다(질문 생성 전략).

④ guided reading : 안내된 읽기

이 단계는 직접 교수의 안내된 연습 과정을 떠올리면 됩니다. 읽기의 주도권은 아동이 가지되, 어려움이 있을 때는 직접적으로 중재자의 개입 또는 피드백이 제공될 수 있습니다. 앞서 함께 읽기에서와 마찬가지로, 이해 수준을 높이기 위한 질문 전략 및 교수 방법들도 포함합니다.

⑤ independent reading : 독립적 읽기

아동이 독립적으로 글을 읽어나가는 독해 지도의 최종 단계라고 볼 수 있습니다. 중재자는 글 읽기가 끝났을 때 문제점에 대해서 교정적 피드백을 제공할 수 있으며, 이해 촉진 및 확인 질문을 통해서 독해 정도를 점검할 수 있습니다. 마찬가지로 학생 스스로 질문을 만드는 것도 좋은 이해 전략이 될 수 있습니다.

그리고 이러한 독해 교수 과정에서 이해도를 높이기 위해서 다음과 같은 전략을 추가해서 적용할 수 있습니다.

① 관련 지식 자극하기 전략

글을 읽기 전에 글에 연관된 지식을 미리 가르치는 전략을 말합니다. 예를 들어, 글을 읽기 전에 동영상 등을 이용하여, 글에 연관된 내용에 대해서 미리 관심을 가지고 지식을 형성할 수 있도록 할 수 있습니다. 또한 그래픽조직자 등을 이용해서 사전에 중요 개념이나 어휘를 지도할 수도 있습니다. 가령 사회 교과의 교과서 내용을 독해하도록 지도하기 전에 관련된 영상을 미리 보면서 기본 지식을 쌓도록 할 수 있습니다.

② 반복 읽기

같은 글을 여러 번에 걸쳐 유창하게 읽을 수 있을 때까지 반복하는 전략을 말합니다. 해독의 유창성에 대한 향상을 도모하여 독해 과정에서 소요되는 인지적인 부담을 줄여줄 수 있습니다.

③ KWL 전략

글에 연관된 학생의 배경지식을 활성화하여 아동의 독해력을 키우기 위한 전략으로, 자신이 읽은 글에 대해서 무엇을 알고 있고(what I know), 무엇을 알기 원하며(what I want to know), 다 읽고 나서 무엇을 알게 되었는지(what I learn) 차례대로 기술해 보도록 하는 방법입니다.

④ 그래픽조직자(도표조직자)를 이용하는 방법

이야기 구조도 혹은 이야기 지도 활용하기, 비교-대조 구조를 이용한 핵심 내용 및 관계 파악을 돕는 비교표 작성, 벤다이어그램 등이 포함됩니다. 최근 시중에 판매되는 동화책에는 사건의 순서가 그림으로 제시되어 이해에 도움을 주는 경우가 많은데, 이 또한 그래픽조직자의 한 예라고 볼 수 있습니다.

⑤ SQ3R 기법

설명문 형식으로 구성된 교재를 읽을 때 도움이 되는 방법으로, 조사 또는 훑어보기, 질문, 읽기, 암기, 검토의 과정으로 독해를 촉진하는 전략입니다. 예를 들어, 직업에 연관된 설명문을 읽을 때, 먼저 해당 직업에 관해 간단히 조사하고, 글을 목차나 큰 제목 중심으로 훑어본 뒤 몇 가지 질문을 만들어 봅니다. 이후에 설명문을 읽어보고, 자신이 알고자 했던 내용이나 중심 내용에 밑줄을 긋고 이를 중심으로 다시 읽으면서, 전체 내용을 정리하도록 지도합니다.

⑥ 사전 읽기 전략

글의 대강을 먼저 알려주고 어떤 일이 일어날 것인지 혹은 글을 다 읽고 그 이후에 이야기가 어떻게 전개될 것으로 예측하는지 진술해 보도록 하는 방법입니다.

⑦ 상보적 교수

구성주의 접근법에 입각한 독해 지도 방략으로서, 교사와 학생이 함께 협동하여 교수를 제공하는 방법입니다. 내용을 읽고 난 후에 선생님은 문단의 내용 요약, 주제 질문하기, 이해하기 어려운 부분 찾아서 명료화하기, 다음에 일어날 사건 예측하기의 단계로 교수를 제공합니다. 선생님은 모델의 역할을 하며 교수학습의 주도권은 점차로 학생에게 옮겨갈 수 있도록 합니다.

2) 쓰 기

쓰기에는 다양한 하위 유형이 있을 수 있지만, 그중에서도 철자법에 맞게 글자를 쓰는 기술과 실제로 어떠한 목적에 따라 작문하는 기술 등을 주로 교육할 수 있습니다. 이 파트에서는 발달장애 학생들을 대상으로 하는 철자법 지도 방법과 작문 지도 전략에 대해서 살펴보겠습니다.

(1) 철자법 지도

철자법 지도는 단순히 쓰기 영역에 국한되기보다는 읽기와 함께 지도하는 것이 자연스럽다고 알려져 있습니다. 음운인식, 파닉스 등의 읽기 교수를 제공하면서 자연스럽게 어느 정도의 철자법을 익힐 수 있습니다. 따라서 철자법 지도의 기본은 충분한 읽기 교수의 제공이라고 할 수 있습니다.

이와 더불어 비장애 학생들에게 흔히 철자법 교육을 위해서 사용되는 방법이 받아쓰기인데, 발달장애 학생들에게도 주기적으로 받아쓰기가 이루어질 필요가 있습니다. 다만, 발달장애 학생들을 대상으로 하는 받아쓰기 시험은 일상생활에서 주로 활용되는 철자를 중심으로 너무 어렵지 않게 실시하는 것이 중요합니다. 또한 학생들의 성공 경험 증대를 위하여, 최소한 절반 이상은 학생이 알고 있는 철자를 중심으로 물어보고, 나머지 문항만 학생이 다소 어려워하는 철자를 질문함으로써, 점진적으로 새로운 철자를 지도해 나갈 필요가 있습니다.

철자법 지도에는 앞서 교육 방법 장에서 제시한 체계적 교수나 또래교수가 효과적으로 적용될 수 있습니다. 이 외에도 어느 정도 교사 중심의 철자 교육이 이루어지고 난 이후에는 다음의 자기교정법과 같은 자기 주도적인 철자 교정 방법을 활용할 수 있습니다.

• 자기교정법

자기교정법은 자기 주도적인 철자 교정 방법으로, 오류가 발생하면 답을 보여주고, 스스로 확인 및 수정한 뒤 올바른 단어를 여러 번 따라 쓸 수 있도록 하는 방법입니다. 행동수정에서의 정적 연습 과잉교정과 자기 주도적인 학습 능력, 그리고 초인지를 활용하는 인지행동수정의 자기교수법, 자기점검법 등을 적용한 방법이라고 할 수 있습니다. 구체적인 하위 방법론에는 CCC전략이 있는데, 이는 Cover(가리고)—Copy(베

껴 쓰고)–Compare(비교하기)–의 약자입니다. 이 방법에서 먼저 학생은 어떠한 단어의 철자를 여러 번에 걸쳐 배운 뒤에 정답을 가리고 기억한 대로 베껴 써봅니다. 그 뒤에는 가렸던 정답과 비교하여 정답인지 아닌지를 확인하고, 오답이라면 이를 스스로 교정하고 필요하다면 여러 번에 걸쳐 반복해서 철자를 쓰면서 연습할 수 있습니다.

(2) 문장 쓰기 지도

발달장애 학생들에게 문장 쓰기를 지도하기 위해서는 먼저 학생의 수준에 맞게 비교적 짧은 어절의 문장(예 '아빠 사과 주세요.' 등)부터 시작해서 점차로 문장의 어절을 늘려갈 필요가 있습니다. 그리고 어절을 늘려가다가 어느 정도 성숙도가 쌓이면 접속사를 지도하여, 복문으로 문장을 쓰는 과정에 대해서도 지도하면 좋을 것입니다. 발달장애 학생에게 문장 쓰기를 지도하는 방법은 다양하지만, 몇 가지만 제시하겠습니다.

① 그림교환 의사소통 체계의 4~6단계 활용하기

그림교환 의사소통 체계는 4단계부터 문장으로 표현하는 것을 지도하게 됩니다. 따라서 이 그림교환 의사소통 체계를 활용한다면 적절하게 문장으로 요구를 표현하는 것을 학습할 수 있게 됩니다. 이때 학생이 가능하다면 그림 카드로 만들어진 문장을 실제로 글로 써보거나, 쓰기가 어렵다면 보기로 제시된 여러 개의 어휘 카드 중에서 하나씩 선택하게 합니다. 그림교환 의사소통 체계에 대한 설명은 교육 방법 장에 제시하고 있어 여기에서는 자세한 설명을 생략합니다.

② 문장 프레임과 어휘 선택지 사용하기

문장 쓰기를 연습하는 초반에는 발달장애 학생이 바로 어휘를 조합해서 문장을 만드는 일에 어려움을 느낄 수밖에 없습니다. 그럴 때는 먼저 여러 어휘 선택지 중에서 올바른 어휘를 차례대로 골라서 문장을 만들어 보는 활동부터 시작해도 좋습니다. 이와 관련해서, 페닝턴(Pennington) 외(2020)는 심한 인지적 어려움을 가지고 있는 지적장애 학생에게 문장 쓰기를 처음 가르칠 때, 문장 프레임과 어휘 은행을 고정 시간지연과 함께 활용했습니다. 여기서 문장 프레임은 문장의 구성을 미리 정해주고, 그 순서에 맞게 어휘를 조합하여 문장을 만들 수 있게 했다는 것을 말합니다. 그리고 어휘 은행은 문장에 쓰일 여러 어휘 목록을 제공하고, 이 중에서 그때그때 적절한 어휘를 선택할 수 있게 했다는 의미입니다. 다시 말해, 어휘 은행에서 고른 어휘를 문장 프레임에 넣어서 좀 더 수월하게 문장을 만들 수 있도록 했는데, 파워포인트와 같은 소프트웨어를 이용하면 좀 더 쉽게 이러한 학습 자료를 제작할 수 있습니다.

연구에서는 전체 과제 제시법으로 한 문장을 만들기 위한 과정 전체를 한 회기 안에 가르칠 수 있도록 했으며, 처음 2회기는 동시촉진으로 가르치고, 그 이후에는 고정 시간지연 절차를 적용하여 일정 시간을 기다려도 문장 순서에 해당하는 올바른 어휘 카드를 고르지 못할 때 모델링 촉진을 제공하여 적절하게 어휘를 고를 수 있도록 했습니다. 이와 같이 문장 프레임과 어휘 은행이라는 선택지를 활용하는 방식으로 차츰 꾸밈어를 포함해서 좀 더 긴 문장으로 표현할 수 있도록 가르칠 수 있습니다. 자세한 내용은 저자의 블로그 글(blog.naver.com/bjs718/222152639265)이나 저자(2021)의 책 『발달장애 청소년 자립생활 체계적으로 지원하기 개정판』을 참고 바랍니다.

③ 육하원칙 그래프(도표)조직자 이용하기

부모님이나 선생님은 어떠한 장면을 담은 사진이나 동영상을 보고, 이 상황을 설명하는 문장을 육하원칙에 맞게 적어보도록 지도할 수 있습니다. 이는 다음과 같은 그래프조직자를 이용하면 더 수월하게 수행할 수 있습니다. 이때 먼저 육하원칙에 대해서 분명하게 이해하도록 지도할 필요가 있으며, 그림 상징을 이용하여(예 '언제'의 경우 달력이나 시계 그림을 제시함) 해당 육하원칙의 연상을 도울 수 있습니다.

〈표 3-3〉 육하원칙 그래프조직자

상황에 대한 그림, 사진, 동영상(QR코드 제시)	누가	내가
	언제	아침에
	어디서	집에서
	무엇을	밥을
	어떻게	먹는다.
	왜	배가 고파서
처음 쓴 문장	내가 아침에 집에서 밥을 배가 고파서 먹는다.	
수정이 필요한 내용	① 내가 → 나는 ② '배가 고파서' 나는 다음으로 이동 ③ 먹는다. → (과거형) 먹었다.	
도움을 받아 수정한 문장	나는 배가 고파서 아침에 집에서 밥을 먹었다.	

(3) 작문 지도 : 쓰기 과정적 접근법과 여러 가지 전략들

발달장애를 가지고 있는 학생뿐만 아니라 비장애 학생을 교육할 때도 가장 어려운 일 중 하나가 작문을 체계적으로 지도하는 것이라고 할 수 있습니다. 특히 최근에는 비장애 학생이라도 논리에 맞게 한 장 이상의 글을 올바르게 쓸 수 있는 학생을 보기가 쉽지만은 않습니다.

앞서 제시한 대로 철자나 맞춤법에 맞춰서 글을 쓰는 것은 학생의 수준에 적합한 체계적 교수나 자기교정을 통해 꾸준히 학습하면 되겠지만, 어떠한 완성된 글을 써내려 가는 과정은 상당히 가르치기 어려울 수 있습니다. 작문을 보다 수월하고 체계적으로 지도하는 방법으로는 쓰기의 과정별로 체계적인 지도를 제공하는 것을 들 수 있는데, 이를 쓰기 과정적 접근법이라고 합니다. 쓰기 과정적 접근법은 말 그대로 어떠한 글을 완성하는 데 있어 과정을 두고 이 과정마다 적합한 도움을 제공해 나감으로써 종국에는 하나의 완성된 글을 만들도록 하는 방법을 말합니다. 쓰기 과정적 접근법의 단계는 다음과 같습니다.

① 글쓰기 전 준비 단계

글의 주제나 글감을 정하고 브레인스토밍을 통해 다양한 소재를 모으는 단계를 말합니다. 이때 교사는 아동과 함께 주제를 정하고 허용적인 태도로 아동이 창의적인 생각을 할 수 있도록 해주어야 합니다. 마지막으로 글의 구성에 대한 간략한 구조도를 작성해 보도록 지도하는 것이 필요합니다. 글쓰기 전 준비 단계에서 해야 할 일을 더 자세하게 제시하면 다음과 같습니다.

- **글쓰기 주제에 대한 사전조직자 제공** : 글쓰기의 주제와 관련된 사진이나 동영상을 볼 수 있도록 하고, 이에 대해서 이야기를 나눔으로써 사전 지식을 학습하도록 할 수 있습니다. 예를 들어, 일기 쓰기를 주제로 지도가 이루어진다면, 일기의 내용에 연관된 사진을 순서대로 제시하면서, 학생들의 기억을 촉진할 수 있습니다. 또한 어떠한 사건이나 정보에 대한 설명문 작성을 지도하고자 한다면, 관련된

내용이 담긴 동영상을 미리 충분히 볼 수 있도록 할 수 있겠습니다.

- 글쓰기 주제에 관한 대화 : 사진이나 동영상을 통해서 사전 지식을 습득한 뒤에는 이에 대해서 학생들과 충분히 대화를 나누는 과정이 필요합니다. 이때 허용적인 발문을 통해서, 다양한 생각을 가능한 모두 포용할 수 있어야 하며, 학생들이 적절하게 답을 하지 못할 때는 선다형이나 양자택일형 등의 수렴적 질문을 통해서 촉진을 제공할 필요가 있습니다.
- 글쓰기 주제와 관련된 중요 어휘학습 : 글쓰기 주제와 관련된 주요 어휘를 학생이 학습하도록 하는 것도 중요한 과정이 될 수 있습니다. 어휘는 되도록 학생들이 인터넷 검색 등을 이용하여 직접 뜻을 알 수 있도록 지도하고, 어려울 때는 필요한 만큼 도움을 제공할 수 있을 것입니다. 중요한 것은 작문에 필요한 모든 어휘를 다 지도하는 것은 힘들고, 작문에 대한 흥미도도 낮출 수 있으므로, 작문에 꼭 필요한 중요 어휘를 중심으로 지도할 필요가 있습니다.
- 그래픽조직자를 활용한 구조도 작성 : 위와 같은 과정이 이루어진 뒤에는 작문의 유형별로 다양한 형태의 그래픽조직자를 활용하여, 글의 구조도를 만들어 볼 필요가 있습니다. 예를 들어, 일기 쓰기의 경우에는 중요 사건별로 누가, 언제, 어디서, 어떻게, 무엇을 등과 같은 육하원칙을 그래픽조직자로 제공할 수 있습니다. 그리고 논설문이나 설명문의 경우에는 서론, 본론, 결론별로 제시할 내용을 미리 간단하게 적어 보는 그래픽조직자를 제공할 수 있습니다.

일기 쓰기, 그리고 논설문이나 설명문을 쓸 때 활용될 수 있는 그래픽조직자의 예는 다음과 같습니다.

〈표 3-4〉 그래픽조직자를 활용한 구조도의 예(일기 쓰기) : 일기를 쓰고자 한 날에 있었던 주요한 사건의 사진들을 시간 순서대로 제시하고, 사진별로 육하원칙을 이용한 문장 쓰기 방법에 따라서 내용을 써보도록 지도합니다.

사진(시간 순서별로)	육하원칙	내 용
1번 사진	누가	나와 우리 학교 학생들이
	언제	2018년 5월 3일에
	어디서	우리 학교 2층 다목적 강당에서
	무엇을	희망명랑운동회를
	어떻게	즐겁게 했습니다.
2번 사진	누가	초등학교 학생들이
	언제	제일 먼저
	어디서	운동장에서
	무엇을	큰 공 굴리기를
	어떻게	열심히 하였습니다.
3번 사진	누가	중학교 학생들이
	언제	두 번째로
	어디서	강당에서
	무엇을	플로어볼 게임을
	어떻게	3판 2승제로 하였습니다.
4번 사진	누가	우리 고등학교 친구들이
	언제	세 번째로
	어디서	강당에서
	무엇을	10개의 핀을 쓰러뜨리는 볼링 게임을
	어떻게	청백으로 나누어서 하였습니다.
생각을 적어 봅시다.		운동회를 보니… (후략)

○○○○년 ○월 ○일 날씨 : 맑음

제목 : 희망명랑운동회

나와 우리 학교 학생들이 2018년 5월 3일 9시부터 12시까지 우리 학교 2층 다목적 강당에서 희망명랑운동회를 즐겁게 했습니다… (후략)

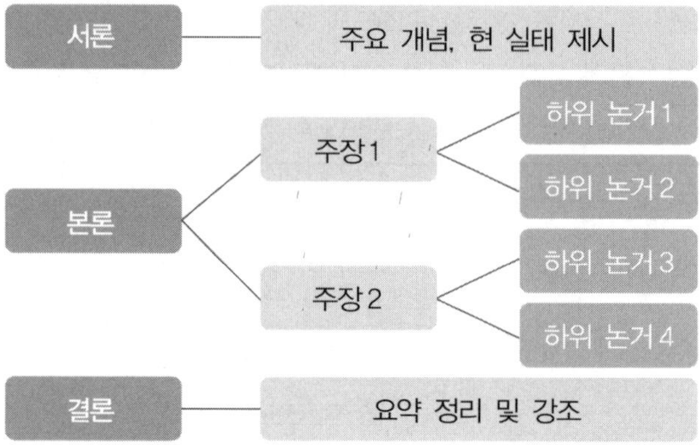

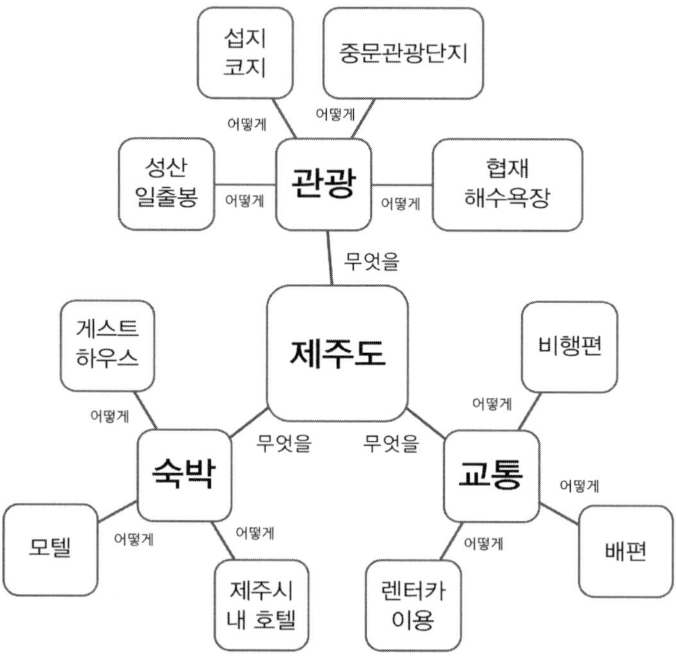

| 그림 3-3 | 그래픽조직자를 활용한 구조도의 예(설명문 또는 논설문)

② 초고 쓰기

초고 쓰기 단계에서는 학생이 앞서 만든 구조도를 통해서 글을 써보는 과정이 이루어집니다. 이때 처음부터 체계적이고 완성된 글을 요구하기보다는 몇 줄 정도의 글부터 시작해서 점차 글의 길이나 문장의 성숙도를 높여갈 수 있도록 하는 것이 좋습니다. 초고를 쓸 때 워드프로세서를 이용하도록 한다면, 자동으로 오탈자 등을 확인할 수 있어 더 수월하게 작문 연습을 할 수 있습니다.

③ 수정 및 편집

수정 및 편집 단계는 초고 쓰기를 통해서 만들어진 글을 정교화하는 과정으로서, 부모님이나 선생님의 개입이 본격적으로 이루어지는 단계입니다. 수정 단계에서는 내용적인 부분에서 수정할 부분이나 첨가할 부분을 찾아 글을 풍성하게 만드는 과정이 이루어지게 됩니다. 이후에 편집 단계에서는 문법적인 부분에 대한 교정이 이루어집니다. 여기에서 중요한 것은 내용적인 부분을 수정 및 보완하는 과정과 문법적인 부분에 대한 교정이 동시에 이루어지기보다는 순서에 맞춰 별도로 이루어지는 방법이 발달장애 학생에게는 더 효과적일 수 있다는 점입니다.

또한 발달장애 학생의 경우 문법적인 부분이나 철자 등에서 오류를 보이는 경우가 잦기 때문에, 적절한 교정적 피드백을 제공할 필요가 있으며, 자주 오류를 보이는 사항에 대해서는 앞서 교육 방법 장에서 설명한 체계적 교수 등의 방법을 활용해서 명시적으로 지도해 주는 것이 필요할 수 있습니다.

④ 결과물 게시 단계

이 단계는 학생이 완성한 최종 글을 게시해 보는 과정을 말합니다. 이때 요즈음 인터넷 기반 교육이나 스마트러닝의 추세에 발맞춰 학급 블로그나 홈페이지 또는 학생 개인 SNS에 글을 올려보도록 하고 다른 친구들의 반응에 적절하게 답해보도록 하는 활동도 하나의 좋은 교육이 될 수 있을 것입니다.

저자의 경우에는 학급 담임을 맡았을 때 일주일에 한 번씩은 학급 전체적으로 한 주간에 있었던 일 중에서 기억에 남는 일을 바탕으로 일기를 쓰도록 했습니다. 앞서 제시한 단계별로 교수를 제공하여 최종적으로 일기를 작성한 이후에는 이를 학급 홈페이지에 게재할 수 있도록 하고, 부모님들께 부탁을 드려 답을 달아볼 수 있도록 하였습니다. 이러한 과정을 통해서 학생들은 자아효능감이 향상되고, 상대방의 반응에 적절하게 다시 응답하는 법을 자연스럽게 습득할 수 있었습니다.

마지막으로 읽기 및 쓰기와 관련하여, 국립특수교육원 적응행동검사(NISE-K · ABS)에서 제시된 읽기, 쓰기 관련 적응행동 기술의 목록을 약간 수정하여 제시하면서 읽기, 쓰기 파트를 마칠까 합니다. 좀 더 자세한 교육 내용의 목록은 저자(2021)의 『발달장애 청소년 자립생활 체계적으로 지원하기 개정판』을 참고 바랍니다. 앞서 제시한 읽기 및 쓰기의 교육 내용과 방법들을 활용하여, 다음의 기능적인 읽기 및 쓰기 적응행동 기술을 수행할 수 있도록 지도한다면, 발달장애 학생들의 지역사회 전환과 독립적인 삶 영위에 도움이 되리라고 생각합니다.

- 기능적 읽기 기술의 예
  - 표지판을 보고 남녀 화장실을 구분할 수 있다.
  - 다양한 표시판의 뜻하는 바를 파악할 수 있다.
  - 숫자를 구분하여 필요한 숫자를 찾을 수 있다.
  - 생활에 꼭 필요한 단어의 뜻을 알 수 있다.
  - 메뉴를 보고 원하는 음식을 주문할 수 있다.
  - 가격표를 보고 상품의 금액을 알 수 있다.
  - 안내문을 읽고 내용을 정확하게 파악할 수 있다.
  - 광고문을 읽고 내용을 정확하게 파악할 수 있다.
  - 도로의 안내판이나 스마트폰의 지도 앱을 보고 목적지를 찾을 수 있다.
  - 간단한 기구나 약품의 설명서를 읽고 제대로 사용할 수 있다.
  - 요리법에 대한 글을 읽고, 이에 따라 요리를 만들 수 있다.
  - 버스와 지하철 노선도(또는 스마트폰 지도 앱)를 보고 목적지를 찾을 수 있다.
  - 필요한 도움을 받아 통장, 보험증서, 스마트뱅킹 등 금융 관련 문서나 화면의 텍스트를 읽고 내용을 이해할 수 있다.
  - 책이나 신문 기사를 읽고 내용을 이해할 수 있다.

- 기능적 쓰기 기술의 예
  - 간단한 도형을 보고 그릴 수 있다.
  - 글자를 보고 쓸 수 있다.
  - 생활에 필요한 중요한 단어, 문장을 받아쓸 수 있다.
  - 생활에 필요한 중요한 단어, 문장을 외어 쓸 수 있다.

- 자신의 이름, 전화번호 등의 인적 사항을 쓸 수 있다.
- "~주세요."와 같은 형식의 글을 문장으로 쓸 수 있다.
- 상황이나 모습을 묘사하는 글을 간단한 문장으로 쓸 수 있다.
- 간단한 카드나 편지를 쓸 수 있다.
- 전화나 지시 내용을 듣고 내용을 메모할 수 있다.
- 일과를 일기로 쓸 수 있다.
- 이력서를 작성할 수 있다.
- 상품 주문서를 바르게 작성할 수 있다.
- ATM이나 스마트뱅킹 앱에 입출금 관련 정보(계좌번호, 이체금액 등)를 정확하게 쓸 수 있다.
- 자기소개서를 간단하게 작성할 수 있다.

3) 수 학

발달장애 학생들이 우선해서 배워야 할 기능적 수학 기술로는 수 감각, 덧셈, 뺄셈, 곱셈, 나눗셈 등의 기본연산 기술, 길이나 너비 등의 측정 단위, 그리고 문장제 문제해결 기술 등이 있습니다. 이 외에도 분수, 도형 등의 내용들도 교육될 필요가 충분히 있지만, 지면 관계상 여기에서 설명하지는 않겠습니다.

기본적인 수 감각, 기초 연산 기술, 측정 단위 등에 대한 학습은 앞서 교육 방법 절에서 설명한 체계적 교수 등이 효과적으로 적용될 수 있습니다. 그 외에 문장제 문제에 대한 해결 기술은 도식 기반 교수, 문제해결 학습 등이 효과적으로 적용될 수 있는데 이에 대한 자세한 설명은 다음과 같습니다(김애화 외, 2012).

(1) 수 감각 교수

발달장애 학생들의 수 감각 향상을 위해서 제공될 수 있는 교육 내용으로는 다음과 같은 것들이 있습니다.

- **구체물 가르기와 모으기** : 구슬, 사탕 등의 구체물을 이용하여, 지정된 개수만큼 가르고, 모아보는 활동을 통해서 기초 수 감각을 향상시킬 수 있습니다.
- **수 세기** : 기계적 수 세기(예 1부터 10까지 기계적으로 암송함) → 합리적 수 세기(예 제시한 수 다음 수부터 셈) → 거꾸로 수 세기 → 건너뛰며 세기 등의 순서로 교육이 이루어집니다.
- **숫자 읽고 이해하기** : 숫자를 읽어보고, 숫자에 해당하는 구체물 또는 반구체물(예 숫자의 개수만큼 동그라미를 그림)을 제시해 보는 활동 등을 포함합니다. 반구체물을 참조물이라고 말하기도 합니다.
- 자릿값 이해하기
- 두 수의 크기 변별하기
- 두 수 중 제3의 숫자와 더 가까운 수를 찾기
- 수직선 눈금 이해하기

(2) 덧셈 교수

덧셈 교수는 모두 세기, 이어 세기, 부분 인출 및 직접 인출, 받아 올림 지도 등의 순서로 교육이 이루어질 수 있습니다.

- **모두 세기** : 구체물(구슬, 사탕 등의 손으로 조작이 가능한 물건), 반구체물(해당하는 수만큼 동그라미 그리기 등), 추상물(숫자)의 순서로 덧셈식의 수를 모두 세도록 지도합니다. 예를 들어, 3+6이라는 문제가 제시

되었을 때 구체물 수준에서는 구슬 3개와 6개를 모아 수를 세고, 반구체물(참조물) 수준이라면 동그라미 3개와 6개를 연필로 그리고 이 동그라미를 모두 세어보도록 지도할 수 있습니다. 이와 같이 구체물 → 반구체물의 순서로 모두 세기 활동이 꾸준히 이루어진 뒤에는 추상물의 단계로 숫자로만 계산을 하도록 지도합니다. 한편 최근에는 실제 손으로 조작할 수 있는 구체물 대신에 온라인 교수 상황에서도 구체물을 활용한 수학교육이 이루어지도록 가상의 구체물을 이용하기도 합니다. 가상의 구체물을 활용하여 덧셈을 지도해 본 예(blog.naver.com/bjs718/222987004938)는 저자의 블로그를 참고 바랍니다.

- 이어 세기 : 앞의 수부터 이어 세기, 큰 수로부터 이어 세기 등의 단계로 나아갈 수 있습니다. 이 방법을 통해서 모두 세기보다 좀 더 빠르게 덧셈 계산을 하도록 지도할 수 있습니다. 예를 들어, 3+6을 계산할 때, 앞의 수부터 이어 세기를 적용하면 앞의 수인 3을 확인하고 그 뒤에 뒤의 수인 6만큼 "4, 5, 6, 7, 8, 9"까지를 세어 답이 9임을 표현합니다. 그리고 큰 수로부터 이어 세기를 적용한다면 3과 6 중에 큰 수를 먼저 확인하고, 그 뒤에 작은 수인 3만큼 "7, 8, 9"까지 세어 답이 9라고 말할 수 있습니다.
- 부분 인출 및 자동 인출 : 예를 들어, 수식을 이용하여 계산을 하도록 하거나(부분 인출), 덧셈구구표 등을 이용하여 반복적으로 지도함으로써 자동적인 인출이 가능하도록 지도할 수 있습니다. 그리고 자동 인출 단계에 이르렀을 때, 적절한 제한시간을 설정하고 이를 조금씩 줄여나가는 방식으로 처리속도를 늘릴 수도 있습니다. 이는 뺄셈, 곱셈, 나눗셈 모두 동일합니다.

- **받아 올림 지도** : 받아 올림 칸과 자릿수를 구분하는 점선을 사용하여 지도할 수 있습니다. 좀 더 익숙해지면 받아 올림 칸이나 점선을 차츰 제거할 수 있습니다.

(3) 뺄셈 교수

뺄셈은 구체물, 반구체물 등을 이용하여 가르기와 모으기를 해보는 활동으로 지도가 시작됩니다. 그 이후에는 자동적인 인출을 위하여 뺄셈구구표를 이용해서 반복적인 학습이 이루어질 수 있도록 하게 됩니다. 구체적인 뺄셈 교수의 내용은 다음과 같습니다.

- **가르기와 모으기 지도** : 구체물(구슬, 사탕 등), 반구체물(해당하는 수만큼 동그라미 그리기 등), 추상물(숫자)의 순서로 가르기와 모으기 활동을 해볼 수 있도록 합니다.
- **뺄셈 구구 교수** : 가르기와 모으기 활동이 충분히 이루어진 다음에는 자동적인 인출을 촉진하기 위하여, 뺄셈구구표를 이용해서 반복 학습 기회를 제공할 수 있습니다.
- **두 자릿수 이상의 뺄셈 교수** : 처음에는 구체물이나 반구체물을 이용하여 받아 내림의 개념을 식과 연결하여 이해할 수 있도록 지도합니다. 그리고 '받아 내림'을 할 때 받아 내린 수의 10을 더하고 위의 값은 1이 줄어드는 것에 대해서 미리 단서를 제공하고, 익숙해지면 점차 제거할 수 있도록 합니다.

+	1	2	3	4	5	6	7	8	9
1	2	3	4	5	6	7	8	9	10
2	3	4	5	6	7	8	9	10	11
3	4	5	6	7	8	9	10	11	12
4	5	6	7	8	9	10	11	12	13
5	6	7	8	9	10	11	12	13	14
6	7	8	9	10	11	12	13	14	15
7	8	9	10	11	12	13	14	15	16
8	9	10	11	12	13	14	15	16	17
9	10	11	12	13	14	15	16	17	18

−	9	8	7	6	5	4	3	2	1
9	0	1	2	3	4	5	6	7	8
8		0	1	2	3	4	5	6	7
7			0	1	2	3	4	5	6
6				0	1	2	3	4	5
5					0	1	2	3	4
4						0	1	2	3
3							0	1	2
2								0	1
1									0

| 그림 3-4 | 덧셈구구표와 뺄셈구구표의 예

(4) 곱셈과 나눗셈 교수

곱셈은 ① 묶어 세기 또는 건너뛰며 세기에서 학습이 시작됩니다. 이후에는 ② 곱셈식을 알아보고, ③ 몇 배의 개념에 대해서 지도하며, ④ 곱셈구구표(구구단표)를 이용하여 자동 인출이 가능하도록 지도하게 됩니다. 마지막으로 ⑤ 두 자릿수 이상의 곱셈 교수의 순서로 지도가 이루어질 수 있습니다.

한편 나눗셈은 곱셈 개념을 기초로 하여 교육이 이루어집니다. 나눗

셈을 발달장애 학생들이 특히 어려워하는 경우가 있는데, 이때는 구체물을 이용해서 포함제, 등분제에 대한 개념을 지도해 나감으로써, 나눗셈의 개념을 이해할 수 있도록 지도합니다(김애화 외, 2012).

(5) 계산기 사용 지도

발달장애 학생들의 연산 교육에 있어서 계산기를 사용하는 것도 좋은 방법이 될 수 있습니다. 특히 학생들이 기초 연산의 개념을 이해하였지만, 연산 과정에서의 실수로 인해서 문제를 자주 틀릴 때는 계산기를 이용하여 지도하는 것도 고려해 볼 수 있습니다. 그리고 일상생활 장면에서도 계산기 활용은 효과적인 기능적 기술이 될 수 있습니다.

(6) 돈 개념과 돈 계산(화폐 개념)

돈 개념 및 돈 계산은 발달장애 학생의 일상생활 기술과도 연관되어 있는 중요한 교육 내용으로 수학 교과에서도 수에 대해서 지도하면서 함께 연결하여 가르칠 필요가 있습니다. 발달장애 학생들이 학습해야 할 돈 개념에 관한 내용을 국립특수교육원 적응행동검사에 기초하여 제시하면 다음과 같습니다.

- 10원, 50원, 100원, 500원짜리 동전을 구별할 수 있다.
- 1,000원, 5,000원, 10,000원, 50,000원짜리 지폐를 구별할 수 있다.
- 물건의 가격을 정확하게 지불할 수 있다.
- 지폐를 같은 값의 다른 지폐나 동전으로 교환할 수 있다.
- 가격표를 보고 금액을 비교할 수 있다.
- 거스름돈을 계산하고 올바른지 확인할 수 있다.

저자의 블로그에는 돈 개념 및 돈 계산에 연관해서, 제시된 돈을 보고 해당하는 금액을 쓰는 학습지를 탑재하고 있습니다. 해당 학습지를 이용하여 돈 개념과 계산을 반복하여 학습할 수 있도록 해도 좋겠습니다(blog.naver.com/bjs718/221355886894). 다만, 학생에 따라서는 이러한 돈 개념을 습득하는 데 상당히 무리가 따를 수도 있습니다. 이때는 무리해서 돈 개념과 계산을 자세하게 익히도록 하기보다는 계산기를 이용하거나 체크카드 등을 이용할 수 있도록 지도할 수도 있습니다. 체크카드를 이용할 때 은행으로부터 오는 문자 메시지나 SNS 알림 또는 스마트뱅킹 애플리케이션 접속 등으로 사용액과 잔액을 스스로 확인하도록 지도할 수 있습니다. 이 외에도 '하나 더 전략'이라는 방법도 적용할 수 있습니다. 이 방법의 예를 들면, 3,560원짜리 물건을 살 때, 560원은 계산하지 않고, 3,000원보다 많은 수라고만 생각하도록 하여, 4,000원을 내고 계산원이 건네주는 거스름돈을 받도록 가르칩니다. 이 방법은 부분적인 돈 개념 학습 방법의 하나로 적용할 수 있습니다. '하나 더 전략'은 '넥스트 달러(next-dollar)' 전략이라는 말로 불리기도 합니다.

(7) 문장제 문제해결 교수학습

흔히 특수교육에서 기초 연산 지도에는 시간을 많이 할애하는 반면, 문장제 문제를 해결하는 기술에 대해서는 소홀히 하는 모습을 볼 수 있습니다. 하지만 사실 문장제 문제를 해결하는 기술은 발달장애 학생의 수학교육에 있어서 최종적인 목표라고 말할 수 있을 정도로 매우 중요합니다. 왜냐하면 특수교육에서 수학교육의 궁극적인 목표가 생활을 영위하는 데 필요한 기능적 수학 기술을 습득할 수 있도록 하는 것인데, 단순히 연산을 잘하는 것으로는 일상생활에서 주어지는 문제상황을 수학적으로 사고하도록 할 수 없기 때문입니다. 따라서 문장제 문제에 대한 지도는 기초적인 연산 교육과 함께 꾸준히 진행되어야 하며, 필요할 경우 계산기를 사용할 수 있도록 하는 것도 좋은 방법이 될 수 있습니다. 문장제 문제를 지도하는 방법에는 다음과 같은 전략들이 있습니다.

① 도식(표상) 기반 교수

문제를 읽고 그림이나 도식 등의 표상을 활용하여, 문장의 이해를 돕도록 하는 방법을 말합니다. 덧셈과 뺄셈이 적용되는 문장제 문제의 경우에는 총합형, 차이 비교형, 변화형 등의 유형이 있고, 곱셈과 나눗셈 문장제 문제의 경우에는 기본형, 배수비교형, 변이형 등의 문제 유형이 있습니다. 이러한 문제 유형의 명칭은 문헌마다 다소 다를 수 있습니다. 그리고 이러한 기본 형태를 응용하여, 문장제 문제에 따라 학생들의 이해를 돕기 위한 다양한 도식을 만들 수 있습니다. 예를 들어, 덧셈과 곱셈, 그리고 뺄셈이 모두 필요한 문장제 문제라면, 이 모든 유형을 적절하게 결합한 도식 유형을 개발할 수 있습니다. 〈표 3-5〉에는 저자(2023)의 책 『자폐 스펙트럼 청소년 효과적으로 지원하기』에 소개된 수학 문장제 문제 도식의 예를 인용하여 제시하였으니 참고 바랍니다. 이 외에도 여러 도식에 관한 예를 저자의 블로그에도 소개하고 있습니다(blog.naver.com/bjs718/221924375705).

도식 기반 교수에서 발달장애 학생은 먼저 문제를 충분히 읽고 문제의 유형을 찾게 됩니다(Find). 그 이후에는 해당 문제 유형에 맞는 도식을 기존 예에서 찾거나 필요하다면 학습자 스스로 만들고, 문제의 정보를 표상 도식에 기록하도록 지도합니다(Organize). 그리고 이 도식을 바탕으로 문제를 해결할 수 있는 계획을 세우고(Plan), 실제로 문제를 풀도록(Solve) 가르칠 수 있습니다.

〈표 3-5〉 문장제 문제의 도식(그래픽조직자) 예

<table>
<tr><th>계 산</th><th>명 칭</th><th>문제 예시</th><th>도식 예</th></tr>
<tr><td rowspan="3">덧셈
뺄셈</td><td>종합형
(+)</td><td>사과 2개와 감 3개를 더하면 모두 몇 개인가요?</td><td></td></tr>
<tr><td>차이
비교형
(−)</td><td>감 5개와 사과 2개가 있습니다. 감이 몇 개 더 많나요?</td><td></td></tr>
<tr><td>변화형
(+, −)</td><td>사과 5개가 있는데, 친구가 2개를 더 주었습니다(또는 먹었습니다). 지금은 몇 개인가요?</td><td></td></tr>
<tr><td rowspan="4">곱셈
나눗셈</td><td rowspan="2">기본형</td><td>곱셈 : 사과 3개가 한 봉지에 들어 있습니다. 모두 세 봉지가 있다면, 사과는 모두 몇 개인가요?</td><td rowspan="2">〈곱셈 개념이 아직 부족한 경우〉

〈곱셈 개념이 갖춰진 경우〉
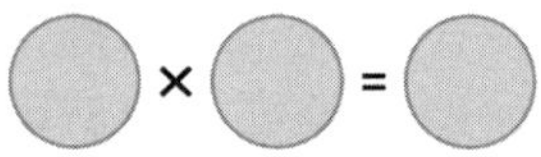</td></tr>
<tr><td>철수는 사과 3개를 가지고 있습니다. 영희는 3배 더 많이 가지고 있습니다. 영희의 사과는 몇 개인가요?</td></tr>
<tr><td>배수비교형</td><td>5분에 한 번씩 종이 울리는 시계가 있습니다. 50분 동안에는 몇 번의 종이 울렸을까요?</td><td>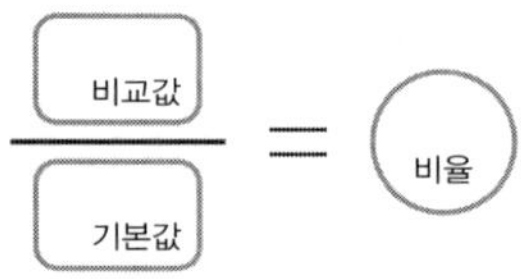</td></tr>
<tr><td>변이형</td><td>철수는 5km를 60분만에 걸었습니다. 같은 속도로 걷는다면, 4km는 얼마나 걸릴까요?</td><td>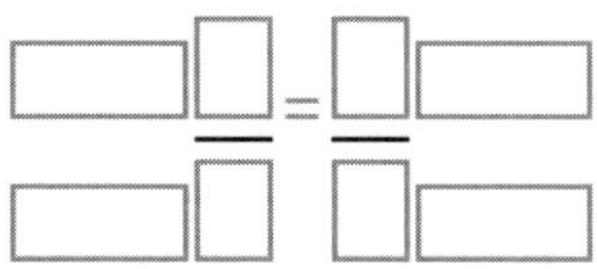</td></tr>
</table>

출처 : 변관석(2023).

도식 기반 교수에서 강조되는 몇 가지 주요한 특징(진행 과정)은 다음과 같습니다.

- 문제의 수학적 구조에 대한 인식
- 문제를 모델링하기 위한 시각적 표상 사용하기
- 주어진 문제의 수준에 적합한 문제해결 전략 사용하기 : 문제 유형 인식하기 ⇒ 이미 알고 있는 것과 문제를 연결 짓기 ⇒ 적절한 도식을 통해서 문제해결을 위한 결정적인 정보를 찾기 ⇒ 정답 유추하기 ⇒ 문제를 해결하기 위한 전략 선택하기 ⇒ 문제의 맥락 내에서 해결 전략을 풀이하고 제시하기 ⇒ 해결 방법의 합리성을 확인하기 ⇒ 문제해결 절차에 대한 자기점검 및 평가하기
- 절차적 유연성 증진하기

도식 기반 교수는 문제해결 절차에 대한 점검 및 반성 과정을 통합합니다. 더불어 도식 기반 교수 중재는 수학에 어려움을 보이는 학생들의 문제해결 능력을 증진하는 데 중요한 몇 가지 교수적 특징을 통합적으로 적용하고 있는데, 여기에는 명시적 및 체계적 교수, 그리고 안내된 질문을 포함하여 근접발달영역 안에서 도움을 주는 비계 교수 등이 포함됩니다. 결국 도식 기반 교수에서는 발달장애 학생이 먼저 문제를 충분히 읽고 문제의 유형을 찾게 됩니다. 그 이후에는 문제의 정보를 표상 도식에 기입하도록 지도됩니다. 그리고 이 도식을 바탕으로 문제를 해결하도록 할 수 있습니다.

이러한 도식 기반 교수를 발달장애 학생들에게 적합하도록 절차를 수정한 방법도 최근 국외 논문에서 소개되고 있습니다. 수정된 도식 기반 교수에서는 문제를 학생이 독해하지 못한다면 부모님이나 선생님이 읽

어주면서(read-aloud), 내용을 이해할 수 있도록 도움을 줍니다. 또한 다양한 유형의 도식을 미리 학생들에게 제시해 주고, 이러한 도식 중에서 필요한 것을 선택할 수 있도록 지도하게 됩니다. 이때 처음에는 문제를 푸는 데 필요한 도식 한 가지만 제시하다가 점차 선택지를 늘려가면서 학생의 자기 주도적인 도식 찾기를 이끌 수 있을 것입니다. 또한 문장제 문제에서 각 문제 유형마다 특정 핵심 어휘를 가르치고, 이러한 핵심 어휘에 해당하는 도식을 연결하도록 가르칠 수도 있습니다. 그 이후에는 문장제 문제를 푸는 과정을 과제분석하여(앞서 교육 방법의 자기교수 파트에서 문장제 문제 풀이 단계를 나누듯이), 단계별로 문제를 해결해 나갈 수 있도록 지도합니다. 마지막으로 실제 생활 장면에서 배운 문장제 문제와 유사한 상황을 조성하여, 실제 상황에서도 수학적인 사고를 통해서 적절하게 문제를 해결할 수 있도록 지도하는 과정도 일반화 가능성을 높이기 위해서는 필요합니다. 수정된 도식 기반 교수를 적용하여 발달장애 학생에게 수학 문장제 문제를 해결하도록 가르친 국내외의 연구 사례 요약과 함께 수정된 도식 기반 교수를 위한 문제 워크시트도 제작하여 저자의 블로그 글(blog.naver.com/bjs718/222970128349)에 제시하고 있으니 참고 바랍니다.

수정된 도식 기반 교수의 절차를 요약해서 그림으로 제시하면 |그림 3-5|와 같습니다.

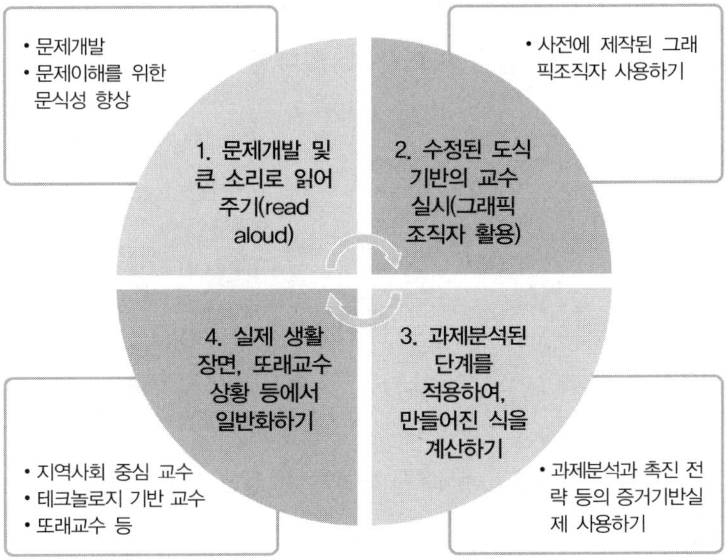

| 그림 3-5 | 수정된 도식 기반 교수의 절차

출처 : Spooner et al.(2017).

마지막으로 수정된 도식 기반 교수의 실제 활용 예를 들어보겠습니다. 예를 들어, 사과 7,000원짜리 2개와 수박 10,000원짜리 2개의 가격 총합을 구하는 문장제 문제를 학생이 수정된 도식 기반 교수를 통해서 학습했다고 가정해 봅시다. 학생의 학습 수준에 따라 다소 차이가 있을 수는 있겠지만 |그림 3-6|과 같은 도식을 만들고 학생이 문제를 풀 수 있도록 앞서 설명한 절차대로 지원할 수 있습니다.

학생은 수준에 따라 곱셈을 이용할 수 있다면 곱셈을 함께 이용하거나 아직 곱셈을 수행할 줄 모른다면, 덧셈만을 이용하여 해당 도식에 기초해서 문제를 풀 수 있습니다. 중요한 것은 이러한 문장제 문제를 푸는 것에서만 그치는 것이 아니라 부모님이나 선생님께서는 실제 일상생활에서도 마트나 시장에서 이러한 상황을 조성하여, 문제를 풀어보도록 할 수 있습니다. 가족과 함께 마트에서 장을 보는 시간을 이용해서 자녀의 문장제 문제 학습을 지도할 수 있다면 시간적으로도 효과적이라는 생각이 듭니다.

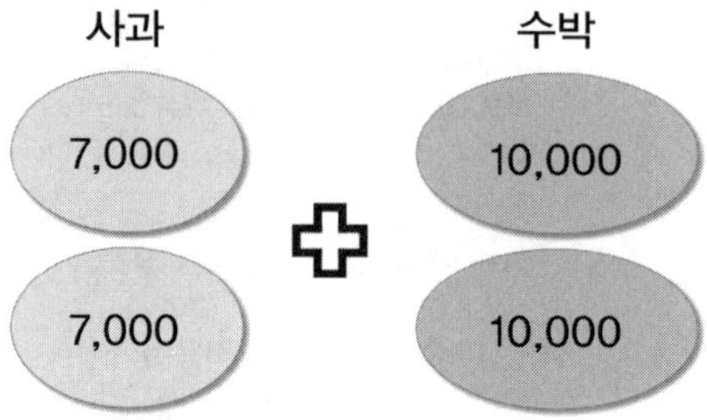

| 그림 3-6 | 예시에서 활용할 수 있는 도식의 예

② 초인지를 활용한 교수

발달장애 학생의 수학 문제 해결력을 신장하는 방법으로 초인지 전략 교수를 사용할 수 있습니다. 이러한 초인지 전략 교수의 한 방법으로, 박은희(2010)는 수학동화를 활용한 도식 기반 문제해결 전략 전이교수를 제안하였습니다(송준만 외, 2016).

이 교수학습 전략은 문제해결 전략을 전이하도록 하는 방법으로, 여기서 전이란 수학적 지식을 새로운 문제해결의 상황에 적용할 수 있도록 돕는 것을 말합니다. 이를 위해 여기서는 지적장애 아동의 동기적 요소를 고려하여 동화 속의 그림이나 이야기 안의 수학적인 요소를 접목하여 수학 문제로 활용하였습니다.

문제해결 전략 전이 교수는 다시 전이 유형 학습과 문제해결 규칙 교수의 두 가지로 나누어집니다. 먼저 전이의 네 가지 유형 학습은 1. 형식이 바뀜, 2. 새로운 핵심어 사용, 3. 다른 질문 사용, 4. 더 큰 문제의 한 부분으로 들어가기로 나뉩니다. 그리고 문제해결 규칙 교수의 순서는 1. 문제 읽기, 2. 정보 찾기(핵심 숫자, 단어), 3. 생각하기(수학기호, 계산 방법, 식 쓰기), 4. 문제 풀기, 5. 점검하기입니다. 도식 기반 문제해결 전략 전이 교수의 예는 〈표 3-6〉과 같습니다.

〈표 3-6〉 도식 기반 문제해결 전략 전이 교수의 예

김밥 도시락 : 2,000원　과일 도시락 : 3,000원　해물 도시락 : 4,000원
초밥 도시락 : 4,000원

토끼 아저씨의 도시락 차가 동물 마을로 찾아왔어요.
아저씨가 차 문을 영차 열었어요.
"음, 맛있는 냄새", "어서 오세요. 아주 맛있는 도시락이에요."
첫 손님은 원숭이예요. 두 번째 손님은 고양이예요. 세 번째 손님은 여우예요.
"도시락 주세요.", "좋아, 맛있는 도시락을 주겠어."
토끼 아저씨는 원숭이에게 김밥 도시락을, 고양이에게는 싱싱한 과일 도시락을 주었어요.
여우에게는 초밥 도시락을 주었습니다.
– 원숭이와 고양이, 여우가 산 도시락은 모두 얼마인가요?

문제해결 전략 전이 교수 문제의 예

유 형	문제해결 전략 전이 교수 문제의 예
처음 문제	토끼 아저씨의 가게에서 원숭이는 김밥 도시락 2,000원, 고양이는 과일 도시락 3,000원, 여우는 초밥 도시락 4,000원을 샀어요. 도시락값은 모두 얼마인가요?
전이 1 형식이 바뀜 (다른 형식)	토끼 아저씨의 가게에서 원숭이는 김밥 도시락, 고양이는 과일 도시락, 여우는 초밥 도시락을 샀어요. – 김밥 도시락 : 2,000원 – 과일 도시락 : 3,000원 – 초밥 도시락 : 4,000원 토끼 아저씨네 가게에서 산 도시락값은 모두 얼마일까요?

전이 2 새로운 형식어 사용 (다른 단어)	토끼 아저씨의 가게에서 원숭이는 쇠고기 도시락 2,000원, 고양이는 채소김밥 도시락 3,000원, 여우는 해물 도시락 4,000원짜리를 샀어요. 도시락값은 모두 얼마인가요?
전이 3 다른 질문 사용 (하나 더 묻기)	토끼 아저씨의 가게에서 원숭이는 김밥 도시락 2,000원, 고양이는 과일 도시락 3,000원, 여우는 초밥 도시락 4,000원을 샀어요. 1. 도시락값은 모두 얼마인가요? 2. 여기서 원숭이가 김밥 도시락을 하나 더 샀다면 도시락값은 모두 얼마인가요?
전이 4 더 큰 문제의 한 부분으로 들어가기 (큰 문제 되기)	토끼 아저씨의 가게에서 원숭이는 김밥 도시락 2,000원, 고양이는 과일 도시락 3,000원, 여우는 초밥 도시락 4,000원을 샀어요. 1. 도시락값은 모두 얼마인가요? 2. 이 중 여우가 초밥 도시락을 토끼 아저씨에게 돌려주고 대신에 김밥 도시락을 샀어요. 그러면 토끼 아저씨는 받은 도시락값에서 동물들에게 얼마를 돌려주어야 하나요?

출처 : 송준만 외(2016).

③ 앵커드 교수

앵커드(anchored) 교수는 실제 상황에서 학습이 이루어질 수 있도록 동영상을 앵커(닻)로 활용하여 문제를 제시하는 방법입니다. 예를 들어, 아래와 같은 시나리오로 동영상을 제작하고, 이 동영상을 보면서 문제를 파악하고, 순차적으로 해결해 나갈 수 있도록 합니다.

시나리오 줄거리 : 영희와 철수에게 신나는 과제가 제시되었다. 아버지가 방학 중에 가족여행을 가자고 제안하였는데, 그 여행의 계획을 영희와 철수에게 짜보도록 제안한 것이다. 영희와 철수는 여행을 어디로 갈 것인지 결정해야 했다. 제주도를 여행지로 결정한 영희와 철수는 제주도에 대한 정보를 수집하기 시작했다. 교통, 숙박, 볼거리, 현장 체험, 유적지, 박물관, 놀이시설, 폭포 등 다양한 정보를 수집했다. 이러한 정보를 바탕으로 영희와 철수는 여행 일정, 경비, 물품 등을 결정하는 학습을 하게 된다(김애화 외, 2012).

발달장애 학생은 수학적 기술을 일상생활에 전이할 수 있도록 하는 것이 최종적인 목표가 될 수 있으므로, 물건을 구매해야 하는 상황 또는 대중교통을 이용해야 하는 상황 등을 동영상으로 촬영하고, 이 동영상을 기반으로 문제를 해결하도록 지도할 수 있습니다. 그리고 꼭 문제상황의 모두를 동영상으로 촬영하지 않더라도 앵커드 교수의 일부를 빌려, 간단하게 문제상황을 동영상으로 촬영하여 학생들에게 제시하여 내적 동기를 유발하는 동기유발 도구로 활용할 수도 있습니다. 중요한 점은 실제 생활에서 쓰일 수 있는 문장제 문제를 개발하고 이를 가능한 한 학생 주도적으로 풀어볼 수 있도록 해야 한다는 것입니다.

이 외에도 발달장애 학생을 대상으로 길이, 넓이, 무게 등 측정 단위의 변환 방법에 대해서도 가르칠 필요가 있습니다. 또한 기본적인 자료 분석 능력을 갖출 수 있도록 표와 그래프를 만들어 보는 교육 내용도 포함해야 합니다. 길이와 무게 등은 특히 요리 활동 등의 실생활 활동에 삽입하여 적절하게 지도할 수도 있습니다. 예를 들어, 자녀가 좋아하는 음식을 함께 만들면서 소스에 들어가는 각종 양념의 중량을 재는 활동을 꾸준히 반복할 수 있습니다. 자료 분석 능력에 대한 교육은 아침마다 매일의 날씨(학생의 인지적 수준에 따라 단순히 맑음, 흐림, 비 정도로 구분할 수도 있고, 더 나아가 온도나 습도, 강수량 등으로 자료 분석의 범위를 확대할 수 있음)를 공책이나 워드프로세서, 엑셀 등에 기록해 보도록 한 뒤에, 일주일이나 한 달 단위로 각 날씨 유형별로 표로 분류하고, 그 결과를 그래프로 그려보는 교육활동이나 학교 급식에 나오는 반찬을 기록해서 특정 반찬이나 재료의 유형이 몇 번 나왔는지를 분류하여 표로 만들고, 그래프로 그려보는 활동 등을 꾸준히 지속해서 실생활에서 자연스럽게 지도할 수 있습니다.

3. 의사소통 및 사회적 능력

발달장애 학생의 의사소통과 사회적 능력은 서로 다르게 구별하기보다는 동시에 추구되어야 할 교육 내용이자 목표라고 보는 것이 더 합당하다고 저자는 생각합니다. 이는 발달장애 학생의 의사소통 능력 향상이 결국 다른 사람들과의 적절한 사회적 상호작용을 가능할 수 있도록 하기 위함이기 때문입니다. 다만, 사회적 능력의 교육에 있어서 상대방의 행동이나 감정을 정확하게 인지하는 사회적 인지와 이를 바탕으로 적절한 사회적 기술을 선택하는 등의 교육은 추가로 제공되어야 할 필요가 있습니다.

1) 의사소통

발달장애 학생을 대상으로 하는 언어교육은 실제적인 사회적 장면에서의 의사소통(화용론) 증진에 초점을 두고 이루어질 필요가 있습니다. 다만, 이때 학생의 언어발달 수준을 고려하여, 발달 수준에 적합한 형태의 의사소통을 목표로 할 필요가 있습니다.

예를 들어, 구어적인 표현이 다소 어려운 중도의 인지적 장애를 가지고 있는 학생이라고 할지라도 일상생활에 필요한 적절한 기능적 의사소통(예 자신의 요구 표현하기 등) 기술을 지도하여야 하는 것은 당연히 맞습니다. 다만, 이때 단순히 생활 연령만을 고려하여 해당 나이대의 학생들이 사용하는 의사소통의 형태만을 고집하기보다는 학생의 언어발달 수준에 맞는 언어 형태(예 그림 카드, 수신호, 애플리케이션 등을 이용한 보완대체 의사소통 체계 또는 1~2어절 정도의 간단한 표현 등)를 적용해야 합니다.

따라서 발달장애 아동 및 학생을 가르치는 부모님과 선생님은 학생의 언어발달 수준에 따른 의사소통 형태를 고려하기 위해서 일반적인 비장애 아동의 언어발달 단계에 대해서 어느 정도 숙지하고 있는 것이 필요합니다. 일반적인 비장애 아동의 언어발달 단계는 다음과 같습니다. 더 자세한 언어발달 단계는 네이버 등 검색 포털에서 쉽게 확인할 수 있습니다.

- 생후 7개월 전후로 의사를 몸짓으로 표현하기 시작합니다(전언어적 의사소통).
- 생후 12개월을 전후로 '엄마', '맘마' 등의 한 단어를 이용한 발화를 시작합니다.
- 생후 18개월을 전후로 사용하는 낱말의 개수가 10~20개 이상으로 증대됩니다.
- 생후 24개월을 전후로 두 단어의 조합(예를 들어, '엄마 맘마' 등)이 시작되며, 사용하는 낱말의 개수가 40~50개 이상으로 늡니다.
- 생후 32~36개월을 전후로 3어절로 이루어진 문장을 말합니다. 또한 사용할 수 있는 단어의 양이 폭발적으로 증가하게 됩니다. 이와 더불어 문자에 관한 관심이 시작되며, 여러 가지 픽토그램(예 주차 금지 표지 등)에 관심을 가지게 될 수 있습니다.
- 만 4세에 이르러서는 평균적으로 400~500개 이상의 단어를 말하며, 아이가 먼저 말을 시작하는 때가 많아집니다. 빠른 아이의 경우에는 몇몇 글자를 자연스럽게 통문자 형태로 읽을 수 있습니다.
- 만 5~6세에 이르러서는 모국어 사용의 기본 틀이 갖추어지게 되며, 더 복잡한 어절의 문장 사용이 가능하게 됩니다.
- 보통 만 6~7세 아동을 대상으로는 국어교육을 통해서 단어나 문장, 문단을 읽고 이해할 수 있도록 지도할 수 있습니다.

발달장애 학생의 의사소통 증진을 위해서는 발달장애 학생의 수용언어와 표현언어를 늘리고, 앞서 기술된 언어발달 단계를 참고로 하여 학생의 능력 수준에 적합한 정도로 사회적 장면에서 적절한 의사 표현을 할 수 있는 연습 기회를 다양하게 제공할 필요가 있습니다. 발달장애 학생의 의사소통 능력을 증진하기 위한 교육의 일반적인 원리는 다음과 같습니다.

첫째, 몸짓, 표정, 발성 등 비언어적 요소를 포함하는 비상징적 의사소통 단계의 학생들이 사용하고 있는 다양한 양식의 의사소통 기술을 더 많이 활용할 수 있도록 해야 합니다.

둘째, 의사소통 행동의 목적을 충분히 이해할 수 있고 흥미를 보일 수 있도록 학생 주도의 활동이나 예측이 가능한 일상적인 일과 활동을 중심으로 의사소통 행동을 지도해야 합니다. 예를 들어, 놀이 활동이나 간식시간 등을 이용하여 적절한 사회적 의사소통을 지도할 수 있습니다. 교육 방법 장에서 설명한 스크립트 중재 등을 적용할 수 있으며, 교육 내용 장의 놀이 활동 절에서 제시된 놀이 상황에서 적절한 의사소통 행동을 체계적 교수를 통해서 지도할 수 있습니다.

셋째, 의사소통을 하는 대화 상대자는 발달장애 학생의 의사소통 행동에 민감하게 반응할 필요가 있습니다. 그리고 학생의 의사소통 의도에 대해서 적절하게 이해하고 이를 확인해 주어서 학생의 의사소통 목적을 강화해야 합니다.

넷째, 매일 반복적으로 경험하는 일상적인 사건들 속에서 최대한 다양한 의사소통을 하여 사회적 교류를 이루었다고 하는 성취감을 학생이 느끼도록 하여, 의사소통에 대한 자신감을 심어주어야 합니다.

다섯째, 학생과 대화하는 사람이 학생의 요구를 미리 파악하여 문제를 해결해 줌으로써 학생이 의사소통할 필요성을 느끼지 못하도록 해서는 안 됩니다. 앞서 교육 방법 장에서 강화된 환경중심 언어중재에 관해서 설명하면서, 학생이 의사소통하고자 하는 자연스러운 상황을 조성하는 것이 필요하다고 말한 것과 일맥상통합니다. 반면에 지나치게 잦은 질문이나 지시로 학생을 수동적으로 의사소통하는 사람으로 만들지 않도록 고민할 필요가 있습니다. 이를 위해 질문을 하고 나면, 학생이 생각해서 응답할 수 있도록 충분히 기다리는 등의 노력이 필요합니다.

여섯째, 발달장애 학생에게 언어 사용의 모델을 제공할 때는 학생의 언어 수준에 맞추거나 약간만 높은 수준으로 조정하여 부모님이나 선생님의 의사소통을 충분히 모방할 수 있도록 지원해 주어야 합니다. 하지만 과도하게 아이스러운 말(예를 들어, 일부러 '혀 짧은' 형태로 말함)을 하라는 의미는 아닙니다.

일곱째, 말을 이용한 의사소통이 어려운 비구어 단계의 학생을 위해서는 학생의 행동을 모방하고, 학생이 표현하는 감정에 맞추어 주며, 학생과 가까운 거리에서 의사소통하고, 실제 사물을 교육 자료로 사용할 필요가 있습니다.

여덟째, 의사소통을 시작하는 단계의 학생을 위해서는 다양한 구성 놀이와 상징 놀이, 그리고 사회극 놀이 등을 실행해야 합니다. 놀이 활동에 대한 설명은 앞서 '놀이 활동' 파트에서 제시하였습니다. 이때 적절한 물건 사용의 기회를 제공하면서 놀이에서 요구하는 것이 너무 어렵지 않도록 하여 활동의 난이도를 적정화하며, 발달상 적절한 행동을 모방할 수 있도록 발달장애 아동의 모방 행동에 대한 긍정적인 강화제를 제공할 필요가 있습니다.

발달장애 학생들의 의사소통 능력을 증진하기 위한 다양한 교육 방법으로는 체계적 교수, 환경중심 언어중재, 그림교환 의사소통 체계, 비연속 시행 훈련, 스크립트 언어중재 등이 있는데, 이들 교육 방법에 대한 자세한 설명은 앞서 교육 방법 장에서 제시하였기 때문에 생략하도록 하겠습니다.

마지막으로, 적응행동검사에서 개념적 적응행동으로 발달장애 학생이 갖추면 좋을 수용언어와 표현언어의 목표를 난이도에 따라 제시한 내용을 일부 수정하여 아래와 같이 소개합니다. 이 내용 목표 중에서 학생들이 수행하기 힘들어하는 기술을 시작으로 앞서 이야기한 교육 방법을 활용하여 교육한다면 효과적인 특수교육 중재를 실현할 수 있을 것입니다. 더 자세한 내용은 저자(2021)의 책 『발달장애 청소년 자립생활 체계적으로 지원하기 개정판』을 참고 바랍니다.

- 수용언어
  - 짧은 언어적 지시를 따를 수 있다.
  - '~하고 있어.'라는 말을 알아들을 수 있다.
  - 완성된 문장 형태의 언어적 지시를 따를 수 있다.
  - 물음에 '예 또는 아니요'로 적절하게 대답할 수 있다.
  - '이게 뭐지?' 하는 질문에 알고 있는 물건의 이름을 답할 수 있다.
  - 주어진 두 가지 지시(예 '신발 벗고, 양말 벗어요.' 등)를 차례로 수행할 수 있다.
  - '어디에?'라는 질문에 적절하게 대답할 수 있다.
  - '누가 ~하고 있지?'라는 질문에 한 단어로 대답할 수 있다.
  - 가장 많은 또는 가장 적은 양을 지적할 수 있다.

- '조금', '많이', '여러 개'를 구분할 수 있다.
- 세 가지의 연속된 언어적 지시를 따를 수 있다.
- '멀리', '~로부터…', '~로' 등의 위치나 움직임을 나타내는 말을 이해할 수 있다.
- 년, 월, 일, 시간 등을 나타내는 용어와 관계를 이해할 수 있다.
- 미완성의 문장(예 '엄마 생신이 되면…' 등)을 주면 적절하게 완성할 수 있다.
- 이야기를 듣고 그대로 전할 수 있다.
- 방송으로 들은 정보를 적절하게 이해할 수 있다.
- 추상적인 단어(예 우정, 애정 등)의 의미를 이해할 수 있다.
- 일상생활에서 흔히 사용되는 속담의 의미를 이해할 수 있다.
- 기사나 인터넷에서 읽은 내용을 참조하여 대화에 활용할 수 있다.

• 표현언어

- 기본적인 인사말(예 '안녕하세요.', '반갑습니다.' 등)을 할 수 있다.
- '고맙습니다.' 또는 '미안합니다.'와 같은 말을 적절한 상황에서 표현할 수 있다.
- '~할 거야.', '~하고 싶다.' 등을 표현할 수 있다.
- 주어와 서술어로 된 홑문장(복문이 아닌)으로 말할 수 있다(예 '엄마가 간다.', '아기가 웃는다.' 등).
- 단어와 단어를 연결하여 자기 의사를 표현할 수 있다.
- 높임말을 사용할 수 있다.
- 축하나 위로의 표현을 할 수 있다.
- 거절하는 의사(예 '싫어요.' 등)를 언어로 표현할 수 있다.
- 과거형(예 '~했어.', '~갔어.' 등)으로 표현할 수 있다.

- '왜?'로 시작되는 질문에 적절하게 답할 수 있다.
- '언제?' 그리고 '누가?' 등의 의문부사로 시작하는 질문을 할 수 있다.
- '왜?'로 시작하는 질문을 할 수 있다.
- '어, 저, 그' 등의 지시 대명사를 사용하여 표현할 수 있다.
- '어떻게'로 시작하는 질문에 적절하게 답할 수 있다.
- 간단하게 가족을 소개할 수 있다.
- 궁금한 점에 대해서 적절하게 질문할 수 있다.
- 겹문장(예 '충치 때문에 이가 아파.' 등)으로 말할 수 있다.
- 자기 생각이나 경험에 대해서 조리 있게 말할 수 있다.
- 간단한 게임이나 놀이의 방법을 다른 사람에게 설명할 수 있다.
- 새로운 단어의 의미를 묻고 스스로 해당 단어를 사용할 수 있다.
- '왜냐하면', '그렇지만'과 같은 접속 부사를 사용해 말할 수 있다.
- 어조, 말의 속도, 고저, 장단 등을 이해하고 이를 활용하여 말할 수 있다.

한편 구어를 이용한 의사소통에 어려움을 가지고 있는 학생에게는 보완대체 의사소통 체계를 적용하는 것이 필요합니다. 지금부터 보완대체 의사소통 체계에 대해서 간단하게 살펴보겠습니다.

(1) 보완대체 의사소통 체계(AAC)

보완대체 의사소통 체계(Augmentative and Alternative Communication system)는 일반적으로 사용되는 의사소통 체계인 말(구어)이 아닌 다른 방식의 의사소통 체계 전반을 정의하는 용어입니다. 구어를 이용한 의사소통이 불가능하거나 다소 어려움을 보이는 발달장애 학생들에게 적용될 수 있는 방법인데요. 보완대체 의사소통은 학생의 구어 발달을 저해하지 않으며, 오히려 조기에 이 방법을 적용할 때 학생의 언어발달을 촉진할 수 있다는 연구결과가 많이 보고되고 있습니다. 이러한 보완대체 의사소통 체계의 구성 요소에는 상징, 보조도구, 전략, 기법이라는 네 가지 하위 요소가 있습니다.

① 상징

상징은 구어를 대신하여 사용되는 다양한 의사소통의 양식을 포함합니다. 여기에는 실제 사물, 몸짓, 사진, 그림, 기호, 글자 등이 포함될 수 있습니다. 일반적으로 실제 사물의 경우에는 도상성이 가장 높아 장애 정도가 심하거나 보완대체 의사소통을 처음 사용하는 학생들에게 적용되는 경향이 많으며, 점차 도상성이 낮으면서도 활용도와 편이성이 높은 상징을 이용하게 됩니다. 이러한 상징은 부모님이나 선생님이 직접 사진을 찍거나 그림을 그려서 사용할 수도 있지만, 인터넷에서 검색하여 이미지를 찾을 수도 있고, NC소프트 문화재단에서 개발하여 무상을 보급하고 있는 '나의AAC'와 다른 여러 AAC 애플리케이션의 상징을 사용할 수도 있습니다(이 애플리케이션에 대한 설명은 앞서 교육 방법 장에 제시함). 최근에는 국립특수교육원에서도 AAC 앱을 개발하여 무료로 보급하고 있습니다. 또한 국립특수교육원에서는 앱을 사용하기 힘든 중도·중복장애 학생들을 위해서 몸짓으로 의사소통할 수 있도록 돕는 '몸짓상징'을 체계화하여 제시하고 있습니다. 몸짓 상징에 대한 더 자세한 내용은 국립특수교육원 장애자녀 부모 지원 종합시스템 〈온맘〉의 '온맘TV' 코너에 게시되어 있는 몸짓상징(손담) 관련 페이지를 참고 바랍니다(www.nise.go.kr/onmam/front/M0000048/actlang/index.do). 또 유튜브 국립특수교육원 채널에서도 몸짓상징(손담)에 대한 영상과 기타 다양한 영상 자료를 시청할 수 있습니다.

② 보조도구

보조도구는 상징을 담아내는 도구를 말합니다. 의사소통 판이나 그림 상징을 붙이는 의사소통 책, 또는 바인더 파일이나 스케치북이 될 수도 있습니다. 최근에는 보완대체 의사소통 체계 애플리케이션이 많이 제작되어서, 스마트기기를 보조도구로 많이 이용하고 있습니다. 이러한 스마트기기를 보조도구로 사용하면 그림 상징을 선택할 때 해당 상징에 대한 말이 함께 합성되어 제시된다는 장점이 있습니다. 다만, 학생의 특성이나 조작 능력 등을 고려하여 보조도구를 선정해 볼 필요가 있습니다. 그 예로 초기에는 가격이 저렴한 낮은 기술의 보조도구(예 그림 카드, 의사소통 판 등)를 사용하다가 어느 정도 사용할 수 있는 상징의 수가 많아지고 익숙해지면 스마트기기를 활용할 수도 있습니다.

③ 전략과 기법

전략은 흔히 보완대체 의사소통을 학생들에게 지도할 수 있는 중재 방법이 주로 포함될 수 있습니다. 보완대체 의사소통은 학생의 수준에 따라 그림교환 의사소통 체계, 환경중심 언어중재, 스크립트 언어중재, AAC 모델링 등 다양한 의사소통 증진 교육 방법을 활용하여 가르칠 수 있습니다.

한편 기법은 학생이 상징을 선택하는 방법을 의미하는데요. 여기에는 직접 선택, 스캐닝(훑기), 암호화의 세 가지 유형이 있습니다. 먼저 직접 선택은 흔히 손가락이나 기타 신체 기관으로 직접 상징을 지적하거나 짚어서 의사소통하는 방법을 말하며, 신체적 장애를 동반하지 않았지만, 보완적이거나 대체적인 의사소통이 필요한 발달장애 학생이 가장 많이 사용하는 기법입니다. 그리고 스캐닝은 신체기능의 장애로 인하여 직접 선택이 어려운 학생을 위해서 여러 방식으로 상징이 자동으로 움직이도록 하고 학생은 자기가 원하는 상징이 활성화되었을 때 눈빛이나 스위치 등을 이용해서 선택하는 방법을 말합니다. 마지막으로 암호화는 어떠한 약속대로 여러 개의 명령어를 묶어서 복잡한 의사소통도 최소한의 버튼으로 표현할 수 있도록 일종의 매크로로 만들어 활용하는 방법을 말합니다. 말로 의사소통이 어려운 스티븐 호킹 박사가 몇 개의 버튼으로 강의하는 모습을 떠올리면 이해가 좀 더 쉬우리라 생각합니다.

말로 의사소통하지 못하는 발달장애 학생은 먼저 보완대체 의사소통 체계를 이용하여 좋아하는 것과 싫어하는 것을 선택하거나, '예/ 아니요' 중에서 필요한 상징을 선택하는 방법을 통해서 의사소통의 성공 경험을 늘릴 수 있습니다. 발달장애 학생을 위한 보완대체 의사소통 체계의 활용은 일회적이 아니라 학생이 지속해서 사용할 수 있도록 일상에서 항상 이루어져야 합니다. 또한 다양한 의사소통 기회를 만들어 주는 노력이 수반되어야 합니다. 보완대체 의사소통 체계의 구체적인 지도 절차 예는 다음과 같습니다(송준만 외, 2016).

첫째, 기초선 측정 및 목표설정 : 목표를 설정하기 위해서 일상생활 장면에서 의사소통 상대방과의 대화를 관찰하여 자료를 수집할 수 있습니다. 이러한 자료를 바탕으로 하여 의사소통 목표를 수립합니다.

둘째, 보완대체 의사소통 체계(AAC)에 사용할 어휘 선정 : 의사소통에 사용될 어휘는 가장 중요한 어휘목록을 선정하되, 학생의 생활 경험이나 교과 학습에 연관된 어휘목록이 포함되도록 합니다. 또한 학생의 인지 및 의사소통 능력 수준을 고려하여 학습될 어휘의 양을 적절하게 선정하여야 합니다. 예를 들어, 인지적 어려움이 큰 중도(severe)장애 학생은 처음에 1~2개의 어휘만 선정할 수도 있습니다.

셋째, 보완대체 의사소통 체계를 활용하기 위한 촉진 전략 선정 및 목표기술 교수 : 적절한 AAC 도구를 선정하고, 의사소통 동기를 유발할 수 있는 중재 및 환경 구조화 전략을 계획하여 적용합니다. 여기에는 다양한 의사소통 중재 방법을 포함할 수 있습니다. 이때 능숙하게 사용할 수 있을 때까지 반복적인 연습 기회를 제공합니다. 처음 보완대체 의사소통 체계와 친숙해지고 활용 방법을 배울 수 있도록 부모님과 선생님이 일정 기간에 걸쳐 AAC를 이용해서 의사소통하는 모습을 꾸준히 자연스럽게 보여줄 수도 있습니다. 마치 영유아기에 부모님의 말하는 모습을 보고 모방을 하게 되듯이 말입니다. 이러한 방법을 AAC 모델링 전략이라고 부릅니다.

넷째, 다양한 상황 및 장소에서 상징을 사용하여 의사소통하는 일반화 정도를 점검합니다.

다섯째, 중재의 성과를 지속해서 측정합니다. 이때 정확도나 사용 빈도 등을 측정한 결과를 그래프로 그려보면 좀 더 효과적으로 중재 성과를 파악하여 적절한 교육적 판단을 내릴 수 있습니다.

여섯째, 습득된 의사소통 기술의 유지 여부를 종종 점검합니다.

2) 사회적 상호작용과 사회적 능력

사실 사회적 상호작용도 하나의 기본적인 사회적 능력이라고 볼 수 있지만, 여기서는 사회적 상호작용과 사회적 능력 둘을 구분하여 살펴보고자 합니다.

사회적 상호작용은 일상생활에서 발생하는 원인과 결과가 되는 작용으로 사회적 시작행동과 반응행동으로 구성됩니다. 비장애 아동들의 경우에는 사회적 상호작용이 양육자와의 애착형성 관계로 시작되어, 성장함에 따라 또래 간의 사회적 상호작용으로 자연적으로 발전하는 모습을 보입니다. 물론 발달장애 아동도 자연적으로 사회적 상호작용이 증진될 수 있지만, 자연적으로 향상되는 지점 이외에도 사회적 상호작용을 위한 방법을 체계적으로 지도하는 노력도 필요합니다. 특히 자폐성장애는 사회적 상호작용 또는 사회적 의사소통의 문제를 주요한 특성으로 나타내고 있으므로, 더 많은 관심을 가지고 중재를 제공해야 합니다.

기본적인 사회적 상호작용에는 상대방과의 눈 맞춤이나 상대방이 가리키는 사물을 함께 바라보는 공동관심 형성 등을 시작으로 하여, 상대방에게 상호작용을 요구하는 시작행동(예 질문하기, 손이나 몸짓으로 부르거나 요청하기), 그리고 상대방의 상호작용 요구에 반응하는 행동(질문에 답하기, 고개 끄덕이기, 응시하기 등) 등이 포함될 수 있습니다. 사회적 상호작용 행동은 앞서 교육 방법에서 설명한 비연속 시행 훈련(DTT)이나 좀 더 자연스러운 장면에서의 체계적 교수 등을 이용하여 개별 행동별로 체계적이고 명시적으로 교육하고, 그 이후에 또래 매개 전략 등을 이용하여 실제로 활용할 수 있도록 유도할 수 있습니다.

한편 '사회환경과 효과적으로 상호작용하거나 혹은 사회문제에 대한 해결 전략을 개발하고 이용할 수 있는 능력'을 사회적 능력이라고 말합니다(국립특수교육원, 2018). 이러한 사회적 능력의 중심축이라고 할 수 있는 사회적 기술은 한 개인이 지역사회나 가정, 학교, 직장 등 여러 환경에서 통합적으로 적응하는 데 필요한 대인관계와 관련된 여러 가지 행동으로 구성됩니다. 발달장애 학생에게 교육해야 할 사회적 기술에는 다양한 행동이 있습니다.

여기에는 기본적인 인사 예절에서부터, 상대방의 감정을 이해하는 기술, 협력적 행동, 자기주장 행동, 자기감정을 통제하는 행동, 그리고 수업이나 과제에 적극적으로 참여하는 행동, 적절하게 대화를 시작하는 행동 등 다양한 행동을 포함할 수 있습니다. 저자(2021)의 책 『발달장애 청소년 자립생활 체계적으로 지원하기 개정판』에 제시된 사회적 기술의 예는 〈표 3-7〉에 제시되어 있는데, 이는 어디까지나 예시일 뿐 해당 학생의 수준과 특성, 그리고 사회적 상황에 따라 다양한 기술이 얼마든지 추가될 수 있습니다. 가령 직장에서는 직장에 맞는 적절한 사회적 기술이 있을 수 있고, 학교나 가정에서는 그곳에 맞는 사회적 기술이 있을 수 있다는 말입니다.

〈표 3-7〉 사회적 기술의 예

영 역	내용 예시
자기 표현	1. 다른 사람이 자신의 소중한 물건이나 몸을 만지려고 하면 거절 의사를 표현할 수 있다. (1번과 관련하여 더 상위의 기술은 다음과 같음. '거절 의사를 표현했음에도 이러한 행동을 계속하면, 다른 사람에게 도움을 요청하거나, 경찰에 신고할 수 있다.') 2. 사진을 찍는다고 말하면, 카메라를 의식하는 행동을 할 수 있다. 3. 촬영에 응하고 싶지 않을 때는 거절 의사를 표현할 수 있다. 4. 자신의 실수나 잘못을 사과하고, 나름대로 이유를 밝힐 수 있다. 5. 자신이 잘한다고 생각하는 장점을 한 가지 이상 이야기할 수 있다. 6. 다른 사람 앞에서 자기 자신을 간단하게 소개할 수 있다. 예를 들어, 이름과 소속, 좋아하는 것, 싫어하는 것, 장점 및 개선점 등을 포함할 수 있다. 7. 자신의 직업이나 학업, 취미 활동 등에서의 실력을 향상하기 위해서 스스로 계획하고, 실행하며, 점검 및 평가할 수 있다. (자기결정 교수학습 모델을 이용하여, ① 어른의 도움을 받되 가능한 한 독립적으로 목표를 설정하고 → ② 목표 달성을 위한 학습계획을 세우고 실제로 실행하며, → ③ 성과를 평가하고, 이를 반영하여 필요하면 목표나 학습계획을 조정할 수 있음)

타인 인식	1. 순서를 지켜야 할 때, 자신의 차례를 지킬 수 있다. 2. 여러 사람과 대화할 때, 상대방의 대화를 경청하고, 차례를 지켜서 말할 수 있다. 3. 반말과 존댓말을 사람이나 상황에 따라 구분해서 사용할 수 있다. 4. 누군가가 괴로워하거나 슬픈 표정을 지을 때, 위로하는 말을 건넬 수 있다. 5. 다른 사람의 물건을 사용할 때는, 미리 허락을 구하고 상대방이 허락할 때만 빌려 쓸 수 있다. 6. 상대방의 신체를 접촉할 때는 반드시 동의를 먼저 구할 수 있다. 7. 상대방의 동의 없이는 다른 사람의 신체 특정 부위를 계속 바라보거나, 스마트폰 등으로 촬영하는 일을 하지 않을 수 있다. 8. 상황과 장소에 따라 목소리 크기를 조절할 수 있다. 9. 타인에게 비위생적으로 느껴질 수 있는 생리 현상(트림, 방귀 등)은 개인적인 장소에서 처리할 수 있다. 10. 다른 사람의 사적인 생활 공간을 방문할 때 노크하고, 들어갈 수 있는지 물을 수 있다.
대인 관계	1. 대상이나 상황에 맞는 인사말을 구별하고, 학교와 지역사회, 직장생활 등에서 올바르게 인사를 주고받을 수 있다. 2. 실수하거나 잘못한 일이 있을 때, 상대방에게 미안하다는 표현을 할 수 있다. 3. 다른 사람과 약속했을 때 잊지 않기 위해서 기록하고, 실제로 약속을 지킬 수 있다. 4. 자신의 상황이나 형편을 이야기하면서, 완곡하게 거절 의사를 표현할 수 있다. 5. 여러 사람과 함께 문제를 해결해야 할 때, 다수결의 원칙을 되도록 따를 수 있다. 6. (5번에 연관하여) 다수결로 결정된 사항을 사정상 따를 수 없을 때는 그 이유를 완곡하게 밝힐 수 있다. 7. 상대와 상황에 맞는 선물을 준비하여 전달할 수 있다. 8. 각종 차별적인 언사나 욕설이 좋지 않은 이유를 말하고, 실제로 공식적인 자리에서 사용하지 않을 수 있다. 9. 하나의 사건에 대한 긍정적인 면과 부정적인 면을 각각 찾아 적절하게 표현할 수 있다. 10. 학교나 가정, 직장 등에서 부당한 대우를 받았을 때는 적절한 옹호 기관이나 자신을 도와줄 사람에게 충분히 설명하면서 도움을 요청할 수 있다. 11. (10번에 연관하여) 여러 사람과 옹호 기관에서 일률적으로 그 일이 부당한 대우가 아니라고 말할 때는 이를 수용해야 할 수도 있음을 이해할 수 있다.

출처 : 변관석(2021).

이러한 사회적 기술의 교육 방법에는 앞서 교육 방법 절에서 제시한 체계적 교수, 또래를 매개로 한 교육 방법, 자기촉진 전략, 의사소통 증진 전략 등 다양한 방법이 포함될 수 있습니다. 보통은 먼저 해당 사회적 기술에 관한 문제상황을 말이나 글, 그림, 동영상, 역할놀이 등으로 제시하여 특정 사회적 기술을 사용해야 하는 맥락을 파악하게 하고, 학습 동기를 유발합니다. 그리고 이 사회적 기술을 과제분석하여 하위단계별로 응용행동분석 원리 기반의 체계적 교수를 통해서 교수하고, 구조화된 역할놀이 상황을 조성하여 여러 번 반복해서 연습하도록 합니다. 어느 정도 구조화된 환경에서 해당 사회적 기술의 수행이 익숙해지면 또래 관계 상황, 일상생활 장면 등에서 일반화될 수 있도록 추가적인 교육을 실행합니다. 이때 학생의 자기 주도적인 사회적 기술 수행을 촉진할 수 있도록 앞서 설명한 그림 촉진이나, 비디오 모델링 등의 자기촉진 전략을 활용하여 학생이 스스로 촉진을 받아 적절하게 목표행동을 수행하도록 지도할 수도 있습니다.

예를 들어, 평소에 작은 일에도 화를 내는 학생에게 감정을 조절할 수 있는 사회적 기술을 지도한다고 할 때, 먼저 이러한 행동이 올바르지 않은 이유와 올바른 다른 행동으로 변화하여야 하는 이유 등에 대해서 학생에게 충분히 설명합니다. 그리고 다음과 같이 해당 기술을 과제분석하게 됩니다. 과제분석은 학생의 수준에 따라 다양하게 그 내용과 세분화가 달라질 수 있습니다.

① 마음에 들지 않는 일이 발생하면 먼저 눈을 감습니다.
② 눈을 감고 1부터 10까지 숫자를 천천히 세면서 천천히 숨을 쉬며 화를 누그러뜨립니다.

③ 숫자를 센 이후에도 화가 나면, 몸에 힘을 한 번에 꽉 주었다가 한 번에 힘을 빼버리는 이완훈련을 5회 이상 반복합니다.
④ 계속 화가 나면, 일단 그 자리를 피하고 다른 곳에서 휴식합니다.
⑤ 더는 화가 나지 않을 때, 부모님이나 선생님과 상의해서 필요하다면 상대방에게 자신이 화난 이유와 의사를 적절하게 표현합니다(예 "너의 ~~한 행동 때문에 잠시 화가 났어. 다음에는 그렇게 안 해줬으면 좋겠어.").

이렇게 과제분석이 이루어진 다음 1단계 행동부터 역할놀이 장면에서 응용행동분석 원리 기반의 체계적 교수를 통해서 교수가 이루어집니다. 이때 학생에게 충분한 칭찬과 함께 적절한 강화물을 제공하는 것도 필요합니다. 강화물의 제공과 점진적인 제거 방법 역시 교육 방법 장에서 자세하게 제시되어 있으니 참고 바랍니다. 이러한 체계적 교수를 통해서 감정 조절의 사회적 기술을 학생이 습득하게 되었다면, 일상생활에서도 일반화될 수 있는지를 확인하는 절차가 요구됩니다. 이때 필요에 따라서 여러 가지 자기촉진 전략을 추가로 포함할 수 있습니다.

학생이 휴대할 수 있는 목걸이나 카드 등의 형태로 기존에 충분히 연습한 감정 조절 방법(예 앞서 과제분석으로 제시된 방법)을 그림과 글을 함께 활용하여 간략하게 제시하고 학생이 늘 소지하고 다닐 수 있도록 하여, 필요할 때 학생 스스로 읽어보고 이에 따라 행동할 수 있도록 함으로써, 자기 주도적인 사회적 기술 수행을 유도할 수 있습니다.

이때 만약 학생의 생활연령이나 발달연령이 어려서 만화 캐릭터나 파워레인저 등의 영웅물에 많은 관심을 두고 있는 시기라면, 학생이 좋아하는 캐릭터가 이러한 사회적 기술 수행 방법들을 말해줄 수 있도록 하는 것도 좋은 교육 방법이 될 수 있습니다. 그림 카드를 이용한다면,

캐릭터 그림에 말풍선을 달아서 사회적 기술 수행 방법을 제시할 수 있겠고(이를 파워카드 전략이라고 볼 수 있음), 비디오 동영상을 활용한다면 해당 캐릭터나 영웅물이 직접 등장하여 사회적 기술의 내용을 설명할 수도 있습니다(이를 비디오 히어로 모델링이라고 하며, 일본을 중심으로 종종 연구가 이루어졌음).

저자도 파워카드 전략을 적용한 적이 있습니다. 학교 버스에서 다소 시끄럽게 하는 학생의 행동을 참지 못하고 주먹으로 그 학생을 때리려고 하는 모습을 몇 차례 보였던 우리 반 학생이 있었는데요(버스 자리를 바꿔도 특수학교 특성상 이렇게 시끄러운 소리를 내는 학생이 많다 보니 한계가 있었음). 그 학생은 글을 읽을 수 있고, 또 〈명탐정 코난〉의 '코난'을 엄청나게 좋아했습니다. 자기 이름이 아닌 '코난'이나 '남도일'이라고 불러주기를 원할 정도였습니다. 그래서 이 학생과 함께 코난 캐릭터를 이용한 파워카드를 만들었습니다. 카드 왼쪽에는 코난 캐릭터를 넣고, 오른쪽에는 "나는 코난, 탐정이지! 나는 친구들을 이해할 수 있어. 그래서 나는 화가 나도, 마음속으로 1부터 10까지 세면서 참을 수 있어. 역시, 코난 멋져요!"와 같은 문구를 넣었습니다. 카드는 손바닥 정도 크기로 인쇄하고 코팅해서 학생 가방에 고리를 달아 붙여두었습니다. 그리고 교실에서 버스에서의 상황을 상정하여 화가 났을 때 카드를 보고, 화를 참는 행동을 몇 차례 연습했습니다. 그리고 실제로 학교 버스에서 실천할 수 있도록 했는데요.

꼭 이 파워카드만의 효과라고 단정지을 수는 없겠지만, 우리 반 학생이 학교 버스에서 같은 문제행동을 보인 적은 그 학년도가 끝날 때까지 없었으며, 그 이후로도 햇수로 4년 동안 고등학교 과정을 졸업하고 전공과를 졸업할 때까지 가방에 이 카드가 달려져 있는 모습을 볼 수 있었습니다. 아마 부모님께도 썩 마음에 드는 전략이었던 것 같습니다. 파워카드의 실제 모습을 지면으로 제시하면 좋겠으나, 캐릭터에 관한 저작권 문제가 우려되어 이를 소개한 제 블로그 글 링크를 제시하는 선에서 갈음합니다(blog.naver.com/bjs718/222390448759).

지금까지 설명한 방법 이외에도 교육 방법 장에서 제시하지 않은 방법을 중심으로 사회적 기술의 교육 방법과 내용을 제시하면 다음과 같습니다. 이 방법론은 대부분 체계적 교수와 역할놀이 등을 중심으로 하여 여러 가지 중재 전략을 종합적으로 적용하여 프로그램화한 것이 많습니다.

(1) 사회적 기술 훈련

사회적 기술 훈련(social skill training)을 위한 실제 프로그램을 적용해 보기 위하여, 먼저 신현지 · 김형일 · 유장순(2004)이 제시한 프로그램을 제시하고자 합니다. 이 프로그램은 개인생활, 학교생활 및 직장생활 영역에서 기능적 및 효율적으로 사회적 기술을 사용할 수 있는 잠재 능력을 개발하는 데 목적이 있습니다. 또한 장애인이 일상생활에서 직면하는 여러 가지 대인관계 문제를 적절한 방법으로 사고하고 합리적으로 해결하는 능력과 태도를 갖추도록 하는 데에도 목적이 있습니다(김형일, 2014).

- **1단계 – 학습의 필요성 확립하기 :** 1단계는 직접 교수-학습 단계로, 사회적 기술을 위한 학습의 필요성 확립으로 시작합니다. 부모님 또는 선생님은 특정 기술을 학생이 개인적으로 반드시 인식하고 사용할 수 있는 조건을 유발하고 사고를 도출해 낼 수 있도록 해야 합니다.
- **2단계 – 필요한 기술 확인하기 :** 1단계 학습에서 필요성을 확립한 다

음, 교사는 필요한 기술 요인을 순서화하여야 합니다(과제분석). 중재와 다음 단계로 넘어가기 위해 일련의 단계들을 쓰기 판이나 칠판, 파워포인트 등에 기록하여 필요한 기술 요인을 나타내거나 제시합니다. 각 단계는 학생과 함께 진행합니다. 이후에 필요한 기술이 일단 순서화되면, 시연을 통해서 다양한 기술을 활용할 수 있는 기회를 제공합니다. 필요한 기술을 확인하는 시연은 기간을 늘려가면서 제시합니다. 그리고 중요한 것은 기술을 알게 한 다음의 과정인데요. 제시한 연습이 쉽게 이루어질 수 있도록 기술을 때때로 검토하는 과정이 필요하고, 필요한 기술을 상기시키기 위해 부모님 또는 선생님이 학생에게 직접 질문을 할 수도 있습니다.

- 3단계 – 기술 시범 보이기 : 사회적 기술을 가르칠 때 실제로 시범을 보이는 모델링과 동영상 등을 활용하는 상징적 모델링 모두 효과적입니다. 발달장애 학생은 판단력이 부족할 수 있으므로 기술을 시범 보일 때 각 단계를 소리 내어 말하는 절차를 사용할 수도 있습니다.
- 4단계 – 역할놀이 : 구조화된 역할놀이 과정에서 학생에게 역할수행 과정을 연습해 보도록 합니다. 그리고 책임감을 부여함으로써 수업의 주의집중을 촉진할 수 있습니다. 이때 촉진, 피드백, 강화가 적절하게 활용되어야 합니다.
- 5단계 – 연습 : 다양한 방법 및 상황에서 기술의 실제적인 연습 과정이 진행되어야 합니다.
- 6단계 – 일반화 : 연습을 거쳐서 숙달된 사회적 기술이 일반화될 수 있도록 하는 데 필요한 조건을 몇 가지 제시해 보고자 합니다.

* 되도록 실제 상황에서 지도합니다.

* 다양한 물리적 공간에서 지도합니다.

* 서로 다른 환경에서 사회적 기술을 활용할 때 피드백을 제공합니다.
* 숙련된 다른 훈련생을 통해 또래교수를 실행합니다.
* 자기 복습을 실행하도록 합니다.
* 적절한 강화를 제공합니다.

이처럼 사회적 기술 훈련은 설명-시범-시연(연습)-피드백의 순서로 이어지는 응용행동분석 기반의 행동 기술 훈련(behavior skill training)에 몇 가지 절차를 더하거나 조정하여 실행할 수 있습니다. 사회적 기술 훈련은 그 적용 방법이나 목표행동을 수준에 맞게 조정한다면 다양한 인지적 수준을 가진 발달장애 학생에게 효과적으로 적용할 수 있습니다. 그리고 지적장애를 동반하지 않은 고기능의 자폐성장애 학생에게는 이러한 사회적 기술 훈련의 필요성과 효과성이 더 커질 수 있는데요. 이 때문에 〈PEERS®〉와 같이 다양한 사회적 기술 교육과정과 훈련 절차 등을 상세하게 담은 상용화된 프로그램이 다수 있습니다. 〈PEERS®〉에 관한 더 자세한 내용은 유희정 역(2013)의 『부모와 함께하는 자폐스펙트럼장애 청소년 사회기술훈련: PEERS®』 등의 서적을 참고 바랍니다.

(2) 중심축 반응 훈련

중심축 반응 훈련(pivotal response training)은 자폐성장애 학습자를 가르치기 위해서 응용행동분석을 적용하는 자연적 중재의 일종입니다(앞서 설명한 자연적·발달적·행동적 중재의 한 유형임). 중심축 반응 훈련은 학습자의 주도성, 흥미 등을 형성하고, 특히 의사소통, 언어, 놀이, 사회적 기술 등의 발달을 도모하는 데 효과적입니다. 중심축 반응 훈련은 중심축 학습 변수(예 동기, 복합단서 반응, 자기 주도 행동, 자기 관리)를 증진함으로써, 더 효율적이고 효과적인 중재를 만들기 위해서 개발되었습니다. 이 중재 이론에 따르면, 이러한 중심축 변수들은 다양한 다른 행동들에 일반화될 수 있는 영향력 높은 중요한 행동입니다. 이 중재의 핵심 절차에는 아동의 선택권 존중, 학습 결과가 아닌 시도 자체에 대한 강화제 제공, 유지 과제의 통합적 제공, 직접적이고 자연적인 강화제의 제공 등이 있습니다.

중심축 반응 훈련의 목적은 다양한 목표행동에 영향을 미치는 행동, 다시 말해서 일반화 가능성이 매우 높은 중심축이 되는 행동을 가급적 자연적인 환경에서 직접적으로 교수하는 전략입니다. 보통 자연적인 상황에서 교육이 이루어지지만, 때때로 교수 환경을 구조화하여 체계적인 교육이 이루어지기도 합니다. 이 접근법에서는 중심축 영역에 영향을 미치면 실제로 기타 중요한 발달 영역에서의 부수적인 습득이 가능하다고 봅니다. 중심축 영역에 대한 중재 목표는 다음과 같습니다(신현기 외, 2014).

- 자연적 환경에서 발생하는 학습 기회와 사회적 상호작용에 적극적으로 반응하도록 합니다.
- 중재 제공자에 의한 지속적인 감독의 필요성을 줄입니다.
- 아동을 자연적인 환경에서 분리하는 서비스의 정도를 줄입니다.

또한 이 접근법의 중재 제공상 특징은 다음과 같습니다.

- 활동을 시작하기 전에 학생에게 충분한 긍정적 관심을 제공합니다.
- 교수는 명시적으로 실행되어야 하며, 발달적으로 적절해야 합니다.
- 쉬운 과제와 어려운 과제를 적절하게 섞어서 사이사이에 배치합니다.
- 아동에게 선호하는 활동이나 과제에 대한 선택권을 줍니다.
- 학습의 통제권을 학생과 공유합니다. 다시 말해 학생의 흥미를 존중하는 교육활동을 운영합니다.

- 의사소통의 차례를 지킬 수 있도록 충분한 시범을 보여줍니다.
- 반응을 하기 위한 시도를 강화합니다. 다시 말해 목표와 직접적으로 연관된 학생의 응답 시도는 정반응과 오반응의 여부와 관계없이 강화할 수 있습니다.
- 직접적이고 자연적인 강화제를 활용합니다.

보통 중심축 반응 훈련은 자폐성장애 유아나 아동을 대상으로 실행하여 중심축 반응을 형성하도록 합니다. 다만, 중심축 반응 훈련의 이론적 배경과 전략은 학령기 이후의 학생에게도 문제행동 감소나 바람직한 행동의 증진 등의 충분한 교육적 의미가 있을 수 있습니다. 따라서 나이가 좀 있어도 중심축 반응 훈련의 일부를 적용한 교육활동이 이루어질 수 있습니다. 중심축 반응 훈련에 대한 몇 가지 구성 요소와 학교나 가정에서의 적용 예는 〈표 3-8〉과 같습니다.

〈표 3-8〉 중심축 반응 훈련의 예시

중심축 반응	중재 전략	예 시
동기	적절한 수준의 선택권 제공하기	• 학생이 과제의 순서를 직접 선택하게 합니다. • 학생이 쓰기 도구를 직접 선택하게 합니다. • 학생이 놀이 활동이나 장난감을 직접 선택하게 합니다. • 학생이 강화물을 직접 선택하게 합니다. • 활동 선택판을 제시하여 몇 가지 선택지 중에서 어떤 활동을 할지 선택하게 합니다.
	다양한 과제 제시하기	• 예체능 시간에 짧은 시간 동안 읽기, 쓰기, 수학적인 활동을 종종 포함하여 과제를 다양하게 합니다(예 쓰러트린 볼링 핀의 개수 더하기 등). • 과제 사이에 적당한 휴식 시간을 종종 제공하여 휴지기를 갖고 다음 과제를 다양하게 제공합니다.

	시도에 대해서 강화하기	• 질문에 대한 모든 응답에 대해서 구체적으로 칭찬하고 필요하다면 적절한 보상을 제공합니다. • 과제나 활동을 수행하는 과정에 대해서 결과와 관계없이 과정을 칭찬합니다.
	직접적이고 자연스러운 강화제 사용하기	• 시간 읽기를 배울 때, 학생이 좋아하는 활동의 시작 시각과 마치는 시간을 먼저 배우게 합니다. • 화폐를 가르칠 때, 학생이 사고 싶어 하는 적당한 가격의 물건을 실제로 구매하게 합니다. • 학생이 원하는 물건을 올바르게 말할 때, 해당 물건을 실제로 제공합니다(예 '수박'이라고 말했을 때, 실제로 수박을 줌).
	유지과제 및 습득과제 제시하기	• 과제를 반복 학습하도록 하고, 적절하게 응용된 과제를 제시하여 일반화 가능성을 높일 수 있도록 합니다. • 덧셈과 같은 새로운 과제와 수 가르기와 모으기와 같은 이미 학습한 과제를 함께 제시할 수 있도록 합니다. • 이번 시간에 배운 내용에 관한 과제와 함께 이미 습득이 이루어졌으나 숙달이나 유지가 필요한 상대적으로 쉬운 과제를 중간중간 섞어서 제시합니다.
복합 단서 반응	복합 단서 학습과 반응 격려하기	• 체육 시간에 여러 가지 활동을 다양하게 준비하고, 학생이 좋아하는 것을 요구하도록 지도합니다. • 여러 가지 놀잇감을 제공하여, 이 중에서 원하는 놀잇감을 골라 요구하도록 지도합니다. • 국어 시간에 학생이 복합 단서를 이용해서 답할 수 있는 질문을 합니다. • 그림교환 의사소통 체계(PECS)의 3단계 그림 식별하기 과정을 꾸준히 반복하여 여러 상징 중 자신이 원하는 것을 선택하도록 격려합니다.
자기 주도 반응	질문하는 행동 가르치기	• 시간과 물건의 위치와 관련하여, 질문하기와 같은 정보-탐색 시도를 자연스럽게 가르칩니다. 예를 들어, 원하는 물건을 일부러 가방 속에 넣어두고, 가방에 있는 물건이 무엇인지 질문하도록 자연스러운 상황에서 체계적으로 가르칩니다. • 도움이 필요한 상황을 조성하여 도움을 요청하는 질문하기 반응(예 도와줄 수 있나요?)을 꾸준히 가르칩니다. • 아동 주도의 놀이 활동에 함께 참여하면서 손에 닿지 않는 상황, 선택해야 하는 상황, 예측하지 못한 상황 등을 삽입하여 자연스럽게 질문하는 행동을 가르칩니다.

자기 관리 행동	자기교수 자기점검 자기평가 자기강화 (자기실행)	• 화가 났을 때, 10까지 천천히 세어볼 수 있도록 하여 화를 누그러뜨리도록 지도합니다. • 일정 시간 동안 수업 시간에 조용히 앉아서 수업에 집중할 때, 자기점검표에 표시하여 점검하도록 지도합니다. • 감정 선택지에서 자신이나 타인의 감정을 골라보게 합니다. • 수업 태도에 대해서 체크리스트를 이용하여 자기를 평가해 볼 수 있도록 가르칩니다. • 미리 약속된 행동 계약에 따라 어떠한 긍정적인 행동에 대해 자기를 칭찬하고, 강화물을 제공하도록 지도합니다.

출처 : 신현기 외 공역(2014); 부산광역시 교육청(2014a) 일부 수정 · 추가.

중심축 반응 훈련의 예시를 제시하면 다음과 같습니다. 해당 예시는 자기 주도 반응에서 질문하는 행동을 지도하는 과정에 관한 내용입니다.

자발적으로 질문하는 경우가 거의 없는 철수에게 질문하기라는 중심축 반응을 지도하기 위해서 선생님은 철수가 좋아하는 자동차 장난감(직접적 강화물)을 가방 안에 숨겨 두었습니다. 그리고 자연스럽게 아동 주도의 놀이 활동을 함께 하다가 철수가 장난감을 찾으려고 할 때 가방을 앞에 둡니다. 철수가 질문(예 가방에 뭐 있어요?)을 하도록 촉진을 제공하고, 촉진을 받아 질문을 하면, 교사는 "장난감이 있어."라고 말하며 장난감을 철수에게 줍니다. 이러한 절차를 환경중심 언어중재(MT) 전략을 일부 활용하여, 모델링, 요구-모델링, 시간지연의 순서로 반복하여 차츰 독립적으로 질문하도록 합니다. 여러 일이 지나고 가방을 보았을 때, 철수 스스로 "가방 안에 뭐가 있어요?"라는 질문을 할 수 있게끔 합니다(신현기 외 공역, 2014). 이때 처음부터 완성된 문장을 사용하도록 가르치기 어렵다면, 처음에는 1~2어절 정도의 짧은 표현(예 뭐 있어?)을 사용하도록 가르치다가, 차츰 3~4어절 이상의 좀 더 확장된 문장을 사용하도록 모델링 촉진을 제공할 수 있습니다.

한편 저자(2016)는 연극놀이 활동을 중심축 반응 훈련의 동기 원리를 일부 적용하여 실시함으로써, 발달장애 학생들의 사회적 상호작용을 증진해 보는 연구를 수행하였으며, 그 결과 실제로 발달장애 학생들의 사회적 상호작용이 향상되는 것을 확인할 수 있었습니다. 앞서 말했듯, 중심축 반응 훈련은 그 자체를 본격적으로 적용하는 것도 큰 의미가 있지만, 다양한 교육활동에 일부만 적절하게 빌려와서 적용해도 나름대로 의미 있는 교육 프로그램을 구성할 수 있다고 생각합니다. 저자가 적용했던 중재 절차를 예로 제시하면 〈표 3-9〉와 같습니다.

〈표 3-9〉 중심축 반응 훈련의 원리를 접목한 연극놀이 활동의 예(동기)

단계	중재 절차	중재내용	
		중재자	연구 참여자
1	관심 조성하기 (약 1분)	• "친구들 함께 연극으로 놀아봅시다" 하며 참여 학생 3명이 원 형태로 모이도록 한다. • (–) 시 참여 학생들의 손을 잡고 데려올 수 있도록 한다.	• (+) : 손을 잡고 원 형태로 모여 본다. • (–) : 원으로 모이지 않고, 혼자 자신만의 행동을 한다.
2	연극놀이 활동 선택하기 (약 2분)	• "자, 그럼 오늘 점심시간에는 무얼 하며 놀아볼까요?", "여기 활동 중에서 친구들이 골라보세요" 하며, 그림 설명과 QR 코드를 통한 동영상 시범이 포함된 활동 선택지를 건네주도록 한다. • (–) 시 중재자는 각 활동에 대해서 시범을 보여주도록 하며, 이러한 과정을 통해서도 선택하지 않을 시에는 중재자가 활동을 선택한다.	• (+) : 연극놀이 활동판에서 하고 싶은 활동을 선택하거나, 언어적으로 표현한다. • (–) : 관심을 보이지 않는다.

3	시범 보이기 (약 4분)	• "자, 그럼. 이번 시간에는 ㅇㅇ놀이를 해 볼게요"라고 말한 뒤, ㅇㅇ놀이를 하는 방법을 학생들에게 시범 보여준다. • (–) 시 학생들과 함께 해당 학생이 있는 곳으로 이동하여, 시범 과정에 참여할 수 있도록 한다.	• (+) : 중재자의 모습을 따라 하며, 동료들과 원으로 선다. • (–) : 주위를 자꾸 돌아다닌다.
4	활동하기 (약 8분)	• "친구들이 직접 ㅇㅇ놀이 활동을 해볼게요"라고 말한 뒤, 학생들이 직접 연극놀이 활동을 해볼 수 있도록 한다. • 학생들이 적절하게 수행할 시에 구체적인 칭찬을 사회적 강화로 제공한다. • (–) 시 언어적 촉구–모델링 촉구–신체적 촉구의 순으로 최소촉진체계 절차를 이용하여 지도한다.	• (+) : 배운 연극놀이 활동을 또래들과 함께 해본다. • (–) : 배운 연극놀이 활동을 하지 못하거나, 다르게 수행한다.
5	역할 바꾸기 (약 2분)	• "자 그럼, 이번에는 ㅇㅇ이가 선생님을 대신해서 ㅇㅇ놀이 활동을 이끌어 볼게요"라고 말하며, 순차적으로 다른 친구들에게 활동을 이끌어 볼 수 있도록 하고, 교사는 촉진자의 역할을 수행한다. • (–) 시 최소촉진체계 절차를 이용하여 활동을 지원한다.	• (+) : 중재자의 역할을 이양받아 활동을 이끌어 본다. • (–) : 활동과정을 주도적으로 이끌지 못한다.
6	유지 과제 제시 하기 (약 3분)	• "다시 한번 친구들이 ㅇㅇ놀이 활동을 해볼까요?"라고 말하며, 유지과제(획득과제)를 제시한다. • 학생들의 시도에 대해서 사회적인 강화(칭찬)와 토큰 강화를 제공한다. • (–) 시 8초 시간지연 후에도 적절한 행동이 나타나지 않을 때는 최소촉진체계 절차를 이용하여 다시 지도한다.	• (+) : 연극놀이 활동을 적절하게 수행한다. • (–) : 연극놀이 활동을 적절하게 수행하지 못한다.

7	습득 과제 제시 하기 (약 5분)	• "자, 그럼 활동을 조금 바꿔서 해볼게요" 라고 말하며, 기존의 활동규칙에 약간의 변형을 주어 습득과제(미 획득과제)를 제시한다. 예 심장놀이(5번) 활동에서 심장이 2개로 추가 • 학생들이 적절하게 수행할 수 있도록 시범을 보인다. • 학생들의 시도에 대해서 사회적인 강화와 토큰 강화를 제공한다. • (−) 시에는 최소촉진체계(최소–최대촉진)를 이용하여 재지도하고, 다시 시도해 볼 수 있도록 한다.	• (+) : 변형된 연극놀이 활동을 적절하게 수행한다. • (−) : 변형된 연극놀이 활동을 적절하게 수행하지 못한다.

출처 : 변관석(2016c).

(3) 연극놀이를 활용하는 방법

연극놀이는 교육연극의 한 요소로, 연극에 필요한 다양한 학습 요소를 놀이 활동으로 은연중에 학습해 볼 수 있도록 하는 방법을 말합니다. 연극놀이에는 참여하는 학생들이 서로 협력하거나 사회적인 접촉을 거쳐야 하는 활동들이 많이 있어, 학생들이 즐겁게 활동을 수행하면서 자연스럽게 사회성을 기를 수 있는 것으로 알려져 있습니다. 연극놀이를 활용하는 방법은 앞서 교육 방법 절에서 또래를 매개로 한 교육 방법을 설명하면서 함께 제시하였으니 참고 바라며, 더 자세한 연극놀이에 관한 내용은 저자의 블로그인 '석이 선생님의 특수교육 이야기'에서 '교육연극'을 검색하면 여러 자료를 볼 수 있습니다.

(4) 보드게임을 활용하는 방법

집단교수 장면에서 발달장애 학생들의 사회적 기술을 증진할 수 있는 전략에는 여러 가지가 있을 수 있습니다. 이 중에서 2명 이상의 게임자가 직접 대면해서 물리적 도구를 이용하여 일정한 규칙에 따라 활동을 하는 것으로 정의되는 보드게임을 활용한 중재는 발달장애 학생이 비연속 시행 훈련, 체계적 교수, 명시적 교수 등의 직접적인 방법으로 구조화된 상황에서 습득한 사회적 상호작용이나 사회적 기술을 비교적 비구조화된 환경에서 실제로 사용해 볼 수 있으며, 습득한 사회적 기술을 유지 및 일반화하는 방법으로 주목받고 있습니다. 또한 그 효과성이 선행연구를 통해서 입증되고 있습니다. 여러 가지 유형의 보드게임을 인터넷 검색을 통해서 쉽게 찾아보고 구매도 할 수 있는데요. 이 중에서 부루마불과 같은 보드형 게임이나 할리갈리, 카드놀이, 이미지 메모리 게임 등 학습자의 인지발달 수준과 생활연령에 맞는 다양한 게임을 활용할 수 있습니다.

저자(2017)는 부루마불 게임과 유사한 보드게임을 이용하여, 발달장애 고등학생에게 적용함으로써, 사회적 기술의 향상과 함께 수학 교과의 문장제 문제해결력을 동시에 향상해 본 경험이 있습니다. 저자가 만들고 활용한 게임은 '소비자 게임'이라는 보드형 게임인데, 게임판, 가격표 총 5종, 그리고 미션카드와 화폐 등이 필요합니다.

게임판 가격표 총 5종(예시) 미션 카드

| 그림 3-7 | 저자(2017)가 활용한 게임(소비자 게임)의 도구들

〈표 3-10〉 저자가 활용한 보드게임의 진행 방법

① 게임 참여팀(2명)별로 말을 선택하고 순서를 정한 뒤, 모든 참여자에게 동일한 금액을 지급한다. 이때 거스름돈 계산이 이루어질 수 있도록 고액권을 중심으로 지급하게 된다. ② 팀별로 순서대로 주사위를 굴려 나오는 수만큼 말판을 이동한다. ③ 이동된 지점에 적힌 '소비 장소(패스트푸드점, 슈퍼, 문구사, 화장품 가게, 시내 · 외 버스, 기차역, 찬스카드)'에 맞는 구매 미션카드(문장제 문제 제시) 한 장을 임의로 선택한다. ④ 미션카드(문장제 문제 제시)를 읽어보고, 해당 장소의 가격표를 바탕으로 하여, 물건을 사기 위해 필요한 총액을 계산한다. ⑤ 자신이 가지고 있는 돈을 이용하여 가격에 맞게 금액을 지불하고, 거스름돈을 받아야 할 경우 거스름돈의 액수를 적절하게 계산하여 받는다. ⑥ 계산과정에서 오류가 있을 시, 모든 학생이 협력하여 다시 함께 풀어본다. ⑦ 협력을 통해서도 오류가 발생할 시, 교사가 시범 또는 피드백을 제공한다. ⑧ 차례에 따라 ②~⑦번까지의 활동을 계속 수행한다. ⑨ 처음 지급된 돈을 가장 빨리 모두 소비한 참여자 또는 지정된 시간 내에 가장 적은 돈을 남긴(가장 많은 돈을 소비한) 참여자가 승리하게 된다. ※ 사회적 기술 수행의 촉진을 도모하기 위해서, 2명씩 짝을 이뤄 게임을 진행한다. ※ 문제해결 자체에 초점을 두어 학생별로 경쟁을 유발하기보다는 참여자 상호 간에 서로 협력하는 과정에 중점을 두고 사회적 강화제(구체적인 칭찬)를 제공한다.

출처 : 변관석(2017a).

위와 같은 방법으로 보드게임을 학생들과 함께 수행하면서, 학생들이 적절한 사회적 행동을 보였을 때는 행동에 대한 구체적인 칭찬을 해주고, 필요하다면 적절한 수준의 보상을 제공합니다. 반면에 다소 부적절한 사회적 행동을 보였을 때는 올바른 사회적 행동을 시범 보이고, 적절하게 수정해 주면서 다시 연습하게 합니다. 이러한 절차를 통해서 발달장애 학생들에게 수학적 문제해결력을 교육함과 동시에 자연스럽게 사회적 기술을 가르칠 수 있었습니다. 이 연구에서 적용된 사회적 기술의 예는 〈표 3-11〉과 같습니다.

〈표 3-11〉 보드게임 활동을 통해 향상을 도모해 본 사회적 기술의 예

사회적 기술 구성 요소	내용 예시
협력 : 다른 사람을 도와주고, 물건을 공유하며, 규칙을 지키고 협동하여 놀이나 학급 내 상호작용 활동에 참여하는 행동	1. 활동에 사용되었던 물건들을 제자리에 정리한다. (예 활동이 끝나면 스스로 보드게임 도구를 제자리에 정리한다.)
	2. 교사나 또래에게 적절한 구어로 관심이나 칭찬을 제공한다. (예 적절한 상황에서 또래에게 '좋아, 잘했어'라고 말해준다. 등)
	3. 선생님이나 부모님의 지시에 따른다. (예 교사가 어떠한 사항을 지시했을 때, 적절하게 반응한다.)
	4. 또래가 도움을 요청하였을 때, 적절하게 도움을 제공한다. (예 짝이 계산을 어려워할 때, 함께하면서 계산 방법을 가르쳐 준다. 등)
자기주장 : 다른 사람에게 자신을 소개하고 자신이 필요한 것을 부탁할 줄 알며 자신의 의사를 표현하는 행동	5. 짝이나 교사에게 적절한 구어로 도움을 요청한다. (예 계산 방법을 잘 모르겠는데, 좀 도와주겠니? 등)
	6. 짝이나 다른 또래가 도움을 필요로 하는 것처럼 보일 때, 먼저 도움이 필요한지 물어본다. (예 또래에게, '내가 도와줄까?'라고 물어본다.)
	7. 학급 공용 물품이나 친구 물건을 빌릴 때, 적절하게 양해를 구한다. (예 계산기를 선생님으로부터 빌릴 때, "선생님 계산기 좀 빌려주시겠어요?"라고 정중하게 물어본다. 등)
	8. 활동 과정에서 또래 사이에서 이견이 발생했을 때, 타당한 근거를 대면서 자신의 주장을 제시한다. (예 또래가 잘못된 계산으로 돈을 지불하려고 할 때, 적절한 계산 방법을 제시하면서 적합한 금액을 제시한다. 등)
자기통제 : 갈등 상황에서 이를 해결하고 자신의 분노를 제어하면서 적절하게 반응하는 행동	9. 또래나 교사에게 도움을 받았을 때, 스스로 구어를 이용하여 고마움을 표현한다.
	10. 교사나 또래와의 갈등상황에서 감정을 조절한다. (예 또래가 순서를 지키지 않거나 게임판을 어질렀을 때, 화를 내지 않고 적절하게 대처한다./ 자신의 욕구가 즉각적으로 수용되지 않더라도 화내지 않고 기다린다. 등)
	11. 게임 중 실수를 범했을 때 또래나 교사에게 구어로 미안함을 표현한다. (예 실수로 게임판을 어질렀을 때, 다른 또래들에게 '게임판을 어질렀어. 미안해.'라고 사과한다.)

이러한 연극놀이나 보드게임을 이용한 사회성 교육은 아무래도 사회적 기술의 실제적인 활용 면에 더 중점을 두고 있습니다. 따라서 먼저 해당 사회적 기술을 학생의 수준에 맞게 하위목표로 세분화하는 과제분석을 실행하고, 이를 명시적으로 차근차근 충분히 지도한 뒤에 다음 단계로 이러한 방법을 이용해 보는 것을 추천합니다.

4. 자기결정 능력

발달장애 학생에게도 자기 삶에 있어서 주요한 영향을 미치는 사항에 대해서 선택하고 결정할 기회가 최대한 보장되어야 합니다. 또한 이러한 자기결정 능력은 특수교육에서 꾸준히 체계적으로 지도되어야 합니다. 많은 연구는 자기결정 능력이 향후 발달장애 학생의 졸업 이후의 삶에 있어서 매우 긍정적인 영향을 미친다고 보고하고 있습니다. 자기결정 능력에는 크게 자율성, 자기규칙, 심리적 역량, 자아실현이라는 네 가지 하위 요소가 있습니다. 그리고 이 하위 요소별로 몇 가지 기술들이 포함되어 있는데요. 이 기술에 대해서 살펴보면 다음과 같습니다(이숙향 역, 2010).

1) 자율성

자율성과 관련된 기술에는 다음과 같은 것들이 있습니다.

① 선택하기 기술
② 의사결정 기술
③ 문제해결 기술

④ 목표설정 및 성취 기술

⑤ 독립, 위험 대처하기와 안전 기술

발달장애 학생의 자율성을 신장하기 위해서는 학교 및 가정에서 사소한 것부터 직접 선택할 수 있는 기회를 보장하는 노력이 가장 선행되어야 합니다. 여기에서 사소한 것에는 아침에 입을 옷을 고르고, 먹을 음식을 고르며, 사용할 필기구의 종류나 색연필의 색을 고르는 등 일상생활 및 학교생활에서 주어질 수 있는 모든 내용을 포함합니다. 이렇듯 사소한 것부터 선택하고 의사를 결정하는 연습을 해나가게 되면, 나중에는 더 중요한 사항에 대해서도 의사결정을 해나가는 힘을 길러주게 될 수 있습니다.

이 외에도 최근에는 개별화교육계획(IEP) 수립을 위한 회의 과정에 발달장애 학생도 직접 참여할 수 있도록 하기도 합니다. 이때 사전에 충분한 연습과 상담을 통해서 자신의 역량과 꿈에 대해서 프레젠테이션 도구 등을 이용해서 스스로 발표하고, 자신의 목표를 스스로 설정하여 제시하는 등의 학생 주도형 IEP 회의가 이루어질 수 있도록 할 수 있습니다. 이러한 과정을 통해서 자연스럽게 학생은 자기 삶에 연관된 중요한 사항에 대해서 의사결정에 참여하는 기회를 가질 수 있습니다.

더불어 앞서 교육 방법 파트에서 설명한 자기결정 교수학습 모델을 적용하여 학생이 스스로 교과 학습에 대한 목표치를 설정하고, 자기평가를 해볼 수 있는 기회를 제공하는 것도 매우 좋은 교육 방법이 될 수 있습니다. 그리고 앞서 앵커드 교수법이나 문제해결 학습 형태의 수업을 통해서 발달장애 학생의 문제해결력을 꾸준히 길러주는 방법도 고려해볼 수 있습니다.

2) 자기규칙

자기규칙에 연관된 기술에는 다음과 같은 것들이 있습니다.

① 자기관찰 및 기록(자기점검), 자기평가 및 자기강화 기술
② 자기교수 기술

이러한 기술을 통칭하여 자기관리 전략이라고 말할 수 있는데, 이에 대한 자세한 설명은 교육 방법 장에서 설명하였습니다.

3) 심리적 역량

심리적 역량에 연관된 기술에는 다음과 같은 것들이 있습니다.

① 자기 권리 주장 및 리더십 기술
② 내적 통제 기술
③ 자기효능감 및 성과기대에 대한 긍정적 귀인 형성

학생의 심리적 역량을 증진하기 위해서는 먼저 다양한 성공 경험을 제공할 필요가 있습니다. 성공 경험을 제공하기 위해서는 먼저 학생이 약간의 도움만 받으면 충분히 수행할 수 있는 과제를 중심으로 학습을 제공할 필요가 있습니다. 그리고 점차 학생의 근접발달영역(쉽게 말해, 적당한 도움을 받으면 수행할 수 있는 수준의 과제나 활동) 안에서 조금씩 과제의 난이도를 높여감으로써, 성공 경험을 계속 가져감과 동시에 인지적인 도전 의식도 가질 수 있도록 합니다. 요즈음 칭찬의 역효과라고 하여 칭찬이 오히려 자녀의 내적인 동기유발을 저해하는 부정적인 효과를 가

질 수 있다고 설명하는 양육 서적들도 있는 것으로 알고 있습니다. 하지만 적어도 대부분의 발달장애 학생을 위해서는 가능한 한 자주 구체적인 행동이나 과정을 언급하며 칭찬하고 격려하려고 노력하는 교육자의 자세가 필요하다고 생각합니다.

적지 않은 비율의 발달장애 학생은 내적인 동기를 스스로 형성하는 것에 다소 어려움을 느낄 수 있으므로 구체적인 행동에 대한 충분한 칭찬을 통해서 학습 동기를 가질 수 있도록 하는 노력이 필요합니다. 또한 발달장애 학생을 양육 또는 교육하는 과정에서 사실 충분한 정도로 학생을 칭찬하지 못할 때가 더 많을 수 있습니다. 따라서 구체적으로 좋은 행동에 대해서 언급하면서 칭찬을 자주 해주어야겠다고 의도적으로 생각해야 적정량의 칭찬과 긍정적인 관심을 줄 수 있기도 합니다. 마지막 장에서 좀 더 자세히 설명하겠지만, 긍정적 행동지원의 보편적 지원 파트에서도 학생의 문제행동을 감소하고, 바람직한 행동을 증진하기 위해서 부정적인 피드백을 한 번 할 때, 적어도 그 전에 4회 이상의 긍정적인 피드백을 제공하기를 권장하고 있습니다. 이를 위해 학생이 지킬 수 있는 긍정적인 행동 몇 가지를 규칙으로 정하고, 이를 지킬 때마다 구체적인 칭찬과 적절한 보상을 제공하기도 합니다. 핵심은 현재 수준에서 조금만 신경 쓰면 지킬 수 있는 규칙이어야 한다는 점입니다.

다만, 칭찬에 관해 한 번 더 강조할 중요한 지점은 과제를 수행하기 위해 보였던 학생의 노력과 행동 그 자체를 중심으로 구체적인 칭찬을 주어야지 학생의 능력(예 '넌 참 똑똑해.' 등)에 초점을 두어서 칭찬하거나 어떠한 행동으로 칭찬을 받았는지 학생이 모를 정도로 애매하게 칭찬하는 행동은 가능한 자제할 필요가 있습니다. 어느 정도 중재가 이루어진 중반 이후에는 짧고 간명하게 칭찬하는 것도 고려할 수 있겠지만, 적어도 초기에는 바람직한 행동에 대해서 구체적인 피드백을 학생이 얻을 수 있게 해야 합니다. 학생에게 칭찬할 때는 한 인간의 내적 요인으로 쉽게 변화시킬 수 없는 천부적인 변인(예 지적 능력)보다는 자기 노력으로 변화시킬 수 있는 변인(예 노력의 양과 질)을 칭찬하는 것이 적절한 귀인 형성에 도움이 됩니다. 또 어떠한 행동으로 칭찬을 받았는지 구체적으로 알 수 있도록 해주는 것이 학습적으로도 더 효과적입니다.

이 외에도 교육 방법 장에서 설명한 자기촉진 전략 등을 이용하여 자기 주도적인 과제 수행 기회를 제공하는 것도 심리적 역량을 개선하는 데 효과가 있다고 알려져 있습니다. 부모님과 선생님은 집중적이고 명시적인 체계적인 교수를 일정 정도 제공한 뒤에는 학생 스스로 해당 과제를 수행해 볼 수 있도록 자기촉진을 제공하는 등의 사전 지원을 하는 방법으로 개입의 양이나 강도를 줄여나갈 필요가 있습니다.

한편 국립특수교육원 홈페이지의 '에듀에이블' 사이트 상단에 있는 '장애공감' 코너 → 인권교육 콘텐츠에는 장애 학생을 위한 성교육과 인권(자기보호 역량) 교육을 위한 온라인 학습 콘텐츠를 학교급별, 주제별로 개발하여 누구나 이용할 수 있도록 탑재하고 있으니 참고 바랍니다(www.nise.go.kr/sub/info.do?m=060101&page=0401&s=eduable).

4) 자아실현

자아실현은 자율성, 자기규칙, 심리적 역량의 증진을 통해 얻을 수 있는 자기결정 능력의 최종적인 목표로 보통 ① 자기에 대한 지식, ② 자아 인식의 과정을 포함합니다. 앞서 교육 방법에서 제시한 내용 이외에 전반적인 자기결정 능력의 긍정적인 변화를 도모할 수 있는 여러 가지 전략을 제시해 보면, 다음과 같은 것들이 있습니다.

• 부모님과의 심리적 유대관계 증진이 필요합니다

부모님과의 심리적 유대관계는 아동의 자존감을 향상하는 데 있어 매우 중요한 요소입니다. 학생의 행동에 최대한 허용적이되 행동의 마지노선은 명확하게 정해주는 부모님의 양육 태도가 계속 유지될 때 아동의 자존감이 증진될 수 있습니다. 또한 칭찬(과도하지 않고, 적절한 시기에 명확한 행동을 지적하면서 칭찬하기)과 문제행동을 일으켰을 때의 적절한 언어적 훈육이 유기적으로 이루어질 때 부모와의 올바른 심리적 유대관계가 이루어집니다. 다양한 활동에 부모와 아동이 함께 하는 것도 좋은 방법이 될 수 있습니다.

• 가능한 한 학생 스스로 선택할 수 있는 기회를 늘려야 합니다

학생 스스로 선택하기는 자기결정력 증진에 있어서 간단하지만 가장 중요한 교육 내용이고 방법이라고 할 수 있습니다. 부모님과 선생님은 학생이 직접 자신의 일과나 간식 등 기타 아동의 삶에 작게라도 영향을 미치는 사항을 최대한 직접 선택하고 결정할 수 있도록 하여야 합니다. 특히 어른과 함께 무언가를 하는 과정에서 아동이 조금 더디다고 해서 그것을 혼내거나 어른이 직접 해치워 버리면 올바른 교육이라고 할 수 없습니다. 최대한 학생이 직접 할 수 있게끔 기다리고, 충분히 기다려도 적절하게 수행하지 못할 때 조금씩 더 돕는 방식으로 최대한 독립적인 수행을 유도하는 습관이 필요합니다.

• 성공할 수 있는 기회를 다양하게 제공해야 합니다

학생의 자존감을 높여줄 수 있는 핵심은 성공에 대한 충분한 경험이라고 할 수 있습니다. 자기 노력으로 어떠한 과제를 해결하는 등의 성공 경험이 많은 학생은 자기효능감이 향상되는 모습을 보입니다. 따라서

발달장애 학생을 가르치는 부모님이나 선생님은 과제의 난이도나 수준을 조절하고 적절한 수준의 도움(촉구)을 제공함으로써 아동이 성공하는 기회를 많이 가질 수 있도록 해야 합니다. 다만, 주의할 점은 과제를 너무 쉽게 하여 아동이 도전 의식 자체를 가지지 못하도록 하는 방식은 효과가 없거나 적을 수 있습니다.

• 학생의 장점노트를 만들어 활용할 수 있습니다

학생이 자기 장점을 스스로 쓰는 방식의 장점노트도 의미는 있습니다. 하지만 특히 아동기와 학령기에는 타인이 나를 어떻게 보는가에 많은 영향을 받을 수 있습니다. 따라서 가장 애착도가 높은 선생님이나 부모님이 학생의 장점을 담은 노트를 만들고 틈틈이 학생의 장점을 기록하면서 학생이 이를 종종 확인할 수 있게 하는 방법도 발달장애 학생의 자존감을 높이는 데 유용한 방법이라고 할 수 있습니다.

사 진	○○이의 장점
학생 사진	1. 자기 일을 스스로 하려고 노력합니다. 2. 항상 웃는 모습으로 친구들에게 말합니다. 3. 음식을 골고루 잘 먹습니다. 4. 친구들을 도와주려고 노력합니다.

| 그림 3-8 | 장점노트의 예시

• 비디오 자기 모델링 기법 중 긍정적 자기 고찰 기법을 활용합니다

비디오 자기 모델링은 쉽게 말해서 자기 자신이 어떠한 행동의 모델링이 된다는 것입니다. 이 중 긍정적 자기 고찰은 자신이 할 수는 있지만 정확도나 완성도 혹은 유창성이 다소 부족한 기술을 좀 더 잘하기 위해서 자신이 올바르게 수행한 모습만 모아놓은 동영상을 꾸준히 시청함으로써, 자기를 긍정적으로 고찰하도록 하는 방법입니다. 이 전략은

단순히 어떠한 기술이나 과제를 가르치는 수단에서 확장하여 자기효능감을 높이고 가기결정력을 증진하는 방법으로도 활용할 수 있습니다. 몇몇 국내외 연구는 비디오 모델링 중재가 특정 목표행동의 숙달을 이끎과 동시에 자기효능감을 증진할 수 있었음을 밝히고 있습니다. 축구선수 이동국은 슬럼프가 와서 슈팅 자세가 무너지고 골을 잘 넣지 못할 때, 이전에 자신이 골을 넣었던 동영상을 계속 보면서, 골 감각도 찾고, 스스로 잘할 수 있다는 효능감도 높일 수 있었다고 인터뷰하기도 했습니다. 비디오 자기 모델링에 대한 설명은 교육 방법 장에 설명되어 있으니 참고 바랍니다.

5. 일상생활 기술

일상생활 기술은 발달장애 학생의 독립적인 삶을 위해서 반드시 체계적이고 반복적으로 가르쳐야 합니다. 발달장애 학생이 배워야 할 일상생활 기술의 예는 다음과 같습니다. 아래에서 제시된 것 말고도 학생이 살고 있는 지역사회의 환경, 그리고 생활 특성, 독립적 생활 능력 수준 등에 따라서 다양한 유형의 일상생활 기술이 있습니다.

① **기초생활 기술 :** 배변 훈련을 포함한 화장실 이용 관련 기술, 기본적인 대근육(예 걷기)과 소근육 운동 기술(예 잡기, 그리기 등), 음식 섭취 관련 기술, 의복 입고 벗기, 손 씻기, 세수 · 샤워하기, 로션 바르기, 면도하기, 손 · 발톱 정리하기, 생리대 교체하기, 양치하기, 간단한 전기 기구 이용하기, 엘리베이터 이용하기, 자 이용하기, 간단한 공구 사용하기, 가벼운 상처 치료하기 등

② 음식 준비 기술 : 유형에 맞게 음식 보관하기, 각종 영양소 구별하기, 간단한 음식 만들기, 각종 조리 기구 사용하기, 스마트폰으로 검색하여 요리법 알기, 상 차리기, 설거지 기술 등

③ 청소 기술과 세탁 및 옷 정리 기술, 의복 관리 기술 등

④ 정보통신기기 활용 기술 : 스마트폰을 이용하여 전화하기, 사진 및 동영상 촬영하기, SNS 애플리케이션 이용하기, 와이파이 사용하기, 생활에 필요한 다양한 애플리케이션 이용하기, 인터넷 검색하기, 피싱, 파밍 등 관련 범죄 대응 방법 준수하기 등

⑤ 안전 및 건강관리 기술 : 안전하게 이동하기, 간단한 구급법 숙지하기, 적절한 지역사회 병의원 찾기, 병원 진료받기 등

⑥ 구매 기술 : 물건 선택하기, 구매 계획표 세우기, 가격에 맞는 금액 지불하기, 카드 사용하기, 키오스크 이용하기, 온라인에서 물건 구매하기, 심부름하기 등

⑦ 금융 관련 기술 : 용돈기입장(가계부) 쓰기, 통장 개설하기, ATM 이용, 스마트 뱅킹 이용, 보험약관 확인하기 등

⑧ 지역사회 이동 기술 : 교통 법규를 지켜 도보 이동하기, 자전거 이용하기, 스마트폰 애플리케이션 검색(네이버 지도 앱과 같은)을 이용한 위치 및 노선 확인, 대중교통 이용, 교통카드 이용, 적절한 요금 지불, 대중교통 표 예매하기 등

⑨ 학생의 선택에 따른 각종 여가선용 관련 기술 : 사진 찍기, 음악 감상, 노래방 이용하기, 다양한 지역사회 시설 이용하기, 정기적인 신체 활동 참여하기, 산책하기, 여행 준비 및 여행 가기 등

⑩ 기능적 기본 지식(인지) : 먹을 수 있는 것과 없는 것 구별하기, 자기 이름 알기, 길이 비교하기, 몇 가지 색 구별하기, 왼손과 오른손

구별하기, 요일 순서 알기, 달력 읽기, 집 주소와 전화번호 알기, 각종 긴급 전화번호 알기, 간단한 교통 규칙 알기, 날씨 정보 보고 복장이나 준비물 구별하기, 필수 영양소 알기, 올바른 자위행위 방법 알기, 피임하는 방법 알기, 세금의 개념과 내가 내야 하는 세금 종류 알기 등

일상생활 기술은 일반적으로 실제적 적응행동과 많은 연관이 있는데, 국립특수교육원 홈페이지에서는 해당 기관에서 개발한 적응행동검사를 무료로 온라인상에서 제공하고 있어, 이 검사를 바탕으로 부족한 기술들을 지도해 나갈 수도 있습니다. 저자(2021)의 책인 『발달장애 청소년 자립생활 체계적으로 지원하기 개정판』에도 기능적 학업 기술, 기본생활 기술, 가정생활 기술, 지역사회 적응 기술, 안전 및 건강관리 기술, 정보통신기기 활용 기술, 사회성 기술, 진로 및 직업생활 관련 기술 등으로 발달장애 학생의 미래 자립생활에 필요한 다양한 기술을 영역별로 체크리스트로 만들어 제시하였습니다. 필요하신 분께서는 꼭 참고 바랍니다. 일상생활 기술의 종류와 범위는 너무도 다양하고 넓어서 사실 모든 기술을 학생에게 직접적으로 가르치기란 여간 어려운 일이 아닙니다. 따라서 어릴 때부터 지금 그리고 다가오는 미래에 학생에게 꼭 필요한 영역의 기술을 중심으로 선정하여 하나씩 차근차근 가르치는 노력이 필요합니다. 또한 학생의 인지적·신체적 능력 수준을 고려하여 너무 어렵지 않은 목표를 선정할 수 있도록 체크리스트 등을 이용하는 방법도 고려할 필요가 있습니다.

〈표 3-12〉 일상생활 기술의 다양한 예

영 역	내용 예시
음식 섭취	▸ 빨대를 이용해 음료수를 마실 수 있다. ▸ 두 손으로 그릇을 잡을 수 있다. ▸ 손가락을 한 손으로 바르게 쥘 수 있다. ▸ 캔 음료수를 흘리지 않고 찍어 먹을 수 있다. ▸ 포크를 한 손으로 바르게 잡고 음식물을 찍어 먹을 수 있다. ▸ 밥 종류를 흘리지 않고 떠먹을 수 있다. ▸ 컵에 물을 부어 마실 수 있다. ▸ 국 종류를 흘리지 않고 떠먹을 수 있다. ▸ 젓가락을 쥐고 음식물을 집어 먹을 수 있다. ▸ 젓가락질을 제대로 수행할 수 있다.
옷 입기	▸ 지퍼의 중간 부분을 올리고 내린다. ▸ 단추를 풀 수 있다. ▸ 속옷과 겉옷을 구분하여 속옷을 먼저 입을 수 있다. ▸ 신발의 좌우를 구별하여 신을 수 있다. ▸ 단추를 끼울 수 있다. ▸ 상의의 앞과 뒤를 구분하여 입을 수 있다. ▸ 지퍼 달린 상의와 하의를 입고 벗을 수 있다. ▸ 단추 달린 상의와 하의를 입고 벗을 수 있다. ▸ 후크가 달린 바지를 입고 벗을 수 있다. ▸ 양말의 색, 모양, 크기에 따라 구분하여 짝지어 신을 수 있다. ▸ 벨트가 달린 바지를 입고 벗을 수 있다. ▸ 옷을 잘 개거나 옷걸이에 걸어 정리할 수 있다. ▸ 날씨에 맞는 옷을 입을 수 있다.
식사 준비	▸ 그릇을 깨끗이 닦을 수 있다. ▸ 간식을 챙겨 먹을 수 있다. ▸ 간단하게 식탁을 차릴 수 있다. ▸ 가스레인지, 전자레인지, 오븐, 에어프라이어 등을 제대로 조작할 수 있다. ▸ 라면을 끓여 먹을 수 있다. ▸ 다양한 간편 조리식품을 조리해서 먹을 수 있다. ▸ 커피나 차를 끓여 먹을 수 있다. ▸ 밥을 해 먹을 수 있다. ▸ 간단한 국을 몇 가지 이상 해 먹을 수 있다. ▸ 간단한 반찬을 만들어 먹을 수 있다. ▸ 몇 가지 일품요리를 만들어서 먹을 수 있다.

집 안 정리	▶ 이리저리 흩어진 물건을 정리할 수 있다. ▶ 세탁기와 건조기 등을 이용하여 빨래할 수 있다. ▶ 자기 의류와 침구류를 개어 정리할 수 있다. ▶ 텔레비전, 오디오 등의 전자제품을 제대로 조작할 수 있다. ▶ 빗자루와 쓰레받기 등을 이용하여 실내를 간단하게 청소할 수 있다. ▶ 진공청소기와 스팀청소기 등의 전자기기를 이용하여, 집 안을 청소할 수 있다. ▶ 분리수거를 적절하게 수행할 수 있다. ▶ 파리, 모기약을 적절하게 사용할 수 있다. ▶ 잔디나 화초에 정기적으로 적정량의 물을 줄 수 있다. ▶ 냉, 난방기(보일러 포함)의 온도를 적절하게 조작할 수 있다. ▶ 냉, 난방기를 주기적으로 청결하게 청소할 수 있다.
교통 수단 이용	▶ 교통수단의 종류를 구분할 수 있다. ▶ 항상 이용하는 교통수단의 교통비를 혼자서 지불할 수 있다(교통카드 이용도 가능함). ▶ 항상 이용하는 교통수단에서 승하차를 스스로 할 수 있다. ▶ 항상 이용하는 교통수단의 승차장을 혼자서 찾아갈 수 있다. ▶ 혼자서 택시를 이용하고, 적절한 요금을 지불할 수 있다. ▶ 교통수단을 이용하여 스스로 익숙한 목적지(예 학교, 집 등)로 이동할 수 있다. ▶ 스마트폰 등으로 교통수단의 노선을 검색하여 새로운 목적지로 이동하는 방법을 파악하고, 실제로 이동할 수 있다.
병원 진료 받기	▶ 몸이 아프면 아픈 곳을 지적하거나 다양한 의사소통 수단으로 표현할 수 있다. ▶ 의사의 진찰에 제대로 응할 수 있다. ▶ 의사의 처치를 위한 지시에 잘 따를 수 있다. ▶ 몸이 아픈 증상을 자세하게 설명할 수 있다. ▶ 약을 정해진 시간에 맞춰 복용할 수 있다. ▶ 설명서를 보고 약품을 용도 및 용법에 맞게 이용할 수 있다. ▶ 약품을 제대로 관리할 수 있다. ▶ 혼자 간단한 응급처치(예 연고 바르기, 밴드 붙이기, 파스 붙이기 등)를 수행할 수 있다. ▶ 병의 증상에 따라 병원을 선택하여 이용할 수 있다.
금전 관리	▶ 돈을 잃어버리지 않고 보관할 수 있다. ▶ 상품 가격을 정확하게 계산할 수 있다. ▶ 용돈을 제대로 관리할 수 있다. ▶ 돈을 계획적으로 지출한다. ▶ 목돈을 마련하기 위해서 저축을 할 수 있다. ▶ 통장을 개설하여 돈을 관리할 수 있다.

	▸ 통장의 입출금 금액을 제대로 관리할 수 있다. ▸ 스마트 뱅킹을 통해서 입출금을 확인하고, 계좌이체를 할 수 있다. ▸ 스마트 뱅킹을 이용하여 각종 세금 등을 낼 수 있다. ▸ 이율 등을 계산하여 적절한 저축 방법을 선택할 수 있다.
정보 통신 기기 활용	▸ 전화나 휴대전화를 받고 묻는 말에 올바르게 답할 수 있다. ▸ 자기 집 전화번호와 주소를 알 수 있다. ▸ 전화나 휴대전화를 이용하여 상대방에게 전화를 걸어 필요한 대화를 나눌 수 있다. ▸ 비상시에 긴급전화를 이용할 수 있다. ▸ 전화번호 검색 기능을 통해서 필요한 전화번호를 찾을 수 있다. ▸ 인터넷 검색을 통해서 필요한 업체(예 음식점 등)의 전화번호를 찾을 수 있다. ▸ 휴대전화의 문자 메시지와 카카오톡 등의 SNS를 활용할 수 있다. ▸ 스마트폰에 상대방의 전화번호를 저장할 수 있다. ▸ 컴퓨터나 스마트폰을 이용하여 상대방과 메일을 주고받을 수 있다. ▸ 필요한 정보를 포털이나 chat GPT 등에 검색하여 수집할 수 있다.
기초 작업 기술	▸ 작업을 하기 위해, 필요한 도구나 작업재료를 요구할 수 있다. ▸ 지시된 작업 내용을 이해하고, 수행할 수 있다. ▸ 작업장에서 요구되는 규칙을 지킬 수 있다. ▸ 작업이 잘되지 않았다고 지적할 때는, 개선하려고 노력할 수 있다. ▸ 작업의 오류를 지적받으면, 바로 수정할 수 있다. ▸ 정해진 시간 내에 작업을 끝내도록 요청받으면, 그대로 따르려고 노력한다. ▸ 혼자서 못이나 나사못을 박거나 뺀다. ▸ 드라이버, 렌치, 스패너 등의 기본적인 공구를 이용할 수 있다. ▸ 전동 드라이버를 이용할 수 있다. ▸ 작업의 수행 결과를 점검하고, 잘못된 점이 있으면 본인 스스로 수정할 수 있다. ▸ 작업을 수행하는 과정에서 부족한 부분이 있으면 상급자에게 보고할 수 있다.
안전 및 건강 관리 기술	▸ 먹을 수 있는 것과 없는 것을 구별할 수 있다. ▸ 음식을 먹기 전에 뜨거운지 맛을 볼 수 있다. ▸ 몸을 다쳤을 때, 즉시 부모님 또는 선생님에게 갈 수 있다. ▸ 전기나 전열기구를 함부로 만지지 않을 수 있다. ▸ 배가 너무 부르지 않게 양을 조절해서 먹을 수 있다. ▸ 음식을 골고루 먹을 수 있다. ▸ 강가나 공사장 같은 위험한 곳에서는 놀지 않을 수 있다. ▸ 건널목을 건널 때는 반드시 횡단보도로 건너며, 신호가 바뀌었는지 확인하고 1~2초 정도 좌우를 살핀 후에 건널 수 있다.

- 기온과 날씨에 따라 옷을 골라 입을 수 있다.
- 자주 샤워를 하고 옷을 갈아입을 수 있다.
- 도난 방지를 위해서 문단속을 철저하게 할 수 있다.
- 신변이 위험에 처할 때 다른 사람이나 긴급전화를 이용하여 구조를 요청할 수 있다.
- 위험성이 있는 물건을 조심해서 다룬다.
- 혼자 손톱과 발톱을 깎을 수 있다.
- 유효기간을 파악하여 물건을 구매할 수 있다.

일상생활 기술은 앞서 제시한 체계적 교수, 지역사회 중심 교수, 과제분석, 테크놀로지 기반의 교수(비디오 모델링 등) 등을 통해서 효과적으로 지도가 가능합니다. 특히 처음 기술을 지도할 때는 해당 기술을 과제분석하여, 하위단계별로 체계적 교수를 통해서 명시적인 지도를 제공하다가 어느 정도 익숙해지면, 비디오 모델링, 그림 촉진, 청각적 촉진 등의 자기촉진 전략을 활용하여 일상생활에서 능숙하게 일반화할 수 있도록 지도하는 방법이 효과적인 것으로 알려져 있습니다.

다만, 일상생활 기술을 지도할 때 추가로 고려해야 할 점 몇 가지를 살펴보면, 먼저 부분적인 참여에 대한 이해가 필요하다는 점입니다. 학생이 모든 행동을 독립적으로 수행하기에는 무리가 있다고 하더라도 해당 일상생활 기술이 학생에게 꼭 필요한 기술이라면 일부 또는 전체 하위목표 행동에서 촉진을 제공하여야 한다고 하더라도 이 기술을 체계적으로 지도할 필요가 있습니다. 더불어 실제 일반화 장면에서 때에 따라서는 여러 가지 자기촉진체계를 반영구적으로 사용하도록 하여(예 그림으로 행동의 수행 순서를 제시하여 학생이 계속 볼 수 있도록 함, 스마트폰에 수행 과정에 대한 동영상을 저장하여 필요할 때마다 학생 스스로 확인하도록 함 등), 최대한 독립적인 수행이 가능하도록 유도할 수도 있습니다.

다음으로 하루 일과 중에 상황에 따라 여러 가지 기술을 지도하는 것도 가능하다는 점입니다. 예를 들어, 아침에 일어나서는 침구류 정리 기술을 지도하고, 등교 시에는 지역사회 이동 기술을 지도하며, 하교 이후에는 상황에 따라 물건구매 기술을 지도하는 등 일과에 따라 자연스럽게 여러 가지 기술을 지도할 수 있습니다. 다만, 학생의 능력 수준에 맞게끔 하루에 가르치는 기술의 양을 조절해야 합니다. 더불어 일상생활 기술이 교실에서보다는 실제 생활 장면에서 가르치는 것이 더 효과적인 만큼 선생님 이외에도 부모님의 장기적이고 꾸준한 노력이 절대적으로 필요합니다. 물론 부모님 이외에도 활동보조사 등 지역사회의 다양한 자원을 활용할 수 있어야 합니다. 그렇지만 부모님께서도 이 일상생활 기술만큼은 자녀를 체계적으로 가르칠 수 있는 전문가가 되면 좋지 않을까 생각합니다.

한편 특수교육 현장에서는 이러한 일상생활 기술을 효과적으로 지도하기 위해서 여러 기본교육과정 내 교과를 통합하는 주제중심 수업을 해볼 수도 있습니다. 예를 들어, 물건구매 기술을 지도하기 위해서 국어(물건의 이름 말하기, 읽기, 쓰기 등), 수학(세 자릿수 이상의 덧셈 수행하기, 계산기 이용하여 계산하기 등), 사회(지역사회 시설 이용하기 등), 정보통신 활용(인터넷 검색을 통해서 물건 가격 알아보기 등) 등 다양한 교과의 성취기준이나 목표가 포함될 수 있도록 할 수 있습니다. 현재 2022 개정 특수교육 교육과정에는 '일상생활활동'이라는 다양한 일상생활 기술을 가르치기 위한 편제가 포함되어 있습니다만, 그 시간이 엄청 넉넉하지는 않습니다. 아무래도 개별 교과를 다루는 교육 시간이 더 많을 수밖에 없기 때문입니다. 따라서 '일상생활활동' 시간 이외에도 교육과정 내 여러 교과목의 관련 단원이나 성취기준을 통합하여 학생에게 필요한 일상생활 기술을 가르치는 주제중심 수업 프로그램을 고안하고 실행하는 노력은 그 의미가 크다고 생각합니다.

저자는 화폐 구별하기, 구매 기술, 은행 업무 등을 포함하는 경제교육 프로그램을 스마트기기를 활용하는 스마트러닝을 기반으로 개발해 본 경험이 있습니다. 프로그램의 이름은 '영리한 경제인으로 키우기 위한 스마트한 금융교육'이었는데요. 발달장애 고등학생을 대상으로 한 저자의 프로그램은 금융감독원에서 주최하는 공모전에서 우수상을 받기도 했습니다. 지금부터는 이 프로그램의 내용을 간단하게 살펴보겠습니다.

〈표 3-13〉 경제교육 프로그램(예시)

주	주 제	활 동	
		스스로 학습 모둠(상)	도움 학습 모둠(하)
1	- 우리는 할 수 있어요. (현행 수준 파악)	• 화폐 계산이 가능한 정도 파악하기 • 은행의 개념 및 하는 일에 대한 인식 정도 파악하기	• 인식하고 있는 화폐의 종류 파악하기 • 은행의 개념 인식 정도 파악하기
2	- 돈은 무엇일까? - 어떻게 계산해요?	• 화폐 계산하기 • 현금 이외의 지불 방법 파악하기	• 지폐와 동전 확인하기 • 화폐의 종류 알기
3	- 물건을 사볼까요?	• 인터넷 쇼핑몰(마트 쇼핑몰, 소셜커머스 등) 이용하기 • 현금 및 카드로 지불하기	• 시장 놀이하기 • 도움을 받아 인터넷 쇼핑몰 이용하기
4	- 나는야 사장님	• 음식을 만들어 팔아보기 • 암산하여 거스름돈 남겨주기	• 음식을 만들어 팔아보기 • '얼마에요' 앱(App) 활용하여 거스름돈 남겨주기

5	– 나에게 주어진 돈은 얼마일까?	• 용돈의 범위 안에서 구매 계획표 작성하기 • 스마트폰(간편한 용돈기입장 앱 활용)으로 용돈기입장 작성하기	• '문방구 사러가기' 플래시 게임을 통해 정해진 용돈 안에 구매하는 방법 배우기
6	– 와! 은행이다! (통장 만들기)	• 예금과 출금의 개념 알기 • 통장 만들기 • 체크카드 만드는 방법 및 활용 방법 알기	• 예금과 출금의 개념 알기 • 가상 통장 만들어 보기
7	– 은행은 어떤 곳일까? – 스마트뱅킹이 뭐야? Ⅰ	• 스마트뱅킹(은행사 앱) 시스템 구축하기 • 스마트뱅킹으로 계좌 조회해 보기(예금 잔액 및 이동내용 확인 서비스 이용)	• 은행놀이하기 • 가상으로 예금과 출금해 보기
8	– 스마트뱅킹이 뭐야? Ⅱ	• 스마트뱅킹으로 계좌이체 하는 방법 익히기	• 스마트뱅킹 이용해 보기
9	– 우리 손으로 만든 가구를 팔아요. Ⅰ	• 지출을 고려하여 가구 판매 금액 결정하기 • SNS에 실습을 통해 만든 가구 판매 홍보 자료 업로드하기	• 목공예로 가구 만들기 • 가구 홍보 사진 찍기 • SNS 활용방법 익히기
10	– 우리 손으로 만든 가구를 팔아요. Ⅱ	• 구매요청 글을 보고, 제품 택배로 우송하기 • 판매 금액 확인하기 • 간단한 회계장부 만들기	• 제품 포장하기 • 판매 금액 확인하기

〈표 3-14〉 활동내용 예시(9~10주차)

구 분	내 용
활동내용	– 직업 시간에 목공예를 통해서 만든 가구용품을 인터넷을 활용하여 팔아 보는 활동을 실시함[당초 인터넷 쇼핑 홈페이지를 이용하려 했으나 학생들이 어려워하여 부득이 SNS(블로그)를 활용함] – 총 두 가지 물건을 홍보하였고, 두 가지 물건을 모두 판매하여 판매 금액을 활용하여 금융교육을 실시함
교육 방법	▸ 체계적 교수 ▸ 과제분석
교육 자료	▸ 스마트 디바이스(Smart Device), 애플리케이션
활용 앱(App)	 은행사 앱  용돈기입장  얼마에요  SNS앱
주요 활동사진	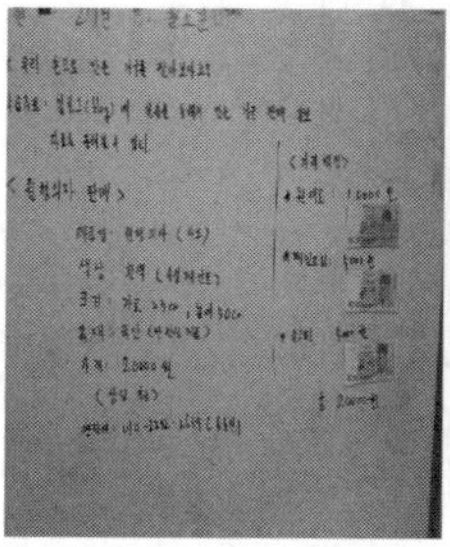 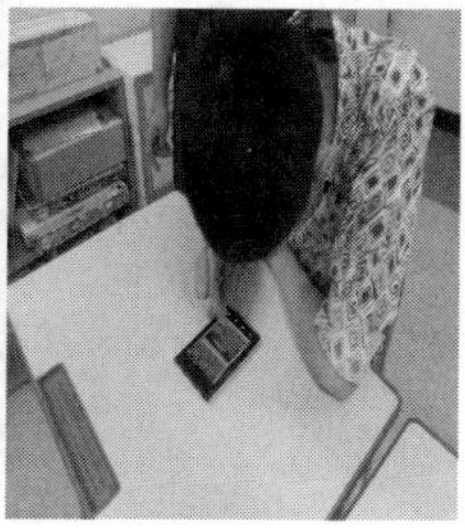 

참고로 '금융감독원 e-금융교육센터' 홈페이지는 주로 일반 학생들을 중심으로 제작되어 모든 자료를 그대로 이용하기는 힘들겠지만, 발달장애 학생에게도 적절하게 수정해서 적용할 수 있을 만한 다양한 금융교육 프로그램과 교육 자료를 풍부하게 탑재하고 있습니다. 포털에서 검색하면 쉽게 접속이 가능하여 링크 주소는 생략합니다.

더불어 국립특수교육원의 국가장애인평생교육진흥센터에서 운영하는 '평생배움세상' 사이트에는 발달장애 청소년과 성인의 자립생활 교육 활동을 지원하기 위한 온라인 교육 콘텐츠, 학습 교재 등을 개발하여, 누구나 이용할 수 있도록 탑재해 두고 있습니다. 국립특수교육원 홈페이지 → 평생배움세상 → 발간자료로 들어가서 교육 자료와 온라인 콘텐츠 자료, 클립형 교육 영상을 확인 바랍니다. 해당 자료에 대한 간단한 안내와 함께 바로 링크 주소를 클릭해서 이동할 수 있도록 만들어 둔 제 블로그 글의 주소도 안내하니 참고 바랍니다. 그리고 국립특수교육원에서 개발한 발달장애 성인의 가정생활, 지역사회 생활, 미래 설계를 위한 양육자 가이드북을 볼 수 있는 주소도 함께 안내합니다.

※ blog.naver.com/bjs718/221866048582 : 자립생활 교육을 위한 국립특수교육원의 온라인 교육 콘텐츠 안내

※ blog.naver.com/bjs718/221865103647 : 자립생활 교육을 위한 국립특수교육원의 무료 학습 교재 안내

※ www.nise.go.kr/upload/ebook/list.html : 국립특수교육원 개발 발달장애 성인의 가정생활, 지역사회 생활, 미래 설계 가이드북

6. 진로 및 직업교육

발달장애 학생의 진로 및 직업교육은 일상생활 기술에 대한 교육과 묶어서 전환교육이라고 부르기도 하며, 비교적 조기에 시작하는 것이 효과적이라고 알려져 있습니다. 초등학교 5학년부터 시작되는 실과 교과를 시작으로 하여, 기본적인 직업능력을 쌓을 수 있도록 함과 동시에,

학생의 소질과 희망에 적합한 진로를 찾아가는 과정까지 함께 이루어져야 할 필요성이 있습니다. 그리고 고등학교와 전공과 과정에 이르러서는 선택된 진로에 해당하는 충분한 직업교육이 제공되어야 합니다. 이와 더불어 실제 취업 현장에 취직이 될 수 있도록 하는 취업 준비에 대한 교육도 체계적으로 이루어져야 합니다.

1) 진로 선택

발달장애 학생들이 자신의 진로를 선택하기 위해서는 지속적인 자기결정력의 신장과정이 포함되어야 합니다. 그리고 비장애 학생들과 마찬가지로 다양한 진로를 직간접적으로 경험할 수 있도록 하는 것도 매우 중요합니다. 한국장애인고용공단 '장애인직업능력평가포털'의 직업심리검사 코너에서는 발달장애 학생을 대상으로 하는 그림을 활용한 '그림직업흥미검사'와 함께 다양한 온라인 직업심리검사를 무료로 실시할 수 있도록 하고 있어서, 더욱 체계적인 진로 지도에 있어서 그 활용도가 높습니다(hub.kead.or.kr/ve/main.do). 또한 국립특수교육원에서도 발달장애 학생의 진로교육을 지원하기 위해서 그림을 활용한 직업흥미검사(NISE-VISIT)를 개발하여, 무료로 온라인 검사가 가능하도록 지원하고 있으니 참고 바랍니다(nise.go.kr/examine/info.do?m=090101&s=nise).

〈표 3-15〉 한국장애인고용공단 장애인직업능력평가포털에서 제공하는 직업심리검사

검사명	개 요	대 상	소요시간	검사형태
장애인 구직 준비도 검사	구직자의 구직 욕구를 객관적으로 파악하기 위한 검사	만 15세 이상 모든 유형	20분	32문항 5점 척도
자기개념 검사	자신에 대한 느낌, 판단 그리고 장애에 대한 영향 정도와 극복 의지를 파악하기 위한 검사	만 18세 이상 지체, 뇌병변장애인	30분	74문항 4지선다
직업기능탐색 검사	고용서비스 초기단계에서 적합한 서비스 영역(일반고용, 보호고용, 복지서비스 대상)을 탐색하기 위한 검사	모든 연령, 모든 유형	20분	25문항 5지선다
지적장애인용 그림직업흥미 검사(개정판)	언어적 검사에 제한이 있는 지적장애인의 직업흥미를 파악하기 위한 검사	만 15세 이상 지적장애인	20분	63문항 2지선다
취업준비 체크리스트	장애인이 취업준비가 되어 있는지 파악하기 위한 검사	모든 연령, 모든 유형	30분	44문항
직업기능 스크리닝 검사	적합 고용서비스 탐색을 위해 근로능력을 파악하고자 실시하는 검사	모든 연령, 모든 유형	15분	20문항
장애청소년 진로성숙도 검사	장애학생의 진로탐색에 필요한 능력, 태도 그리고 행동을 평가하는 검사	고교 2학년 이상 지적 및 자폐성장애 학생	20분	(타인) 60문항, (자기) 72문항
KEAD 청소년 직업적성검사	직업생활에서 필요한 능력을 어느 정도 갖추고 있는지를 파악하기 위한 직업적성 검사	청각장애 청소년	30분	43문항
장애인용 중장년 직업역량 검사	직무 전환이나 이직, 전직 등의 변화를 준비하는 중장년 장애인의 직업역량을 확인하는 검사	인지적 제한 없는 장애인으로 중장년 해당	30분	130문항

2) 직업교육

직업교육은 진로가 결정되기 이전부터 다양하게 제공되어야 합니다. 보통 중학교 시기에는 어떠한 진로를 선택하게 될지 확실하게 알 수 없으므로, 다양한 직무 유형에 일반화될 수 있는 작업기능과 사회적 능력의 향상을 중심으로 교육이 이루어집니다. 저자(2018)도 학생들이 흥미를 가지고 있는 과학상자 조립 활동을 통해서 발달장애 중학생의 작업수행 능력을 증진해 본 경험이 있습니다. 고등학교에 입학한 이후에는 학생과 부모님이 선택한 진로를 중심으로 체계적인 교육을 점차 그 양과 질을 늘려가면서 진행해야 합니다.

발달장애 학생들이 가장 많이 취업하는 유형은 제품을 조립 및 포장하는 제조업입니다. 하지만 최근에는 발달장애인의 여러 가지 강점을 반영하여, 요양보호사 보조원, 세차원, 사회복지사 보조원, 특수교육 지원인력, 청소원, 경비 보조원, 사서 보조원, 사무 보조원, 조리 보조원, 바리스타 등의 서비스직에 취직하게 되는 사례도 많아지고 있습니다. 특히 늘어나는 노령인구와 신체적 지원이 많이 요구되는 요양보호 직무의 특성으로 인하여, 요양보호사 보조원과 같은 인간 서비스 분야에 대한 발달장애인 직무 개발 가능성이 커지고 있습니다. 공기업을 포함하는 기업과 공공기관에서도 법적으로 명시된 장애인 의무 고용률을 준수하기 위해서라도 특수행정실무사 등과 같이 발달장애인을 대상으로 하는 고용기회를 점차 늘려나가고 있습니다. 또한 농업과 임업 분야에서도 스마트팜 등의 발전으로 발달장애인에게 적합한 직무가 생기고 있습니다. 한국장애인고용공단 홈페이지에서 장애인 지원 → 장애인 직업영역개발 → 알기 쉬운 자료 개발 사업 → 알기 쉬운 자료에서 〈알기 쉬운 직업정보서〉 전자책을 찾아보면, 발달장애인을 위한 직업 영역으로 원예교육보조교사, 새싹재배사, 무인자판기관리원, 온라인패커(온라인으로 주문한 상품을 포장하는 직무), 클린마스터(청소 및 소독 관련 직무), 간병보조원(요양보호사나 간병사를 도와 간병을 지원하는 직무), 자전거정비사, 휠마스터(대형병원이나 요양병원에서 휠체어를 정비하는 직무), 데이터매니저(인공지능의 학습 및 운영을 위해서 각종 데이터를 입력하는 직무) 등을 포함한 총 24가지 신규 직무 유형을 제시하고 있으며, 이 직업이 하는 일을 발달장애인도 좀 더 쉽게 이해할 수 있도록 알기 쉬운 자료로 제작하여 탑재하였습니다. 이 자료 이외에도 한국장애인고용공단의 '알기 쉬운 자료' 코너에는 직업정보 안내서, 직장예절 안내서, 안전교육 자료, 취업 준비서, 노동 상식, 마음건강 지키기 등 다양한 전자책을 발달장애인도 최대한 알기 쉽도록 쉬운 글과 그림으로 제작하여 무료로 보급하고 있으니, 꼭 참고 바랍니다(kead.or.kr/bbs/developdata/bbsPage.do?menuId=MENU0637).

한편 발달장애인에게 효과적으로 직업교육이 이루어지기 위해서는 가능한 실제 직무 현장에서 체계적으로 직업교육이 이루어질 필요가 있습니다. 하지만 이러한 지역사회 중심의 직업교육이 늘 가능한 것은 아니므로 현장 실습이 어렵다면 먼저 가정과 학교에서 직업교육을 충분히 제공하고 난 뒤에 실제 직업 현장에서 실습하도록 할 수 있습니다. 또한 일단 직업 현장에 배치된 이후에도 지속적인 점검과 추수 지도가 필요할 수 있으며, 자기촉진 전략과 자기관리 전략(교육 방법 파트에서 설명함)을 학생들이 숙지할 수 있도록 하여, 최대한 자기 주도적으로 직업생활을 영위할 수 있도록 하는 것도 필요합니다. 예를 들어, 출퇴근 시간이나 쉬는 시간을 준수하는지를 자기점검표를 만들어서 스스로 점검하게 하고, 이를 준수했을 때 적절한 보상을 자기에게 제공하도록 교육할 수 있습니다. 또 직무 절차를 외우는 데 종종 어려움이 있다면, 그림촉진 자료나 동영상 자료를 활용하는 자기촉진으로 직무 절차를 다시 숙지하도록 교육할 수도 있습니다. 이러한 자기 주도적인 수행 전략을 가르치는 것은 결국 그 학생의 자기결정력을 높이는 데도 유의미한 성과를 거둘 수 있습니다.

〈표 3-16〉 진로 및 직업교육 관련 기술의 목록 예

영 역	내용 예시
기초 작업 기술	1. 제시된 기준(형태, 크기, 두께, 무게 등)에 따라 사물을 분류할 수 있다. 2. 3단계 이하의 공정으로 이루어진 조립 또는 포장 작업을 수행할 수 있다. 3. 용도에 맞게 작업 도구와 기기를 분류할 수 있다. 4. 각종 안전 표시를 구별하여, 여러 작업 도구를 안전하게 사용할 수 있다. 5. 여러 사무용품을 용도에 맞게 사용할 수 있다. 6. 다소 무거운 물건을 운반할 때 신체에 무리를 최소화하는 올바른 자세를 취할 수 있다. 7. 정해진 기준에 따라 물품을 분류하여 진열할 수 있다. 8. 5단계 이하의 공정으로 이루어진 조립 또는 포장 작업을 수행할 수 있다. 9. 6단계 이상의 공정으로 이루어진 조립 및 포장 작업을 수행할 수 있다. 10. 작업재료와 도구를 제자리에 정리할 수 있다. 11. 작업 공간을 깨끗하게 청소할 수 있다. 12. 업무에 맞는 복장을 착용하고 청결을 유지할 수 있다. 13. 바른 작업 자세로 안전하게 작업을 수행할 수 있다. 14. 적어도 1시간 이상 바른 자세로 작업수행을 유지할 수 있다. 15. 라인 작업 시 일정한 속도를 쉬는 시간 전까지 유지할 수 있다. 16. 불량품을 구별할 수 있다. 15. 작업하면서 모르는 부분이 있으면, 마음대로 하지 않고 직장 선배나 관리자에게 예의를 갖추어 물어볼 수 있다. 16. 주어진 과제를 정확하게 수행하며, 정확도, 속도 등 자기 수행 정도를 점검하여 필요하다면 다음에 보완할 수 있다. 17. 작업을 완료한 뒤 관리자에게 작업 내용을 간단하게 보고할 수 있다.

진로 및 직업 생활 준비 기술	1. 자신이 하고 싶은 일(진로, 직업 등)과 이유를 짧지만, 구체적으로 표현할 수 있다. 2. 다양한 직업적성검사나 상담에 적극적으로 참여하여, 그 결과를 바탕으로 자신이 희망하는 진로나 직업을 선택할 수 있다. 3. 지역사회에서 접할 수 있는 다양한 직업을 탐색하고 체험할 수 있다. 4. 이력서 및 자기소개서 등 필요한 서류를 도움을 받아 작성할 수 있다. 5. 면접에 적합한 용모를 갖추고 바른 태도로 면접에 임할 수 있다. 6. (필요하다면 대본을 참고하여) 자신이 회사에 입사해야 하는 이유, 하고 싶은 일, 각오 등을 면접에서 공손하고 논리 정연하게 밝힐 수 있다. 7. 시간과 비용에 맞는 대중교통 수단을 이용하여 스스로 출퇴근을 할 수 있다. 8. 직장 및 업무 특성에 맞는 복장을 갖추고 매일 용모를 관리할 수 있다. 9. 연가, 병가, 조퇴, 지각 등 복무에 관련된 개념을 숙지하고 적절하게 사용할 수 있다. 10. 직장에서 맡은 역할에 따라 직무를 수행하고, 그 성과를 체크리스트를 이용하여 스스로 점검할 수 있다. 11. 작업 중 응급상황 발생 시에는 작업을 바로 중지하고 관리자에게 긴급하게 보고할 수 있다. 12. 근로자의 의무와 관리를 구별할 수 있다. 13. 4대 보험의 종류를 구별하고, 자기 근로계약서에 4대 보험 중 빠진 것이 있는지 확인할 수 있다. 14. 직장에서 자신의 기본적인 권리나 인권이 침해당했다고 생각할 때는 적절한 도움을 요청할 수 있다. 15. 자신의 급여 내역을 확인하고 부모님이나 복지서비스 제공자 등의 도움을 받아 급여를 합리적이고 계획적으로 관리할 수 있다. 예를 들어, 생활비, 저축, 예비비 등을 적절하게 분배할 수 있다.

출처 : 변관석(2021)에서 수정.

발달장애인의 직업교육에 있어서 어떠한 직무기능을 지도하는 것도 당연히 중요하겠지만, 직업 현장에서 활용되는 기본적인 사회적 능력(인사, 동료와의 적절한 의사소통, 출퇴근 시간 준수하기, 병가 시에 상사에게 알리기 등)을 갖추도록 하는 교육도 매우 중요합니다. 흔히 직업교육을 실행할 때, 직무기능에만 초점을 두고 교육이 이루어지는 경향이 많은데, 실제로 발달장애인의 중도 퇴사 사유를 살펴보면, 직업 기능적인 문제로 인해서 퇴사가 이루어지기보다는 기본적인 사회적 행동의 미흡으로 인하여 퇴사가 이루어지는 경향이 더 많다고 보고되었습니다. 이 점을 볼 때 직업 현장에서 필요한 사회적 기술을 가르치는 교육이 얼마나 중요한지를 알 수 있습니다.

참고로 국립특수교육원에서는 직무 기술 수행 능력 이외에도 자립생활 기술, 사회적 능력을 포함한 다양한 전환 관련 능력과 기술을 종합적으로 평가하고 적절한 교육 프로그램을 고안하도록 돕는 〈전환역량향상체계 : NISE-TEEMH〉라는 체계를 개발하였습니다. 국립특수교육원 홈페이지에서 하단 배너를 통해 〈NISE-TEEMH〉에 들어갈 수 있습니다. 이 체계는 초등학교, 중학교, 고등학교 특수교육대상자에게 전환능력검사를 실행하고 교과연계 전환역량 향상 프로그램을 제공합니다. 이 체계의 특징을 살펴보면, 먼저 전환능력검사를 실행하고 채점 후 결과 보고서를 제공합니다. 그리고 이 결과를 바탕으로 하여 개별화된 전환교육계획을 수립하는 데 필요한 자료를 제공합니다. 또한 수립된 계획을 바탕으로 교육활동을 원활하게 운영하도록 학생용 워크북, 교사용 지도서, 사용자 매뉴얼 등의 자료를 제공하여 현장에서의 활용성을 높이고 있습니다.

여기서 전환능력검사는 기본교육과정 등에 기반하여 개발되었으며, 초등학교 5~6학년용, 중학교용, 고등학교용으로 구분되어 있습니다. 초등학교 5~6학년용은 자립(예 자조, 가정생활, 건강, 돈 관리, 지역사회 생활, 여가생활 등), 계속교육(예 기초교육, 상급학교 준비 교육 등), 직업(예 직업인식, 직업기능, 직업생활 등), 공통(예 의사소통, 대인관계, 자기결정 등)의 4개 영역과 14개 하위 영역, 85개 문항으로 구성되어 있습니다. 마찬가지로 중학교용도 같은 4개 영역의 14개 하위 영역, 총 98개 문항으로 구성되어 있습니다. 마지막으로 고등학생용은 4개 영역의 15개 하위 영역, 총 114개 문항으로 구성되어 있습니다. 이러한 전환능력에 대한 검사–계획–교육 프로그램의 체계인 〈전환역량향상체계 : NISE-TEEMH〉은 국립특수교육원 홈페이지 하단 배너를 클릭해서 들어가도 되고, 다음 주소를 입력하여 접속해도 됩니다(nise.go.kr/teemh/info/intro_3.do).

또한 국립특수교육원 홈페이지의 잡에이블 사이트에서는 각종 진로 · 직업교육 온라인 콘텐츠, 장애 학생의 진로 관련 최신 정보를 소개하는 진로레터, 정보방, 커뮤니티, 그리고 직업재활훈련(직업기초기능, 진로 및 직업생활 준비 기능 포함)과 자립생활훈련(자립기초기능, 일상생활기능, 지역사회생활기능 포함)을 포함하는 진로 · 직업교육의 성과를 꾸준히 온라인으로 점검할 수 있는 핵심성과지표를 담고 있는 〈장애학생 진로직업교육 성과지표 검사〉 등 진로 · 직업교육에 활용할 수 있는 다양한 자료가 있으니 많은 참고 바랍니다(nise.go.kr/main.do?s=jobable).

| 그림 3–9 | 국립특수교육원 잡에이블 화면

마지막으로 발달장애인의 직업교육에 있어서 효과적이라고 보고된 증거기반실제를 제시하면 〈표 3-17〉과 같습니다. 이 증거기반실제의 대부분은 교육 방법 장에 제시되어 있습니다. 교육 방법 장에 제시되어 있지 않은 몇몇 전략은 저자가 운영 중인 블로그 '석이 선생님의 특수교육 이야기(blog.naver.com/bjs718)'에서 검색해 보시거나, 저자(2017)의 논문을 참고 바랍니다.[1)]

〈표 3-17〉 직업교육에서의 효과적인 증거기반실제

1. 수행피드백(performance feedback) : 학생의 수행에 대한 교정적 피드백 제공
2. 전자기기 보조교수(device-assisted instruction) : 컴퓨터, 스마트폰, 태블릿 등을 활용하여 지도함.
3. 반응촉진(response prompting) : 목표로 하는 행동이 발생하는 시점에서 제공되는 촉진으로, 언어적 촉진, 몸짓촉진, 모델링 촉진, 신체적 촉진, 자기촉진 전략 등이 다양하게 포함됨.
4. 지역사회 중심 교수(community-based instruction) : 실제 직업 현장에서의 체계적 교수를 말함.
5. 과제분석(task analysis) 또는 행동연쇄(chaining) : 목표행동을 세분화하는 방법
6. 모델링(live modeling) : 중재자가 실제로 시범을 제공함.
7. 자기관리 전략(self-management strategies) : 자기 행동을 가르치고 관리함.
8. 최소-최대촉진(least to most prompting) : 교수학습 시기마다 최소에서 최대로 촉진(도움)을 점차로 늘려감. 최소촉진체계와 동의어임.
9. 최대-최소촉진(most to least prompting) : 최대에서 최소로 촉진을 점차 줄임.
10. 가상교수(simulation) : 실제 환경과 유사한 가상환경에서 중재가 실행됨.
11. 비디오 모델링(video modeling) : 녹화된 동영상을 모델링 자기촉진으로 사용
12 고정시간지연(constant time delay) : 고정된 시간만큼 촉진을 지연함.
13. 점진적 시간지연(progressive time delay) : 점차 지연되는 시간을 늘림.
14. 동시촉진(simultaneous prompting) : 과제 제시 동시에 통제 촉진을 제공함.
15. 무선송수신기를 이용한 오디오 코칭(covert audio coaching)
16. 기억술(mnemonics) : 레터 전략, 문장 만들기, 약성어법, 키워드기법 등
17. 동료 보조 전략(peer-assisted strategies) : 또래, 직장 동료에 의해서 지원 및 교수가 제공되며, 사전에 이들을 대상으로 연수를 제공해야 함.
18. 선택 및 결정하기 교수(choice making)
19. 유관 강화(reinforcement contingency) : 목표행동 수행 시에 따라 강화제 제공

---

1) 변관석(2017). 발달장애인 대상의 서비스업 관련 직업교육 중재연구에 대한 체계적 문헌고찰 : 국내연구를 중심으로. 장애와고용, 27(4), 25-57.

3) 취업 준비

발달장애 학생의 취업을 위해서는 ① 이력서 작성, ② 면접 등을 포함하는 취업 준비에 대한 교육을 포함해야 합니다. 이러한 취업 준비 교육은 통상적으로 취업을 앞둔 고등학교 학년이나 전공과에 중점적으로 이루어지게 되는데, 국어, 사회 등의 관련 교과와 주제 중심으로 통합하여 이력서 작성이나 면접 시 의사소통 방법을 지도한다면 나름대로 적절한 교육 시간을 확보할 수 있습니다.

앞서 안내한 한국장애인고용공단의 '알기 쉬운 자료'에서는 〈알기 쉬운 취업준비서〉라는 전자책을 무료로 볼 수 있습니다. 이 책자에는 기본적인 입사지원서 작성부터 면접 준비까지 다양한 내용을 담고 있으므로, 취업 준비 교육을 하는 선생님과 부모님에게 많은 도움이 되리라 생각합니다. 한국장애인고용공단 홈페이지(kead.or.kr)에서 상단 장애인 지원 코너 → 장애인 직업영역개발 → 알기 쉬운 자료 개발 사업 → 알기 쉬운 자료의 순서로 접속하면 쉽게 자료를 볼 수 있습니다.

7. 신체활동(운동)

발달장애 학생에게 꾸준한 신체활동 참여는 매우 중요합니다. 이는 신체활동이 단순히 건강을 유지하는 차원을 넘어서서 일상생활 및 직업 장면에서 요구되는 기초 체력을 증진할 뿐만 아니라 다양한 생활체육을 통해서 건전한 여가생활 선용을 촉진할 수 있기 때문입니다. 이와 더불어 미국 자폐스펙트럼장애 전문가 개발 센터(National Professional Development Center on Autism Spectrum Disorder)에서는 운동 및 동작(exercise and movement)

이 발달장애 학생의 신체적 능력을 증진할 뿐만 아니라 주의집중력을 높이고, 문제행동 또는 부적응행동을 바람직한 방향으로 개선하는 데에도 충분한 증거가 있다고 말합니다. 또 적절한 신체활동은 인지능력의 발달과 유지와도 밀접한 관련이 있습니다.

발달장애 학생의 신체활동 교육은 학생이 스스로 수행할 수 있는 활동에서 도움을 받아 가능한 수준으로 점차 나아가면서 단계적으로 접근하는 노력이 필요합니다. 그리고 충분한 준비운동을 통해서 안전사고가 발생하지 않도록 유의해야 합니다. 발달장애 학생을 위한 신체활동(운동)은 다양하게 영역을 구분할 수 있지만, 여기서는 국립특수교육에서 개발한 장애 학생을 위한 신체활동 자료를 참고로 하여 신체 조절과 기본 운동, 보행 훈련과 이동, 체력 증진 활동, 그리고 생활체육 등의 영역으로 나누어서 살펴보겠습니다(국립특수교육원, 2013).

1) 신체 조절과 기본 운동

신체 조절과 기본 운동 영역은 신체활동의 출발이라고 볼 수 있습니다. 이 영역에서는 주변 사물을 이용하여 얻은 자연스러운 감각적인 경험을 바탕으로 하여, 신체를 적절하게 조절할 수 있는 기술과 기초적인 운동능력을 갖추도록 합니다. 신체 조절과 기본 운동 영역의 교육 내용 예시는 다음과 같습니다.

① **힘 조절 활동** : 부드럽게 움직이기, 힘주어 움직이기, 호흡 조절 활동하기 등

② **균형 조절 활동** : 평균대 걷기 등 균형 유지하기, 허리 받침 없는 의자에서 균형 잡고 앉기, 경사로 오르내리기, 균형 잡기, 뜀뛰기,

그네 타기, 트램펄린 뛰기 등

③ **상지 안정성 촉진 활동** : 세탁기에서 세탁물을 잡아 빼는 활동, 매달리기, 벽에 양손을 대고 힘을 주어 밀어내는 활동, 탄력 밴드를 힘을 주어 당기는 활동 등으로 상지(특히 어깨) 안정성을 증진함.

④ **협응 운동** : 두 가지 활동 협응하기, 물건 옮겨 잡기, 기어오르기 등

⑤ **조작 운동** : 도구를 이용하여 대 · 소근육 운동하기

신체 조절과 기본 운동 영역은 체육과뿐만 아니라 진로와 직업, 미술, 음악, 과학 등 여러 교과에서 이러한 운동 기능에 연관된 목표를 삽입하여 지도하는 것이 가능합니다. 예를 들어, 미술 작품을 만들어 보는 수업 활동을 하면서, 동시에 눈과 손의 협응능력 향상을 도모해 본다거나, 과학 실험 수업을 하면서 도구를 조작하는 소근육 운동능력의 향상을 유도할 수 있을 것입니다.

2) 보행 훈련과 이동

보행 훈련과 이동 영역은 다양한 움직임과 보행 훈련을 통해서 신체 동작 및 활동을 인식하고 이동하는 내용을 담고 있습니다. 이를 위해서 다양한 신체 움직임을 경험하는 활동을 통해 자기 신체를 긍정적인 방향으로 이해하고 여러 가지 감각기관을 총체적으로 활용함으로써 방향과 위치를 파악할 수 있도록 지도해야 합니다. 보행 훈련과 이동 영역의 교육 내용 예시는 다음과 같습니다.

① **신체 동작 인식 및 자세 조절 능력 향상** : 다양한 신체 부위 움직이기, 동물 흉내 내기(다양한 동작 만들어 걷기), 체조나 율동 등 다양한 동

작 따라 하기, 손수레 걷기 자세('팔굽혀펴기' 기본동작에서 어른이 양다리를 잡아주면 팔로 몸을 지탱하거나 걸음)

② 감각 정보 활용 : 시각, 청각, 후각, 촉각 정보를 활용할 수 있는 다양한 활동으로, 특히 감각적 자극 추구로 인한 문제행동이 발생할 때는 다양한 촉각 경험 활동을 고안하여 점진적으로 충분하게 제공할 필요 있음(예 충분히 안전성이 확보된 실내외 코스에서 점진적으로 시간을 늘려가면서 맨발걷기 활동하기 등)

③ 방향 정위 : 자세 바르게 하기, 현 위치에서 방향과 위치 알기, 지표(landmark)와 단서를 이용한 방향과 위치 알기

④ 이동 : 이동 시도하기, 도움받아 이동하기, 독립적으로 이동하기, 걷기, 속보

3) 체력 증진 활동

체력 증진 활동 영역은 근력 및 근지구력, 심폐지구력, 유연성 등의 건강 체력을 기반으로 운동을 체계적이고 반복적으로 수행하여 기초 체력을 기르도록 하는 것을 목적으로 합니다. 여기에는 특별한 기구 없이 간편하게 할 수 있는 맨손 체력 운동과 다양한 도구를 이용한 체력 운동, 그리고 유산소 운동 및 근력운동을 결합한 순환식 운동이 포함될 수 있습니다. 이 중에서 특히 도구를 이용하는 운동은 안전에 유의할 필요가 있으므로 가급적 맨몸운동부터 시작해서 차츰 도구를 이용하는 운동으로 진행할 필요도 있습니다. 체력 증진 활동은 학생이 스스로 수행할 수 있는 수준부터 충분히 시작하여, 점차 강도와 운동 시간을 늘려야 합니다. 체력 증진 활동 영역의 교육 내용 예시는 다음과 같이 제시할 수 있습니다.

① **근력 및 근지구력 활동** : 체중을 이용한 운동(안전을 위해 허리를 절반 정도만 굽히는 형태의 윗몸일으키기, 팔굽혀펴기, 스쿼트, 점핑잭 등), 도구(아령 등)를 이용한 근력운동 등

② **심폐지구력 운동** : 각종 유산소 운동(러닝머신, 로잉머신[2], 걷기, 달리기), 줄넘기, 계단 오르기(내려갈 때는 무릎에 무리를 주지 않도록 승강기 이용하기), 등산(둘레길 걷기) 등

③ **유연성 운동** : 기본 스트레칭 운동하기, 도구를 이용한 스트레칭 운동하기(폼롤러 등 필라테스 도구 등을 이용할 수 있음)

요즘에는 유튜브에서 다양한 운동 영상을 무료로 시청할 수 있습니다. 운동, 홈트레이닝, 체조 등으로 검색하면 정말 다양한 영상이 있어서 가정과 학교에서 손쉽게 활용할 수 있습니다. 저는 여러 영상 중에서도 체육회나 장애인체육회에서 제작해서 유튜브에 올려둔 대중가요 기반 체조 동영상을 자주 활용하고 있습니다. 특히 어르신 분들을 위해서 만든 트로트를 이용한 체조 동영상을 많이 이용하는데요. 우리 학생 중에서도 트로트를 좋아하는 경우가 상당히 많고, 어르신 분들을 위해서 만들어진 체조이다 보니 발달장애가 있는 학생도 따라 하기가 비교적 쉬운 편이기 때문입니다(blog.naver.com/bjs718/223305423911).

이 외에 '발달장애인 콘텐츠 전문 사이트' 〈다모아〉에서도 건강 코너에서 발달장애인을 위해 만들어진 각종 체조나 홈트레이닝 영상을 시청할 수 있습니다. 한편 〈다모아〉 사이트에는 건강 코너 이외에도 생활정보, 안전, 건강, 요리, 직업, 취미, 교육, 부모교육 등 발달장애

---

2) 로잉머신 : 조정 경기의 연습에 활용되는 운동기구로, 무릎에 손상을 주지 않고 유산소 · 근력운동을 동시에 할 수 있도록 해줍니다.

인 본인과 가족을 위한 다양한 영역의 영상 자료를 모아두고 있습니다(damoa.or.kr). 포털 사이트에서 〈다모아〉라고 검색해도 쉽게 접속이 가능합니다. 더불어 국립특수교육원에서 운영하는 장애자녀 부모 지원 종합시스템 〈온맘〉의 '온맘TV' 코너에서도 장애 학생을 위한 체육활동 동영상 자료와 가이드북을 무료로 이용할 수 있습니다. 〈온맘〉 역시 체육활동 이외에도 요리활동, 부모 지원, 긍정적 행동지원 등 다양한 영역의 영상 자료와 기타 장애 학생의 양육에 도움이 될 만한 가이드북을 보급하고 있으니 참고 바랍니다(nise.go.kr/onmam).

* 유산소 운동 안내 : blog.naver.com/bjs718/221794795165
* 계단 걷기 운동 안내 : blog.naver.com/bjs718/221777094328

4) 각종 생활체육 활동

생활체육 활동 영역은 즐거운 신체활동과 운동경기를 통해서 발달장애 학생들이 자기 주도적이면서도 꾸준히 운동에 참여할 수 있도록 하는 데 목적이 있습니다. 또한 이러한 생활체육은 발달장애 학생들의 건전한 여가선용에도 기여할 수 있습니다. 생활체육에는 개인 또는 집단으로 하는 다양한 놀이, 게임, 스포츠 경기가 포함될 수 있습니다. 참고로 학교체육진흥회에서는 최근 〈365+체육온활동 프로그램〉을 초급(10개 주제, 50개 콘텐츠), 중급(10개 주제, 48개 콘텐츠), 고급(10개 주제, 50개 콘텐츠)으로 나누어 개발하여 활동 영상을 유튜브에 올려두었습니다. 학생들이 즐겁고 의미 있게 참여할 수 있는 다양한 신체활동 예시를 영상으로 제시하고 있는데요. 발달장애 학생도 의미 있게 참여할 수 있을 만한 신체활동도 꽤 있으니 참고 바랍니다. 유튜브에서 〈365+체육온활동〉으로 검색하면 영상을 시청할 수 있습니다. 제 블로그에도 소개 글을 올려두었으니 참고 바랍니다(blog.naver.com/bjs718/223475958379).

① **신체 활용 활동** : 육상, 수영을 포함하는 수중운동
② **도구 활용 활동** : 공놀이, 줄놀이, 농구, 축구, 배구, 야구, 테니스, 배드민턴 등
③ **뉴스포츠 활동** : 플로어볼, 킨볼, 변형 농구, 티볼, 패드민턴, 디스크 골프, 스쿠터보드, 한궁, 슐런, 뉴 컬링 등

최근에는 일반 운동경기에 다양한 운동능력을 가진 학생들이 함께 참여할 수 있도록 변형을 가한 뉴스포츠 종목도 많이 개발되어 있습니다. 특히 발달장애 학생들도 손쉽게 방법을 배워 참여할 수 있는 다양한 뉴스포츠에 대한 보다 상세한 내용은 사단법인 한국뉴스포츠협회 홈페이지[3]에 자세하게 설명되어 있습니다. 이 외에도 포털이나 유튜브 검색을 통해서 다양한 뉴스포츠 종목의 운영 방법을 알아볼 수 있습니다.

---

3) www.newsports.or.kr/bbs/content.php?co_id=game_1

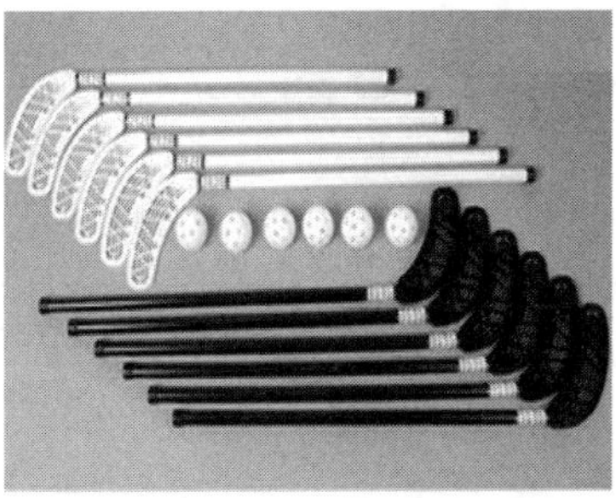

플로어볼(하키의 변형 경기)

킨볼(낙하산 공으로 간이 배구경기)

한궁

슐런

| 그림 3-10 | 한국 뉴스포츠 협회의 종목 소개 화면 및 일부 뉴스포츠 종목 도구

개인적으로는 여러 뉴스포츠 종목 중에서도 디스크 골프나 투호, 양궁, 국궁, 다트 등을 기반으로 만들어진 '한궁', 그리고 '슐런' 게임 등을 자주 활용하고 있습니다. 이 종목은 비교적 안전하면서도 즐겁게 신체활동을 하면서 학생들의 주의집중력과 눈손협응력 향상, 소근육 조작능력 증진도 도모할 수 있다는 장점이 있습니다.

위에서 설명한 체육활동의 각 영역은 개별로 교육할 수도 있지만 한 차시의 수업(활동) 내에서 적절하게 시간을 분배하여 종합형으로 이루어질 수도 있습니다. 이러한 종합형 체육활동은 발달장애 학생에게 다양한 신체활동을 종합적으로 지도할 수 있다는 장점이 있으며, 활동 간 안전사고를 줄이는 데도 기여할 수 있습니다. 종합형 체육 수업(활동) 지도 계획서의 예시를 제시하면 〈표 3-18〉과 같습니다.

〈표 3-18〉 종합형 체육 수업 계획안 예시

순	활 동	영 역	활동내용	시 량
1	준비 체조	①, ③	– 국민건강체조 활동 실시하기 – 전신스트레칭 및 팔 벌려 높이뛰기, 점프하고 박수	5분
2	걷기 및 달리기	②, ③	– 이동하기 및 달리기 활동 실시(장애물 설치) – 균형 유지하기 활동(평균대 이용)	7분
3	근력 운동	①, ③	– 체중을 이용한 근력운동(윗몸일으키기, 팔굽혀펴기) – 도구(아령 등)를 이용한 근력운동 – 필라테스 도구(폼롤러)를 이용한 이완활동(유튜브 동영상 이용)	5분
4	체육 활동	④	– 뉴스포츠 종목에 대한 기초 기능 익히기(10분) – 간이 경기하기(10분)	20분
5	정리 활동	①, ②, ③	– 정리체조 실시하기 – 활동내용 상기하고, 화장실로 이동하여 손 씻기	3분

※ 범주 : ① 신체 조절과 기본 운동, ② 보행 훈련과 이동, ③ 체력 증진 활동, ④ 각종 생활체육 활동

한편, 인지적인 어려움과 함께 뇌성마비 등으로 인해서 신체적인 장애를 동반하고 있는 중도·중복장애(severe and multiple disability) 학생에게 신체활동을 지도하기 위해서는 적절한 교수적 수정 및 적합화가 필요합니다. 때로는 나름대로 많은 고민이 필요하기도 합니다. 예를 들어, 간단한 실내 볼링 게임을 할 때도 공을 굴리기 힘든 중도·중복장애 학생을 위해서는 휠체어에 경사판을 설치해서 살짝만 공을 밀어도 핀으로 굴러가도록 해볼 수 있습니다. 중도·중복장애 학생도 참여할 수 있는 신체활동의 몇 가지 예를 저자의 블로그에 올려두었으니 참고 바랍니다(blog.naver.com/bjs718/223507691899). 저자의 블로그 이외에도 chat GPT에 "중도중복장애 학생도 참여할 수 있는 신체활동 프로그램을 고안해줘."와 같이 검색해도, 꽤 괜찮은 아이디어를 얻을 수 있습니다.

| 그림 3-11 | 중도·중복장애 학생을 위한 수정의 예(간이 볼링 게임 경사판)

지금까지 발달장애 학생들을 위한 효과적인 교육 방법과 우선해서 가르쳐야 할 교육 내용을 제2장과 제3장에 걸쳐 살펴보았습니다. 발달장애 학생을 가르치기 위한 교육 방법은 과학적인 연구를 통해 증거가 입증된 증거기반실제를 활용하는 것이 가장 중요하다고 생각합니다. 이 책에서 다룬 체계적 교수, 자기 주도적 학습전략, 또래 매개 교수, 테크놀로지 기반 교수 등 이외에도 다양한 증거기반의 교육 방법을 학생들에게 끈기를 가지고 적용해 보셨으면 합니다. 더불어 학생의 수행을 지속해서 점검하고 기록하며 이를 그래프로 그리는 과정이 꾸준히 이루어진다면, 학생의 수행을 과정 중심으로 평가하고 필요하다면 교육 방법을 수정하고 보완하는 등 적절한 교육적 결정을 하는 데 큰 도움을 얻을 수 있습니다. 또한 조금씩이라도 향상되는 결과를 시각적으로 확인함으로써, 가르치는 사람인 선생님이나 부모님 스스로에게도 좋은 동기유발이 될 수 있을 것으로 생각합니다.

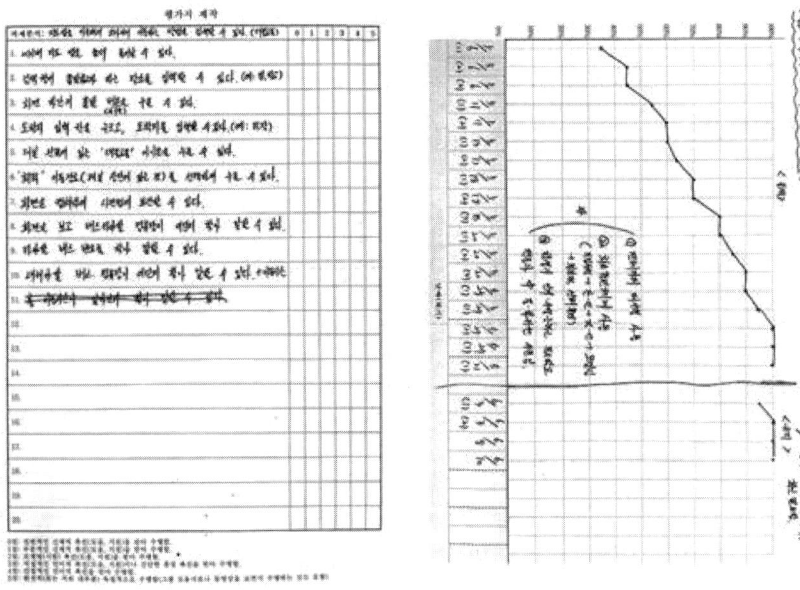

| 그림 3-12 | 체계적 교수를 위한 평가지와 평가 결과를 그래프화한 예

그렇다면 이 증거기반의 교육 방법으로 어떤 내용을 지도해야 할까요? 저는 감히 첫째도 둘째도 기능성(functionality)이라고 말하고 싶습니

다. 학생이 현재 그리고 미래를 살아가는 데 꼭 필요한 내용을 중심으로, 현재 수준보다 조금씩 더 긍정적으로 나아갈 수 있도록 지도해 나가는 것이 중요하다고 생각하는데요. 놀이 활동, 기능 중심의 학업능력, 의사소통 및 사회성, 자기결정 능력, 일상생활 기술, 직업능력, 신체활동(운동) 등은 발달장애 학생들에게 필수적으로 지도되어야 할 교육 내용이라고 볼 수 있습니다. 물론 학생 개인별 특성과 요구, 생활환경, 진로 등에 따라 다른 교육 내용을 더 우선해서 가르쳐야 할 수도 있습니다. 다만, 역시 가장 중요한 것 중의 하나는 발달장애 학생의 성장을 기다리는 인내심과 적은 성장에도 민감하게 반응하며 긍정적인 피드백을 해줄 수 있는 마음가짐이 아닐까 합니다. 다시 말해, 스몰스텝의 원칙과 이를 통한 충분한 성공 경험, 그리고 구체적인 행동에 대한 칭찬(격려)이 우선되어야 할 것입니다.

발달장애 학생의 문제행동은 어떻게 개선할 수 있을까요?

- 긍정적 행동지원 -

제 4 장

이 장에서는

1. 문제행동에 대한 기본적인 이론적 가정에 대해서 알아보고자 합니다.
2. 문제행동의 중재 우선순위를 결정하는 기준에 대해서 알아보고자 합니다.
3. 문제행동을 유발하는 기능(원인)에 대해서 알아보고자 합니다.
4. 문제행동을 중재하는 방법으로, 긍정적 행동지원에 대해서 알아보고자 합니다.

발달장애 학생의 문제행동은 어떻게 개선할 수 있을까요?

제 4 장

• 긍정적 행동지원

발달장애 학생이 학교와 생활환경에서 최대한 독립적인 삶을 살아가기 위해서는 앞서 살펴본 효과적인 방법으로 필수적이라고 할 수 있는 교육 내용을 꾸준히 가르치는 노력이 필요합니다. 하지만 그만큼 중요한 것이 하나 더 있습니다. 그것은 발달장애 학생 중에 일부 학생이 보일 수 있는 부적응행동이나 문제행동을 긍정적인 방향으로 개선하기 위한 노력입니다. 사회적으로 수용하기 어려운 문제행동을 반복해서 보인다면, 학교와 지역사회에서의 통합에 부정적인 영향을 미칠 수밖에 없기 때문입니다. 그래서 이 장에서는 발달장애 학생에게 나타날 수 있는 다양한 문제행동을 긍정적인 방향으로 개선할 수 있는 다양한 증거기반 실제가 포괄된 응용행동분석 기반의 긍정적 행동지원에 대해서 살펴보고자 합니다.

본격적인 내용으로 들어가기에 앞서, 문제행동이라는 용어 사용에 대해서 말씀을 드립니다. 최근에는 문제행동이라는 용어를 도전적 행동이나 어려운 행동 등으로 바꾸어서 부르기도 합니다. 모두 영어 'challenging'을 '도전적' 혹은 '어려운'으로 번역한 것입니다. 여기서 '도전적' 혹은 '어려운'이라는 말의 의미는 '선생님이나 부모님 등 관련인에게 그 행동을 개선하는 데 도전을 준다거나 어려움을 준다.' 정도로 이해할 수 있습니다. 그런데 사실은 문제행동이라는 용어도 선생님이나 부모님 등 관련인에게 그 행동을 개선해야 함에 있어 하나의 '문제'를 준다는 의미가 있습니다. 사실은 문제행동이나 도전적 행동 혹은 어려운 행동 모두 그 의미는 비슷하다고 볼 수 있습니다. 이 책에서는 아직 국내의 교육 현장에서 가장 많이 통용되는 문제행동이라는 용어를 사용하였지만, 부정적인 의미를 강조하기 위해서 사용한 것이 아니라는 점을 밝힙니다. 또한 이 책에서 말하는 문제행동은 도전적 행동 혹은 어려운 행동 등의 용어와 동일한 행동을 말하고 있다고 보시면 됩니다.

1. 문제행동(도전적 행동)에 대한 기본적인 이론적 가정

흔히 ABA라고 말하는 행동주의 기반의 응용행동분석과 이 응용행동분석을 핵심 기반으로 삼고 있는 긍정적 행동지원에서는 문제행동에 대한 기본적인 이론적 가정으로 다음과 같은 내용을 제시하고 있습니다(부산광역시교육청, 2014).

첫째, 응용행동분석은 기본적으로 행동주의 심리학을 기반으로 삼고 있습니다. 행동주의 심리학은 인간 행동의 발현을 개인 내적인 요인으로 보기보다는 외부 환경이나 자극 요인(이를 선행사건 또는 선행자극이라고 말함)으로 인해서 행동이 나타난다고 봅니다. 그리고 이러한 행동의 발생 이후에 반복적으로 어떠한 자극이 사회적 혹은 자동적으로 제시되면(이를 후속결과 혹은 후속자극이라고 말함), 이러한 일련의 과정을 '학습'하게 되고 결국 그 행동이 유지 혹은 증가한다고 가정합니다. 결국 행동의 한 형태인 문제행동의 발생과 유지도 **선행사건(A)–행동(B)–후속결과(C)**라는 일련의 과정에 대한 누적된 '학습'에 의해서 주로 나타난다고 가정합니다.

둘째, 응용행동분석에서는 어떠한 표적행동에 대해서 후속자극이 제공되었을 때, 다가오는 미래에 그 표적행동의 발생이 증가하는 현상을 '강화(reinforcement)'라고 말합니다. 이때 그 후속자극이 그 대상이 좋아하는 무언가를 주는 형태였다면 정적강화라고 말하고, 싫어하는 무언가가 제거되는 형태였다면 부적강화라고 말합니다. 예를 들어, 문제행동을 보였을 때 원하는 무언가를 얻었던 경험으로 다음에도 그 행동을 한다면 정적강화가, 반면에 문제행동을 보였을 때 무언가가 제거되었던 경험으로 다음에도 그 행동을 한다면 부적강화가 그 행동을 발생시키는 원인이 됩니다. 이러한 원인을 응용행동분석에서는 '기능'이라고 표현하는데요. 응용행동분석에서는 문제행동의 발생에는 분명한 원인(기능)이 있는 경우가 대부분이라고 봅니다. 한편 참고로 어떠한 표적행동이 감소하는 현상은 벌 또는 약화(punishment)라고 말합니다. 싫어하는 자극이 제시되는 후속결과로 인해 행동이 감소하였다면 정적 벌, 좋아하는 자극을 제거하는 후속결과로 인해 행동이 감소하였다면 부적 벌이라고 말합니다.

셋째, 많은 문제행동은 의사소통의 한 형태로, 의사소통 기술이 부족할 때 나타날 수 있다고 가정합니다. 예를 들어, 자기가 원하는 요구를 적절한 의사소통 방식으로 표현할 수 없을 때, 요구를 표현하기 위해서 문제행동을 보일 수 있습니다. 다시 말하면, 다른 사람이 보기에는 문제행동일 수 있지만, 그 사람에게는 하나의 표현 방법이라는 것입니다. 따라서 문제행동을 '제거'하고자 하는 행동중재의 궁극적인 목표는 다소 역설적이지만 기능적 의사소통 행동을 '확립'하는 데 있다고 말할 수 있습니다. 여기서 기능적 의사소통은 의사소통의 목적을 달성할 수 있는 언어행동을 말합니다. 예를 들어, 물을 먹고 싶다는 표현을 물병을 들어서 부모님에게 보여주는 방식으로 표현했다면, 이를 기능적 의사소통 행동이라고 볼 수 있습니다. 문제행동 중재를 위한 기능적 의사소통은 발달장애 학생의 언어적 · 인지적 수준을 고려해서 말, 글, 그림 카드, 실물, 몸짓 등으로 다양한 형태를 수용해야 하며, 더 정교하고 풍부한 의사소통을 하도록 가르치고자 한다면, 점진적으로 나아가도록 가르쳐야 합니다.

넷째, 문제행동은 사회적 기술이 부족할 때 나타날 수 있다고 가정합니다. 다시 말해서, 적절한 사회적인 행동을 잘 몰라서 부적절한 행동이 나타날 수 있다는 말입니다. 따라서 적절한 사회적 기술을 꾸준하게 가르치고 실제로 활용하게 함으로써 문제행동의 발생을 일정 정도 예방할 수 있다고 봅니다.

다섯째, 즐거움을 얻거나 자신에게 부족한 자극을 보충하기 위해서도 문제행동이 나타날 수 있다고 가정합니다. 이를 학문적으로는 '자동적' 기능으로 인해 행동이 발생했다고 말할 수 있습니다.

여섯째, 자신이 해야 할 일이 무엇인지 모를 때에도 일종의 부적응행동 양상으로 문제행동이 나타날 수 있다고 가정합니다. 특히 자폐성장애 학생에게는 이러한 모습이 두드러지게 나타날 수 있습니다.

이와 같은 문제행동에 대한 기본적인 가정을 바탕으로 한 문제행동을 바람직한 방향으로 개선하기 위한 중재의 기본적인 목적을 제시하면 다음과 같습니다.

첫째, 대부분의 문제행동은 학습을 통해서 이루어지기 때문에, 긍정적이고 구조화된 가정 및 학교 환경을 조성하고, 문제행동의 발생을 조기에 예방하는 노력이 중요합니다.

둘째, 문제행동은 의사소통을 목적으로 발생하는 경우가 많으므로(예 과제를 회피하기 위해서 어떠한 문제행동을 보이는 경우), 적절한 의사소통 기술을 지도하는 데 무엇보다 큰 관심을 두어야 합니다. 다시 말해서, 문제행동 중재에서 가장 중요한 과업 중의 하나는 문제행동을 대체해서 사용할 수 있으면서도 사회적으로 수용될 수 있고, 학생의 인지적·의사소통적 발달 수준에도 적합한 의사소통 방법을 찾아 꾸준히 가르쳐서 이를 문제행동 대신 활용하게끔 하는 일이라고 볼 수 있습니다.

셋째, 적절한 사회적 행동을 명시적이고 체계적으로 꾸준히 가르치는 노력도 문제행동의 발생을 예방하는 데 상당한 의미가 있다고 볼 수 있습니다.

넷째, 문제행동은 분명한 원인(기능)이 있는 경우가 많으므로, 중재를 실행하기 전에 그 기능이 무엇인지 파악하려는 노력이 필요합니다. 이렇듯 문제행동의 기능을 파악하는 일련의 과정을 기능적 행동평가 혹은 기능평가라고 부릅니다.

다섯째, 때에 따라서는 문제행동이 자기자극 또는 놀이 활동의 한 형태로 나타날 수 있습니다. 이때는 자극을 보충할 수 있는 감각 놀이나 신체활동 참여 기회 등을 충분히 제공하는 노력이 필요합니다. 다만, 자극을 보충하기 위한 적절한 대체활동을 찾기 힘들 때는 적절한 의사표현을 한 뒤에 허가된 상황에서만 자극 추구 행동을 하게 할 수 있습니다. 그리고 차츰 인내 기술을 가르치고 자극 추구 행동의 발생 빈도를 줄여나가면서, 자극 추구 행동과 양립할 수 없는 다른 행동(상반행동)이나 활동에 대해서 충분한 보상을 제공할 수 있습니다.

여섯째, 발달장애 학생, 그중에서도 특히 자폐성장애 학생은 자신이 해야 할 일을 모를 때, 여러 형태의 문제행동을 보일 수 있습니다. 따라서 시각적인 일정표나 파이타이머 등을 활용하여 이번 시간에 해야 할 과업과 이 시간이 언제 끝나는지, 이 시간이 끝나면 무엇을 하는지 등을 사전에 충분하게 안내하는 구조화된 교육환경 조성으로 문제행동 발생을 어느 정도 예방할 수 있습니다.

이 책에서는 이러한 중재의 기본적인 목적에 입각한 증거기반을 갖춘 행동중재 방법을 상세하고 최대한 알기 쉽게 설명하고자 하였습니다.

2. 문제행동의 중재 우선순위 결정

지적장애 및 자폐성장애를 포함하는 발달장애 학생 중에 일부는 문제행동을 보일 수 있습니다. 그리고 이러한 문제행동이 하나일 수도 있지만, 여러 개의 문제행동일 수도 있습니다. 이렇게 여러 개의 문제행동을 보일 때는 이 모든 행동을 한꺼번에 중재 목표로 삼으면 좋을 것 같습니다. 하지만 응용행동분석이나 긍정적 행동지원 전문가는 문제행동을 중재할 때, 너무 큰 기대로 여러 유형의 문제행동을 한꺼번에 개선하겠다고 생각하거나 어떠한 문제행동을 최대한 빠르게 완전히 없애겠다고 생각해서는 오히려 의미 있는 변화를 확인하기 어려울 수 있다고 말합니다. 하나하나 차근차근 접근하는 방법이 당장은 더 느리게 보이더라도 결국에는 더 효과적일 수 있다고 보는 것입니다.

물론 긍정적인 일반화 효과로 인하여 여러 문제행동이 동시에 개선되는 사례도 없지는 않습니다. 하지만 일반적으로 문제행동을 중재할 때는 1~2개(저자는 가급적 하나를 추천하나, 발생 원인이 비슷한 것으로 예상될 때는 2개 이상을 선정할 수 있음)의 문제행동에 대해서 정확하게 정의하고, 이 문제행동의 기능을 파악한 뒤에 이 기능에 맞는 적절한 행동중재를 시행해야 합니다. 따라서 학생이 여러 종류의 문제행동을 같은 시기에 보인다면, 이러한 여러 문제행동 중에서 어떠한 문제행동을 가장 먼저 중재 대상으로 삼아야 하는지에 대해서도 적절한 원칙이 있어야 합니다. 이에 따라 일반적으로 받아들여지고 있는 문제행동의 중재 우선순위는 다음과 같습니다.

① **파괴행동** : 자신에게 신체적인 위해를 가하는 자해행동이나 타인을 다치게 하는 폭력행동을 주로 포함합니다. 또한 울화를 참지 못하고 어떠한 공간 내의 중요한 기자재를 의도적으로 부수거나, 기물을 다른 사람이 있는 곳으로 위험하게 던지는 등의 행동도 포함될 수 있습니다. 이러한 파괴적 행동의 범주는 기본적으로 가장 먼저 중재해야 할 1순위 행동 범주라고 볼 수 있습니다.

② **방해행동** : 보통 울음, 울화의 표현으로 수업이나 기타 중요한 활동을 심각하게 방해하는 행동을 방해행동이라고 말합니다. 이 외에도 부모님이나 선생님 혹은 친구 등에게 계속해서 시비를 거는 행동, 적절한 지시나 안내를 했지만 이를 계속 따르지 않으면서 반항하는 듯한 모습을 보이는 행동, 의도적인 거짓말이나 비방으로 상대방에게 피해를 주는 행동 등이 포함됩니다. 이러한 방해행동의 범주는 중재 우선순위에서 2순위에 해당할 수 있습니다.

③ **경미한 방해행동**(분산행동) : 타인의 수업이나 교육활동을 직접적으로 크게 방해하지는 않되, 스스로 자기자극이나 놀이 등에 빠져서 본인의 집중을 분산하는 행동을 보이는 경우를 말합니다. 그리고 이러한 행동은 결국 주변 사람들의 집중까지 어렵게 만들 수 있습니

다. 예를 들어, 수업과 같은 교육활동 중에 반복적으로 소리를 내거나, 계속 다른 놀이 행동을 하거나, 과도한 상동행동을 보이거나, 자리를 자주 이탈하는 행동 등이 있습니다. 이러한 분산행동의 범주는 중재 우선순위에서 보통 3순위에 해당합니다.

그런데 이러한 중재 우선순위는 기본적인 원칙일 뿐, 학생의 특성이나 생활환경의 특성, 개인의 요구 등에 따라 달라질 수도 있습니다. 어디까지나 '원칙'이라는 점을 충분히 고려해야 합니다. 또한 좀 더 실무적인 차원으로 들어가면, 좀 더 다양한 요인을 고려해야 할 수도 있는데요. 예를 들어, 더 높은 중재 우선순위를 가지고 있더라도 가정과의 협력 없이는 변화를 기대하기 힘든 행동이라면 가정의 적극적인 협조를 구하기 위해서라도 먼저 학교에서 중재하기에 덜 힘든 행동을 표적행동으로 삼고 이 행동의 개선을 기반으로 행동중재에 대한 부모님의 동기를 유발하여 가정과의 협력을 이끌 수도 있습니다. 이건 실제 제 경험이기도 합니다. 어쨌든 실무적인 차원으로 넘어가면 행동중재의 우선순위를 선정하기 위해서 여러 가지 다양한 추가적인 질문을 해볼 수 있는데, 그 내용을 살펴보면 다음과 같습니다.

① 이 행동이 학생 자신이나 다른 사람을 위험하게 하나요?
② 이 행동이 얼마나 자주 일어나나요?
③ 얼마나 오랜 시간 동안 행동이 지속되어 왔나요?
④ 행동의 변화가 더 높은 비율의 강화를 가져오나요?
⑤ 앞으로의 발달 및 독립적인 기술 증진과 관련성이 있나요?
⑥ 행동의 변화가 다른 사람들로부터의 부적절하거나 원치 않는 관심(예 훈계 등의 부정적 피드백)을 얼마나 줄일 수 있나요?

⑦ 행동의 변화가 또래나 선생님 등으로부터 더 많은 강화제를 받을 수 있게 하나요?

⑧ 행동의 변화가 얼마나 성공적일 수 있나요? 다시 말해, 여러 가지 측면을 고려할 때 행동 개선의 성공 가능성은 얼마나 되는가를 말합니다. 사실 이 질문도 중요하게 고려해야 한다고 생각합니다.

⑨ 행동의 변화를 위해서 얼마나 많은 비용이 필요한가요? 다시 말해서, 비용 대비 효과성 정도는 어떠한가를 말합니다.

이러한 아홉 가지 질문을 각각 0점(전혀 그렇지 않다)에서 4점(항상 그렇다) 정도까지의 5점 척도로 만들어서 총 45점 만점의 문제행동 우선순위 평정척도로 만들기도 합니다. 여러 문제행동 중 더 높은 점수를 거둔 문제행동을 중재 우선순위에 두는 식입니다. 하지만 개인적으로는 이러한 평정척도 방식은 더 우선에 두어야 하는 질문과 그렇지 않은 질문을 구별하지 않고 동일한 점수를 부여하기 때문에 다소 그릇된 판단이 나올 여지도 있다고 생각합니다. 따라서 위의 질문을 종합적으로 고려하되, 문제행동의 심각도와 여러 가지 상황을 고려한 현실적인 중재의 실현 가능성 등을 숙고하여 중재 우선순위를 선정하는 것이 적절하다고 생각합니다. 혼자서 결정하기 힘들다면 개별화교육지원팀과 같은 집단 내 협의를 통해서 우선순위를 선정할 수도 있습니다.

3. 문제행동의 기능(원인)

발달장애 학생들이 보이는 문제행동은 나름의 이유가 있습니다. 이러한 문제행동의 이유 혹은 원인을 응용행동분석에서는 학문적으로 기능

(function)이라고 말합니다. 어떠한 문제행동의 기능은 한 가지 유형일 수도 있지만, 여러 가지 기능이 복합적으로 작용하여 문제행동이 나타나는 경우도 종종 찾아볼 수 있습니다. 특히 학생의 나이가 더 많아질수록 누적된 학습으로 인해서 다양한 기능에 의한 문제행동이 나타날 가능성이 큽니다. 그리고 여러 가지 기능이 복합적으로 작용하는 문제행동의 경우에는 당연히 기능을 파악하는 기능적 행동평가 과정도 복잡하고, 중재도 까다로울 수밖에 없습니다. 이때는 응용행동분석이나 긍정적 행동지원 전문가의 도움이 필요할 수 있습니다. 지금부터 일반적으로 제시할 수 있는 문제행동의 기능에는 어떤 것들이 있는지 살펴보겠습니다.

① **물건 또는 활동 얻기**(접근) : 상대방과의 상호작용을 통해 선호하는 자극을 얻었던 과거의 학습으로 특정 행동이 지속 또는 증가하는 사회적 정적강화의 한 유형으로, 어떠한 물건을 상대방으로부터 얻거나, 좋아하는 활동에 접근하는 것을 상대방에게 허용받기 위해서 문제행동을 보일 때를 말합니다. 예를 들어, 좋아하는 과자를 얻기 위해서 문제행동을 보이거나, 컴퓨터를 하기 위해서 수업 시간에 교사의 지시를 따르지 않고 갑자기 자리를 이탈하여 컴퓨터로 가는 문제행동을 보일 때 등이 있습니다. 물건 또는 활동 얻기 기능으로 인해서 문제행동을 보일 때는 기본적으로 문제행동 발생 시에 해당 물건이나 활동을 제공해서는 안 됩니다(소거). 그리고 물건이나 활동을 얻고자 하는 목적을 사회적으로 수용되는 방식으로 표현할 수 있는 의사소통 행동(맨드 : mand)을 꾸준히 지도하는 노력이 필요합니다(기능적 의사소통 훈련).

② **관심 얻기** : 마찬가지로, 상대방과의 상호작용을 통해 선호하는 자극을 얻었던 과거의 학습으로 특정 행동이 지속 또는 증가하는 사회적 정적강화의 한 유형으로, 다른 사람들의 관심을 얻기 위해서 문제행동을 보일 때를 말합니다. 예를 들어, 교실에서 수업 시간에 계속 손을 들고 크게 말하면서 선생님의 관심을 유도하는 사례가 있습니다. 우리가 흔히 생각하는 것보다 관심 얻기를 기능으로 하여 다양한 문제행동이 발생하는 경우가 장애 학생과 비장애 학생을 막론하고 꽤 많습니다. 우리나라의 문화적 특성 중 하나로 상대적으로 칭찬에 인색한 성향을 들 수 있는데, 이런 특성도 관심 얻기에 따른 문제행동이 많이 나타나는 원인이 될 수도 있다고 생각합니다. 관심 얻기 기능으로 인해서 문제행동을 보일 때는 긍정적이든 부정적이든 모든 유형의 피드백을 주지 않고 무시하거나, 안전상 피드백을 하지 않을 수 없을 때는 감정을 최대한 감추고 최소한의 언급이나 물리적 지원만 할 수 있습니다(소거). 또한 관심을 얻을 수 있는 적절한 의사소통 행동을 지도하는 노력이 필요합니다(기능적 의사소통 훈련). 이 외에도 문제행동이 아닌 행동에 대해서 정기적으로 꾸준히 구체적인 행동에 대한 칭찬을 하거나(타행동 차별강화 : DRO), 학생의 어떠한 행동과 관계없이 사전에 설정된 특정 시간 간격(예 몇 분마다)으로 부모님이나 선생님이 학생에게 미리 충분하게 관심을 제공하여 문제행동 발생을 예방할 수도 있습니다(비유관 강화).

③ **관심 도피**(회피) : 관심 도피 기능은 상대방과의 상호작용으로 싫어하는 자극이 제거되었던 과거의 학습으로 특정 행동이 지속 또는 증가하는 사회적 부적강화의 한 유형입니다. 관심 도피 기능으로

인한 문제행동의 발생이 아주 빈번하지는 않을 수 있지만, 특히 자폐스펙트럼장애를 가지고 있는 학생은 때때로 그 누구의 관심도 받지 않는 자신만의 시간과 공간(사적 공간)을 가지고 싶어 하는 경향이 있고, 이때는 선생님(부모님)이나 다른 친구들의 계속되는 관심을 피하고자 문제행동을 보이기도 합니다. 만약 학생이 관심을 회피하고자 하는 목적으로 문제행동을 보인다면, 먼저 하루 중 일정 시간 동안 개인 공간에서 혼자만의 시간을 충분히 보낼 수 있도록 환경을 조성할 수 있습니다(배경 및 선행사건 중심 중재). 또한 선생님(부모님)이나 친구들의 관심에서 벗어나 있고 싶다는 의사를 학생의 수준에 맞는 다양한 방법(예 휴식 표시가 그려진 그림 카드 제시하기 등)으로 스스로 표현할 수 있도록 꾸준히 지도하는 노력도 필요합니다(기능적 의사소통 훈련).

④ **과제 혹은 활동에 대한 도피**(회피) : 마찬가지로 상대방과의 상호작용을 통해 싫어하는 자극이 제거되었던 과거의 학습으로 특정 행동이 지속 또는 증가하는 사회적 부적강화의 한 유형으로, 과제나 활동 등의 특정 자극에 대한 도피를 상대방으로부터 허용받기 위해서 문제행동을 보일 때를 말합니다. 예를 들어, 부모님이나 선생님이 학생에게 어떠한 과제를 주었을 때, 이를 피하기 위한 목적으로 다양한 형태의 문제행동이 나타날 수 있습니다. 여기서 '과제'라고 해서 꼭 '학습 과제'에만 국한되지 않고, 일상생활을 살아갈 때 꼭 필요한 행동 등을 포함하여 정말 다양한 과제나 활동이 여기에 포함될 수 있음을 기억할 필요가 있습니다. 과제 혹은 활동에 대한 도피를 기능으로 문제행동이 나타난다고 해서 도피하고자 하는 과제 수행이나 활동의 참여가 즉각 제거되어서는 곤란합니다.

일반적으로는 문제행동을 보이더라도 가능한 주어진 과제나 활동을 끝마칠 수 있도록 해야 하며, 현실적으로 어렵다면 다는 아니더라도 조금이라도 더 과제나 활동을 해보도록 해야 할 수 있습니다(소거). 또한 문제행동이 아닌 긍정적인 의사소통 행동을 보일 시에 과제나 활동을 제거하거나 줄여줄 수 있습니다(기능적 의사소통 훈련). 이 외에도 과제나 활동 자체를 학생이 수용할 수 있는 범위에서 시작해서 점진적으로 늘려가면서(배경 및 선행사건 중심 중재), 과제 지시를 수용했을 때 충분한 칭찬과 약속한 보상을 제공하는 방식으로 꾸준히 교육할 수도 있습니다(정적강화).

⑤ **놀이 또는 감각적 자극 추구** : 상대방과의 상호작용이 아닌 자기 스스로 선호하는 자극을 얻었던 과거의 학습으로 특정 행동이 지속 또는 증가하는 자동적 정적강화에 의해 발생하는 문제행동을 말합니다. 놀이의 목적 등으로 감각적인 자극을 얻고자 하는 경우 또는 자기자극을 조절하기 위한 목적으로도 문제행동이 발생할 수 있습니다. 예를 들어, 감각적인 자극을 얻고자 자기 손을 피가 나도록 긁는 사례가 있으며, 머리를 수도 없이 흔드는 사례도 있습니다. 감각적 자극을 추구하는 기능으로 인한 문제행동은 자폐인의 감각 역치가 너무 높을 때 주로 나타날 수 있는데, 자동적으로 강화를 얻는 일을 반복했고, 이 행동보다 더 선호하면서도 안전한 자극을 찾기가 쉽지 않아 상대적으로 중재가 쉽지는 않습니다. 이 기능으로 인한 문제행동을 중재할 때는 먼저 문제행동을 보여도 감각적 자극을 얻을 수 없도록 방지하는 방법을 사용할 수 있습니다. 예를 들어, 감각적 자극을 얻기 위해 손을 긁을 때는 손에 장갑을 씌운다든지, 머리를 박을 때는 헬멧을 착용하게 하여 해당 행동을 보여

도 원하는 감각적 자극을 얻지 못하도록 할 수 있습니다(감각적 소거). 이 외에도 문제행동을 예방하는 차원에서 미리 신체에 손상이 가지 않는 범위에서 감각적 자극을 충분히 제공할 수도 있는데요. 가령 트램펄린이나 그네를 충분히 타도록 해서 자극을 얻도록 할 수도 있고, 마사지건을 사용하여 특정 부위에 적절한 자극을 주거나, 각종 감각적 놀잇감을 사용하여 놀도록 하여 자기 조절적인 자극 추구로 인한 문제행동의 발생을 예방할 수 있습니다. 다만, 이러한 자극 추구로 인한 문제행동이 자신이나 타인에게 위협을 줄 정도로 심각하지 않다면, 어느 정도 선에서는 허용할 필요도 있습니다. 이때 자극 추구 행동을 하고 싶다는 의사표현을 한 뒤에 허락을 받은 후 이러한 행동을 하게끔 할 수 있습니다. 또 점진적으로 간헐적 스케줄로 이러한 행동을 허용하면서 인내 기술을 가르칠 필요도 있을 것입니다.

⑥ **감각적 자극에 대한 도피**(회피) : 상대방과의 상호작용이 아닌 자기 스스로 싫어하는 자극을 제거했던 과거의 학습으로 특정 행동이 지속 또는 증가하는 자동적 부적강화에 의해 주로 발생하는 행동을 말합니다. 앞서 감각적 자극을 얻고자 문제행동을 보이는 학생도 있는 반면에, 비장애인에 비해서 낮은 감각 역치로 인해서 일반적으로는 큰 무리가 없는 감각적 자극에도 심한 스트레스를 받는 학생도 있습니다. 이러한 경우에 특정 감각적 자극에 대한 도피를 목적으로 타인이 보기에 문제행동으로 보일만한 행동이 나타날 수 있습니다. 예를 들어, 청각적 자극에 예민해서 교실에서 발생하는 소음이 싫어 수업 중 갑작스럽게 교실을 이탈하는 사례가 있습니다. 또 스스로 느끼기에 너무 밝은 형광등 빛에 스트레스를

받아 수업 중에 눈을 감거나 책상에 엎드리는 행동을 보일 수도 있습니다. 이러한 행동이 감각적 자극에 대한 도피의 기능이라고 확인하였다면, 먼저 해당 감각적 자극이 최소화될 수 있도록 환경을 수정할 필요가 있습니다[예 소음이 최소화되는 자리로 이동하거나 차폐 헤드셋(귀마개)을 사용하도록 하기 등]. 또한 해당 감각적 자극에서 벗어나고 싶다는 의사를 학생의 수준에 맞게 다양한 방법으로 스스로 표현할 수 있도록 꾸준히 가르칠 수 있습니다(기능적 의사소통 훈련).

⑦ **의료적 요인** : 단순히 문제행동이라고 생각했던 학생의 행동이 사실은 건강 문제와 같은 의료적 요인에 의한 것일 수도 있습니다. 부끄럽지만 저도 예전에 자폐성장애를 가진 학생 한 명이 눈을 자꾸 비비는 행동을 보여 감각적 자극을 얻고자 하는 상동행동이라고 생각했는데, 계속 그런 행동을 보여 혹시 몰라 병원에 데려가니 안구건조증이 생겨 눈이 가려워서 그런 것 같다는 의사 선생님의 말씀을 들은 적이 있습니다. 실제로 매일 안약을 적정량 투여한 뒤에는 눈을 비비는 행동이 거의 나타나지 않았습니다. 이 외에도 뇌전증, 천식, 피부 질환, 배탈, 비만, 치아우식증 등의 치아 질환과 같은 다양한 건강 문제로 인해 문제행동으로 보일 수 있는 행동을 할 수 있습니다. 발달장애 아동이 먹지 말아야 할 물질을 반복해서 먹는 이식증(pica)이 갑작스럽게 나타날 때도 가장 먼저 납과 같은 물질에 중독된 것은 아닌지 혹은 체내에 무기질, 철분, 비타민, 포타슘(칼륨) 등의 영양소가 심하게 부족하지는 않은지를 먼저 혈액검사를 통해서 확인해 볼 필요가 있다고 합니다. 부모님과 선생님은 발달장애 아동이나 학생이 갑작스럽게 어떠한 행동을 보이기 시작했을 때, 그것이 문제행동이라고 여기기 이전에 혹시 어떤

의료적인 문제가 있어서 그런 것은 아닌지 먼저 고려해 볼 필요가 있습니다. 특히 이러한 행동은 인지적 장애가 심하거나 말로 의사소통하기 어려운 중도장애나 중복장애 학생에게서 더 빈번하게 관찰될 수 있습니다. 따라서 적절한 표현 의사소통이 어려운 중도·중복장애 학생을 가르치고 양육할 때는 더욱 세심한 배려와 고민이 필요합니다. 또한 가능하다면, 말이 아닌 다른 어떠한 방식으로라도 아프다고 표현할 수 있도록 보완대체 의사소통 체계 등을 활용하여 꾸준히 가르쳐야 합니다.

한편 의료적 요인은 앞서 설명한 신체 건강 이외에도 정신 건강에 연관된 정신과적인 어려움도 포함될 수 있습니다. 발달장애 학생이 주의력 결핍 과잉행동 장애(ADHD)의 일부 특성이나 전체적인 특성을 동반하는 비율은 비장애인 인구에 비해서 현저히 더 많다고 알려져 있습니다. 그리고 자폐인은 예측하지 못한 일과 변경에 대한 불안이 있을 수 있는데, 더 나아가 불안장애로 진단할 수 있는 수준의 자폐인 인구 비율도 적지 않다고 알려져 있습니다. 이외에도 수면장애, 기분장애, 강박장애, 자극과민성 등으로 인한 문제로도 다양한 문제행동이 발현될 수 있는 것이 사실입니다. 말씀드리기 다소 조심스럽지만, 이러한 원인으로 인해 문제행동이 나타나고 있다고 짐작될 때는 소아청소년을 세부전공한 정신건강의학과 전문의와의 충분한 상담과 진단을 해볼 필요가 있습니다. 또한 필요에 따라 약물치료를 포함한 정신의학적 치료를 긍정적인 관점으로 꾸준히 시행해야 할 수도 있습니다.

약물치료를 포함한 정신의학적 치료를 시행할 때, 주의할 점으로는 정신의학적 질환은 진단과 치료에서 주관성이 비교적 클 수 있으므로, 가급적 1명이 아닌 2~3명의 전문의를 통해 상담과 진단, 처방을 받아볼 필요가 있습니다. 또한 약물치료를 시작했다면 전문의가 처방한 양과 복용 빈도를 정확하게 지켜야 하며 임의로 양이나 빈도를 조절하거나 치료를 중단하는 일은 지양해야 한다고 알려져 있습니다. 그리고 무엇보다 적어도 현재까지의 약물치료는 발달장애에 부수적으로 동반될 수 있는 정신과적 어려움과 그로 인한 행동 문제를 점진적으로 개선하기 위한 것으로만 생각해야지 모든 문제를 해결하는 도구로 인식해서는 곤란할 수 있습니다. 결국 바람직한 행동을 가르치고 꾸준히 지속하도록 적절한 동기를 제공하는 일은 약물이 할 수 없으며, 선생님과, 부모님, 그리고 다른 여러 관련된 사람들의 노력이 필요한 것임을 꼭 기억해야 합니다. 마지막으로 발달장애(특히 자폐스펙트럼장애) 아동과 학생에게 현재까지 주로 사용되고 있는 정신의학적 약물에는 어떠한 것이 있는지 살펴보겠습니다. 저자는 의료인이 아닌 만큼 개괄적인 소개만 하니, 자세한 사항은 꼭 전문의와 상의하시기 바랍니다.

(a) 2세대 항정신병약물 : 미국 FDA와 한국 식약처에서 자폐스펙트럼과 동반될 수 있는 자극과민성, 심한 상동행동, 부적절한 말, 강박 행동, 틱 증상에 효과를 보일 수 있다고 승인한 리스페리돈(리스페달)과 아리피프라졸(아빌리파이)이 여기에 해당함. 이 외에도 진정 및 수면유도에 효과가 있는 쿠에티아핀도 이 범주에 해당함.

(b) 기분안정제 : 기분의 오르내림, 충동성, 공격성에 효과가 있을 수 있음. 디발프로엑스, 발프로에이트, 라모트리진 등의 약물이 여기에 해당함.

(c) 항우울제 : 자폐인의 강박 증상, 불안에 효과가 있을 수 있으나 연구의 일관성은 다소 부족하다고 알려져 있음. 플루옥세틴 등이 포함됨.

(d) ADHD 관련 약물 : 산만함이나 주의력 부족, 충동성을 줄이는 데 도움이 될 수 있음. 다만, 자폐인의 경우 자극과민성, 불안정성, 공격

성 등이 오히려 늘어날 수 있어 지속적인 경과 관찰이 필요하다고 알려져 있음. 중추신경자극제인 메틸페니데이트 계열 약물이 있고(콘서타 등), 비중추신경자극제인 아토목세틴 등의 약물도 있음.

(e) 항불안제 : 불안, 불면, 진정이 필요할 때 처방되곤 하나 의존성 등의 부작용에 주의가 필요하다고 알려져 있음. 클로나제팜, 로라제팜 등의 벤조디아제핀 계열 약물이 여기에 포함됨.

(f) 수면유도제 : 불면에 도움을 주기 위해 처방되곤 하나 의존성, 남용 등에 주의가 필요하다고 알려져 있음. 졸피뎀 등의 약물이 여기에 해당함. 비교적 가벼운 수면 문제에 대해서는 멜라토닌이나 테아닌 등의 수면 보조제(일종의 건강기능식품)를 사용하기도 하나, 개인에 따라 효과는 다를 수 있음.

4. 긍정적 행동지원

긍정적 행동중재 및 지원(PBIS)이라고 부르기도 하는 긍정적 행동지원(PBS)은 과거에 시행되었던 벌 중심의 행동 감소 전략보다는 다양한 예방적 전략과 강화 중심의 긍정적인 방법을 우선으로 하여 부적절한 행동의 발생을 줄이고 바람직한 행동을 늘리고자 하는 행동중재 방법론이자 하나의 총체적인 체계라고 볼 수 있습니다. 다시 말해, 긍정적 행동지원은 문제행동을 감소시키고 예방하는 목적과 함께 더 나아가 친사회적이고 바람직한 행동을 학습하도록 돕고, 이러한 행동을 일상생활에서 더 자주 정교하게 수행하도록 지원하는 총체적인 접근법입니다. 이를 위해 긍정적 행동지원은 핵심 이론이라 할 수 있는 응용행동분석 이외에도 생태심리학, 발달심리학 등의 여러 심리학적 이론에 기초하고 있습니다. 또한 필요하다면 작업치료를 기반으로 하는 감각통합 중재의 개념과 접근법 등을 포함하여 다양한 증거기반의 실제를 통합적으로 적용하기도 합니다.

미국은 법률에 따라 학교 차원의 긍정적 행동지원(school-wide PBS)이라고 하여, 특수학교가 아닌 일반학교에서도 학교 차원에서 체계적인 긍정적 행동지원 프로그램을 운영하고 있습니다. 현재 우리나라에서도 학교마다 운영의 체계성이나 성숙도에는 차이가 있을 수 있지만, 시 · 도 교육청의 지원을 받아 특수학교나 특수학급을 중심으로 학교나 학급 차원의 긍정적 행동지원 프로그램을 운영하고 있습니다. 또한 서울특별시 교육청에서는 2024학년도부터 일반 초등학교 교사를 대상으로도 긍정적 행동지원 프로그램을 운영할 수 있는 행동중재전문교사를 양성하기 시작하였습니다. 그리고 다른 시 · 도의 일반교육(통합교육) 정책 수립 과정에서도 다층적 지원 체계(MTSS)의 일환으로서 증거기반을 갖춘 학교 차원의 긍정적 행동지원에 관한 관심이 서서히 생겨나고 있습니다. 2024학년도에 교육부에서 공교육 현장에 배포한 〈장애학생 행동중재 가이드라인〉에서도 긍정적 행동지원에 관한 내용을 강조하고 있습니다. 가이드라인에 대한 더욱 자세한 내용은 저자의 블로그 글을 참고 바랍니다(blog.naver.com/bjs718/223317231027). 이처럼 최근 들어 우리나라에서도 그 중요성이 더욱 강조되고 있는 학교 차원의 긍정적 행동지원의 체계 흐름은 | 그림 4-1 | 과 같습니다.

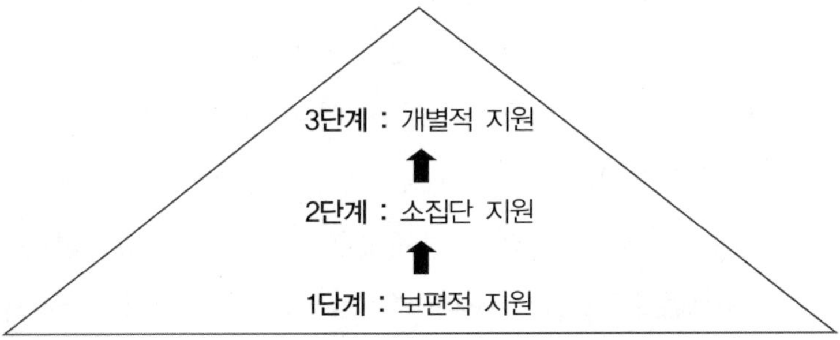

| 그림 4-1 | 학교 차원의 긍정적 행동지원 단계

먼저 1단계인 보편적 지원은 전교생을 대상으로 하는 기본적인 행동중재 및 지원 전략이 포함됩니다. 학교나 학급 전체 구성원이 지켜야 하는 규칙을 만들고, 이 규칙을 학생들에게 지속해서 안내하고 가르칩니다. 그리고 규칙 준수에 따라 적절한 보상을 제공할 수 있도록 토큰 경제 프로그램 등의 상점 제공 체계를 도입하여 바람직한 행동을 유도할 수 있습니다. 상황이나 학생의 특성에 따라서는 규칙을 지키지 못하거나 잘못된 행동을 했을 때 줄 수 있는 벌점 제도도 포함할 수 있습니다. 다만, 중요하게 기억해야 할 점은 벌을 주기 위한 체계가 아닌 만큼 되도록 상점이나 구체적인 칭찬 등을 통한 긍정적인 피드백을 더 많이 받을 수 있도록 해야 한다는 것입니다. 이를 위해서 행동 규칙을 만들 때도 학교와 학급의 학생이 조금만 신경 쓰면 비교적 쉽게 지킬 수 있는 행동을 목표로 선정해야 합니다. 또한 가능한 한 긍정적인 용어로 규칙을 만드는 것이 효과적입니다. 예를 들어, '복도에서 뛰지 마세요.'보다는 '복도에서 천천히 걸어요.'라는 표현이 더 좋습니다. 이 외에도 보편적 지원에는 학교 및 학급의 환경을 구조화하고, 수업을 학생의 참여도를 높일 수 있도록 개선하여 문제행동의 발생 가능성을 줄이는 방법 등을 포함합니다.

2단계인 소집단 지원은 1단계 보편적 지원 체계에도 불구하고 문제행동 발생 위험이 있거나 문제행동을 보이는 학생을 학교 전체에서 10~15% 내외로 선별합니다. 그리고 이 학생을 대상으로 적절한 사회적 기술에 대한 체계적인 교육이나 심리치료 지원, 상담 지원 등을 포함한 소집단으로 구성된 각종 지원과 교육 프로그램을 제공할 수 있습니다. 보통 학생에게 중재나 지원이 필요한 영역별로 소집단을 구성합니다. 다만, 일반적으로 통합교육 장면이 아닌 특수학교에서는 1단계 보편적 지원과 2단계 소집단 지원을 학교 차원의 긍정적 행동지원과 학급 차원의 긍정적 행동지원 등으로 묶어서 제공하는 경우가 많습니다. 아무래도 일반학교에 비해서 행동중재 지원이 필요한 학생이 비율이 더 많을 수 있어서 위험군 학생을 소집단으로 묶는 과정이 큰 의미가 없을 수도 있기 때문입니다. 또한 일반학교에 비해서 한 학급의 학생 수가 적어서 그 자체로 나름대로 소집단 형태를 구성할 수 있기 때문이기도 하다고 생각합니다. 이러한 이유로 이 책에서도 보편적 지원과 소집단 지원을 구분하기보다는 한데 묶어서 설명하고자 합니다.

3단계 개별적 지원은 보편적 지원과 소집단 지원 등을 통해서도 바람직한 방향으로의 행동 개선이 나타나지 않는 고위험군 학생을 대상으로 이루어지는 개별 차원의 행동중재 접근을 말합니다. 이 학생을 대상으로는 먼저 우선해서 중재해야 하는 표적행동을 선정하고, 관찰 및 측정이 가능하도록 조작적으로 정의합니다. 그리고 현재 문제행동의 발생 정도를 확인하며, 이 표적행동에 대한 다각도의 정보 수집을 통해서 행동의 기능(원인)을 평가하게 됩니다. 이를 기능적 행동평가라고 부릅니다. 그 이후에는 표적행동의 발생에 대한 배경사건(별다른 배경 요인 없을 시 생략 가능)–선행사건–행동–후속결과로 이어지는 가설을 세웁니다. 이 가설에 따라 배경사건 및 선행사건을 수정하는 중재, 대체행동이나 적절한 사회적 기술 등을 가르치는 중재, 그리고 후속결과 중심의 중재를 다차원적으로 계획하고 실행합니다. 그리고 행동의 변화 정도를 지속해서 관찰하고 측정합니다. 최종적으로는 중재의 실행에 대한 효과성을 중재가 제공되기 이전의 표적행동 발생 수준인 기초선 자료와 비교해서 평가하게 되며, 추가적인 중재의 제공 등을 포함하는 행동중재계획의 수정 및 보완이나 행동중재 절차의 종결 등을 결정합니다.

지금부터 보편적 지원 및 소집단 지원과 개별적 지원으로 나누어서 더 자세한 내용을 살펴보겠습니다.

1) 보편적 지원과 소집단 지원

학교와 학급의 많은 학생을 대상으로 실행할 수 있는 보편적 지원과 소집단 지원은 학교와 학급의 물리적 환경을 좀 더 구조화하고, 교실 수업을 개선하며, 그리고 보편적으로 지켜야 할 학교나 학급의 규칙을 만들고 이를 준수할 수 있도록 교육하고 강화하는 일 등을 포함합니다. 이 외에도 바람직한 사회적 기술이나 적절한 사회적 의사소통을 가르치는 과정도 포함됩니다. 다만, 이에 대한 자세한 내용은 앞서 교육 방법과 내용 장에서 비교적 상세하게 제시하였으므로 여기서는 생략했습니다. 지금 설명할 지원 방법을 적절하게 응용하여 가정에서도 활용한다면, 문제행동의 발생을 예방하고, 바람직한 행동을 증진하는 데 도움이 될 수 있습니다.

(1) 학급 운영

무엇보다 긍정적이고 활기찬 학급 분위기 조성은 보편적 지원이나 소집단 지원에서 기본이라고 말할 수 있습니다. 이를 위해서는 학급 내의 환경과 상황 전이를 예측할 수 있도록 가능한 일관적이고 구조화된 일과 운영이 필요합니다. 또 학생에게 기대하는 행동을 규칙으로 설정하여 명확하게 제시하고, 꾸준히 일관되게 가르치며, 다양한 수단으로 강화해야 합니다. 이 외에도 학습 과제 등을 포함한 다양한 과제를 성공적으로 수행하는 경험을 자주 제공할 필요가 있습니다. 이를 위해 과제의 난이도나 양 등을 조절해야 하며, 필요하다면 자극촉진이나 반응촉진을 활용하여 학생에게 너무 많지도 또 적지도 않은 적절한 만큼의 지원을 제공해야 합니다.

또한 발달장애 학생을 포함하여 학급 내 학생의 행동을 바라볼 때 부정적으로 보기보다는 긍정적으로 먼저 생각하려는 노력이 중요합니다. 사실 선생님이나 부모님 등을 포함한 사람들이 문제가 된다고 생각하는 발달장애 학생의 행동 중 꽤 많은 것은 막상 따지고 보면 그렇게 심각하거나 의미 있는 수준의 문제가 되지 않을 수 있습니다. 그럼에도 우리는 이러한 행동이 과도하게 문제가 되는 행동인 것처럼 인식하는 때가 종종 있습니다. 예를 들어, 자폐성장애 학생이 보일 수 있는 상동행동이나 일과적인 반복 행동은 그 행동이 자신과 타인의 생활이나 학습에 제한을 주지만 않는다면, 비장애인의 시각에서 조금 이상하게 보여도 수용할 필요가 있습니다. 선생님과 부모님은 학생의 행동이 적절한지 아닌지에만 신경 쓰기보다 학생과의 긍정적인 상호작용 기회를 자주 만드는 데 더 많이 신경 써야 합니다. 많은 응용행동분석 전문가는 문제행동에 대한 피드백을 한 번 하기 위해서는 최소 3~4회 이상에서 최대 8번까지 구체적인 행동에 대한 칭찬과 과정에 대한 격려를 포함하여 긍정적으로 피드백하는 노력이 필요하다고 말합니다.

한편 자폐성장애를 포함하여 발달장애 학생에게 교육이 제공되는 교실 환경을 구조화하는 방법으로 티치(TEACCH : Treatment and Education of Autistic and related Communication-handicapped Children) 프로그램이 있는데요. '티치'는 구조화된 교수 유형의 하나로, 미국 노스캐롤라이나주에서 약 40여 년 전에 시작되어 오늘날 미국 전역은 물론 영국과 북유럽을 포함하여 세계적으로 주목받고 있는 포괄적인 프로그램입니다. 티치 프로그램은 자폐인의 심리 · 행동적 특성을 고려해서 시각적 구조화를 통해 예측 가능성을 높이고 이를 통해 학습 효율과 안정감을 증진하는 방법이라고 말할 수 있습니다. 또 이러한 안정감 증진은 문제행동의 발생을 예방할 수 있습니다. 티치 프로그램에 대한 자세한 내용은 다음과 같습니다(부산광역시교육청, 2014). 저자의 블로그 글에는 티치 프로그램에 대한 더욱 자세한 설명과 함께 예시 그림 자료를 포함하고 있으니 참고 바랍니다(blog.naver.com/bjs718/222699085945). 저자(2023)의 책 『자폐 스펙트럼 청소년 효과적으로 지원하기』에서도 티치 프로그램에 대한 더 상세한 설명과 그림 예시를 확인할 수 있습니다.

- **티치**(TEACCH) **프로그램** : 구조화된 교수의 한 유형인 티치 프로그램은 자폐성장애 등 발달장애를 가진 학생의 특성과 요구에 적합하도록 환경을 조정하는 전략입니다. 티치 프로그램은 환경과 과제에 대한 학생의 이해를 촉진하여 발달장애 학생이 조금 더 독립적이고 생산적으로 과제를 수행할 수 있도록 지원하는 종합적인 학급 운영 체제를 말합니다.

① **물리적 구성** : 학업 및 기술을 교수하기 위한 영역의 설계를 의미합니다. 학급에서 이루어지는 여러 활동 영역 공간별로 분명한 물리적 경계를 제시하여, 해당 영역 공간에서 자신이 해야 할 활동을 미리 알려주는 시각적인 정보를 제공할 수 있습니다. 예를 들어, 교실 환경을 놀이 활동 영역 공간, 개별학습 영역 공간, 집단교수 영역 공간, 휴식 공간(사적 공간), 컴퓨터 활동 공간 등으로 나누고, 이를 학생들이 알아볼 수 있도록 색이 다른 매트, 라인 테이프, 칸막이, 가구, 커튼 등으로 명확하게 구분한 뒤에 이와 같은 영역별 장소에 맞게 실제 교육활동을 진행할 수 있습니다. 이때 학급 내 각각의 영역 공간과 활동이 가능하다면 1:1 대응을 이루도록 합니다(가능한 다목적 공간 활용 지양). 이를 위해서는 충분한 교실 크기가

보장될 필요가 있습니다. 이 외에도 불필요한 자극을 줄이기 위해서 거울이나 창문 가까이에는 학습 및 작업 공간을 두지 않고, 수업 중 출입문 관리를 잘하고, 교재는 학습 공간 한 곳에 모아두도록 하며, 학생이 완성한 학습 결과를 둘 공간도 확보하는 등의 노력이 필요합니다.

② **시각적 일과표 :** 발달장애 학생에게 일과나 어떠한 활동이 어떤 순서로 진행되는지를 시각적으로 안내하여 손쉽게 다음에 이루어질 활동을 예측하도록 도와줌으로써 불안감을 감소시킬 수 있습니다. 더 나아가서 필요하다면 한 수업 활동 안에서도 시각적인 일과표를 제작하여 학생이 활용하도록 할 수 있습니다. 개별 책상, 사물함, 문 또는 교실 내 지정된 게시 장소에 학생 개별이나 전체를 위한 그날의 활동을 시각적으로 제시합니다. 이때 학생들의 인지수준을 고려하여 실물, 사진, 그림, 선화(line drawing), 문자 등을 선택적으로 활용할 수 있습니다. 한편 (특히 통합교육 장면에서) 일정 변경이나 장소 전이에 심하게 어려움을 느끼는 학생이 있다면, 개별 전환 공간을 제공하여, 장소 전이 전에 전환 공간에 잠깐 방문해서 개별적인 시각적 일과표로 자신의 다음 일정을 확인한 뒤 약간 숨을 고르고 이동하도록 지원할 수도 있습니다. 이때 개별 전환 공간으로는 교실 내 작은 공간이나 특수학급, 상담실 등을 이용할 수 있습니다. 또 마땅한 장소나 공간이 없다면, 제 경험으로는 특히 특수학교 상황이라면 그때그때 간편하게 설치하고 정리할 수 있는 원터치 텐트로 이러한 공간을 제공하는 방법도 고려할 수 있습니다.

③ **작업체계 :** 작업체계는 발달장애 학생들의 독립적인 학습이나 작업을 돕는 체계를 말합니다. 이번 교육활동 시간 이루어지는 과제의

의미, 기대되는 학습 또는 작업의 목표나 양, 현재 상황, 학습 완료 시점, 완료 이후에 제공되는 보상 등에 대해서 시각적으로 제시합니다. 예를 들어, 해야 할 학습 과제물의 양과 끝나면 얻을 수 있는 보상적 활동을 학습자가 시각적으로 볼 수 있도록 합니다. 또 과제가 진행되는 중간마다 진행 과정을 스티커 등으로 표시해서 언제쯤 활동이 종료될 수 있을지 시각적으로 확인할 수 있습니다. 이 외에도 벽에 붙은 색깔 표시 순서대로 바구니에서 과제물을 꺼내서 수행하도록 하여 모든 색의 바구니에 있는 과제를 마무리하면 학습 활동이 종료됨을 인식하도록 지원할 수 있습니다. 티치 프로그램에서는 보통 왼쪽에서 오른쪽으로 과제 완성물을 옮기도록 하는 방식, 색깔 맞추기를 활용하는 방식, 상징 기호를 이용하는 방식, 그리고 학생의 인지능력이 비교적 높을 때는 일종의 설명서 형태로 글을 이용하여 안내하는 방식 등으로 작업체계를 수립합니다.

④ **과제 조직화**(과제 편성) : 과제 조직화는 과제 하나하나의 하위단계를 어떻게 수행해야 하는지를 알기 쉽게 시각적 단서로 제시하는 방법입니다. 다시 말해, 가능한 독립적으로 과제를 수행하도록 발달장애 학생에게 과제를 완성하기 위한 시각적인 지침을 제공합니다. 예를 들어, 어떠한 과제를 해결하는 하위단계 행동을 사진, 그림, 문자를 이용해서 학습자가 이해하도록 시각적 촉진 자료나 자기점검표로 만들어 제시할 수 있습니다. 또 시각적 단서에 따라 작업 순서를 배우기 쉽게 고안된 보조 교재인 '지그'를 제공할 수도 있습니다. '지그'의 예를 들면, 물품을 포장할 때 포장 위치를 그려 놓은 종이를 제시하여 이를 보면서 독립적인 수행을 하도록 지원하는 방법 등이 있습니다.

예를 들어, 특수학교의 전공과 교실에서 조립과 포장 실습을 하는 교육활동 중에 티치 프로그램을 접목하여 구조화된 교수를 실행한다면, ① 사무용 칸막이 등을 이용하여 작업영역별로 장소를 구조화해주고(물리적 구성), ② 시간대별 활동 계획표를 시각적으로 제시하여 다음 작업을 예측할 수 있도록 하며(시각적 일과표), ③ 작업대 위에 견본 한 개와 일일 작업량만큼의 부품을 올려놓고 완성품 담는 상자에는 수당에 해당하는 금액을 적어놓거나 붙여두고(작업체계), ④ 개별 학생이 해야 하는 조립이나 포장 순서를 그림이나 동영상 등으로 제시하여 필요할 때마다 학생이 이 시각적 촉진 자료를 보고 작업을 수행하도록 지원할 수 있습니다(과제의 조직화).

특수학교 상황이 아닌 통합교육 교실 장면에서 티치 프로그램을 전면적으로 적용하는 일은 사실 많은 무리가 따를 수 있습니다. 그럼에도 티치 프로그램의 핵심인 시각적 구조화와 예측 가능성을 가능한 만큼이라도 반영하는 노력은 발달장애 학생과 기타 학습에 어려움이 있는 학생에게 의미 있는 도움을 줄 수 있다고 생각합니다. 꼭 자폐인이 아니더라도 갑작스러운 일과의 변화는 지양해야 하며, 그럼에도 일과의 변화가 불가피하다면 미리 납득할 수 있도록 안내하는 교육자의 노력은 관련된 문제행동의 발생을 예방하는 방법이 될 수 있습니다.

(2) 학교 및 학급 규칙 만들기

학교와 학급에서 학생들이 준수해야 할 기대 행동을 규칙으로 만들 때는 다음과 같은 사항을 검토해야 합니다.

① 규칙을 만들 때 기대 행동이 너무 많은 것은 여러모로 좋지 않습니다. 규칙에 포함하는 기대 행동은 학생이 기억하기 쉽도록, 많지 않게 네 가지 정도가 좋으며, 최대한 총 여섯 가지 이상은 넘지 않도록 하는 것이 바람직하다고 알려져 있습니다. 또한 필요하다면 학교나 학급 전체 학생에게 해당하는 기대 행동에 추가해서 개별 학생이나 몇몇 학생 구성원에게만 해당하는 기대 행동을 한두 가지 더할 수도 있습니다.

② 규칙을 만들 때 기대 행동은 가능한 긍정문으로 기술합니다. 예를 들어, '복도에서 뛰지 마세요.'보다는 '복도에서 천천히 걸어요.'라고 기술해야 합니다. 그래야 명확하게 기대 행동의 수행 여부를 확인하고 약속된 보상을 제공할 수 있습니다. 인지심리학적 측면에서도 사람은 부정문에 비해서 긍정문을 더 빠르게 인식할 수 있다고 알려져 있습니다.

③ 규칙으로 포함하는 기대 행동은 관찰할 수 있도록 명확하게 기술해야 합니다. 다만, 체계적 교수에서 목표행동을 조작적으로 정의하듯 조건, 성취기준, 행동용어를 모두 포괄해서 자세하게 기술하면 학생이 한눈에 확인하기에 어려움이 있습니다. 따라서 선생님은 필요하다면 기대 행동별로 좀 더 자세한 측정 기준을 만들어서 공유하더라도, 학생에게는 최대한 간단하게, 그러나 무얼 해야 하는지는 명확히 알 수 있도록 기대 행동을 제시해야 합니다.

④ 규칙에 포함할 기대 행동은 가능하면 학생과의 협의 절차를 만드는 게 좋습니다. 또한 만들어진 규칙을 지켰을 때 얻을 수 있는 보상(강화)과 필요하다면 지키지 않았을 때의 준수 사항 등을 포함하는 일종의 학급 또는 개별 행동 계약서를 만들 수 있습니다. 강

화제를 선정하고 활용하는 방법에 대한 자세한 내용은 교육 방법 장의 체계적 교수 파트에 제시하고 있습니다.

⑤ 학교 곳곳과 교실에 학생이 잘 볼 수 있는 공간을 이용하여 규칙으로 정한 기대 행동을 시각화하여(학생의 수준에 맞게 기대 행동을 글, 그림, 사진 등으로 제시) 안내하도록 합니다. |그림 4-2|는 제가 근무했던 특수학교에서 학교의 규칙으로 정한 기대 행동을 학교 곳곳에 시각적으로 안내했던 예이니, 참고 바랍니다.

|그림 4-2| 학교 규칙 제시 사례

(3) 수업 개선

수업은 앞서 교육 방법 장에서 제시한 증거기반실제를 적절하게 활용하여, 학생의 수업 참여도와 성취도를 높일 수 있습니다. 교실에서의 수업 활동이 좀 더 학생 친화적으로 개선될 때, 학생들의 문제행동도 줄어들고 긍정적인 행동을 촉진할 수도 있습니다. 앞서 제시한 여러 가지 증거기반실제와 더불어서 일반적으로 문제행동 예방과 수업 참여도 증진에 도움이 되는 일반적인 수업 개선 방법을 제시하면 다음과 같습니다.

① 교수학습 활동을 할 때 발달장애 학생이라고 하여 너무 느리게 진행되지 않도록 속도를 적절하게 조절합니다.
② 한 가지 활동을 마치고 다음 활동으로 넘어갈 때는 시각적인 방법 등으로 안내하여 자연스럽게 전이가 될 수 있도록 합니다.
③ 과제를 가능한 좀 더 작은 단위로 나누어서 제시하여, 한 차시에 배울 내용을 줄입니다. 만일 워크시트를 제작한다면 한 장에 들어가는 문제의 양을 대폭 줄입니다.
④ 과제를 완성하는 속도의 차이를 고려하여, 여분의 활동을 준비해 둡니다. 이를 통해 과제를 빨리 끝낸 학생이 계속 흥미를 갖고 추가 활동을 할 수 있습니다. 다만, 이러한 추가 활동은 너무 어렵거나 고도의 집중이 필요해서 스트레스를 유발하지는 않아야 합니다. 학생의 흥미를 유발할 수 있는 컴퓨터 프로그램과 애플리케이션을 이용한 게임 기반 학습, 보드게임, 때로는 신체활동 등을 접목한 과제가 추가 활동으로 좀 더 적합하다고 볼 수 있습니다.
⑤ 활동이 진행되는 과정에서도 과제 선택하기, 짧은 휴식 시간 정하기 등과 같은 자기결정 기회를 제공합니다.
⑥ 과제의 완성 기준을 분명하게 제시합니다.
⑦ 학생이 이미 알고 있는 과제, 이번 시간에 배운 쉬운 과제, 약간 어려운 과제, 어려운 과제 등을 적절하게 분배하여 제시합니다. 또

한 활동과 활동 사이에 필요하다면 약간의 휴식 시간을 제공하거나, 이전 활동을 잘 마쳤음을 보상할 수 있도록 학생이 선호하는 활동을 할 적당한 시간을 줄 수 있습니다. 이를 대부분의 수업에서 비슷한 순서로 진행하여 일종의 구조화를 도모합니다.

⑧ 과제의 제시 방법에 다양한 변화를 시도합니다. 예를 들어, 과제를 종이 연습장으로 제시할 수도 있지만, 컴퓨터, 스마트기기의 애플리케이션 등을 이용할 수도 있습니다.

⑨ 수업 시작 전에 학생의 특성에 따라서 일정 시간(5~10분) 정도 너무 격하지 않은 신체활동을 제공하는 방법도 수업 참여도를 높이는 데 도움이 될 수 있습니다. 다만, 이러한 선행적인 활동이 모든 학생에게 효과적이지는 않으며, 사례에 따라서는 잔잔한 음악을 들으면서 진행하는 명상이나 요가 등의 다소 정적인 활동이 수업 참여도를 높이는 방법이 될 수도 있으므로, 학생의 특성에 따라 적절하게 구별하여 적용할 필요가 있습니다.

⑩ 교육 내용이나 과제의 형식, 난이도 등을 학생의 수준에 맞게 적절하게 적합화할 수 있습니다. 예를 들어, 워크시트에 제시된 개방형 문제를 학생의 수준을 고려해서 선다형이나 양자택일형으로 바꾸거나, 필기에 요구되는 부담을 줄이기 위해서 키워드만 빈칸으로 비워두고 채우도록 하는 형태로 필기 보조 자료를 사전에 제공할 수도 있습니다. 이를 학문적 용어로 안내 노트(guided note) 전략이라고 부르기도 합니다. 이러한 노력으로도 학습에 어려움을 보이는 학생에게는 교과 수업을 진행하면서 그 학생만의 개별화된 목표를 교육활동에 종종 녹여내서 가르치는 삽입교수(embeded instruction)를 적용할 수 있습니다. 간단한 예를 들면, '어른에게 예

의를 갖춰 인사할 수 있다.'라는 한 학생의 개별화된 교육 목표를 반영하여 교과 수업 시간의 시작과 끝에 그 학생이 인사를 하도록 하고, 필요하다면 적절한 인사 방법을 시범 보이면서 따라 하게 하는 일련의 교수학습 절차를 꾸준하게 실행할 수 있습니다. 삽입교수라는 말이 다소 어렵게 느껴질 수 있지만, (통합교육 장면에서는) 특수교사나 부모님 등을 통해 특정 학생의 개별화된 교육 목표를 알아 두고 조금만 고민한다면 아주 어렵지는 않은 방법이라고 볼 수 있습니다. 통합교육 장면이 아니라 특수학교 상황에서도 이러한 삽입교수의 원리를 적절하게 적용하여 개별화된 교육활동을 고안할 수 있습니다. 저자의 블로그에는 학생의 개별화된 목표를 간단하게 파악하도록 돕는 'IEP 안내 카드'의 예시를 제시하였습니다(blog.naver.com/bjs718/222685466547). 또한 개별화된 목표를 여러 학교 교육활동에 삽입하여 가르치기 위한 계획표 예시도 제시하였으니(blog.naver.com/bjs718/223409129011), 참고 바랍니다.

<table>
<tr><td rowspan="4">전공과
1학년 2반
(자립반)
2번
김 민 수</td><td>나의 장점</td><td>• 그림 의사소통 판을 이용한 의사소통이 어느 정도 가능함.
• 운동하는 것을 좋아하며, 특히 트램펄린을 좋아함.</td></tr>
<tr><td>수업지원</td><td>• 글을 읽지 못하기 때문에 크게 읽어줄 필요가 있음.
• 연필 집기가 어려워서, 노트북(태블릿) 활용 필요함.</td></tr>
<tr><td>생활지원</td><td>• 대변 볼 시 휴지를 꼭 필요한 만큼만 제공해야 함.
• 식사 시 가위로 잘게 잘라주고, 포크가 필요함.</td></tr>
<tr><td>행동지원</td><td>• 수업 중 20분마다 휴식 코너에서 개인 휴식 5분 제공함.
• 장소 전환 시 미리 시각적 자료(사진 등)로 안내하기
• 귀를 막는 모습 보이면, 차폐 헤드셋 제공하기</td></tr>
<tr><td colspan="2">좋아하는 것(강화제)</td><td>트램펄린, 마이쭈, 쿠키, 컴퓨터, 촉감 놀잇감, 휴지놀이 등</td></tr>
</table>

<table>
<tr><th colspan="3">개별화교육계획(IEP) 핵심 학기목표</th></tr>
<tr><th>교과(영역)</th><th>1학기 교육 목표</th><th>교육 방법</th></tr>
<tr><td>직업과 생활</td><td>• 그림 의사소통 판으로 자신의 소속, 가족 구성원, 장점을 소개할 수 있다.</td><td rowspan="3">• 최소촉진 체계
• 자극촉진
• 그림촉진
• 비디오 모델링</td></tr>
<tr><td>사무보조기술</td><td>• 문서를 정해진 기준에 맞추어 분류하는 작업을 20분 이상 수행할 수 있다.</td></tr>
<tr><td>사회적 기술</td><td>• 상황과 대상에 적합한 인사말을 사용하여, 먼저 인사할 수 있다.</td></tr>
</table>

| 그림 4-3 | IEP 안내 카드의 예

〈표 4-1〉 개별화된 목표를 여러 교육활동에 삽입하기 위한 계획표 예시

	국어	수학	사회	점심시간
목표 1 : 사회적 기술 어른과 또래를 구별하여 대상에 적합한 인사를 할 수 있다.	수업 시작에 맞춰 반 대표로 선생님께 인사하기	수업 시작에 맞춰 반 대표로 선생님께 인사하기	수업 시작에 맞춰 반 대표로 선생님께 인사하기	
목표 2 : 신변자립 비누로 거품을 내어 흐르는 물에 손을 깨끗하게 씻고, 수건으로 닦을 수 있다.				점심 식사 전 화장실에서 손 씻기 연습하기
목표 3 : 의사소통 자신의 요구나 특정 상황에 대한 묘사를 3~4어절의 문장으로 표현할 수 있다. (예 지금 배가 고파요. 등)	국어책에 있는 그림 상황을 보고 3~4어절의 문장으로 묘사하기 자신의 요구 3어절로 표현하기	수학책에 있는 그림 상황을 보고 3~4어절의 문장으로 묘사하기 자신의 요구 3어절로 표현하기	사회책에 있는 그림 상황을 보고 3~4어절의 문장으로 묘사하기 자신의 요구 3어절로 표현하기	점심시간에 나온 음식에 대한 설명이나 느낌을 3~4어절의 문장으로 표현하기 자신의 요구 3어절로 표현하기
목표 4 : 기능적 수학 30cm 자로 물건의 길이를 mm 단위까지 재고, 말로 표현할 수 있다. (예 00cm 0mm)	국어책이나 관련 교구의 길이를 1회 이상 자로 재는 연습하기	다양한 사물의 길이를 자로 재는 연습하기	사회책이나 관련 교구의 길이를 1회 이상 자로 재는 연습하기	식판, 젓가락, 숟가락 등의 길이를 매일 번갈아 가며 1회 이상 자로 재본 뒤 식사하기

2) 개별적 지원 : 개별 학생을 위한 행동중재 절차

보편적 중재나 소집단 중재를 통해서도 문제행동이 바람직한 개선되지 못한 고위험군 학생을 대상으로는 더 집중적이고 개별화된 행동중재 지원이 필요합니다. 이러한 학생을 대상으로 개별 차원의 행동중재계획을 본격적으로 수립하기에 앞서 먼저 학생이 보이는 문제행동의 심각도나 보호자와 (가능하다면) 학생 본인의 동의 여부, 중재 적용 시의 행동 변화 가능성 등을 종합적으로 검토해야 합니다. 이러한 검토를 마친 뒤에는 가능하다면 학생에게 필요한 행동중재 전략을 함께 고민해 볼 행동중재지원팀을 구성할 수 있습니다. 행동중재지원팀에는 보호자와 (가능하다면) 학생 본인, 담임교사, 교과교사, 지원인력, 교내 행동중재 전문교사 혹은 교육청 등에서 파견한 외부 행동중재 전문가, 그리고 학교 관리자 등을 포함할 수 있습니다. 이렇게 행동중재지원팀이 구성된 이후에 해당 학생을 위한 행동중재계획을 수립하고, 실행하며, 평가하는 절차는 다음과 같이 진행할 수 있습니다. 다만, 아래 순서는 하나의 참고 사항일 뿐 다양한 변형이 있을 수 있습니다.

(1) 학생에 대한 정보를 얻고, 중재해야 할 문제행동 선정하기

먼저 해당 학생에 관한 다양한 정보를 얻어야 합니다. 이러한 정보에는 주로 중재가 이루어져야 하는 환경에서의 일과 시간과 활동에 관한 내용이 기본이 됩니다. 이 외에도 학생의 수용 및 표현 의사소통 능력 수준, 식사 방법, 독립적인 화장실 사용 여부, 약물 복용 여부, 기타 의료적 특성, 생육사 등에 대해서도 가능한 만큼 파악합니다.

이러한 정보와 더불어, 해당 학생에게 강화제로 적용할 수 있을 만한 선호 자극(사물이나 활동, 사회적 상호작용 등)에 대한 정보를 최대한 많이 얻는 과정도 추후 행동중재계획 수립을 위해서 필요할 수 있습니다. 보통 선호 자극과 강화제를 비슷한 용어로 섞어가면서 사용하나, 사실 학문적으로 어떠한 자극을 강화제라고 부르려면 그 자극이 후속결과로 제공되었을 때 실제로 가까운 미래에 표적행동이 증가하거나 높은 상태로 유지되는 현상이 확인되어야만 합니다. 다만, 이 책에서는 두 용어를 비슷한 의미로 사용하였습니다. 어쨌든 선호 자극 또는 강화제는 주 강화제, 유형(물질) 강화제, 활동 강화제, 사회적 강화제(예 칭찬) 등으로 구분하여 최대한 다양하게 찾아 범주화할 수 있습니다.

학생이 선호하는 자극을 찾는 자극 선호도 평가 방법에는 크게 학생 본인(가능하다면)이나 보호자 등 관련인과 면담하는 방법, 학생의 일과나 활동을 직접 관찰하여 선호하는 자극을 찾는 방법, 그리고 1개 혹은 2개나 3개 이상의 자극을 동시에 제시하고 선호하는 자극 하나를 고르도록 하는 일련의 과정을 무작위로 반복하는 시도(시행 : trial) 기반 평가 절차 등이 있습니다. 이 중에서 간접적인 평가 방법인 면담은 좀 더 구조화된 정보 수집을 위해서 이미 개발되어 있는 설문지를 함께 이용하기도 합니다. 이 설문지 중 하나인 '중도장애인을 위한 강화제 평가(Reinforcer Assessment for Individuals with Severe Disabilities)'를 현장에서 비교적 자주 사용하는데, 그 내용은 저자의 블로그 글을 참고 바랍니다 (blog.naver.com/bjs718/223545816465).

위와 같은 과정으로 해당 학생에 대한 정보를 수집한 이후에는 이 정보를 참고하여 학생이 보이는 몇 가지 문제행동이 체계적이고 집중적인 행동중재가 필요한 것인지 혹은 행동중재가 아닌 다른 지원이 필요한 것은 아닌지 다시 숙고합니다. 그리고 부모님과 선생님 등을 포함하는 행동중재지원팀의 구성원이 학생이 보이는 문제행동이 행동중재가 필요하다고 판단하였다면, 그 이후에는 학생이 보이는 여러 문제행동 중에서 어떠한 문제행동을 가장 먼저 중재할지에 대한 우선순위를 정하게 됩니다. 이때 우선순위는 앞서 제시한 기본적인 문제행동의 중재 우선순위인 파괴행동 → 방해행동 → 경미한 방해행동(분산행동)의 순으로 결정할 수도 있고, 필요에 따라 앞서 살펴본 아홉 가지 질문을 전반적으로 고려하여 먼저 표적으로 삼아야 할 문제행동을 선정할 수도 있습니다. 물론 중재해야 할 문제행동이 단 하나인 학생이라면 이러한 고민이 불필요하겠습니다.

(2) 문제행동을 조작적으로 정의하고, 측정 방법 선정하기

중재해야 할 문제행동이 결정된 이후에는 그 문제행동을 관찰하고 측정할 수 있도록 명확하게 서술해야 합니다. 이를 조작적 정의라고 말합니다. 문제행동의 조작적 정의를 위해서는 해당 기능(목적)으로 수행되는 모든 문제행동을 포괄하여 표현하는 기능 기반의 정의를 주로 활용하되, 필요할 때는 형태 기반의 정의를 일부 추가하여 조금 더 자세하게 그 형태를 기술할 수 있습니다. 예를 들어, '자해'를 목적으로 하는 여러 행동이 표적행동으로 선정된 학생이라면, 단순히 '자해행동을 한다.'와 같은 정의보다는 '자기 팔과 손 등으로 자기 신체를 때리거나 때리려고 시도하는 모든 행동 또는 지면이나 사물을 이용하여 자기 신체를 상해하려고 시도하거나 실제로 상해하는 모든 행동'이라고 정의할 수 있습니다. 또 다른 예로, 다른 사람을 상해하는 것을 목적으로 하는 여러 행동이 표적행동으로 선정된 학생이라면, 단순히 '폭력행동을 한다.'와 같은 정의는 명확성이 부족하므로, '자기 신체로 다른 사람을 때리거나 때리려고 시도하는 모든 행동 또는 어떠한 사물을 이용하여 다른 사람을 상해하거나 상해하려고 시도하는 모든 행동'이라고 정의할 수 있습니다. 이렇듯 문제행동의 조작적 정의에 있어서 핵심은 기능 기반의 정의와 형태 기반 정의의 절묘한 배합이라고 이야기할 수 있습니다.

다음으로 문제행동을 조작적으로 정의한 뒤에는 이러한 행동을 측정하여 수치화할 수 있는 측정 방법을 결정해야 합니다. 비교적 짧은 시간 동안 나타나는 행동이 일과 중 여러 번에 걸쳐 반복해서 발생한다면, 횟수나 비율(빈도)을 측정에 사용할 수 있습니다. 횟수나 비율을 사용하는 측정 방법을 사건기록법(빈도기록법)이라고 말하는데, 사실 가장 흔히 사용하는 방법이면서도 가장 간편한 방법이라고 볼 수 있습니다. 그런데 자주 나타나지 않는 행동이지만 한 번 나타났을 때 비교적 길게 지속된다면 횟수나 비율보다는 행동을 지속하는 시간의 범위를 측정하는 지속시간 기록법을 사용하는 게 더 적절합니다. 또한 문제행동의 유형에 따라서 행동의 형태나 크기(강도), 위치, 영속적 산물(표적행동에 따른 결과물) 등을 주요하게 측정하거나 보조적으로 활용하기도 합니다. 이 외에도 선행자극이 제시된 후부터 반응이 나타나기 시작하는 데까지 걸리는 시간을 말하는 반응 지연시간이나 반응과 반응 사이의 간격을 말하는 반응 간 시간이라는 개념도 있으나 특별한 목적이 있을 때를 제외하면 문제행동의 측정에서는 자주 사용되지는 않는 것으로 보입니다.

한편 표적으로 삼은 문제행동이 한 시간 내에서도 상당히 자주 일어나거나, 그럼에도 관찰 자원 역시 다소 부족한 상황이라면, 전간격기록법, 부분간격기록법, 순간시간표집법 등을 포함하는 시간표집법(간격기록법)을 사용할 수도 있지만, 현실적으로 학교나 가정 등의 교육과 양육 현장에서 연구 목적이 아닌 임상 목적으로 사용하기에는 다소 무리가 따를 수 있다고 알려져 있습니다. 시간표집법에 대한 자세한 설명은 저자의 블로그 글을 참고 바랍니다(blog.naver.com/bjs718/223109092347).

결론적으로 이야기하면, 다양한 측정 차원에 따른 측정 기록 방법이 있을 수 있지만, 통상적으로 응용 현장에서 실무적으로 주로 사용하는 방법은 횟수나 비율을 기반으로 하는 사건(빈도)기록법입니다. 하지만 반복되는 횟수는 적지만 한 번에 유지되는 시간이 길어서 사건기록법을 이용하면 과소 측정으로 인해 타당도에 큰 위협이 된다면 지속시간 기록법을 대안으로 사용해야 할 수 있습니다.

(3) 기능적 행동평가 실행하기

기능적 행동평가(functional behavioral assessment)는 기능평가 혹은 행동기능평가라고도 번역합니다. 이 단계에서는 먼저 문제행동의 발생에 영향을 미칠 수 있는 배경 요인을 파악하기 위해서 주요 생활사건, 건강 및 신체적 문제, 문제행동의 내력, 과거에 실시된 중재, 과제 수행 정도, 학생의 강점과 약점, 선호하는 물건이나 활동(강화물), 전반적인 삶의 질 등에 대한 정보에 대해서 알아볼 수 있습니다. 면담의 대상자는 학생과 가장 오랫동안 많은 시간을 보낸 보호자 등 관련인을 포함합니다. 이를 바탕으로 하여 문제행동의 발생에 영향을 미쳤을 수 있는 배경 요인이나 환경적 요인을 살펴볼 수 있습니다. 앞서 살펴본 첫 번째 절차에서 문제행동의 배경 요인을 유추하는 데 도움이 될 만한 학생에 대한 정보를 이미 충분히 얻었다면 이 과정은 생략할 수도 있습니다. 이러한 배경 요인 혹은 환경적 요인을 파악하는 과정은 가능하다면 충분히 실행하면 좋겠지만, 시간적인 어려움이 있거나 관련인과의 적절한 면담에 어려움이 있다면 어쩔 수 없이 생략할 수도 있습니다.

문제행동의 기능적 행동평가 방법은 크게 간접적 기능평가, 기술적 기능평가, 기능분석으로 나눌 수 있습니다.

먼저 간접적 기능평가는 면담이나 설문지 등을 이용해서 문제행동의 기능을 간접적으로 평가하는 방법입니다. 타당도나 정확도는 다소 부족할 수 있지만, 비교적 쉽게 기능을 살펴볼 수 있다는 점에서 응용 현장에서의 활용도가 적지 않습니다. 다만, 한계를 조금이라도 보완하기 위해서는 해당 학생을 잘 아는 여러 명의 관련인이 독립된 상황에서 평정한 결과를 종합적으로 판단하는 노력이 필요할 수 있습니다.

다음으로 기술적(서술적) 기능평가는 쉽게 말해서 문제행동을 직접 관찰하여 문제행동의 배경사건 및 선행사건과 문제행동, 그리고 문제행동을 한 뒤에 학생에게 제공된 후속결과 등을 기술하는 방법이라고 정의할 수 있습니다. 기술적 기능평가에는 표적으로 삼은 문제행동이 발생할 때마다 **문제행동의 직접적인 촉발 요인인 선행사건(A) → 표적행동(B) → 후속결과(C)** 등을 직접 관찰하여 기록하는 ABC 기록(ABC 기록은 다시 연속기록, 서술기록으로 구분할 수 있으나 여기서는 자세한 설명을 생략하며, 저자의 블로그 글 'blog.naver.com/bjs718/223116902334' 참고 바람), 그리고 시간대별로 문제행동의 발생을 기록하여 행동 발생 패턴을 파악하는 산포도(산점도) 등의 방법이 있습니다.

마지막으로 기능분석은 실험분석이라고도 불리는데, 실제로 기능별로 문제행동이 발생할 수 있는 실험 조건을 인위적으로 만들어서 어떤 조건에서 문제행동이 두드러지게 발생하는지 직접 관찰하는 방법입니다. 기능적 행동평가의 한 유형이기도 하지만, 앞서 간접적이고 기술적인 기능평가를 통해 수립된 행동 기능 가설을 입증하는 역할을 하기도 합니다. 기능분석은 문제행동의 기능을 가장 확실하게 입증하는 방법입니다. 하지만 문제행동을 인위적으로 유발하여 새로운 기능을 학습하게 할 수 있다는 문제와 함께 짧은 시간에도 비교적 자주 나타나는 표적행동이 아니라면 실험적 조건을 만들어도 표적행동이 발생하지 않을 수 있다는 한계도 있습니다. 예를 들어, 하루에 1~2회 정도만 심한 자해행동이나 폭력행동이 나타난다면 이는 기능분석으로 기능을 살펴보기가 어렵다고 볼 수 있습니다. 또한 전문가와 학생이 1:1로 있는 상황에서 조건을 만들고 행동을 관찰해야 하는 방법인 만큼 공교육 현장에서는 쉽게 적용하기에는 어려움이 따를 수 있습니다. 그럼에도 기능분석의 방법론을 참고하여 간접적 · 기술적 기능평가가 만들어진 만큼 최소한 학문적으로 기능분석의 가치는 크다고 볼 수 있으며, 잘만 적용하면 특히 1:1 관찰이 가능한 상황에서는 다른 방법으로 명확하게 기능을 파악하지 못할 때 기능분석을 고려해 볼 수도 있습니다.

여기서는 간접적 기능평가 도구 중 행동 기능 설문지 두 종류를 살펴보고, 기술적 기능평가 도구로 ABC 기록과 산점도 분석, 그리고 ABC 기록 방법을 응용한 색인카드 기록 양식을 살펴보겠습니다. 마지막으로 기능분석에 대한 기본적인 내용도 살펴보겠습니다.

① 행동 기능 설문지

행동 기능 설문지는 문제행동의 동기(기능)를 평가해 볼 수 있도록 돕는 설문지이자 척도입니다. 문제행동의 기능을 파악하기 위한 구조화된 면담 과정과 실제 학생의 행동을 일정 기간 관찰한 뒤에 척도에 기록할 수도 있고, 학생을 오랜 기간 지켜본 주 보호자 또는 선생님 등이 바로 척도에 기록할 수도 있습니다. 평가자는 학생이 보이는 문제행동의 발생 원인을 묻는 여러 가지의 질문에 답하게 되는데, 이 질문은 각각 특정 문제행동의 선행사건이나 후속결과를 다루고 있습니다. 모든 질문에 답하게 되면 점수를 합산하게 되며, 이를 통해 문제행동의 기능을 유추해 볼 수 있습니다. 그런데 사실 이 결과만 가지고 문제행동의 기능을 확신해서는 곤란합니다. 그 이유와 보완 방법은 앞서 간접적 기능평가에 관한 설명에서 제시하였으므로 생략합니다. 행동 기능에 대한 설문지는 국내외에서 다양한 유형이 개발되어 있습니다. 이 중에서 제가 자주 사용하는 도구로 국내에서 개발한 행동원인규명척도, 외국에서 개발한 행동 기능 설문지(QABF) 두 가지를 예시로 제시해 보도록 하겠습니다.

행동원인규명척도

관찰날짜		평가자	
학생이름		주요 문제행동	
목표행동	– 목표행동은 무엇입니까? – 한 가지만 선택하기 : ① 자해 ② 공격 ③ 파괴 ④ 상동 ⑤ 기타 – 선택한 목표행동을 구체적으로 쓰기 :		

▶ 문항을 읽어보고 해당하는 경우 ○에 체크, 해당하지 않는 경우 ×에 체크합니다.

이 행동을 왜 한다고 생각하십니까?	○	×
1. 어떤 형식이든 사람들이 자신에게 관심을 갖는 것이 좋아서		
2. 그 행동의 결과로 얻는 감각이 좋아서		
3. 타인에게 주목받는 것을 즐기기 때문에		
4. 자기가 원하는 것을 즉각적으로 얻지 못해서		
5. 시키는 일을 거부하려고		
6. 하라고 하는 일이 힘들어서		
7. 그 행동 자체가 주는 느낌이 좋아서		
8. 관심의 대상이 되고 싶어서		
9. 자신이 원하는 장난감/ 물건을 가질 수 없어서		
10. 주어진 일(과제)을 하기 싫어서		
11. 그 행동을 하는 것 자체가 좋아서		
12. 다른 사람의 관심을 끌려고		
13. 어떤 장난감/ 물건을 갖기 위해서		
14. 시키는 일이 어려워 피하려고		
15. 본인이 갖고 싶은 장난감/ 물건을 얻으려고		
16. 그 행동이 주는 자극을 추구하기 위해		

▶ 아래 내용을 보고 행동의 원인을 확인합니다. 해당 기능의 문항 총점이 높을수록 그 기능을 위하여 문제행동을 하는 것으로 해석될 수 있습니다.

행동원인	총 점
과제회피(5, 6, 10, 14문항)	
요구(4, 9, 13, 15문항)	
관심(1, 3, 8, 12문항)	
자기자극(2, 7, 11, 16문항)	

| 그림 4-4 | 행동원인규명척도

출처 : (국립서울병원) 문제행동별 치료사례집에서 발췌 후 재구성

행동 기능 설문지(QABF : The Question about Behavior Function)				
이름				
평가자			날짜 :	
목표행동				
제시되는 각 상황에 평가 대상자가 얼마나 자주 목표행동을 보이는지에 대한 점수를 선택하세요. 어떠한 대답이 적절할지에 대한 대답이 아니라 목표행동이 얼마나 자주 일어나는지에 대한 점수를 적어야 합니다.				
X 해당 없음	0 발생하지 않음	1 가끔씩 발생	2 종종 발생	3 자주 발생

	1. 관심을 끌기 위해 행동을 보인다.
	2. 일하는 상황이나 학습상황에서 벗어나기 위해 행동을 보인다.
	3. "자기자극"의 형태로 행동을 보인다.
	4. 아픔을 느낄 때 행동을 보인다.
	5. 좋아하는 물건을 가지기 위해서 행동을 보인다.
	6. 꾸중 듣기를 즐겨하기 때문에 행동을 보인다.
	7. 옷 입기, 이 닦기, 일하기 등 어떤 과제를 수행하라고 했을 때 행동을 보인다.
	8. 방 안에 아무도 없어도 혼자서 행동을 보인다.
	9. 평가 대상자가 아플 때 더 많이 행동을 보인다.
	10. 평가 대상자로부터 어떤 물건을 제거하면 행동을 보인다.
	11. 자신에게 관심을 끌기 위해 행동을 보인다.
	12. 특정 과제를 수행하기 싫어서 행동을 보인다.
	13. 아무것도 할 것이 없을 때 행동을 보인다.
	14. 무엇인가 물리적/신체적으로 자신을 귀찮게 할 때 행동을 보인다.
	15. 평가 대상자가 원하는 물건을 당신이 가지고 있을 때 행동을 보인다.
	16. 평가 대상자가 당신의 반응을 보고 싶어서 행동을 보인다.
	17. 다른 사람들로부터 혼자 있고 싶어서 행동을 보인다.
	18. 주변의 상황을 무시하여 심하게 반복행동을 한다.
	19. 신체적으로 불편할 때 행동을 보인다.
	20. 평가 대상자가 원하는 물건을 가지고 있을 때 행동을 보인다.
	21. 평가 대상자가 행동을 보일 때면 "여기 와서 나를 봐", "나를 바라봐"라고 이야기하는 것 같다.
	22. 평가 대상자가 행동을 보일 때면 "혼자 내버려 둬", "무엇을 하라고 하지마"라고 이야기하는 것 같다.
	23. 혼자 있어도 그 행동을 즐기는 것 같다.
	24. 행동을 통해서 평가 대상자가 아프다는 것을 말하는 것 같다.
	25. 행동을 보일 때 장난감, 음식, 특정 물건을 달라고 말하는 것 같다.

| 그림 4-5 | 행동 기능 설문지(QABF) 앞면

출처 : (부산광역시교육청) 특수교육대상자의 문제행동 중재 사례.

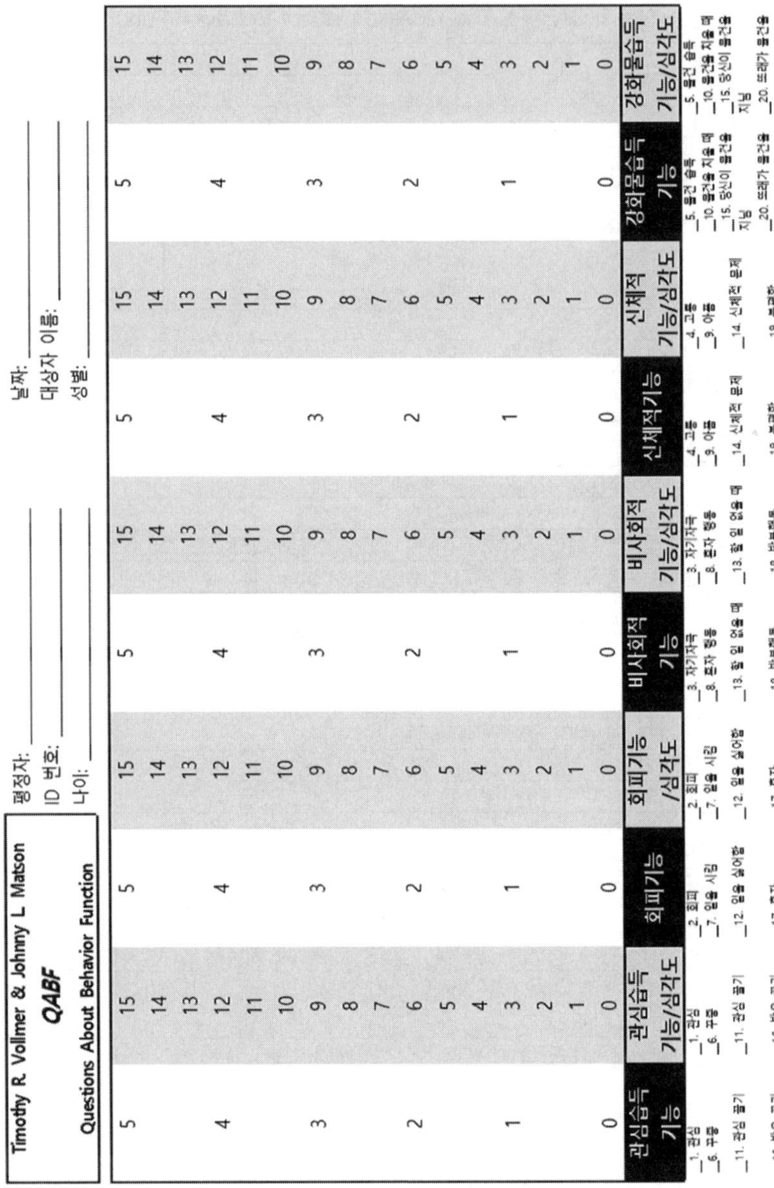

Timothy R. Vollmer & Johnny L. Matson

QABF

Questions About Behavior Function

평정자: ______ ID 번호: ______ 나이: ______

날짜: ______ 대상자 이름: ______ 성별: ______

관심습득 기능	관심습득 기능/심각도	회피기능	회피기능 /심각도	비사회적 기능	비사회적 기능/심각도	신체적기능	신체적 기능/심각도	강화물습득 기능	강화물습득 기능/심각도
5	15	5	15	5	15	5	15	5	15
	14		14		14		14		14
	13		13		13		13		13
4	12	4	12	4	12	4	12	4	12
	11		11		11		11		11
	10		10		10		10		10
3	9	3	9	3	9	3	9	3	9
	8		8		8		8		8
	7		7		7		7		7
2	6	2	6	2	6	2	6	2	6
	5		5		5		5		5
	4		4		4		4		4
1	3	1	3	1	3	1	3	1	3
	2		2		2		2		2
	1		1		1		1		1
0	0	0	0	0	0	0	0	0	0
__1. 관심 __6. 꾸중	__1. 관심 __6. 꾸중	__2. 회피 __7. 일을 시킴	__2. 회피 __7. 일을 시킴	__3. 자기자극 __8. 혼자 행동	__3. 자기자극 __8. 혼자 행동	__4. 고통 __9. 아픔	__4. 고통 __9. 아픔	__5. 물건 습득 __10. 물건을 치울 때	__5. 물건 습득 __10. 물건을 치울 때
__11. 관심 끌기	__11. 관심 끌기	__12. 일을 싫어함	__12. 일을 싫어함	__13. 할 일 없을 때	__13. 할 일 없을 때	__14. 신체적 문제	__14. 신체적 문제	__15. 당신이 물건을 지님	__15. 당신이 물건을 지님
__16. 반응 끌기	__16. 반응 끌기	__17. 혼자	__17. 혼자	__18. 반복행동	__18. 반복행동	__19. 불편함	__19. 불편함	__20. 또래가 물건을 지님	__20. 또래가 물건을 지님
__21. "여기와"	__21. "여기와"	__22. "혼자 내버려 둬"	__22. "혼자 내버려 둬"	__23. 혼자서 즐김	__23. 혼자서 즐김	__24. 아파서 불편	__24. 아파서 불편	__25. "그거 주세요"	__25. "그거 주세요"

| 그림 4-6 | 행동 기능 설문지(QABF) 뒷면 :

앞면의 질문 점수를 제시된 각 영역별로 합산하여, 문제행동의 기능을 파악함.

국내에서 개발한 행동원인규명척도는 이 책에서는 제시하고 있지 않지만 국외에서 개발한 동기사정척도(MAS)를 참고하되, 양자택일형으로 제작하여 학부모 등 비전문가도 좀 더 쉽게 평가할 수 있도록 개발하였습니다. 사회적 정적강화인 관심 얻기(획득)와 물건이나 활동 얻기(획득) 기능, 그리고 사회적 부적강화인 과제나 활동 회피(도피), 자동적 정적강화인 자기자극(놀이 및 감각자극 얻기) 기능을 파악할 수 있는 총 16개의 질문으로 구성되어 있습니다.

국외에서 개발한 행동 기능 설문지(QABF)는 제가 가장 많이 사용하는 간접적 기능평가 도구이기도 합니다. 이론적으로 해당 없음(X)과 발생하지 않음(0점)을 구분하여 만들어졌으나, 사실 애매하기도 하고 점수화를 할 때도 차이가 없으므로 실무적으로는 크게 구분하지 않아도 무방하리라 생각합니다. 관심 습득 기능, 회피(도피) 기능, 비사회적 기능(자동적 정적강화로 놀이 및 자기자극 기능을 다룸), 신체적 기능(주로 자동적 부적강화로 감각자극 회피를 다루며, 이 외에 일부 의료적 요인도 포함), 강화물(물건이나 활동 등) 습득 기능을 파악할 수 있는 총 25개의 질문으로 구성되어 있습니다.

행동원인규명척도나 동기사정척도(MAS)와 비교했을 때, 신체적 기능으로 자동적 부적강화인 감각자극 도피나 기타 신체적 질환 요인도 질문으로 포함하고 있으며, 회피(도피) 기능에서 과제나 활동에 대한 도피 이외에 다른 사람의 관심으로부터의 도피도 17번이나 22번 문항에서 일부 다루고 있습니다. 행동 기능 설문지(QABF)의 앞장에서는 문항별로 점수를 매깁니다. 뒷장에서는 그 결과를 프로파일로 만드는데, 기능별 5문항에서 1점이라도 표시한 문항의 개수를 더하여 표시하는 왼쪽 칸(예 관심 습득 기능)과 기능별 5문항의 점수(5문항*3점=15점)를 모두 더해서 표시하는 오른쪽 칸(예 관심 습득 기능/ 심각도)을 모두 체크하여 별도의 선 그래프를 그립니다. 그리고 이러한 두 선 그래프를 종합적으로 참고하여 행동 기능을 간접적으로 평가할 수 있습니다.

② 산점도(산포도) 기록

기술적 기능평가 중 하나인 산점도는 언제 그리고 어떤 장소에서 문제행동이 주로 발생하는지를 관찰 및 기록하여, 문제행동의 발생 패턴을 파악하는 방법입니다. 이 방법은 문제행동의 선행사건이나 후속결과를 기술하지 않으므로, 산점도 기록만으로 문제행동의 기능(원인)을 명확하게 파악하기에는 다소 무리가 따를 수도 있습니다. 하지만 적어도 문제행동의 주된 발생 장소와 시간대를 파악하여, 일정한 패턴을 확인한다면 행동의 기능을 추론하는 데 도움이 될 수 있습니다. 또한 문제행동이 발생하는 특정한 시간대를 확인한다면, 그때 관찰 자원을 집중하여 학생의 행동을 관찰하여 선행사건과 후속결과가 무엇인지 확인할 수도 있습니다. 산점도 기록 용지의 예시는 다음과 같습니다.

주간 : 월 주						
표적행동 :						
순	시 간 (교시 또는 쉬는 시간 등)	월	화	수	목	금
1	등교					
2	1교시					
3	2교시	◎		○		△
4	3교시	◎	◎	○	△	
5	4교시					△
6	점심시간					

7	5교시					
8	6교시					
표 시		◎ : 표적행동의 강도나 빈도가 크게 발생함. ○ : 표적행동이 보통 수준으로 발생함. △ : 표적행동이 비교적 낮은 수준으로 발생함.				

| 그림 4-7 | 산점도 기록 양식 1

시 간	월	화	수	목	금
등교 버스 안(7:50~8:40)					
등교시간(8:40~9:10)					
1교시(9:10~9:50)					
쉬는 시간(9:50~10:00)					
2교시(10:00~10:40)					
쉬는 시간(10:40~10:50)					
3교시(10:50~11:30)			/		
쉬는 시간(11:30~11:40)					/
4교시(11:40~12:20)	/			/	
점심시간-식당(12:20~12:50)					
점심시간-교실(12:50~13:20)					
5교시(13:20~14:00)	//	//	/	///	//
쉬는 시간(14:00~14:10)	/		//		//
6교시(14:10~14:50)	//	///		///	
하교시간(14:50~15:00)			//		//
하교 버스 안(15:00~15:50)					

| 그림 4-8 | 산점도 기록 양식 2

산포도는 표적으로 삼는 문제행동이 발생했을 때 해당 칸을 칠하거나, 빗금이나 바를 정(正)자 같은 방법으로 횟수를 기록할 수 있습니다. 또한 다른 미리 약속된 여러 기호(예 ○, ◎)를 이용해서 크기(강도), 지속

시간의 범주 등을 기록할 수도 있습니다. |그림 4-8| 산점도 기록 양식 2의 자료는 제가 실제로 가르치던 학생의 행동을 관찰하고 기록했던 예인데요. 주로 오후 시간대에 문제행동이 집중되는 것을 확인할 수 있었습니다. 이 결과를 바탕으로 한 부모님과의 협의를 통해 정신건강의학과 전문의에게 처방받은 약물을 부모님이 임의로 줄여서 아침에 복용하도록 했던 것을 처방대로 복용하도록 하였고, 며칠 뒤부터 문제행동이 오후에도 현저히 줄어드는 모습을 확인하였습니다. 객관적이고 명시적인 자료를 기반으로 했던 협의가 학부모님의 관점 변화를 이끄는 데 도움이 되었다고 생각합니다.

③ ABC 기록

기술적 기능평가의 한 유형인 ABC 기록은 문제행동(표적행동)을 직접 관찰하는 방법 중에서 선행사건, 표적이 되는 문제행동, 후속결과를 기록하여, 이 자료를 통해 문제행동의 기능을 평가하는 방법입니다. 또한 특정할 만한 배경사건(배경 요인)이 있다면 이 내용도 함께 기록할 수 있습니다. 다만, 보통 배경사건은 사전 정보 획득 과정이나 생태학적인 내용 전반에 대한 면담을 통해서 추론하는 사례가 더 많은 것으로 보입니다. 여기서 표적이 되는 문제행동을 제외한 배경사건, 선행사건, 후속결과에 대해서 좀 더 자세히 살펴보면 다음과 같습니다.

배경사건(동기조작/ 환경 요인) → **선행사건** → **표적행동** → **후속결과**

- **배경사건** : 다양한 배경 요인이나 생태학적인 사건 중에서 문제행동 발생의 직접 요인은 아니더라도 강화의 가치를 변화시켜 문제행동의 발생 가능성을 높이는 요인으로 작용할 수 있는 사건이나 자극을

말합니다. 비슷한 용어로 응용행동분석에서는 학문적으로 동기조작(MO)이라는 말을 사용합니다. 다만, 문헌에 따라서 배경사건이라는 용어가 다양한 환경적 요인을 포함하는 말로 좀 더 큰 범주의 용어일 수는 있습니다. 배경사건의 예를 들면, '정해진 시간에 간식을 주지 않았고(선행사건), 학생이 책을 던지는 등의 문제행동을 보였으며, 선생님이 얼른 간식을 챙겨주었다(후속결과).'라는 일련의 과정에서 만약 학교에 오기 전 아침밥을 먹지 않아 배가 고픈 상태였다면, 이 배가 고픈 상태는 간식이라는 문제행동을 통해 얻을 수 있는 강화제의 가치를 증가시켜서 선행사건에 따른 문제행동의 발생 가능성을 높이는 배경사건이라고 말할 수 있습니다. 예로 든 꽤 논리적이고 직접적으로 보이는 배경사건 이외에도 학생의 건강, 수면, 가정 내 사건, 특정 장소, 시간 등 다양한 배경사건이 문제행동의 발생에 어느 정도 간접적인 선행적 사건으로서 영향을 미칠 수 있습니다. 다만, 이러한 배경사건은 관찰을 통해서 파악할 수도 있지만, 보통은 다양한 간접 정보를 바탕으로 유추해야 하는 때가 더 많습니다.

- 선행사건 : 문제행동이 발생하기 직전에 문제행동을 직접적으로 촉발한 사건이나 상태를 선행사건이라고 말합니다. 예를 들어, 교사가 과제를 제시했을 때, 곧이어 학생이 과제를 던지는 문제행동을 보였다면, 교사가 과제를 제시한 사건이 선행사건이 될 수 있습니다. 문헌에 따라서는 간접적으로 영향을 미치는 배경사건, 그리고 선행사건과 비슷한 말인 변별자극을 합쳐서 '선행사건'이라는 용어로 부르기도 합니다. 이 때문에 다소 헷갈리는 지점도 있습니다. 예를 들어, 증거기반실제 중 하나로 이후에 설명할 선행사건 중심 중재도 배경사건(동기조작 등)과 직접적인 선행사건 기반의 예방적

중재 접근을 모두 포괄하고 있다고 보입니다. 때때로 발생 시점이나 관점상의 문제로 동기조작(MO)과 요인과 선행사건을 실무에서 명확하게 구분하기 어려울 때가 있는 것도 이유 중 하나인 것으로 보입니다. 이에 대한 자세한 내용은 응용행동분석 관련 전문 서적을 참고 바랍니다. 하지만 어쨌든 지금은 배경사건과 선행사건을 분리하여 설명하고 있습니다.

- **표적행동** : 행동 관찰과 중재의 표적으로 삼은 문제행동을 표적행동이라고 부를 수 있습니다. 번역에 따라서는 목표행동이라고 하기도 하지만 개인적으로 저는 '목표'라는 어감이 주는 특성상 목표행동이라는 용어는 바람직한 행동의 향상이 목적이 될 때 사용하곤 합니다.
- **후속결과** : 문제행동으로 인해서 학생에게 주어진 결과를 말합니다. 이 결과를 받은 경험이 반복적으로 학습됨에 따라 문제행동이 강화되어 다가오는 미래에도 같은 기능의 문제행동을 보일 수 있습니다. 예를 들어, 앞서 책을 던지는 문제행동을 한 뒤에 선생님이 학생에게 간식을 주었다면, 이를 후속결과라고 부릅니다. 다만, ABC 기록에서 후속결과를 기록할 때 특별히 유의할 점이 있다면, 그것은 후속결과 그리고 후속결과가 제시된 상황에서의 학생 반응을 혼동하지 않아야 한다는 점입니다. 후속결과를 적어야 하는 칸에 후속결과는 쓰지 않고 '○○이가 살짝 웃는 표정을 지음.'과 같은 학생 반응을 기록하는 경우가 생각보다 꽤 있습니다. 다만, 후속결과 제시 이후의 학생 반응도 행동 평가와 이후 중재 제공 즉시의 효과를 유추하는 등에 도움이 될 수 있으므로, 후속결과 칸 뒤에 후속결과에 따른 학생 반응 칸을 추가로 포함하여 ABC 기록지를 만들기도 합니다.

이러한 ABC 기록은 다시 ABC 연속기록과 ABC 서술기록으로 나뉩니다. 먼저 ABC 연속기록은 짧게 설정된 전체 관찰 시간 동안 꼭 표적행동이 나타나지 않더라도 측정하고자 하는 예상 선행사건, 표적행동, 예상 후속결과 중 하나라도 나타나면 모두 기록하는 방법입니다. 이 때문에 기록을 간결하게 하려고 미리 코드를 만들어 두고 체크하는 방식을 사용합니다. 응용행동분석 문헌에서는 ABC 연속기록이 선행사건이 제시되었음에도 표적이 되는 문제행동이 발생하지 않았던 비율 등을 알 수 있어 더 정확하고 확실하게 기능을 파악할 수 있다고 언급하고 있습니다. 하지만 표적행동이 발생하지 않았어도 예상 선행사건이나 후속결과가 제시될 때마다 지속해서 기록하는 일은 사실 공교육 상황에서 실행에 옮기기 쉽지 않습니다. 또한 비교적 짧은 시간 동안 자주 나타나는 문제행동이 아닌, 하루 중 손에 꼽을 횟수만큼 나타남에도 그 심각성은 큰 문제행동에는 앞서 짧게 설명한 기능분석과 마찬가지로 ABC 연속기록을 적용하기 어려울 수 있다고 볼 수 있습니다. 이러한 이유로 이 책에서는 ABC 연속기록에 대한 세부 내용은 제시하지 않았습니다. 이에 대한 자세한 내용은 응용행동분석 전문 서적을 참고 바랍니다.

다음으로 ABC 서술기록은 표적으로 삼은 문제행동이 발생했을 때만 그 문제행동의 선행사건과 행동, 그리고 후속결과를 기록하는 방법입니다. 개방형의 서술형 기록으로 ABC 연속기록에 비해서 더 많은 정보를 제공할 수 있다는 장점이 있습니다. 하지만 이러한 정보 중 너무 주관적인 내용이 많이 섞이면 오히려 잘못된 판단을 이끌 수도 있습니다. 그럼에도 주관성(예 생각, 느낌 등)을 최대한 배제하고, 눈에 보이는 사실을 중심으로 최대한 자세하게 기록한다면 비교적 많은 정보를 바탕으로 효과적으로 기능을 평가할 수 있습니다. 또한 문헌에서는 앞서 설명한 대로

ABC 연속기록에 비해서 정확성이 부족할 수 있다고 말하고 있지만, 한 명이 다수의 학생을 가르치는 공교육 상황을 감안하면, 연속기록에 비해서 더 현실적인 방법이라고 생각합니다. 지금부터 저자가 사용했던 ABC 서술기록의 예시를 몇 가지 제시하겠습니다.

<table>
<tr><td colspan="2">학생 이름명 : 박○○</td><td colspan="2">관찰일 : 2025. 3. 21.</td></tr>
<tr><td colspan="2">환경/활동 : 학교</td><td colspan="2">관찰자 : 담임교사</td></tr>
<tr><td colspan="4">표적행동 ① : 자기 신체를 팔이나 다른 도구를 이용해서 상해를 입히는 자해행동
표적행동 ② : 신체나 기타 도구를 이용해서 다른 사람을 때리려고 하는 폭력행동</td></tr>
<tr><td>시 간
(장소)</td><td>선행사건(Antecedents)
• 행동 전에 무슨 일이 일어났는가?</td><td>행동(Behavior)
• 학생은 무엇을 했는가?</td><td>결과(Consequences)
• 행동 후에 무슨 일이 일어났는가?</td></tr>
<tr><td>9:10
(놀이실)</td><td>트램펄린을 타던 중에 선생님이 이제 교실로 들어가자고 함.</td><td>울 것 같은 표정으로 자기 머리를 팔로 때리고, 머리를 박음.</td><td>선생님은 학생을 진정시키느라 교실로 가지 못했고, 학생은 트램펄린을 10분 정도 더 탐.</td></tr>
<tr><td>11:20
(식당)</td><td>식판에 있는 고기를 다 먹었는데, 선생님이 다 먹었으니 가자고 함.</td><td>식판을 던지고 머리를 손으로 때림.</td><td>학생은 교실로 가지 않았고, 다른 친구의 고기를 집어 먹음.</td></tr>
<tr><td>12:30
(체육관)</td><td>공놀이하고 있는데, 선생님이 정리하자며 공을 정리해서 넣음.</td><td>화가 난 표정으로 머리를 때리며 공을 가리킴.</td><td>선생님은 어쩔 수 없이 공을 다시 학생에게 줌.</td></tr>
<tr><td>14:10
(복도)</td><td>복도에서 친구가 과자를 먹고 있었고, 학생이 이 모습을 봄.</td><td>친구의 팔을 붙잡고 머리로 친구 가슴을 밀침.</td><td>비슷한 과자를 선생님이 학생에게 줘서 안정시킴.</td></tr>
</table>

| 그림 4-9 | ABC 서술기록의 예 1

|그림 4-9|의 'ABC 서술기록의 예 1'은 가장 기본적인 모습의 ABC 서술기록지를 이용하여 관찰하고 기록한 예시입니다. 여기서는 표적행동을 자해행동과 폭력행동의 두 가지로 선정하고 있습니다. 각각의 기

능을 가진 표적행동에 대해서 이런 방식으로 관찰 기록을 하기도 하지만, 주로 표적행동의 기능이 비슷한 것으로 예상될 때 이렇게 두 가지 이상의 표적행동을 선정하고 관찰하며 기록할 수 있습니다. 아직 4회의 관찰과 기록밖에 이루어지지 못했지만, 기록 결과만 봤을 때 자해행동과 폭력행동 모두 어떠한 강화제(좋아하는 물건이나 활동)를 획득(접근)하고자 하는 기능이 있다고 평가할 수 있습니다.

표적 행동						
날짜	시간	장소	배경 및 선행사건(A)	행동(B)	후속결과(C)	학생 반응
			ㅁ 교사나 또래의 관심을 받지 못함. ㅁ 선호하는 물품 또는 활동이 제거 또는 중단됨. ㅁ 과제/ 지시/ 촉구/ 상호작용이 제시 ㅁ 혼자 있음(관심, 활동 없음) ㅁ 선호하는 활동을 하고 있음. ㅁ 비선호하는 감각자극에 제시됨. ※ 기타사항 :		ㅁ 사회적 관심 또는 언어적 질책 제시 ㅁ 선호하는 물품(예 놀잇감 등)/ 활동에 대한 접근 허용 ㅁ 과제/ 지시/ 촉구/ 상호작용이 철회됨. ㅁ 과제 요구를 지속함. ㅁ 별다른 후속결과 제시 없음. ㅁ 비선호하는 감각자극(예 소음, 빛 등)이 제거됨. ※ 기타사항 :	
			ㅁ 교사나 또래의 관심을 받지 못함. ㅁ 선호하는 물품 또는 활동이 제거 또는 중단됨. ㅁ 과제/ 지시/ 촉구/ 상호작용이 제시 ㅁ 혼자 있음(관심, 활동 없음) ㅁ 선호하는 활동을 하고 있음. ㅁ 비선호하는 감각자극에 제시됨. ※ 기타사항 :		ㅁ 사회적 관심 또는 언어적 질책 제시 ㅁ 선호하는 물품(예 놀잇감 등)/ 활동에 대한 접근 허용 ㅁ 과제/ 지시/ 촉구/ 상호작용이 철회됨. ㅁ 과제 요구를 지속함. ㅁ 별다른 후속결과 제시 없음. ㅁ 비선호하는 감각자극(예 소음, 빛 등)이 제거됨. ※ 기타사항 :	

| 그림 4-10 | ABC 서술기록의 예 2

|그림 4-10|의 'ABC 서술기록의 예 2'는 좀 더 기록하기 편하도록 연속기록의 코드화 개념을 일부 빌려서 저자가 직접 만들었는데요. 선행사건과 후속결과의 예시를 몇 가지 제시하고 직접 관찰한 뒤에 이 중에서 하나 이상에 체크할 수 있습니다. 예를 들어, 선행사건에는 아래와 같은 예시를 코드로 제시할 수 있습니다. 이 예시는 각각 관심 획득, 강화제 얻기, 과제나 활동 또는 관심 도피, 놀이나 자기자극, 감각자극 도피 기능에 대한 선행사건이라고 볼 수 있습니다.

- 교사나 또래의 관심을 받지 못함. 또는 다른 사람에게 관심이 집중됨.
- 선호하는 물품이나 활동이 제거 또는 중단됨. 또는 그 자극이 나타남.
- 과제/ 지시/ 촉구/ 상호작용이 학생에게 제시된 상황.
- 관심 및 여타의 활동이 없는 상황 또는 선호하는 활동을 하는 상황.
- 비선호하는 감각자극이 제시된 상황.

※ 위에 제시되지 않은 기타 선행사건 : 개방형 기록 가능.

행동 발생에 따라 학생에게 제시되는 후속결과도 같은 방식과 순서로 몇 가지 예시를 코드화해서 다음과 같이 제시할 수 있습니다.

- 교사나 또래의 사회적 관심이나 언어적인 질책이 제시됨.
- 선호하는 물품이나 활동에 대한 접근이 결과적으로 허용됨.
- 과제/ 지시/ 촉구/ 상호작용이 결과적으로 제거됨.
- 과제나 지시 등의 요구를 지속함.
- 별다른 후속결과를 제공하지 않음.
- 비선호하는 감각자극(예 빛, 소음 등)이 어떤 방법으로든 제거됨.

※ 위에 제시되지 않은 기타 선행사건 : 개방형 기록 가능.

그리고 이 기록지에서는 후속결과 이후에 학생 반응을 별도의 칸으로 만들어 두어 후속결과와 그에 따른 학생의 반응을 헷갈리지 않도록 하는 한편, 또 다른 좋은 정보가 될 수 있는 후속결과 제시 이후에 학생 반응이나 모습 등도 가능하다면 기록할 수 있도록 했습니다. 가령 표적행동을 보여도 과제나 지시 요구를 계속했을 때 학생이 계속해서 싫어하는 모습을 보였다든지(과제 도피), 별다른 후속결과 없이도 그 문제행동을 즐기는 모습으로 계속했다든지(놀이 및 감각자극 추구) 등과 같이 후속결과 제시 이후 학생 반응을 기록한다면 기능을 좀 더 정확하게 평가하는 데 도움이 될 수 있습니다.

<table>
<tr><td colspan="5">학생 이름명 : 박ㅇㅇ　　관찰일 : 2025. 3. 21.
환경/활동 : 학교　　관찰자 : 담임교사

표적행동 ① : 교사의 허락 없이 수업 중 교실이나 학교 밖으로 뛰쳐나가는 이탈행동
표적행동 ② : 신체나 기타 도구를 이용해서 다른 사람을 때리려고 하는 폭력행동</td></tr>
<tr><td>시간
(장소)</td><td>배경사건
• 행동의 발생에 영향을 미쳤을 만한 일이 있었는가?</td><td>선행사건
• 행동 전에 무슨 일이 일어났는가?</td><td>표적행동
• 학생은 무엇을 했는가?</td><td>후속결과
• 행동 후에 무슨 일이 일어났는가?</td></tr>
<tr><td>9:30
(운동장)</td><td>아침 식사를 하지 못해 배고픔을 몇 번 표현한 상황에서</td><td>학교 일과인 아침 스포츠 활동이 시작되었을 때</td><td>선생님의 팔을 물려고 시도하였고,</td><td>선생님에게 질책받는 시간 동안 스포츠 활동에 참여하지 않았음.</td></tr>
<tr><td>11:20
(교실)</td><td>오전부터 충분한 휴식을 취하지 못한 상황에서</td><td>교사가 학습 과제를 제시하였을 때</td><td>책상을 밀치고 교실 밖으로 나갔고,</td><td>선생님이 찾아왔지만, 그 시간 내내 과제는 제거됨.</td></tr>
</table>

| 그림 4-11 | ABC 서술기록의 예 3

|그림 4-11|의 'ABC 서술기록의 예 3'은 앞서 설명한 배경사건의 기록까지를 포함한 양식입니다. 배경사건은 주로 행동을 관찰하는 당시에 바로 확인하기 어려우므로 ABC 기록지에 포함하지 않는 사례가 많지만, 비교적 명확한 배경 요인을 확인할 수 있을 때는 이렇게 기록지에 포함하기도 합니다. 예시를 보면 표적행동의 기능은 과제나 활동으로부터의 도피임을 파악할 수 있습니다. 예를 들어, 9:30 운동장 상황을 보면 아침 식사를 하지 못해 배가 고프다는 배경사건은 체력 소모가 심한 스포츠 활동 참여라는 혐오자극의 제거(이를 부적강화제라고 말할 수 있음)에 대한 필요성과 가치를 높였습니다(강화 가치 변화 효과). 그리고 결국 이를 기능으로 하는 문제행동의 발생에 간접적으로나마 영향을 미쳤다고 볼 수 있습니다.

지금까지 ABC 기록의 양식 예시를 살펴보았습니다. 예시로 제시한 세 가지를 그대로 사용하거나, 필요한 내용을 잘 섞어서 적절하게 수정하고 보완해서 사용할 수도 있으리라 생각합니다.

④ 색인카드 기록 양식

응용행동분석 전문 서적에서는 빠져있는 경우가 많지만, 몇몇 긍정적 행동지원 연구에서 기술적 기능평가의 한 방법으로 활용했던 색인카드 기록 양식은 일과 중에 문제행동이 발생했을 때 카드 형태의 기록지에 다음과 같은 몇 가지 사항을 기록합니다.

〈표 4-2〉 색인카드 기록양식

이름	A학생	관찰자	A실무사	날짜	2025년 4월 00일
전반적 장소	교실			시 간	10 : 20
누구와 무엇을 하던 중? – 쉬는 시간에 앉아 있다가 다른 친구가 급식소에서 우유를 가져옴					

발생된 문제행동은? – 갑자기 교실 책상을 들어 친구들과 선생님이 있는 쪽으로 던지려고 시도함
행동에 대한 주변 반응? – 담임 선생님이 우유를 주자, 문제행동을 중지하고 우유를 먹음
예상되는 문제행동의 원인(기능) – 자신이 좋아하는 우유를 얻고자 하는 것이 원인이라고 생각됨(물건 얻기)

출처 : 변관석(2016d).

그리고 일과를 마치면 선행사건의 유형과 후속결과의 패턴에 따라 카드를 분류합니다. 주로 수일간에 걸쳐 문제행동 관찰을 실행하고, 이를 색인카드에 즉시 기록한 뒤에, 모은 색인카드를 모두 정리하여 문제행동의 기능을 평가합니다(송준만 외, 2016).

산점도, ABC 기록, 색인카드 기록 양식 등을 포함하여 직접 관찰을 기반으로 하는 기술적 기능평가는 관찰자가 있다는 것을 학생이 인식하게 되면 평소와 다른 반응(예 문제행동을 덜 일으킴)이 나타날 수 있다는 어려움이 발생할 수 있습니다. 이를 반응성이라고 합니다. 반응성이 나타난다고 판단된다면, 학생이 관찰자를 익숙하게 여길 수 있도록 가능한 관찰 기간을 길게 정하거나, 학생이 잘 보기 힘든 곳에서 관찰하거나, 최대한 자연스럽게 관찰하지 않는 것처럼 하는 방법을 사용할 수 있습니다. 또 동영상 촬영이라는 영속적 결과물을 이용하여 나중에 학생의 행동을 분석하는 방법도 동원할 수 있습니다. 한편 직접 관찰 결과의 신뢰도를 간접적으로나마 높이기 위해서 동시에 2명 이상의 관찰자가 관찰하고 기록하도록 할 수 있습니다. 다만, 이때도 관찰자별로 서로 떨어진 장소에서 상호독립적으로 관찰하고 기록하도록 해서 관찰자 간의 반응성을 예방할 수 있습니다.

지금까지 간접적 기능평가와 기술적 기능평가에 사용할 수 있는 도구를 몇 가지 살펴봤습니다. 저자의 블로그 글에서는 이러한 도구 양식을 제시하고 있으니 참고 바랍니다(blog.naver.com/bjs718/223359654380). 이러한 도구를 이용한 간접적 · 기술적 기능평가를 적절한 만큼 실행한 뒤에는 그 결과를 바탕으로 다음과 같이 문제행동의 기능을 예측하여 일종의 가설을 세울 수 있습니다. 〈표 4-3〉을 참고 바랍니다. 다만, 이것도 하나의 예시일 뿐 가설을 문장 형태로 기술하는 등 다른 작성 방법도 있음을 알아야 합니다. 예를 들어, '철수는 수업 시간에 어떠한 과제가 제시되었을 때(선행사건), 이 과제에서 도피하기 위한 목적으로(후속결과), 물건을 던지거나 교실 밖으로 뛰쳐나가는 행동을 보일 수 있다(표적행동). 이러한 행동은 철수가 배가 고프거나 집에서 잠을 못 잤을 때 혹은 일과 중 이미 평소보다 많은 과제를 했을 때 더 자주 나타날 수 있다(배경사건).'와 같이 문장 형태로 가설문을 작성할 수 있습니다.

〈표 4-3〉 간접적 · 기술적 기능평가에 따른 행동 기능 가설 수립 예시

구 분	문제행동의 조작적 정의	예상된 문제행동의 기능	유 형
철수	• 교사나 또래가 있는 방향으로 책상을 들어서 던지려고 시도한다. • 교사나 또래가 있는 방향으로 주위에 있는 물건(책, 연필 등)을 던지려고 시도한다.	• 우유, 과자 등을 먹고 싶으나 자신에게 제공되지 않을 때 이러한 행동을 보이는 것으로 파악됨(음식 제공 시 제한 없이 먹기 때문에, 조절이 필요함).	물건 또는 활동 얻기 (획득)
영희	• 자기 팔을 이용하여 강하게 무는 자해행동을 보인다. • 교사나 또래의 팔을 강하게 물려고 하는 행동을 보인다.	• 매일 아침 1교시에 2km를 걷는 학교 특색 활동 및 기타 신체 움직임을 요구하는 활동에 참여하고 싶지 않을 때, 문제행동을 보임.	과제, 활동 도피 (회피)

다만, 하나의 문제행동이지만 여러 종류의 기능을 복합적으로 가지고 있다고 평가되거나, 명확한 선행사건이나 후속결과를 파악하기 힘들 때는 이렇게 깔끔하게 가설을 수립하기 어려울 수도 있습니다. 그럴 때는 '1순위 예상 기능 : 물건 또는 활동 획득, 2순위 예상 기능 : 관심 획득' 등과 같이 복합적인 기능을 좀 더 유연하게 포함하는 방식으로 가설을 세울 수 있습니다.

⑤ 기능분석

앞서 잠깐 설명했듯이 기능분석은 환경이나 상황을 조작하여 실험적으로 문제행동의 기능을 평가하고 분석하는 방법입니다. 기능분석은 그 자체로 기능적 행동평가의 한 유형이기도 하지만, 보통 앞서 설명한 간접적·기술적 기능평가로 가설을 세운 문제행동의 예상 기능이 맞는지 더 확실하게 확인하기 위해서 사용될 수도 있습니다. 기능분석은 보통 관심 획득 조건, 강화제 접근(획득) 조건, 도피 조건, 단독 조건, 자유놀이(통제) 조건의 실험 조건을 무작위로 몇 차례 반복 실행하면서 어떤 조건에서 표적으로 삼은 문제행동이 더 많이 발생하는지를 분석합니다. 이때 각 실험 조건의 진행 시간은 5~20분 정도로 다양하게 설정할 수 있습니다. 해당 조건에 대한 설명은 다음과 같습니다.

- **관심 조건** : 실험 시간 동안 평소에는 무관심하게 있다가 문제행동을 보이면 약간의 언어적 훈계 등의 관심을 줌.
- **접근 조건** : 실험 시간 동안 평소에는 원하는 물건이나 활동에 대한 접근 기회를 주지 않다가 문제행동을 보이면 원하는 물건이나 활동을 얼마간만 다시 제공함. 이를 반복함.

- **도피 조건** : 실험 시간 동안 학생이 비선호하는 어떠한 과제나 활동을 수행하게 했다가 문제행동을 보이면 얼마간만 과제나 활동을 제거함. 이를 반복함.
- **단독 조건** : 실험 시간 내내 별다른 관심이나 활동도 제공하지 않은 상태에서 학생 혼자 있도록 함. 이 조건에서 문제행동을 보인다면 놀이 등의 감각자극을 얻거나(정적) 때로는 어떠한 감각자극에서 도피하려고 하는(부적) 자동적 기능이 있을 가능성이 있음.
- **자유놀이(통제) 조건** : 실험 시간 내내 일종의 통제 조건으로 학생이 좋아하는 물건이나 활동을 제공하면서 선생님이나 부모님이 충분한 관심을 주며 함께 놀 수도 있음. 이러한 통제 조건에서도 문제행동을 보인다면 자동적 기능에 의해서 문제행동이 일어났을 가능성이 더 커진다고 볼 수 있음.

기능분석을 쉽게 말하자면 이렇게 설명할 수 있지만, 그 세부적인 방법론은 다소 깊이 있는 공부가 필요합니다. 또한 기능분석은 여러 가지 변형된 방법론이 있습니다. 이 중에서 간편기능분석(BFA)은 앞서 설명한 각 조건을 무작위로 각각 1회기만 5~10분 정도 실행하고, 그 결과 특정 조건에서 문제행동의 발생이 두드러진다면, 그 조건만 1~2차례 반전하는 방법입니다. 예를 들어, 관심 조건의 반전이라면 문제행동을 보였을 때만 관심을 주는 조건과 평소에 관심을 주다가 문제행동을 보이면 관심을 주지 않는 조건을 1~2차례 번갈아 투입하는 식입니다(반전설계). 그런데 만약 앞서 간접적 · 기술적 기능평가를 통해 비교적 두드러지는 기능이 확인되었다면, 이때는 앞 단계는 건너뛰고 해당 기능 조건만 1~2차례 반전하는 방식으로 예상 기능이 맞는지 검증할 수도 있습니다.

기능분석은 가장 정확하게 기능을 평가하고 분석할 수 있는 방법론입니다. 다만, 앞선 내용에서 설명했듯이 기능분석은 문제행동을 인위적으로 유발하는 방법이므로, 몇 가지 윤리적인 이슈가 있습니다. 특히 문제행동이 학생 본인이나 타인에게 심각하게 위해를 가하는 것이라면, 실험적인 방법으로 기능을 분석하는 과정이 큰 문제를 낳을 소지도 있으므로 많은 주의가 필요합니다. 또한 비교적 짧은 시간 동안 자주 나타나는 행동이어야 원활한 실험적 분석이 가능합니다. 기능분석에 관한 더 자세한 내용은 응용행동분석 전문 서적이나 저자의 블로그 글을 참고 바랍니다(blog.naver.com/bjs718/223116902334).

(4) 기초선 측정하기

본격적으로 행동중재 지원을 투입하기 이전에 현재 문제행동의 발생 수준은 어떠한지를 알아볼 필요가 있습니다. 그래서 중재의 성과를 분석할 수 있습니다. 몇 회기(문제행동 측정에서 한 회기는 문제행동 발생 비율에 따른 설정에 기초해서 1시간 이하가 될 수도 있고 하루 전체 혹은 주 단위가 될 수도 있음)에 걸쳐 중재 투입 전의 현재 발생 정도를 측정합니다. **이러한 기초선 측정은 사실 직접 관찰을 기반으로 하는 기술적 기능평가를 하면서 동시에 진행할 수 있습니다. 또는 실무적으로 보면, 초기 정보 수집 과정 전부터 측정되어 온 관찰 자료를 그대로 활용할 수도 있습니다.** 기능평가 이후에 기초선을 측정한다고 다시 시간을 보내는 것은 윤리적·교육적으로 적절하지 못할 수 있기 때문입니다. 다만, 학술연구 목적이 있다면, 기초선 자료가 충분한 일관성을 보여 안정화될 때까지 측정해야 할 필요도 있습니다. 응용행동분석에서 실험설계로 주로 사용하는 단일대상설계(single-subject design)는 선 그래프를 통한 시각적 분석으로 중재 효과성을 평가하는 경우가 많은데, 이때 기초선의 안정화가 매우 중요한 요소가 되기 때문입니다. 자세한 내용이 궁금한 분은 전문 서적이나 저자의 블로그를 참고 바랍니다(blog.naver.com/bjs718/223115612406).

(5) 행동중재계획 수립 및 실행하기

기능적 행동평가로 문제행동의 기능을 평가하고, 기초선을 측정하고 나면, 이제는 행동중재계획을 세웁니다. 행동중재계획은 개별 차원의 긍정적 행동지원을 위한 계획으로 행동지원계획 혹은 행동중재지원계획 등으로 불리기도 합니다. 이 책의 제3판에서는 2024년에 배포된 교육부의 〈장애학생 행동중재 가이드라인〉에서 사용하는 용어를 반영하여, 행동중재계획이라는 용어를 주로 사용하고 있습니다. 행동중재계획은 핵심적으로 다음과 같은 내용을 포함합니다.

- **배경 및 선행사건 중심의 중재** : 배경사건과 선행사건에 변화를 주어 문제행동을 예방하는 전략을 고안합니다.
- **대체행동 등 기술 교수 중심의 중재** : 문제행동과 같은 기능을 가지면서도 사회적으로 수용될 수 있는 대체행동과 함께 필요하다면 적절한 사회적 기술이나 인내 기술 등을 함께 가르치기 위한 전략을 고안합니다.
- **후속결과 중심의 중재** : 문제행동을 보였을 때 그간 문제행동에 주어졌던 후속결과(강화)를 일관적으로 소거하고, 다른 바람직한 행동을 강화하기 위한 전략을 고안합니다.

이상의 내용을 바탕으로 기본적인 행동중재계획 수립 양식을 제시하면, |그림 4-12|와 같은 '경쟁행동모델'로 나타낼 수 있습니다.

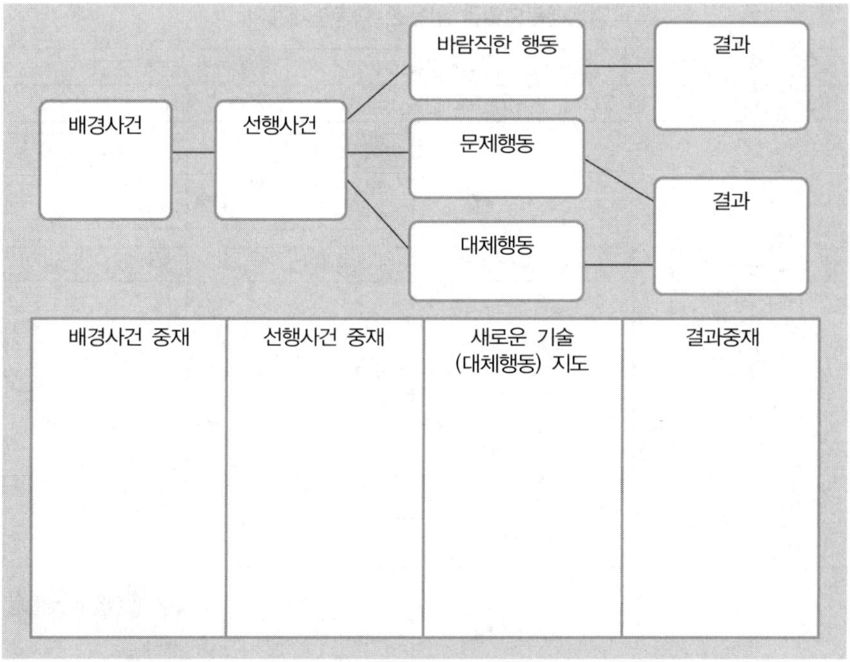

| 그림 4-12 | 기본적인 행동중재계획 양식 예(경쟁행동모델)

출처 : Janney, R., & Snell, M. E.(2000).

경쟁행동모델을 활용한 행동중재계획

학생 이름	김철수	학교급 & 학년	중학교 2학년	모델 개발 일자	2025. 4. 15.
의사소통	능숙하지는 못하나 단어 수준의 말을 사용함.			주요 강화제	토큰/ 레고

바람직한 행동/ 기술
- 혼자서 적절한 여가 시간 보내기

→ **후속결과**
- 교사의 관심
- 강화물 획득(레고)

배경사건
- 할아버지가 유일한 가족으로 학생에게 주어지는 관심이 부족한 상황
- 학급 내 교사가 챙겨야 할 중도 · 중복장애 학생이 많아 관심을 덜 받는 상황
- 학급에 놀 친구가 없는 상황

→ **선행사건**
- 친구 부모님이나 옆반 선생님 등 자기에게 관심을 줄 만한 사람이 나타남.
- 선생님이나 지원인력이 다른 학생을 계속 지원하고 자신에게는 관심이 없는 상황

→ **문제행동**
- 슬며시 다가와 손톱으로 교사/친구 팔이나 얼굴을 긁거나 뺨 때리기
- 친구 물건 뺏기

→ **유지시키는 후속결과**
- 교사, 지원인력, 외부 사람 등의 관심을 받음.

대체행동/ 기술
- 적절한 말로 관심 요구하기

→ **〈문제행동의 기능〉**
관심 얻기

배경사건 및 선행사건 중재	대체행동/ 기술 교수	후속결과 중재
※ 배경사건 중재 • 할아버지와 협의하여 활동지원사의 지원 시간을 확보함. 활동지원사에게 지원 시간 동안 긍정적인 피드백을 많이 해줄 수 있도록 협조 구함. • 10분에 한 번은 교사, 지원인력이 번갈아 가면서 잘한 행동을 포착하여 긍정적인 피드백을 제공함. • 아침 체조 시간과 점심시간에 옆 반에 친한 친구와 활동하고 식사하도록 허용함. ※ 선행사건 중재 • 되도록 외부인이 교실에 들어오는 일이 없도록 조치함. • 중도 · 중복장애 학생 지원 시 철수를 불러 옆에서 조금씩 도와달라고 요청하고, 미숙하더라도 작은 것이나마 해보도록 함.	※ 대체행동 교수 • 기능적 의사소통 훈련 : "놀아요."와 같은 말을 하면, 교사나 지원인력이 함께 놀거나 말을 걸어주는 등의 관심을 일정 시간 동안 제공함. 모델링 촉진을 이용해서 이러한 표현을 가르침. ※ 바람직한 행동/기술 교수 • 여가기술 교수 : 관심이 없는 상황에서도 혼자서 적절하게 시간을 보낼 수 있도록 쉬는 시간에 태블릿, 기타 놀잇감을 제공하고, 혼자서 노는 방법을 지도함.	• 소거 전략 : 문제행동을 보였을 때도 무표정으로 문제행동만 차단 혹은 중단시키며 여타의 훈계나 관심을 제공하지 않기로 함. • 대체행동 차별강화 : 기능적 의사소통 훈련과 연계하여 적절한 말로 관심을 요청했을 때 적절한 시간만큼 함께 놀아주거나, 이야기 시간을 가짐. • 토큰 강화 : 문제행동 없이 여가시간을 가지면 토큰 1개를 지급하고, 이를 지원 강화제인 미니 레고와 교환하도록 함. 처음에는 1:1 교환으로 시작해서 차츰 토큰을 2개에서 최대 10개 정도까지 모았을 때 지원 강화제인 레고를 제공하는 식으로 변경함.

| 그림 4-13 | 기본적인 양식(경쟁행동모델)으로 행동중재계획을 수립한 예

'경쟁행동모델'이라는 말은 표적으로 삼은 문제행동과 경쟁할 수 있는 대체행동이나 여타의 기술을 가르치고 강화하는 방식의 행동중재계획 모델이라는 의미라고 볼 수 있습니다. 그런데 경쟁행동모델 방식의 기본적인 행동중재계획은 논리적으로 이상적인 형태의 계획이기는 하지만, 현장에서 그대로 적용하기에 어려울 때도 있다고 생각합니다. 문제행동에 대한 기능이 가급적 한 가지여야 이 방식으로 계획을 세우는 게 수월한데, 만약 여러 유형의 기능이 복합적으로 작용하는 사례나 기능평가를 모두 마쳤음에도 가설을 명확하게 세우지 못할 만큼 의료적 요인을 포함한 다양한 요인이 행동에 영향을 미치는 사례라면, 경쟁행동모델을 기반으로 한 이 양식으로 행동중재계획을 작성하는 게 여간 까다로운 일이 아닐 수 없습니다. 적어도 개인적인 제 경험은 그랬습니다.

실험 연구라면 행동의 기능을 명확하게 확인할 때까지 기능평가를 좀 더 길게 두고 진행하거나, 기능분석을 장기간에 걸쳐 해보는 시도 등을 해볼 수 있을지도 모릅니다. 하지만 사실 공교육 현장 등을 포함한 응용 현장에서는 일단 가능한 자원과 시간 범위 안에서나마 기능평가를 해보고, 그 결과가 명확하지 못하더라도 일단 행동중재계획을 수립하고 여러 가지 범주의 다양한 중재 전략을 투입해야 할 때가 훨씬 더 많을 수 있습니다. 이러한 개인적인 생각과 경험을 기초로 여타의 많은 행동중재계획 양식을 참고해서 제가 만든 행동중재계획 양식을 예시로 제시하려고 합니다. 이 양식은 공교육 현장의 선생님이 행동중재계획의 수립을 하나의 페이퍼워크로 생각하고 부담을 느끼는 일이 최소화되도록 꼭 필요하다고 판단한 내용만 포함하고 있다 보니, 빠진 내용도 꽤 있으리라 생각합니다. 어디까지나 참고 자료임을 꼭 기억하시고, 좀 더 자세한 형태의 행동중재계획의 예시는 저자의 블로그 글을 확인 바랍니다(blog.naver.com/bjs718/222840785432).

<table>
<tr><td colspan="2">표적행동/ 측정 방법</td><td>자신이나 다른 사람을 때리려고 시도하는 행동/ 사건기록법(빈도)</td></tr>
<tr><td colspan="2">주요 강화제</td><td>컴퓨터 시간, 쿠키류, 트램펄린 등</td></tr>
<tr><td colspan="2">표적행동의 기능</td><td>1순위 : 과제 도피, 2순위 : 강화제 획득(접근)</td></tr>
<tr><td colspan="2">구 분</td><td>중재 전략</td></tr>
<tr><td rowspan="2">예방 전략</td><td>배경 및 선행사건 수정(중심) 전략</td><td>좌석 배치 조정, 교사와의 1:1 활동 시간 증대
교육활동 시 과제 제시 순서 조정/ 선택 기회 제공
시각적 스케줄/ 파이타이머(시각타이머) 등을 활용한 시각적 지원</td></tr>
<tr><td>대체행동(의사소통), 적응기술 등을 가르치는 전략</td><td>기능적 의사소통 훈련 : 휴식 요청, 음식 요청에 대한 대체 의사소통(그림 카드 활용) 지도</td></tr>
<tr><td colspan="2">반응전략 : 후속결과 중심(수정) 전략</td><td>소거 전략 : 문제행동으로 강화제를 얻을 수 없도록 함.
DRA : 대체행동에 대해서 강화제 제공(DRA)
DRO : 5분 간격으로 문제행동 미발생 시 강화제 제공</td></tr>
<tr><td colspan="2">위기행동 안정 전략</td><td>심리안정실 이동, 크게 쉼호흡하기, 혼자 있도록 시간 제공하기 등</td></tr>
</table>

※ 학교행동중재지원계획에 준하여 학급 규칙 실천, 행동 계약, 토큰 강화, 교육환경 재구성(시각적 스케줄 등) 등 예방적 차원의 보편적 행동지원 프로그램을 제공함.
※ 본 학생이 선호하는 의사소통 방식(구어/ 그림 상징/ 몸짓/ 기타)을 교육에 주로 활용함.
※ 위기행동 발생 시 학교행동중재지원계획에 준하여 위기관리 행동중재가 제공될 수 있음.

| 그림 4-14 | IEP 협의록에 포함할 수 있도록 간소하게 만든 행동중재계획 예시

|그림 4-14|의 행동중재계획 양식은 개별화교육계획(IEP)이나 개별화교육계획 수립을 위한 개별화교육지원팀 협의록에 포함할 수 있도록 아주 간소한 형태로 만든 예시입니다. 예방 전략으로서 배경사건 및 선행사건 중심의 전략, 대체행동 및 적응 기술 등을 가르치기 위한 전략이 포함되어 있고, 반응 전략으로 후속결과 중심의 전략을 기록하게 되어

있으며, 나중에 설명할 위기행동(자신이나 타인의 신체와 건강에 위협이 될 만한 심한 문제행동) 발생 시 대처 방법에 대해서도 간단하게나마 쓰도록 하고 있습니다. 한편 문헌에 따라서는 배경사건과 선행사건 중심의 전략만을 예방 전략이라고 부르기도 하는데, 또 다른 문헌에서는 배경사건과 선행사건 중심의 전략과 함께 대체행동이나 기타 기술을 가르치는 전략을 주로 묶어서 예방 전략 혹은 사전 전략이라고 하기도 합니다. 뒤이어 여러 행동중재 전략을 소개하면서 좀 더 자세히 설명하고 있습니다.

<table>
<tr><th colspan="4">개별 학생 행동중재계획</th></tr>
<tr><td colspan="2">학생 이름(학반)</td><td colspan="2"></td></tr>
<tr><td colspan="2">담임교사 및
관련 교직원</td><td colspan="2">– 담임교사 및 교과교사
– 지원인력 :</td></tr>
<tr><td colspan="2">주요 생육사 정보
(신체적 특성 포함)</td><td colspan="2"></td></tr>
<tr><td colspan="2">복용 중인 약물/
복용 스케줄</td><td colspan="2">리스페리돈, 아빌리파이를 1일 (2)회 아침, 저녁으로 복용 중
※ 약물치료가 지속해서 실행되도록 보호자와 협의함.</td></tr>
<tr><td colspan="2">선호하는 물품 및
활동(예비 강화제)</td><td colspan="2">휴식 시간 제공, 전자기기 활용, 간식(각종 과자), 젤리류</td></tr>
<tr><td colspan="2" rowspan="2">표적행동(문제행동)
정의</td><td colspan="2">1. 다른 사람을 때리거나, 때리려고 시도하는 행동</td></tr>
<tr><td colspan="2">(1번 행동에 대한 중재가 충분히 성공할 시) 2. 괴성을 지르는 행동</td></tr>
<tr><td colspan="2">표적행동 기록 방법</td><td colspan="2">■ 사건기록법(빈도)/ □ 지속시간 기록법(지속시간)/ □ 기타</td></tr>
<tr><td rowspan="4">예상되는
행동 기능</td><td></td><td>표적행동 1</td><td>표적행동 2</td></tr>
<tr><td>1</td><td>도피 기능(사회적 부적강화)</td><td>도피 기능(사회적 부적강화)</td></tr>
<tr><td>2</td><td></td><td>감각추구 기능(자동적 정적강화)</td></tr>
<tr><td>3</td><td></td><td></td></tr>
</table>

<table>
<tr>
<td rowspan="3">중재방법</td>
<td rowspan="2">예방전략</td>
<td>배경사건 및 선행사건 중심의 전략</td>
<td>• 교육과정 및 수업 조정 : 활동 및 자료에 대한 사전 안내와 쉽고 선호하는 과제부터 순차적으로 어려운 과제로 진행하기
• 선택 기회 제공 : 과제 수행 순서, 유형, 수행 여부 선택 기회 줌.
• 사전 예고 전략 : 장소나 과제의 전이가 있을 시 시각적으로(예 사진 카드, 휴대폰) 30분, 10분, 5분, 1분 전 등으로 미리 안내하기
• 시각적 일과표 활용하기
• 수업 활동 중 휴식 시간 제공 : 5~10분 과제 수행 시 5~10분 정도 휴식 시간 또는 놀이 시간을 제공하는 것을 기본으로 함.
• 지시, 요구 및 요청 시 명확, 간결하게 안내하기 : 길게 설명 자제
• 지도, 훈계 등 부정적인 피드백 시 직접적으로 이름은 부르지 않으며, 긍정적인 피드백을 할 경우에만 호명하면서 칭찬하기</td>
</tr>
<tr>
<td>대체행동, 적응 기술, 인내 기술을 가르치는 전략</td>
<td>• 기능적 의사소통 훈련 : 거절 의사나 휴식 의사를 구어 또는 동작 신호로 표현하면, 과제를 철회하거나 휴식을 제공함.
• 지시 따르기 훈련 : 지시 따르기 훈련과 토큰 강화를 함께 적용하되, 토큰과 지원 강화제의 교환 비율은 1:1부터 시작해서, 순차적으로 늘려감. 당분간 지시 따르기 훈련은 담임교사만 하루 3~5회 실시</td>
</tr>
<tr>
<td colspan="2">반응 전략 (후속결과 중심의 전략)</td>
<td>• 도피 소거 전략 : 표적행동을 보이면, 일단 진정시키고, 그 이후에 조금이라도 과제를 마무리 짓기(최소한 조금이라도 더 하도록 함)
• 타행동 차별강화(DRO) : 전 교과에 걸쳐 표적행동이 나타나지 않는다면, 5분에 1회 이상은 대상 학생에게 긍정적인 피드백(예 구체적인 행동에 대한 칭찬 등)과 소량의 물질/ 활동 강화제를 제공
• 대체행동 차별강화(DRA) : 대체 의사소통을 보일 시 5~10분 내외의 휴식 시간을 제공함.</td>
</tr>
</table>

| 그림 4-15 | 더 자세한 형태의 행동중재계획 예시(앞면)

위기행동 발생 시 대처 방안(위기관리 계획)
1. 상황알림 • 벨 또는 무전기, 스마트폰 등을 활용하여 즉시 상황 알림. • 주변의 위험한 물건(예 책걸상 등) 즉시 제거/ 주변 학생 옆 반으로 이동 조치 등 2. 행동중재 • 학생이 안정을 취하도록 거리를 두고 최소한의 통제 실행(교직원 안전을 위한 방어 자세) • 안정되면 필요시 심리안정실 이동(반드시 심리안정실로 이동해야 하는 것은 아니며, 학생의 의사에 따라서 이동하지 않을 수 있음. 필요하다면 다른 학생을 별도 장소로 이동) • 기타 안정을 유도하는 방법 : 기타 안정화 방법은 또 다른 강화 요인이 될 수 있으므로, 최대한 자제하고 가급적 상황을 지켜보면서 최소한의 통제만 제공하기로 함. 3. 상황종료/ 4. 사후처리 • 기타 사항은 학교행동중재계획의 위기관리 계획에 준함.

행동중재지원 시행 결과 ※ (시간/ 일/ 주) 단위로 표적행동의 발생 (빈도/ 지속시간/ 기타)를 종합하여 기록				
기초선	기초선	기초선	중재 1	중재 2
10	8	9	7	7
중재 3	중재 4	중재 5	중재 6	중재 7
6	5	5	5	3
중재 8	중재 9	중재 10	중재 11	중재 12
4	3	3	2	1
중재 13	중재 14	중재 15	중재 16	중재 17
2	1	1		
중재 18	중재 19	중재 20	중재 21	중재 22
중재 23	중재 24	중재 25	중재 26	중재 27
중재 28	중재 29	중재 30	유지 1	유지 2

보호자 서명	담임교사 서명
(인)	(인)

| 그림 4-16 | 더 자세한 형태의 행동중재계획 예시(뒷면)

|그림 4-15|와 |그림 4-16|의 행동중재계획 양식은 공교육 현장에서 좀 더 자세하게 행동중재계획을 수립해야 할 때 사용할 수 있는 양식입니다. 좀 더 자세한 정보를 기록할 수 있게 만들었습니다. 뒷장에는 위기행동 발생 시 대처 방안과 함께, 행동중재 시행 결과를 누적해서 기록하고 관리할 수 있도록 했습니다. 한 회기를 시간 단위, 일 단위, 주 단위 중에서 표적행동의 기초선 발생 수준을 참고해서 선택하도록 했으며, 측정 체계도 빈도(횟수), 지속시간, 기타 중에서 정하도록 했습니다. 예시에서의 시행 결과를 살펴보면 기초선 3주간 평균 9회 발생하던 문제행동이 중재 이후 점차 줄어서 중재 15주 차에는 주 1회만 발생한 것을 확인할 수 있습니다. 이 행동중재계획 양식은 저자의 블로그 글에서 내려받을 수 있습니다(blog.naver.com/bjs718/223390451288).

지금부터는 이 행동중재계획의 핵심이라 할 수 있는 행동중재 전략에 대해서 살펴보겠습니다. 이 책에서는 배경사건 및 선행사건 중심의 중재, 대체행동과 적응 기술 등을 가르치는 기술 교수 중심의 중재, 마지막으로 후속결과 중심의 중재로 범주를 나누어서 살펴보겠습니다. 만약 이러한 중재를 사전(예방) 전략과 반응 전략의 범주로 나눈다면 앞의 두 범주의 중재가 사전 전략, 뒤의 후속결과 중심 중재가 반응 전략이라고 볼 수 있습니다. 다만, 반드시 꼭 그런 것만은 아닐 수 있다는 점은 기억해야 합니다. 때때로 이 책에서 후속결과 중심의 중재로 소개한 전략이라 할지라도 상황이나 문제행동의 특성에 따라서는 사전 전략으로도 포함될 수도 있습니다. 예를 들어, 잘한 행동에 대한 긍정적 피드백과 강화제 제공은 사실 반응 전략에 가깝지만, 이런 긍정적 피드백으로 인해서 충분히 관심을 받은 학생이 관심 기능으로 발생했던 문제행동을 보이지 않게 된다면, 사전 전략이라고 볼 수도 있습니다. 이러한 점을 감안하면서 행동중재 전략을 살펴보기 바랍니다.

① 배경사건 및 선행사건 중심의 중재

문제행동을 직접적으로 촉발하는 선행사건과 후속결과로 제공될 수 있는 강화의 가치를 변화시켜 선행사건의 유효 강도를 높여주는 배경사건을 수정하는 방법으로 실행하는 배경사건 및 선행사건 중심의 중재는 사실 긍정적 행동지원에서 가장 먼저 고려되어야 하는 중요한 방법이라고 할 수 있습니다. 긍정적 행동지원의 핵심이 바로 가능한 문제행동의 발생 자체를 줄이는 예방적 중재이기 때문입니다. 대표적인 배경사건 및 선행사건 중심 중재를 살펴보면 다음과 같습니다.

- 선택 기회 제공하기 : 자료, 과제, 활동 순서 등에 대한 선택 기회 주기
- 행동 관성(모멘텀) 중재 : 어려운 과제나 비선호 과제에 쉬운 과제나 선호하는 과제를 중간중간 끼워 넣음. 고확률 요구 연속도 행동관성중재의 일종임.
- 활동에 선호도 반영하기
- 시각적 지원 : 달력이나 일정표 사용하기, 예측 가능성 높이기, 시각적 타이머(파이타이머)나 기타 시청각적 지원 활용하여 구조화하기
- 구조화된 교수 : 환경/ 활동의 물리적 배치 바꾸기, 수업 활동의 진행 순서 구조화하기, 주의를 분산하는 환경적 요소 최소화하기 등
- 선행사건 중재 : 문제행동의 직접적인 촉발 요인 제거하기
- 지시하는 방법 수정하기 : 구체적으로 지시하기, 필요한 경우 촉진 제공하기, 목소리 톤에 차이 주기, 명령 대신 요청하기, 비언어적 단서 사용하기, 부정어가 아닌 긍정어로 지시하기 등
- 사전 예고 전략 : 각종 시각적 지원 또는 약속한 신호 등을 이용해서 다음 활동을 미리 안내하기(특히 일과의 변화가 있을 시)

- 사회적 상황 이야기 및 스크립트 중재 : 문제상황과 그에 대한 해결책을 기술한 사회적 이야기나 스크립트(안내문) 제공하고 연습하기

배경사건 및 선행사건을 바꾸어 주는 일은 문제행동의 기능에 따라 매우 다양한 형태의 방법이 있을 수 있으므로, 이를 세세하게 말씀드리기는 어렵습니다. 다만, 문제행동의 발생 자체를 줄일 수 있도록 기능평가를 통해서 확인된 배경사건과 선행사건을 적절하게 조절해 주는 것이 필요합니다. 예를 들어, 부모님이나 선생님의 관심을 얻고자 책상을 크게 두드리는 문제행동을 보이는 학생이 있다고 가정했을 때, 문제행동의 발생 가능성을 줄이기 위해서는 일정 시간 간격으로 선생님이나 부모님이 긍정적인 피드백을 제공하여, 미리 충분한 관심을 얻도록 할 수 있습니다(일종의 비유관 강화). 또한 아침에 실시되는 운동에 참여하고 싶지 않아 자해행동을 보이는 학생의 경우에는 운동의 강도를 학생이 수용할 수 있는 범위에서 아주 점진적으로 늘려나감으로써, 문제행동의 발생 가능성을 줄일 수 있습니다.

문제행동의 기능별 배경사건 및 선행사건 중심 중재의 예시를 제시하면 다음과 같습니다. 다만, 하나의 예시일 뿐이며, 기능적 행동평가로 확인된 직접적인 선행사건(변별자극)을 수정하거나 보완하는 일을 가능하다면 우선 고려해야 합니다.

- 문제행동의 기능이 관심 획득인 경우 : 사회적 정적강화

– 비유관 강화 : 어떠한 행동과 관계없이 일정 시간 간격으로 강화제를 제공하는 방법을 비유관 강화라고 말합니다. 다만, 현장에서 적용할 때는 이 방법이 자칫 표적이 되는 문제행동이나 다른 문제행동을 강화할 수도 있으므로, 일정 시간 간격으로 '조금이라도 잘하고 있는

행동' 혹은 '문제행동이 일어나지 않음'을 포착해서 주기적, 반복적으로 긍정적 피드백 등의 관심을 제공할 수 있습니다. 이를 위해 자주 구체적으로 칭찬하고 격려할 수 있도록 비교적 쉽고 잘 포착되는 기대 행동을 학급이나 개인별 규칙으로 만들고 가르칠 수 있습니다.

- 선생님이나 지원인력 등의 어른과 함께 과제를 수행합니다.
- 수업이 시작되기 전에 3~5분 이상 학생이 좋아하는 활동을 함께 하면서 충분한 관심을 제공합니다.
- 또래와 짝을 지어 활동하는 기회를 자주 제공합니다.
- 좌석 배치 시 학생의 희망을 반영하여 조정합니다.
- 선생님이 다른 일을 해야 할 때는 학생이 선호하는 활동을 하게 허용합니다.
- 근접성 통제 : 학생 좌석을 선생님 근처에 두거나, 선생님이 주기적으로 교실을 순시하면서 행동 통제와 함께 관심 제공의 일거양득 효과를 거둘 수 있습니다.

• 문제행동의 기능이 물건을 얻거나 활동에 접근하기 위함인 경우 : 사회적 정적강화

- 비유관 강화 : 일정한 시간 간격으로 좋아하는 물건을 제공하거나, 활동에 참여할 수 있는 기회를 일정 시간 제공합니다. 예를 들어, 문제행동이 평균적으로 약 20분 간격으로 나타났다면, 15~19분 간격으로 좋아하는 물건을 제공하거나 활동에 참여할 기회를 제공합니다.
- 행동관성(모멘텀)중재 : 과제 사이사이에 아주 좋아하는 활동, 보통 좋아하는 활동, 조금 좋아하는 활동 등을 배치하여, 과제 수행을 위한 동력으로 삼습니다.

– 프리맥 원리 : 이번 시간에 과제를 수행하면, 다음 시간에는 선호하는 활동에 접근하거나 물건을 얻을 수 있음을 안내합니다. 이때 이를 시각적으로 안내하는 지금–다음에(first-then) 그림 카드를 이용해서 미리 안내할 수 있습니다. 이 카드는 구글 포털에서 검색하면 쉽게 확인할 수 있으며, 저자의 블로그에서도 검색하면 예시를 볼 수 있습니다.

– 프리맥 원리와는 상반되게 보이지만, 수업을 시작하기 전에 3~5분 이상 학생이 좋아하는 활동이나 좋아하는 물건을 가지고 놀 기회를 제공하는 방법도 학생에 따라 적용할 수 있습니다.

– 시각적 지원 : 최대한 예측할 수 있는 일과를 운영합니다. 그리고 이를 시각적 일과표로 안내합니다. 더 나아가 주간 또는 월간 일정도 달력 형태를 이용해서 미리 시각적으로 안내할 수 있습니다. 또한 필요하다면, 한 시간의 수업도 하위 활동의 진행 패턴을 되도록 구조화하고 그 활동 순서를 시각적으로 안내할 수 있습니다. 시각적 일과표에 대한 자세한 예는 저자의 블로그에서 검색하거나, 저자(2023)의 책 『자폐 스펙트럼 청소년 효과적으로 지원하기』를 참고 바랍니다.

• 문제행동의 기능이 활동이나 과제 혹은 다른 사람의 관심을 피하기 위함인 경우 : 사회적 부적강화

– 행동관성중재 : 학생에게 되도록 쉬운 과제부터 제시하고, 순차적으로 조금씩 어려운 과제 추가합니다. 고확률 요구 연속이라는 선행중재 전략도 행동관성중재의 일종인데, 이 전략은 최종적으로 덜 선호하거나 어려운 지시를 수행하게 하려고 더 선호하거나 수행이 어렵지 않은 지시를 순차적으로 내리는 방법입니다. 보통 순서별 행동을 수행할 때마다 짧게 칭찬을 하면서 최종 단계의 지시까지

나아갑니다. 예를 들어, 수학 문제를 풀도록 지시하려고 한다면, "하이파이브하자!" (수행 시 "잘했어!" 등으로 짧게 칭찬) → "의자에 앉자!" (수행 시 "잘했어!" 등으로 짧게 칭찬) → "연필을 쥐어봐!" (수행 시 "잘했어!" 등으로 짧게 칭찬) → "이 수학 문제 하나만 풀어보자!" (최종 단계 수행 시 충분한 칭찬과 함께 필요할 경우 약속된 보상 제공)의 순서와 같이 순차적으로 지시할 수 있습니다.

- 과제 순서, 자료, 시기 등에 대한 선택 기회를 제공합니다.
- 학생의 취미나 관심사를 수업 활동이나 교재 제작 시에 반영하도록 노력합니다. 예를 들어, 자동차를 좋아하는 학생이라면 수학 시간에 구체물이나 참조물로 자동차 모형이나 스티커를 이용할 수 있습니다.
- 활동 시간을 되도록 짧게 하고, 중간중간 학생에게 필요한 양만큼 적절한 휴식 시간을 줍니다. 필요하다면 별도 공간이나 파티션, 커튼, 원터치 텐트 등을 이용해서 아무도 간섭하지 않는 개인 휴식 공간을 제공할 수 있습니다.
- 학생이 필기를 어려워한다면 컴퓨터나 태블릿 사용을 허용합니다.
- 시각적 지원 : 최대한 예측할 수 있는 일과를 운영합니다. 그리고 이를 시각적 일과표로 안내합니다. 더 나아가 주간 또는 월간 일정도 달력 형태를 이용해서 미리 시각적으로 안내할 수 있습니다. 또한 필요하다면, 한 시간의 수업도 하위 활동의 진행 패턴을 되도록 구조화하고 그 활동 순서를 시각적으로 안내할 수 있습니다.
- 사전 예고 전략 : 특히 예측하지 못한 일과의 변화가 있을 때 혹은 다른 장소로의 이동이 필요할 때는 30분, 10분, 5분, 1분 전과 같은 간격으로 설명, 그림 상징, 몸짓이나 청각적 신호 등으로 사전에 충분히 예고합니다.

- 문제행동의 기능이 놀이 또는 감각적 자극을 얻기 위함인 경우 : 자동적 정적강화
  - 비유관 강화 : 적절한 시간 간격으로 학생이 좋아할 만한 감각적 자극이나 감각 놀이 활동을 제공합니다. 이를 위해서는 학생이 좋아하는 감각적 자극이 무엇인지 정보를 얻는 과정이 필요합니다. 트램펄린이나 그네타기, 에어캡 비닐이나 팝잇 등의 다양한 감각 놀잇감, 타악기 두드리기, 밀가루 놀이하기, 거품 목욕 활동하기, 마사지볼이나 마사지건 또는 손으로 마사지 등 신체적 자극 받기, 항중력 근육 발달을 위한 다양한 신체활동, 약간의 전신 압박을 주는 김밥말이 활동, 구강 마사지, 비눗방울 불기, 껌 씹기, 등산하기, 특정 음악 듣기, 특정 영상 시청하기 등 다양한 감각적 자극이 여기에 포함될 수 있습니다. 저자의 블로그 글에는 다양한 감각적 자극 활동의 힌트를 얻을 수 있는 감각통합 중재 예시를 제시하고 있습니다(blog.naver.com/bjs718/222437444882).
  - 수업 등 교육활동 이전에 학생이 원하는 감각적 자극을 어느 정도 충분히 얻을 수 있도록 합니다. 특별히 좋아하는 자극을 찾지 못했거나, 학교에서 제공하기 까다로운 성격의 자극이라면, 트램펄린 타기, 그네 타기, 트레드밀 뛰기, 계단 오르기, 체조, 뉴스포츠, 가상 스포츠 활동 등의 다양한 신체활동을 선행하여 일정 시간 동안 수행하게 하여 감각적 자극을 충족하게 하기도 합니다. 또 다소 조심스럽지만, 학생이 공개된 장소에서 자위행위를 하거나 성적인 문제를 보일 때도 충분한 성교육과 함께 적절한 사적 장소를 구분하여 바람직한 방법으로 자위행위를 하도록 꾸준히 체계적으로 가르쳐주고, 학교 등 공개된 장소에 오기 전에 미리 성적 자극을 스스

로 충족하게끔 하는 방법을 긍정적으로 검토할 수 있습니다.
- 흥미로운 자극을 충분히 포함하는 물리적 환경을 구성합니다.
- 가능하다면, 학생이 선호하는 감각적 자극을 교육활동, 교육 자료 등에 활용하여 학습 동기를 유발합니다. 예를 들어, 종이를 찢는 행위를 통해 감각적 자극을 얻는 학생이라면, 직업 시간에 파쇄 업무와 연관하여 가르칠 수 있습니다.

• 문제행동의 기능이 여러 감각적 자극을 피하기 위함인 경우 : 자동적 부적강화
- 선호하지 않는 감각자극이 있는지 미리 점검하고 최대한 제거합니다. 예를 들어, 소음이 최소화될 수 있는 자리 배치, 바닥에 카펫 깔기, 형광등에 한지를 붙여 은은한 빛을 내도록 하기 등의 방법이 있습니다.
- 억지로 감각자극에 익숙해지도록 요구하지 않습니다.
- 선호하지 않는 감각자극에 노출되는 시간을 감내할 수 있는 수준으로 줄입니다. 예를 들어, 교실 활동 중에 친구들이 내는 소음으로 인해 스트레스를 받아 자해행동을 보이는 학생이 있다면, 자해행동의 평균 발생 시간 간격을 고려하여 그 시간 간격 이하만 교육활동에 참여하도록 한 뒤에 개인 공간에서 잠시 휴식을 취하고 다시 복귀하도록 허용하거나, 소음 방지 차폐 헤드셋 혹은 귀마개의 사용을 일정 시간 동안 허용할 수 있습니다.

② 대체행동, 적응 기술 및 인내 기술을 가르치는 기술 교수 중심의 중재

먼저 대체행동 교수 중심의 중재는 기본적으로 문제행동이 의사소통적인 목적을 가지고 있다는 가정에서 출발합니다. 다시 말해서, 어떠한 의사소통 목적을 가지고 문제행동을 보인다면, 이 의사소통 목적을 달성하기 위한 사회적으로 수용할 수 있는 다른 의사소통 행동을 가르쳐

서 문제행동을 대체하도록 합니다. 이를 전문 용어로 기능적 의사소통 훈련(functional communication training)이라고 말합니다. 기능적 의사소통 훈련은 스키너의 언어행동분석에서 요구언어를 말하는 맨드(mand)를 가르치기 위한 교수(훈련)의 한 유형이라고 볼 수도 있습니다.

기능적 의사소통 훈련을 고안할 때, 문제행동을 대신하는 대체 의사소통은 반드시 학생이 문제행동보다 더 간편하다고 느끼거나 적어도 최소한 문제행동과 동일한 수준의 노력이 필요하다고 느낄 수 있는 행동으로 정해야 합니다. 예를 들어, 말을 이용한 의사소통에 어려움을 느끼는 학생이 수업에서 너무 많은 과제를 피하기 위한 기능으로 자해행동을 보인다고 했을 때, '그만 쉬고 싶어요.'와 같은 구어 의사소통으로 대체행동을 정한다면, 이는 학생에게 매우 비효과적인 방법이 될 것입니다. 아마도 학생은 계속해서 문제행동을 보일 수 있습니다. 그게 더 편하기 때문입니다. 말이 어려운 학생의 특성을 고려한다면, 대체 의사소통 행동으로 손을 든다든지, 그림 카드를 제시하는 것 등과 같은 손쉬운 방법으로 의사소통할 수 있게 꾸준히 촉진체계를 이용해서 가르쳐야 합니다. 저자(2016)의 연구에서는 앞서 제시한 문제행동의 기능에 대해서, 앞서 교육 방법 장에서 안내한 그림교환 의사소통 체계(PECS) 절차를 일부 빌려와서 최중도 지적장애 학생에게 기능적 의사소통 훈련을 실행했습니다. 해당 절차의 일부 예시는 〈표 4-4〉와 같습니다.

다음으로 대체 의사소통 행동의 교수 이외에도, 학생이 삶을 살아가는 데 있어서 여러 가지로 도움을 주면서 문제행동의 감소에도 도움을 주는 다양한 적응 기술을 가르칠 필요가 있습니다. 이러한 적응 기술은 정말 다양한 범주가 있을 수 있는데, 교육 내용 장에서 사회적 기술과 일상생활 기술 등을 설명하면서 나름대로 충분히 다루고 있습니다.

〈표 4-4〉 PECS 절차를 응용한 기능적 의사소통 훈련의 절차(예시)

<table>
<tr><th colspan="3">중재 절차</th></tr>
<tr><td rowspan="2">A 학생</td><td>1 단계</td><td>(그림 교환하기 : 최대-최소 촉구 기법 이용)
신체적 촉구에 따라 그림 카드를 제시하면 소량의 우유(또는 과자)를 학생에게 제공합니다.
(성취 시) 언어적 촉구에 따라 그림 카드를 제시하면 소량의 우유(또는 과자)를 학생에게 제공합니다.
(성취 시) 5초 시간지연(time delay)을 실시하고, 자발적인 행동이 발생하지 않으면 촉구를 제공하여 그림 카드를 제시하도록 한 뒤, 소량의 우유(또는 과자)를 제공합니다.
- 7초 시간지연을 실시하여, 자발적인 행동 발생을 확인합니다.
- 자연스러운 실제 상황에서도 문제행동을 차단하면서 위와 같은 절차를 진행한 뒤 소량의 우유를 제공합니다. 2단계도 동일합니다.</td></tr>
<tr><td>2 단계</td><td>(자발적으로 교환하기)
학생과 50cm 거리에 있는 상황에서, 자발적으로 그림 카드를 제시하면, 우유를 제공합니다.
(성취 시) 학생과 1m 정도의 거리에 있는 상황에서, 다가와서 자발적으로 그림 카드를 제시하면, 우유(또는 과자)를 제공합니다.
(성취 시) 학생과 2m 정도의 거리에 있는 상황에서, 다가와서 자발적으로 그림 카드를 제시하면, 우유(또는 과자)를 제공합니다.</td></tr>
<tr><td rowspan="2">B 학생</td><td>1 단계</td><td>(그림 교환하기 : 최대-최소 촉구 기법 이용)
신체적 촉구에 따라 그림 카드를 제시하면 신체활동을 실시하지 않고, 휴식을 제공합니다.
(성취 시) 언어적 촉구에 따라 그림 카드를 제시하면 신체활동을 15%만 제공합니다.
(성취 시) 5초 시간지연을 실시하고, 자발적인 행동이 발생하지 않으면 촉구를 제공하여 그림 카드를 제시하도록 한 뒤, 신체활동을 20%만 제공합니다.
- 7초 시간지연을 실시하여, 자발적인 행동 발생을 확인합니다.
- 자연스러운 실제 상황에서도 문제행동을 차단하면서 위와 같은 절차를 진행한 뒤 휴식 또는 현저히 감소한 신체활동을 제공합니다. 2단계도 동일합니다.</td></tr>
<tr><td>2 단계</td><td>(자발적으로 교환하기 : 운동이 요구되는 학생으로 행동형성의 원리를 적용)
학생과 50cm 거리에 있을 때 자발적으로 그림 카드를 제시하면, 신체활동을 40%만 제공합니다.
(성취 시) 자발적으로 그림 카드를 제시하면, 신체활동을 50% 제공합니다.
(성취 시) 자발적으로 그림 카드를 제시하면, 신체활동을 70% 제공합니다.</td></tr>
</table>

여기서는 문제행동 중재와 관련해서 저자가 꼭 중요하다고 생각하는 적응 기술을 몇 가지만 이야기하도록 하겠습니다.

첫째, 누군가의 관심이나 지원 없이도 어느 정도 즐겁게 시간을 보낼 수 있도록 여가 활동 기술을 가르쳐야 합니다. 학생이 어른으로 성장할수록 이러한 여가 활동 기술의 중요성은 커집니다. 따라서 다양한 여가 활동을 접할 수 있도록 도와주고, 때로는 체계적으로 가르쳐야 합니다. 또한 비장애인의 관점으로 봤을 때 나이대에 맞지 않거나 의미가 없어 보이는 활동이라고 할지라도 학생이 그 활동으로 즐겁게 시간을 보낼 수 있다면, 존중할 필요도 있습니다. 학생의 장애 정도가 더 있고 나이가 많아질수록 그렇습니다. 물론 그것이 상대방에게 해를 끼치거나 사회적으로 수용되지 못하는 활동은 아니어야 할 것입니다.

둘째, 부당한 지시가 아니라면 그 지시를 따르는 연습을 꾸준히 해야 합니다. 이를 '지시 따르기 훈련'이라고 부르기도 하는데, '훈련'이라는 용어를 부정적으로 생각하실 분도 있겠지만, 훈련은 '트레이닝(training)'을 번역한 말로 사실 무언가를 반복해서 연습하고 수행한다는 의미라고 이해하시면 무리가 없으리라 생각합니다. 아무튼 부모님이나 선생님이 어떠한 지시를 했을 때 이를 따라 수행하고, 그 결과로 긍정적 피드백과 때로는 적절한 보상을 받는 일련의 과정을 꾸준히 반복했을 때, 수년이 지나 그 학생에게 미치는 긍정적인 영향을 매우 클 수 있다고 생각합니다. 문제행동의 감소는 물론이고 다양한 교과 학습에도 도움이 될 수 있으며, 향후 직장과 지역사회로의 전환 과정에서도 결정적인 영향을 미칠 수 있습니다. 제 경험으로는 그랬습니다. 부모님과 선생님은 발달적 · 인지적 수준을 고려했을 때 수행하기 쉬운 행동이나 과제를 지시해야 합니다. 그리고 올바른 반응을 보일 때는 구체적인 칭찬과 보상을 제공하고, 틀렸을 때는 올바른 반응을 보일 때까지 처음 틀렸을 때는 언어적 촉진, 다음은 모델링(시범) 촉진, 마지막은 신체적 촉진의 순서와 같이 차츰 지원을 더 하면서 올바른 수행을 보이도록 합니다(최소촉진체계). 그리고 촉진을 받아 정반응을 보이더라도 처음에는 시도 그 자체에 적절한 칭찬과 보상을 제공해야 할 수 있습니다. 이후에는 차츰 줄여나갈 수 있습니다. 이런 훈련 과정에 익숙해지면, 차츰 일상생활에 필요한 심부름 같은 과제로 차츰 과제의 난도를 올릴 수 있습니다. 다만, 부모님과 선생님은 충분하고 구체적인 칭찬과 격려로, 또 필요하다면 적어도 초기에는 외적인 보상을 합하여 학생의 순응 행동을 꾸준하게 강화해야 합니다.

셋째, 가능하다면 자기관리 전략을 활용하여 자기 행동을 스스로 기록 및 점검하고 평가하며 보상하도록 가르쳐야 합니다. 모든 것을 스스로 할 수 없다면, 할 수 있는 만큼이라도 해볼 수 있도록 해봅니다. 자기점검 체크리스트나 시각적 일과표(일정표), 자기촉진 자료 등을 포함한 다양한 지원 도구를 활용해도 좋겠습니다. 자기 스스로 본인의 문제행동과 바람직한 행동의 빈도를 지속해서 기록 및 점검하고, 변화 여부를 평가하며, 그 결과에 따라 적절한 보상을 받도록 하는 일련의 과정을 통해 장기적이고 긍정적인 행동지원을 도모할 수 있습니다. 또한 선택하기 기술을 포함한 다양한 자기결정 기술을 가르쳐야 합니다. 이 내용은 교육 방법 장에서 비교적 상세하게 다루고 있으므로 여기서는 자세한 설명을 생략합니다.

마지막으로, 대체행동, 적응 기술과 함께 문제행동을 촉발하는 상황에서 이를 인내하는 기술을 지도할 필요가 있습니다. 예를 들어, 친구에게 장난감을 요청하는 부탁을 하였으나, 거절을 당할 때 이를 수용하고 기다릴 수 있는 기술이 필요합니다. 이와 같이 원하는 것을 즉각 얻지 못할 때 기다리고 견디는 것은 강화를 지연시키는 전략을 통해 훈련이 가능합니다. 강화를 지연시키는 전략은 강화지연법이라고도 말하는데, 학생이 요구하는 것에 대해 필요한 대처 기술을 지도하면서 점차 강화제를 제공하는 시간 간격을 학생에 따라 5초, 10초, 30초, 1분, 5분 등으로 체계적으로 늘려가며 학생이 기다릴 수 있도록 하는 방법입니다. 또는 간헐적 스케줄로 강화제를 받는 빈도를 점진적으로 늘려가는 방식으로 인내 기술을 가르칠 수 있습니다. 여기서 불편한 상황에 대처하도록 할 때는 다음과 같은 방법을 활용하도록 가르칠 수 있습니다.

- 화가 난 상황에서 화를 조절할 수 있도록 1부터 10까지 천천히 세어보거나, 숨을 크게 들이쉬거나, 스스로 잠시 장소를 옮기거나, 먼 곳을 응시하는 등의 분노조절 훈련을 꾸준히 실행합니다. 분노조절 훈련은 먼저 화를 유발하는 요인을 파악하고 → 화가 났을 때의 신체적인 단서를 인지하며 → "숫자를 세어보자." 혹은 "숨을 크게 쉬어보자." 등과 같이 화를 줄이는 방법을 혼잣말로 자신에게 가르치고 → 실제로 그 방법을 사용하며 → 이후에 자기 행동을 평가하는 순서로 진행할 수 있습니다.
- 깊은 호흡을 계속하거나 근육을 갑자기 힘을 주며 긴장시켰다가 한꺼번에 푹 힘을 풀면서 이완시켜서 흥분을 가라앉히는 긴장 완화 훈련을 꾸준히 실행합니다.
- 문제상황이나 문제의 유발 요인을 파악하고, 문제의 해결 방법을 찾고 평가해 본 뒤에 대안적 방법으로 반응해 보도록 지도하는 사회적 문제해결 훈련을 실행합니다.

또한 때로는 싫어하는 감각적 자극이라고 해도 그것이 삶을 살아가는 데 있어서 어느 정도 감내해야 하는 자극이라면, 아주 점진적으로 조금씩 천천히 그 자극을 늘려가면서 적응하도록 돕는 일종의 탈감법을 적용해야 할 수 있습니다.

③ 후속결과 중심의 중재

응용행동분석에서는 어떠한 행동에 대한 후속결과로 인해 다가오는 미래에도 그 행동이 증가 또는 지속해서 유지되는 현상을 강화라고 말합니다. 이때 후속결과가 선호하는 자극을 제시하는 형태라면 정적강화라고 말하고, 반대로 싫어하는 자극을 제거하는 형태라면 부적강화라고 말합니다. 반대로 어떠한 행동의 후속결과로 인해 다가오는 미래에 그 행동이 감소하는 현상을 번역에 따라 벌 혹은 약화라고 말합니다. 이때 싫어하는 자극을 제시하는 형태라면 정적 벌이라고 말하고, 좋아하는 자극을 제거하는 형태라면 부적 벌이라고 부릅니다.

이렇게 말하면 딱딱 논리적으로 구분이 되는 것 같지만, 실상을 따지고 보면 어떠한 현상이 강화인지 벌인지 혹은 정적인지 부적인지를 파악할 때는 어떤 면을 보는지에 따라서 다소 애매할 때가 있습니다. 예를 들어, 간지러운 팔을 긁어서 간지럽지 않게 되었고 이후에도 그 행동을 또 했다고 했을 때, 간지러움이라는 싫어하는 자극을 제거하기 위함이었다고 보면 (자동적) 부적강화라고 볼 수 있지만, 또 한편으로는 긁는 과정에서 주는 쾌감을 얻기 위해서 이런 행동을 보였다고 한다면 (자동적) 정적강화라고 생각할 수도 있습니다. 그래서 실제로 응용행동분석 분야의 일부 학자는 이러한 구분의 의미가 다소 부족할 수 있다고 주장하기도 합니다. 하지만 응용행동분석학의 주류에서는 아직 강화와 벌의 구분,

그리고 후속결과를 정적과 부적으로 구분하는 방식을 따르고 있습니다.

긍정적 행동지원의 관점에서는 문제행동을 줄이든, 바람직한 행동을 형성하고 가르치든 강화 중심의 전략을 우선해서 고려하라고 말합니다. 강화 중심의 전략을 사용할 때는 행동의 강화를 이끄는 후속결과인 강화제를 어떻게 제공할지에 대한 기본적인 지침을 알 필요가 있습니다.

- 강화제를 제공할 때 가능하다면 정적강화제(선호하는 자극의 제시)를 먼저 고려해야 합니다. 다만, 특정 문제행동이 과제나 활동 등을 피하는 부적강화로 인해 발생하여, 기능적 강화제(특정 행동의 기능이 되는 직접적인 강화제)로 정적강화제를 사용하기 어렵다면 부적강화제(싫어하는 자극의 제거)를 먼저 활용해야 할 수 있습니다.
- 가능하다면 행동의 발생으로 인해 직접적으로 얻을 수 있는 강화제(예 물건을 얻기 위한 목적으로 문제행동을 하였을 때 올바르게 물건을 얻기 위한 의사소통을 하였다면, 그 물건을 제공함)를 활용하는 게 가장 좋습니다.
- 학생이 평소에 선호하는 음식, 감각, 물질, 활동, 칭찬(사회적 강화) 등을 최대한 여러 개 선정하고 활용해야 합니다.
- 이때 준비와 저장이 편리하고, 비용이 저렴하며, 휴대가 간편한 강화제를 우선 선택하면 효율적입니다.
- 강화제는 부모님이나 선생님이 통제할 수 있는 것이 좋습니다. 부모님이나 선생님의 통제를 벗어나서 학생이 임의로 가질 수 있는 강화제는 효과가 없거나 현저히 떨어집니다.
- 가능한 한 활동을 방해하거나 주의를 산만하게 하지 않는 강화제를 우선하여 사용해야 합니다.
- 강화제는 쉽게 질리지 않도록 해야 합니다. 따라서 학생이 수용할

수 있는 범위 내에서 가급적 한 번에 제시하는 강화제의 양은 적게 유지해야 합니다. 예를 들어, 과자를 바람직한 행동에 대한 강화제로 제시한다면 반 이하의 크기로 잘라서 제공할 수 있고, 놀이 시간을 활동 강화물로 제시한다면 가능한 범위 안에서 한 번에 제시되는 시간을 최소한으로 줄일 수 있습니다. 그러나 학생이 강화제를 받고 있다고 느끼지 못할 정도로 강화물의 양이나 질을 줄여서는 곤란할 수 있습니다. 강화제의 제공 빈도나 양을 줄이더라도 세심하게 고민해서 점진적으로 줄여야 하는 이유입니다.

지금부터는 강화 기반 전략 → 기능적(직접적) 강화제를 제거하는 소거 전략 → 벌 기반 전략의 순서로 후속결과 중심의 중재를 살펴보도록 하겠습니다.

(a) **차별강화** : 차별강화란 표적으로 정한 바람직한 행동에는 강화제를 제공하고, 바람직하지 못한 문제행동에는 강화제를 제공하지 않아 결과적으로 바람직한 행동은 늘리고 문제행동은 줄이는 방법입니다. 참고로 어떠한 행동이 다가오는 미래에도 증가하는 현상을 강화라고 말했지만, 차별강화는 독특하게 문제행동의 감소를 주요한 목적 중 하나로 삼고 있습니다. 이러한 차별강화의 하위 유형은 다음과 같습니다.

- **타행동 차별강화(DRO)** : 표적으로 삼은 문제행동이 아닌 다른 행동에 대해서 정해진 강화제를 제공하는 차별강화입니다. 심지어 눈으로 보기에 별다른 행동이 없었더라도 표적행동이 나타나지 않았다면 강화제를 제공합니다. 타행동 차별강화는 다시 간격 계획과 순간

계획으로 나뉩니다. 간격 계획은 정해진 시간 '동안' 표적행동이 나타나지 않았을 때 그 간격의 끝에서 강화제를 제공하는 방법입니다. 만약 그 시간 동안 표적행동이 나타난다면 중단하고 표적행동이 종료된 시점부터 다시 간격을 시작합니다. 예를 들어, '고정 간격 DRO-1분'이라면 1분 동안 쭉 표적행동이 나타나지 않았을 때 정해진 강화제를 제공합니다. 다음으로 순간 계획은 정해진 시간의 끝에서 표적행동이 나타나지 않았다면 강화제를 제공하는 방법입니다. 예를 들어, '고정 순간 DRO-1분'이라면 1분이 다 되어가는 시점에서 표적행동이 없었다면 정해진 강화제를 제공합니다. 간격 계획이 당연히 좀 더 효과적이겠지만, 계속해서 학생을 지켜봐야 한다는 점과 간격 내 문제행동 발생 시 그 시점에서 간격을 다시 설정해야 한다는 점에서 공교육 현장에서 적용하기 다소 까다로운 지점이 있습니다. 반면에 순간 계획은 중재 효과성은 다소 부족하지만, 간격이 끝나는 시점에만 학생의 행동을 관찰하면 되고, 다시 시간을 설정하는 일이 크게 없으므로, 현장에서 좀 더 편리하게 적용할 수 있는 방법입니다. 순간 DRO는 실제 적용상의 모습을 보면 비유관 강화와 비슷하게 보일 수도 있습니다. 비유관 강화가 아무리 행동과 관계없이 시간 간격으로 강화제를 제공하는 방법이라고 하더라도, 실제 응용 현장에서는 문제행동이 나타나는 시점에서 강화제를 제공하는 게 바람직하지 않기 때문입니다. 한편 간격 DRO이든 순간 DRO이든 처음에는 시간 간격을 고정하다가 차츰 시간 간격을 변동(시간 간격의 평균을 정하고 그 안에서 무작위로 시간 간격을 변동함)으로 설정해야 중재 효과성이 더 높아집니다. 그리고 점진적으로 시간 간격을 늘려서 강화 제공 빈도를 줄여나가는 것을 목표로 합니다.

- **저빈도 행동 차별강화(DRL)** : 한 번에 개선되기 힘든 문제행동의 경우에는 문제행동의 빈도나 비율이 사전에 설정된 일정 기준 이하로 줄어들었을 때 강화제를 제공할 수 있습니다. 다시 말해서, 타행동 차별강화를 점진적으로 실행하는 방법이라고 생각하시면 될 것 같습니다. DRL은 전 회기 DRL, 간격 DRL, 간격 유지 DRL의 세 가지 유형이 있습니다. 만약 어떤 학생의 개별 과제 학습 시간 15분을 기준으로 DRL을 실행한다면, 전 회기 DRL은 15분 전체에서 기준 비율 이하로 문제행동을 보였을 때 강화제를 제공합니다. 간격 DRL은 15분을 다양한 간격으로 나누고 그 간격마다 정해진 비율 이하로 문제행동을 보였을 때 각 간격의 끝에서 강화제를 제공합니다. 전 회기 DRL이 좀 더 쉽게 적용할 수 있지만, 효과성은 간격 DRL이 더 높다고 볼 수 있습니다. 마지막으로 간격 유지 DRL은 측정 차원 중 반응 간 시간(IRT)을 이용한 방법으로, 표적으로 삼은 문제행동 발생 간의 시간이 정해진 시간 간격 이상일 때 강화제를 제공하는 방법입니다. 표적행동 발생 간의 간격이 길어질수록 당연히 문제행동의 발생 비율(정해진 시간에서의 발생 횟수)은 줄어들 수밖에 없기 때문입니다. 간격유지 DRL은 사실 실제 응용 현장보다는 실험적 행동 분석에서 주로 사용될 수밖에 없는 방법이기는 합니다.
- **대체행동 차별강화(DRA)** : 문제행동을 대체할 수 있는 행동을 보였을 때 주로 기능적(직접적) 강화제를 제공하는 방법입니다. 이러한 대체행동의 상당수는 대체 의사소통 행동이라서 앞서 설명한 기능적 의사소통 훈련(FCT)과 함께 사용합니다. 예를 들어, 학생이 과제를 피하고자 물건을 던지는 문제행동을 보인다고 했을 때, 물건을 던지는 문제행동 대신에 학생의 수준에 맞는 적절한 의사소통 행동을 했을

때 적당히 쉬는 시간을 주거나 과제의 양을 줄여주는 부적강화제를 제공할 수 있습니다. 대체행동 차별강화도 처음에는 1:1 비율로 강화제를 제공하다가 차츰 간헐적으로 강화제를 제공할 수 있도록 합니다. 다만, 이 과정은 아주 점진적으로 진행될 필요가 있습니다.

- **상반행동 차별강화**(DRI) : 상반행동 차별강화는 대체행동 차별강화에서 변형된 유형이라고 볼 수 있습니다. 상반행동 차별강화는 문제행동과 상반되는 행동을 보였을 때 강화제를 제공하는 방법입니다. 이 상반행동은 문제행동과 동시에 나타날 수 없어야 합니다. 예를 들어, 손을 물어뜯는 행동을 하는 학생이 수업에 집중하여 손으로 레고를 조립하고 있다면, 이 행동은 문제행동이 발생할 수 없는 상반행동입니다. 상반행동 차별강화는 특히 감각적 자극을 얻거나 놀이 목적으로 문제행동을 보일 때 다양한 배경 및 선행사건 중심 전략(흥미로워하는 놀이 활동 제시 또는 감각적 자극의 충분한 제공)과 함께 적용한다면, 효과적으로 적용할 수 있습니다. 예를 들어, 감각적 자극을 얻기 위해서 손톱을 심하게 뜯는 학생에게 감각 놀잇감을 제공하고, 손톱을 뜯는 행동과 상반되는 감각 놀잇감을 가지고 노는 행동을 보였을 때 강화제를 제공할 수 있습니다. 상반행동 차별강화도 처음에는 연속강화를 제공하다가 강화제가 제공되는 비율이나 간격을 차츰 늘려갈 수 있습니다. 한편 어떤 행동은 대체행동이면서 또 상반행동인 행동도 있을 수 있습니다.
- **반응 감소율 차별강화**(DRD) : 반응 감소율 차별강화는 문헌에 자주 등장하지는 않는 차별강화입니다. 이 방법은 한 회기를 몇 개의 간격으로 나누고, 간격마다 나타나는 표적행동이 점차 감소하면 강화를 제공하는 방법입니다. 예를 들어, 40분 수업 시간을 4분씩 10개 간

격으로 나눕니다. 1 간격에서 10번의 문제행동을 보였다면, 2 간격에는 10개 미만, 3 간격은 2 간격에서 나타난 횟수 미만으로 차츰 행동이 감소할 때 차별강화를 제공합니다. 응용 현장에서 자주 사용하기에는 어려움이 있는 방법이라고 볼 수 있습니다.

- **고빈도 행동 차별강화**(DRH) : 고빈도 행동 차별강화는 저빈도 행동 차별강화의 반대로, 어떠한 행동이 기준 이상으로 나타날 때 강화제를 제공하는 방법입니다. 다른 차별강화가 문제행동 감소에 주요한 목적을 두고 있다면, 이 방법은 바람직한 목표행동을 늘리는 데 목적을 두고 있습니다. 저빈도 행동 차별강화와 방법론이나 하위 유형은 모두 비슷한데, 정확히 반대되는 목표를 가지고 있다고 보면 됩니다. 가령 간격 유지 DRL에서는 반응 간 시간(IRT)이 기준보다 길면 강화제를 제공합니다(반응 간 시간이 길면 당연히 행동의 비율은 줄어듦). 반면에 간격 유지 DRH는 반응 간 시간이 기준보다 짧으면 단위 시간당 행동의 비율은 많아질 것이기에 강화제를 제공합니다.

(b) **소거**(extinction) : 소거는 문제행동을 유발하는 기능적(직접적) 강화제를 제거하는 전략을 말합니다. 예를 들어, 선생님의 관심을 얻고자 문제행동을 보인다면, 문제행동을 보이더라도 최대한 관심을 제공하지 않습니다(관심 소거). 또한 머리를 지면에 박았을 때 주어지는 쾌감으로 인하여 자해행동을 보일 때는 머리를 지면에 박더라도 쾌감을 얻지 못하도록 헬멧을 쓰게 할 수 있습니다(감각적 소거). 과제에서 도피하기 위해서 문제행동을 보인다면, 문제행동을 보여도 과제를 바로 피하지 못하게 하고 최소한 조금이라도 더 하도록 합니다(도피 소거). 어떠한 물건이나 활동을 얻고자 문제행동을 보인

다면, 문제행동을 보여도 그 물건이나 활동을 제공하지 않는 것이 소거입니다. 소거는 문제행동 중재에 있어서 가장 기본이 되는 전략이자 원리라고 말할 수 있습니다. 소거 전략을 실행하면 초기에는 문제행동이 대폭 증대되는 소거 폭발을 보일 수 있는데, 이는 결과적으로 문제행동의 감소가 진행되는 과정의 하나라고 볼 수 있습니다. 따라서 이 시기를 잘 넘기는 게 중요합니다. 소거 폭발을 보완하기 위해서는 앞서 설명한 차별강화 전략을 함께 사용함으로써, 긍정적인 행동을 강화해 나가는 방법이 효과적이라고 알려져 있습니다. 또한 소거 전략을 통해 문제행동이 제거되었더라도 나중에 다시 나타나는 자발적 회복 현상이 나타날 수 있습니다. 이때도 일관되게 소거 전략을 적용해야 다시 문제행동이 줄어들 수 있습니다. 소거 전략은 너무 위험한 행동에는 단독으로 적용하기 쉽지 않을 수 있습니다. 또 기능적 강화제를 제거하는 소거 전략을 적용하는 과정에서 때로는 적절한 동의 절차를 거쳐 물리적인 개입을 포함해야 하는 등 여러 가지 적용상 어려움이 있을 수 있습니다. 이러한 소거 전략의 적용상 어려움은 문제행동도 가능한 어릴 때, 조기에 중재할 때 훨씬 효과적인 이유가 되기도 합니다.

(c) **토큰 경제**(token economy) : 토큰 경제는 토큰 강화와 반응대가 전략을 동시에 적용하는 방법을 말합니다. 보통 기대 행동에 대한 규칙을 몇 가지 정해서 집단 또는 개별 학생과 행동 계약한 뒤에 토큰 경제를 도입할 수 있습니다. 토큰 강화와 반응대가에 대해서 먼저 살펴보면 다음과 같습니다.

- **토큰 강화** : 토큰 강화는 강화제 대신에 토큰을 제공하고, 일정량의

토큰을 모았을 때 약속된 강화제(지원 강화제라고 말함)를 제공하는 방법을 말합니다. 토큰 강화가 성공하기 위해서는 토큰 자체가 하나의 강화제가 되어야 합니다. 그래야 토큰을 받았을 때 학생이 동기를 얻습니다. 토큰을 받으면 내가 원하는 강화제를 얻는다는 경험이 누적해서 쌓여야 토큰 자체도 강화제가 될 수 있습니다. 이를 조건화된 강화제라고 말합니다. 돈은 우리에게 강화제가 되지만 사실 돈 자체로 할 수 있는 것은 '종이접기' 말고는 별로 없습니다. 돈으로 내가 원하는 것을 살 수 있음을 경험을 통해 너무 잘 알기에 돈이 강화제가 될 수 있습니다. 여기서 돈은 일반화되어 있는 조건화된 강화제입니다. 토큰 강화가 성공적으로 안착하기 위해서는 시행 초기에 토큰과 지원 강화제의 교환 비율이 낮아야 합니다. 그래야 많은 교환 경험을 쌓아서 토큰이 조건화된 강화제가 될 수 있습니다. 장애가 심한 학생이라면 극단적으로 토큰 1개를 제공하면서 곧바로 지원 강화제를 제공하는 1:1 비율부터 시작할 필요도 있습니다. 그리고 토큰이 지원 강화제로 학생에게 인식되면 점진적으로 교환 비율을 높여나갈 수 있습니다. 보통 토큰 강화에 실패하는 부모님과 선생님을 보면 달성하기 힘든 교환 비율을 처음부터 설정하는 사례가 많습니다(예 "동전 20개 모으면 ~~을 줄게."). 한편 발달장애의 정도가 더 심한 학생의 경우에는 가급적 토큰을 정할 때 실제로 만져볼 수 있는 구체물로 정하는 게 좋습니다. 예를 들어, '강화 통장'보다는 모형 동전이나 구슬, 또는 비교적 두툼한 자석 스티커 같은 게 더 적절할 수 있습니다. 토큰 강화에 대한 자세한 설명과 토큰, 토큰을 모아두는 토큰판 등에 대한 자세한 예시는 저자의 블로그 글을 참고 바랍니다(blog.naver.com/bjs718/222840835809).

• 반응대가(response cost) : 행동 원리 중 부적 벌은 선호하는 자극을 제거하는 후속결과(부적 벌제)로 미래에 표적행동이 감소하는 현상을 말합니다. 반응대가는 부적 벌의 행동 원리를 기반으로 하는 방법으로, 표적으로 삼은 문제행동을 보였을 때 학생이 현재 가지고 있는 선호 자극을 제거하여, 미래에 그 표적행동을 줄이는 전략입니다. 반응대가의 하위 유형에는 가장 일반적으로 그냥 벌금을 걷는 유형, 보너스 반응대가라고 하여 먼저 어느 정도 강화제를 제공했다가 문제행동을 보였을 때 벌금으로 일부씩 수거하는 유형, 집단을 대상으로(집단 유관) 반응대가를 적용하는 유형, 마지막으로 이 책에서 설명하듯이 토큰 강화와 결합하여 토큰 경제로 적용하는 유형이 있습니다. 토큰 경제에서 반응대가를 실행한다면, 학생이 표적으로 삼은 부적절한 행동을 보였을 때 이미 모은 토큰을 약속한 개수만큼 돌려받습니다. 학생에 따라서는 보너스 반응대가의 성격을 결합하여 등교했을 때 먼저 기본금 개념으로 토큰을 몇 개 지급하면서 토큰 경제 프로그램을 진행할 수도 있습니다.

(d) 타임아웃(time-out) : 반응대가와 마찬가지로 부적 벌의 행동 원리를 기반으로 하는 타임아웃은 일정 시간 동안 강화제를 얻을 기회를 주지 않는 방법을 말합니다. 실제 교육 현장에서 타임아웃은 일정 시간 동안 학급 활동에 학생이 참여하지 못하도록 하고 여타의 관심도 제공하지 않는 방식으로 운영합니다. 이러한 방식이 타임아웃이 되기 위해서는 학급에서의 활동과 관심이 강화제로서 역할을 해야 합니다. 그래야만 타임아웃이 문제행동을 감소시키는 부적 벌로서 기능할 수 있으며, 활동이나 관심이 강화제가 되지 못

하는 상황에서 이 방식을 적용한다면 타임아웃이 아니라 오히려 문제행동을 강화하게 돼 버릴 수도 있습니다. 타임아웃은 비배제 타임아웃과 배제 타임아웃으로 구분할 수 있습니다. 비배제 타임아웃은 학생을 그 장소에서 배제하지는 않되 활동과 관심을 얻을 기회는 주지 않는 방식을 말하며, 계획된 무시, 정적강화제의 철회, 유관 관찰(활동을 관찰만 할 수 있음), 리본 타임아웃(리본이 회수되면 일정 시간 활동과 상호작용에 참여할 기회를 주지 않음) 등의 하위 유형이 있습니다. 반대로 배제 타임아웃은 학생을 그 장소에서 배제하는 방법으로 파티션 타임아웃, 복도 타임아웃, 타임아웃 방 등의 하위 유형이 있습니다. 타임아웃을 학교 현장에서 적용할 때는 당연히 비배제 타임아웃을 우선해야 하며, 보호자의 문서화된 동의를 얻고, 필요하다면 그 과정을 촬영하는 등 윤리적 이슈를 예방하는 여러 가지 노력을 수반해야 할 수 있습니다.

(e) **과잉교정**(over correction) : 행동 원리 중 정적 벌은 싫어하는 자극을 제시하는 후속결과(정적 벌제)로 미래에 표적행동이 감소하는 현상을 말합니다. 과잉교정은 정적 벌의 행동 원리를 기반으로 하는 방법으로, 어떠한 행동을 과잉해서 연습하는 방법입니다. 과잉교정에는 정적연습 과잉교정과 상황회복 과잉교정이 있습니다. 정적연습 과잉교정은 학습 과정에서 오반응을 보였을 때 정반응을 반복해서 연습하게 하는 방법입니다. 예를 들어, 받아쓰기에서 틀린 글자를 여러 번에 걸쳐 반복해서 맞는 글자로 쓰는 연습을 하게 할 수 있습니다. 상황회복 과잉교정은 어떠한 행동으로 환경이나 상황에 해를 끼쳤을 때, 이를 과잉해서 원상복구하게 지도하는

방법입니다. 예를 들어, 고의로 교실 바닥에 우유를 던졌을 때, 해당 지점 이외에도 교실 바닥 전체나 다른 반 교실 바닥까지 깨끗하게 물청소하도록 지도할 수 있습니다. 과잉교정은 올바른 행동에 대한 학습 효과를 가져올 수 있다는 장점이 있지만, 과잉교정이 이루어지는 과정에서 새로운 문제행동을 유발하는 등 윤리적인 문제를 가져올 수 있다는 큰 단점도 있습니다. 정적연습 과잉교정은 교수학습 과정에서 적절하게 활용할 필요도 있겠지만, 상황회복 과잉교정은 되도록 최후의 수단으로 생각하고, 정 필요하다면 학부모의 동의를 받아 제한적으로 사용해야 한다고 생각합니다.

(f) **반응**(행동) **차단 및 재지시** : 정적 벌의 원리를 기반으로 하는 반응(행동) 차단은 촉진, 언급 또는 다른 물리적인 방해 요인을 문제행동이 발생하는 중일 때 제시하여 문제행동의 발생을 차단하는 방법입니다. 쉽게 말해서 문제행동의 진행을 막는 방법으로, 반응 가로막기라고 번역하기도 합니다. 이 방법은 문제행동으로부터 학습자의 관심을 돌리고, 문제행동의 진행을 멈추기 위해서 계획하고 실행합니다. 반응 차단은 반복적이고, 상동 행동적이거나 자해행동을 중재하기 위해서 사용되기도 합니다. 또한 위험한 문제행동을 보일 때 부득이 적절한 물리적 개입으로 그 행동을 멈추게 하여 안전을 확보하기 위해서 실행하기도 합니다. 이러한 반응 차단으로 행동을 멈추게 한 이후에는 적절한 대체행동(또는 상반행동)이나 바람직한 행동을 수행하도록 언어적으로 다시 지시합니다. 이를 재시시라고 말합니다. 재지시할 때는 되도록 짧고 간명하게, 표정은 최대한 무표정을 유지하면서 감정을 자제하고 분명하게 말해야 합니

다. 반응 차단과 재지시를 실행할 때는 때때로 학생의 저항이 발생할 수도 있습니다. 따라서 꼭 필요할 때 신중하게 적용할 필요가 있습니다. 반응 차단과 재지시는 특히 학생이 문제행동을 수행하는 중간에 개입하여 방해하고, 재지시를 통해서 더 적절한 상반행동이나 대안행동을 가르칠 수 있어서 감각적으로 유지되는 행동에도 효과적일 수 있습니다. 감각적 자극 얻기 및 놀이 기능으로 유지되는 행동에 대한 반응 차단 및 재지시 중재의 예를 들면, 먼저 반복적인 무의미한 음성을 학생이 계속 보일 때, 반복적인 음성 산출을 줄이기 위해서 학생에게 계속 반복해서 무언가를 질문할 수 있습니다. 가령 이름을 묻는다거나, 형제의 이름을 묻는 등 학생이 생각하지 않고 바로 답할 수 있는 수준의 질문이면 적합합니다. 학생이 질문에 답을 하게 되면 자연스럽게 반복적인 무의미한 음성 산출은 멈추게 될 것이고, 이때를 포착해서 칭찬과 함께 필요하다면 강화제를 제공할 수도 있습니다. 이러한 과정은 언어적인 행동에 대한 반응 차단 및 재지시 중재라고 말할 수 있습니다. 이 외에도 앞서 말씀드렸듯이 자신과 타인의 신체에 위협을 끼치거나 기타 안전에 문제가 될 것으로 판단되는 문제행동을 물리적인 지원 혹은 개입을 통해 중도에 멈추도록 하고, 바람직한 대체행동이나 상반행동을 지시하기 위해서도 이 전략이 사용될 수 있는데, 실무적으로 이때는 반응 차단과 구별하여 행동차단이라고 부르기도 하지만 학문적으로도 그렇고 제 개인적으로도 사실 이 둘을 구분하는 것은 큰 의미가 없다고 생각합니다.

(g) 기타 정적 벌 기반의 행동중재 방법 : 과잉교정, 반응 차단 및 재지시

이외에 정적 벌의 행동 원리를 기반으로 하는 다른 행동중재 방법을 살펴보면 다음과 같습니다. 이 중에서 특별히 유관 운동과 부적 연습은 긍정적 행동지원의 관점과 법적 · 윤리적 이슈를 고려했을 때 적어도 공교육 현장에서는 보호자의 동의와 함께 충분한 검토를 거친 뒤 제한적으로 실행될 수 있다고 봅니다.

- **언어적 훈육** : 언어적 훈육은 가능한 감정을 싣지 않고 무표정으로 짧고 분명하게 하는 방법이 더 낫다고 알려져 있습니다. 다만, 언어적 훈육은 자칫 이에 대한 반동으로 더 심한 문제행동을 유발할 수도 있고, 관심 얻기 기능에서 사용할 때는 문제행동을 강화할 수 있으므로 주의가 필요합니다. 개인적으로는 그림이나 사진 카드를 통한 지시(예 멈춤 카드를 제시하여 행동의 중단을 안내함) 혹은 짧은 신호를 통한 지시(예 전자 호루라기로 행동의 중단과 환기를 안내함) 방법을 먼저 고려하기를 권장합니다.
- **유관 운동**(contingent exercise) : 표적으로 삼은 문제행동 발생 시 문제행동과 형태적으로 무관한 반복적인 신체적 운동을 정적 벌제로 부여합니다. 예를 들어, 표적으로 삼은 문제행동으로 보였을 때, 건강에 무리를 주지 않고 보호자의 동의를 받는 선에서 신체적 운동을 하게 할 수 있습니다. 다만, 이러한 과정이 새로운 문제행동을 유발할 수 있으므로, 신중한 접근이 필요합니다. 또한 보호자 또는 학생 본인의 동의 없이 시행해서는 안 됩니다.
- **부적 연습**(negative practice) : 표적으로 삼은 문제행동과 같거나 해당 문제행동과 형태적으로 유사한 행동을 반복하게 합니다. 예를 들어, 감각적 자극을 추구하는 문제행동 중에 안전에 위협이 없는 행

동에 주로 적용할 수 있는데, 감각적 자극이라는 강화제에 대한 포만(질리게 함)을 기대할 수도 있습니다. 다만, 이러한 과정이 문제행동을 유발할 수 있으므로, 매우 신중한 접근이 필요합니다.

문제행동이 이미 발생한 시점이라면 선생님이나 부모님은 소거와 같은 전략을 일관되게 적용하여 문제행동으로는 원하는 목적(기능)을 달성할 수 없음을 학생이 점차 인지하도록 하고, 문제행동 대신에 어떤 대체행동이나 상반행동을 해야 할지 다시 안내해야 합니다. 학생이 언어적 안내에 따라 계획된 대체행동이나 상반행동을 보인다면 물건이나 활동의 제공이든 과제나 활동에 대한 도피이든 기능에 맞는 직접적 강화제를 제공합니다. 만일 언어적 안내에도 적절한 행동을 보이지 않는다면, 최소촉진체계를 적용하여 적절한 행동을 보일 때까지 순차적으로 더 강도 높은 촉진을 제공합니다. 그리고 이를 꾸준히 반복하여 차츰 더 낮은 강도의 촉진, 그리고 종국에는 독립적으로 적절한 행동을 수행하게끔 가르칩니다. 반대로 학생의 인지적 수준에 따라 장애 정도가 더 심하다면 무오류 학습이 이루어지도록 최대-최소촉진을 적용하여 처음부터 최대치의 촉진을 제공하여 적절한 행동을 수행하도록 하고 기능적 강화제를 제공할 수 있습니다. 그리고 이 촉진의 강도를 차츰 독립적 수행에 다다를 때까지 줄여나갑니다. 배경사건 및 선행사건 중심의 중재, 기술교수 중심의 중재, 그리고 차별강화 등의 강화 중심의 후속결과 중재에도 불구하고, 학생이 보이는 문제행동에 충분한 긍정적인 개선이 없을 때, 불가피하게 때때로 정적 벌이나 부적 벌의 행동 원리를 기반으로 하는 행동중재 전략을 고려해야 할 수도 있습니다. 이때 특별히 지켜야 할 점은 다음과 같습니다.

- 어떠한 때에도 비윤리적인 수준의 고통이나 모욕감을 주어서는 안 됩니다.
- 차별강화 등의 긍정적인 전략을 사용하는 교수 프로그램과 지속적인 행동중재 지원의 일환으로 가능한 최소한으로 시행해야 합니다.
- 평소 학생과 긍정적인 관계를 형성해 온 사람만이 벌 기반의 중재를 실행할 수 있습니다. 따라서 평소 나이대에 맞는 놀이나 신체활동 등으로 학생과 충분히 긍정적인 상호작용을 하고, 조금이라도 잘한 행동을 포착해서 구체적으로 칭찬 및 격려하며, 또 물건, 활동 등 여러 적절한 강화제를 제공하는 일을 자주 만들어서 선생님과 부모님 자체가 학생에게 일종의 조건화된 강화제가 될 수 있도록 조금 더 노력할 필요가 있습니다. 이렇게 학생이 좋아하는 사람이 되었을 때 행동을 통제할 수 있는 진정한 힘도 생길 수 있습니다.
- 분노, 위험, 설교 없이 학생이 보인 문제행동에 대한 사실과 적절한 대체행동을 최대한 냉정을 유지하면서 짧고 간명하게 말하는 게 더 효과적일 수 있습니다.
- 벌은 공정하고, 일관적이며, 가능한 한 즉각 이루어져야 합니다. 시간이 지난 뒤에 제공되는 벌제는 큰 의미가 없을 뿐 아니라 학생을 헷갈리게 만들 수도 있습니다.
- 벌 기반 중재는 효과가 조기에 분명하게 나타나지 않으면 곧 중지해야 합니다.
- 효과적이면서도 안전한 벌제를 초반에 충분하게 제공하는 방법이 벌제의 강도를 점차 늘리는 방법보다 더 낫습니다.
- 문제행동이 여러 하위 행동을 순차적으로 수행해야 완성되는 연쇄적 행동이라면 그 행동의 첫 단추에서 바로 벌제를 제시합니다. 다

시 말해, 그 문제행동이 완결될 때까지 기다리는 방법은 곤란할 수 있습니다.

- 벌 기반 절차의 부작용을 지속해서 관찰하고 기록합니다. 또한 위기행동 발생에 대한 대처 계획을 세워야 합니다.
- 개별 학생에게 특정한 벌 기반 중재를 적용할 때는 학교 차원의 문서화된 가이드라인(지침)이 있어야 합니다. 또한 무엇보다 보호자와의 협의와 문서화된 동의가 꼭 필요합니다.

지금까지 살펴본 행동중재 전략을 벌 기반의 중재 전략을 최대한 제외하고, 간단하게 표로 정리하면, 〈표 4-5〉와 같습니다. 비전문가도 조금 더 쉽게 접근할 수 있도록 전문 용어를 최대한 풀어썼습니다.

〈표 4-5〉 문제행동의 기능별 행동중재 전략의 예

기능	배경사건 및 선행사건 중심 중재	대체행동, 적응 기술, 인내 기술 등을 가르치는 기술 교수 중심의 중재	후속결과 중심 중재
관심 획득	• 조금이라도 바람직한 행동을 포착해서 빈번하게 관심 제공하기 • 성인이나 또래와 함께 활동하는 기회 자주 제공하기 • 희망에 따라 좌석 조정하기 • 교사의 근접에서 통제하기	• 적절한 대체 의사소통 가르치기 • 여가 기술이나 놀이 기술을 가르치기 • 자기 행동을 점검하고 평가하도록 가르치기	• 위험하지 않은 행동이라면 무관심하기 • 문제행동이 아닌 행동에 주기적으로 강화하기 • 대체행동, 여가 기술 강화하기

강화제 획득	• 교육활동 전이나 중간에 강화제에 대한 접근 기회 제공하기 • 예측할 수 있는 일과 운영하기 • 시각적으로 사전 예고하기 • 프리맥 원리 적용하기	• 적절한 대체 의사소통 가르치기 • 지시 따르기 훈련 • 강화 지연시간 조금씩 늘리기(예를 들어, 최소한 몇 초 센 뒤 강화제를 제공하는 등의 절차) • 자기 행동을 점검하고 평가하도록 가르치기	• 문제행동을 보여도 강화제 제공하지 않기 • 문제행동이 아닌 행동에 주기적으로 강화하기 • 대체행동 강화하기
도피 기능	• 행동 관성(모멘텀) 활용하기 • 과제 순서 선택 기회 제공하기 • 예측할 수 있는 일과 운영 및 시각적 지원 제공하기 • 교육활동 사이에 휴식 제공하기 • 개인 공간에서의 휴식 제공하기 • 과제량을 천천히 늘려가기	• 도피를 위한 적절한 대체 의사소통 가르치기 • 지시 따르기 훈련 • 선택하기 등 자기결정 기술 가르치기 • 인내 기술 가르치기	• 문제행동을 보였을 때, 조금이라도 과제 더 하게 지도하기 • 문제행동이 아닌 행동에 주기적으로 강화하기 • 대체행동 부적강화하기
감각 자극 획득	• 감각 활동, 놀잇감 사전과 중간에 충분히 제공하기 • 흥미로운 교육환경 구성하기 • 교육활동, 교재에 자극 삽입하기	• 적절한 대체 의사소통 가르치기 • 점진적으로 강화 지연하기(인내 기술 지도) • 여가 기술 가르치기 등	• 감각적 소거 또는 반응 차단 제공하기 • 대체행동과 상반행동 강화하기

감각 자극 도피	• 선호하지 않는 감각자극을 미리 조사하고 제거하기 • 억지로 감각자극에 익숙해지도록 요구하지 않기. 다만, 삶에 꼭 필요한 감각자극이라면 비선호 감각자극에 대한 노출 시간을 조금씩 점진적으로 늘리고 강화제 제공하기 • 비선호 감각자극을 피하는 방법(예 차폐 헤드셋 등)과 대체 의사소통 가르치기 • 예측할 수 있는 일과 운영 및 시각적 지원으로 장소 전이 등을 미리 안내하기
기타 의료적 요인	• 다양한 환경적 · 신체적 배경사건(동기조작 요인) 고려하기 • 갑작스러운 행동 변화 시 의료적 문제는 없는지 먼저 검토하기 • 정신의학적 어려움이 있다고 판단될 시, 여러 정신과 전문의 진단을 거쳐 치료하기

(6) 행동중재계획 실행 결과를 누적 기록하고 평가하기

행동중재계획을 계획하고 실행하기 시작한 이후에는 꾸준히 행동중재 진행 과정이 계획된 대로 얼마나 충실하게 이루어지고 있는지, 그리고 실제로 학생의 문제행동이 감소하고 바람직한 행동을 증진하는 효과가 나타나는지 지속해서 확인해야 합니다. 그리고 적절한 수준의 변화가 확인되지 못한다면 행동중재계획을 수정하거나 보완해야 할 수 있습니다. 이를 위해서는 무엇보다 행동중재계획의 실행에 대해서 지속해서 기록하면서, 문제행동의 감소와 기타 바람직한 행동의 증가 정도를 기록해야 합니다. 이러한 과정에서 횟수나 비율(단위 시간당 횟수)이든, 지속시간이든 미리 정한 측정 방법에 따라 문제행동의 발생 변화를 기록한 자료를 시각화하는 과정은 중재 성과 평가와 이를 통한 의사결정을 더 편하게 만들 수 있습니다.

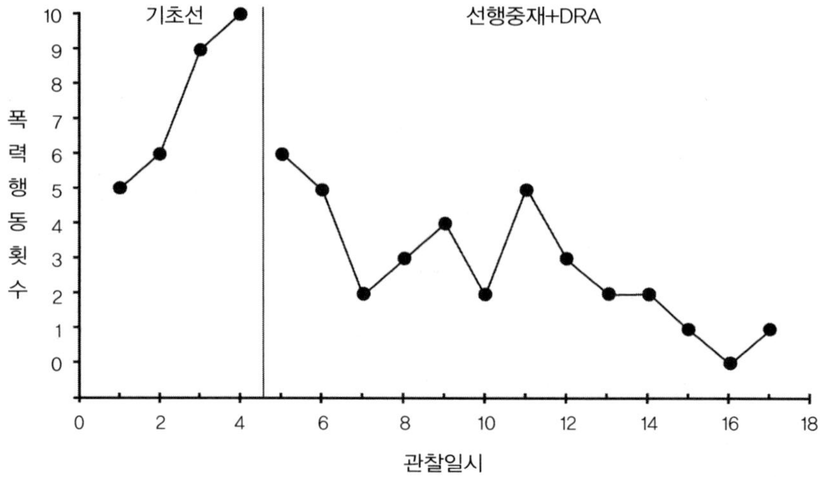

| 그림 4-17 | 기초선과 중재 조건에서의 문제행동 발생 횟수에 대한 그래프 예

|그림 4-17|과 같이 측정된 자료로 단일대상설계에서 사용하는 선 그래프를 그리고 기초선에서의 문제행동 혹은 바람직한 행동의 발생 정도와 중재 절차를 개시한 이후에 발생 정도를 시각적으로 분석하면 쉽게 중재 성과를 검증할 수 있습니다. |그림 4-17|을 보면 기초선에서는 매일 5회에서 10회까지 보이면서 심지어 점차 상승 추세이던 폭력행동이 중재 구간에 이르러서 약간의 변산성(진폭)은 보이지만 그럼에도 대체로 하강 추세를 보이는 모습을 확인할 수 있습니다.

참고로 응용행동분석에서 주로 사용하는 단일대상설계에서 선 그래프의 시각적 분석(visual analysis)을 할 때, 고려하는 요소는 다음과 같습니다.

- 조건(구간) 변경선 내 분석
  - 수준 : 조건 내의 자료점의 평균이나 중앙값 등을 말합니다. 평균을 사용한다면, 이전 예에서 기초선 조건의 수준은 7.5회이고,

중재 조건의 수준은 약 2.8회로 중재를 통해 행동이 감소하고 있다고 판단합니다.

- 변산성 : 조건 내 자료점을 잇는 자료 통로가 얼마나 진폭이 자주 변하는지를 말합니다. 일정하지 않고 진폭이 자주 변하면 중재 이외의 다른 요인(오염변인이라고 말함)이 영향을 미쳤을 가능성이 크다고 봅니다. 이전 예에서 보면 기초선은 자료 통로의 변산성이 크지 않으며, 중재 조건에서는 다소 변산성이 있으나 중재 성과를 의심할 정도의 변산성은 아니라고 볼 수 있습니다.
- 추세(경향성) : 자료 통로의 상승, 하강 또는 유지 경향을 말합니다. 기초선에서 상승하던 추세를 보이던 것이 중재 구간에서 점차 하강하는 추세를 보였음을 봤을 때 행동이 적절하게 감소하고 있다고 판단할 수 있습니다.

• 조건(구간) 변경선 간 분석

- 즉시 변화 : 기초선 마지막 자료점과 중재 초반의 자료점을 비교하여 중재 투입 즉시부터 변화가 나타나기 시작했는지를 분석합니다. 앞선 예에서 보면 기초선 4일째에서 10회였던 문제행동이 첫 중재인 5일째에 다시 6으로 떨어졌음을 확인할 수 있습니다. 기초선 최저점만큼은 아니라 크진 않지만, 일정 정도의 즉각적인 변화가 나타났다고 볼 수 있습니다.
- 중첩 정도 : 조건 간의 자료점이 겹치는 정도를 말합니다. 많이 겹칠수록 행동 변화 효과가 작다고 봅니다. 기초선의 최저 문제행동 횟수가 5회인데 중재 조건에서 5회 이상의 문제행동을 보인 날은 총 3일입니다. 이 3일을 총 중재 조건 자료점인 13으로 나누면 약 23%가 겹치는 것을 알 수 있습니다. 이는 반대로

77%의 자료점은 겹치지 않는 것인데, 비중첩 비율(PND)은 90% 이상일 때 매우 효과적이라고 보고, 70% 이상일 때는 효과적이라고 판단하므로, 중재의 효과성을 확인하였다고 판단할 수 있습니다.

- 동일한 조건 간의 유사성(효과의 지속성) : 앞선 예의 설계는 기초선과 중재가 한 번만 나타나는 설계로 AB 설계라고 부릅니다. 그런데 사실 교육 현장에서의 활용이 아닌 연구 목적으로서는 AB 설계만으로 중재의 효과성을 공고하게 입증할 수 없습니다. 따라서 보통 기초선–중재–기초선–중재로 2차례 반전하는 반전설계(ABAB)를 연구 목적으로 사용하는데요. 이때 동일한 조건 간의 유사성을 살펴볼 수 있습니다. 만일 첫 번째 중재 조건에서의 변화가 두 번째 중재 조건에서도 비슷하게 나타난다면 중재 효과가 지속되고 있다고 판단할 수 있습니다.

다시 돌아와서, 만일 시각적 분석 결과 중재의 성과가 확인할 수 있다면 중재를 지속합니다. 그리고 최종적으로 목표한 만큼의 변화가 나타났다면 지금까지의 행동중재계획을 종결하고 유지와 일반화를 위한 방안을 모색할 수 있습니다. 반면에 일정 시간이 지나도 목표만큼의 문제행동 개선이 나타나지 않는다면, 먼저 지금 수립하여 운영 중인 행동중재계획을 계획한 대로 충실하게 실행하고 있는지 총체적으로 점검해야 합니다. 그리고 현재 수립된 행동중재계획 중에 정확하게 실행되지 않은 사항이 확인되면, 이를 다시 보완하여 다시 올바르게 계획을 실행해야 합니다. 하지만 계획한 대로 충실하게 실행하고 있음에도 문제행동이 개선되지 않는다면 추가적인 중재를 고려해 볼 필요가 있습니다. 또한 필요하다면 기능적 행동평가를 더 면밀하게 다시 실행하여, 문제행동의 기능을 재평가해 볼 수도 있습니다. 더불어서 행동중재 절차만으로 적절한 효과를 거두기 힘들 것으로 행동중재지원팀에서 판단한다면, 소아청소년 정신건강의학과 전문의의 충분한 진찰과 이에 따른 처방을 통한 약물치료 등의 의학적 중재나 감각통합중재, 음악매개중재(음악치료) 등 기타 다양한 중재 접근도 긍정적으로 검토해야 할 수 있습니다.

3) 위기관리 계획

위기관리 계획이란 학생의 문제행동이 과도하게 고조되어 자신과 타인의 안전을 위협하거나 교육 기자재를 의도적으로 심하게 파손하는 등 교육활동을 지속하기가 힘들 정도로 어려움이 있는 위기행동이 발생했을 때 적용하는 관리계획을 뜻하는 용어입니다. 위기관리 계획은 문제행동을 보이는 학생 본인과 주변 학생, 그리고 교직원의 안전을 확보하고, 가능한 한 조기에 격양된 감정을 안정화하면서 문제행동을 멈추게 하는 데 목적이 있습니다. 2024학년도에 교육부에서 배포한 〈장애학생 행동중재 가이드라인〉에서는 특수교육대상자가 위기행동을 보일 시 대처 원칙을 담은 학교 차원의 위기관리 계획을 학교행동중재지원계획(학교 차원의 긍정적 행동지원계획)에 포함하도록 하고 있으며, 또 위기행동을 보였거나 보일 가능성이 있는 학생에 대해서는 팀 차원의 접근을 통해 학생의 독특한 특성을 반영한 개별적인 위기관리 계획을 행동중재계획에 포함하도록 하고 있습니다. 〈장애학생 행동중재 가이드라인〉에 위기행동 발생 시 지원 가이드로 제시하고 있는 예시를 요약하면 다음과 같습니다. 이 가이드라인을 전체적으로 요약한 내용은 저자의 블로그 글을 참고 바랍니다(blog.naver.com/bjs718/223317231027).

- **상황 알림** : 알림벨, 무전기, 호루라기 등을 활용한 즉각적인 상황 전파, 장소 내 위험한 물건 제거, 필요할 시 주변 학생을 안전한 장소로 일시적 이동(분리), 위기행동을 보이는 학생은 일시적으로 안정 조치(다만, 불필요한 관심 제공은 자제)
- **행동중재** : 관리자, 보건교사, 행동중재전담교사 등 업무 담당자가 주된 역할을 수행함. 일차적인 안정이 이루어지면, 필요에 따라 별도 지정된 장소(심리안정실 등)로 이동 지원, 응급 치료가 필요하면 보건교사의 치료 지원, 최소 시간 범위 내 심리안정실에서 학생 안정을 위한 지원 제공 등
- **상황 종료** : 교육활동 장소 복귀와 학습 활동 참여 지원, 기타 지원 사항 파악, 경과 기록(사후 보고서) 등
- **사후 처리** : 사후 보고서를 활용한 논의, 추가적인 중재 제공 여부 결정, 필요하다면 교육지원청 또는 시도교육청 단위의 컨설팅 요청 등

위기관리 계획은 위기행동의 전조 증상 발생 때부터 회복기에 이르는 시간 동안 학생 본인과 주변 사람들을 안전하게 보호하고, 모든 학생의 교육받을 권리, 교사의 교육할 권리를 최대한 보장하는 데 초점이 맞추어져 있다고 볼 수 있습니다. 이를 위해 보통 다음과 같은 주요 사항을 포함할 수 있습니다.

① 위기행동 발생 상황을 예상할 수 있는 전조 증상 및 신호(예 학생의 평소와는 다른 특정 표정이나 말, 행동 등)
② 전조 증상으로 위기행동 발생 상황이 예상될 때 취하게 될 조치

사항(예 학생에 대한 관찰, 주의 분산 도구나 진정 기법으로 가벼운 심부름 요청하기, 휴식 공간에서 쉬도록 하기, 산책하기, 둘 중 하나를 선택하게 하여 경계 설정하기 등)

③ 위기행동이 발생했을 때 취할 조치 사항(예 학생과의 안전거리 유지하기, 위험한 물건 치우기, 교직원을 위한 방어 방법 및 윤리적인 물리적 개입 방법 훈련하기, 물리적 개입의 정도를 정하여 보호자 동의 얻기, 학급 학생 대피장소로 이동하기, 문제행동을 보인 학생이 회복기 동안 머물 심리안정실 운영 규칙 만들고 준수하기 등)

④ 위기단계의 행동을 경감시킬 전략(예 음악 듣기, 심호흡하기, 불필요한 자극 제거하기 등)

⑤ 진정 및 회복 단계로 접어들었을 때의 조치 사항(예 분리 공간 이동 시 가능한 조기 복귀 지원, 학습 활동 참여 지원, 경과 기록 및 사후 학부모 보고 절차 등)

위기행동 발생 상황에 따라 관리계획을 실행했다면 위기 상황 발생 시부터 회복기까지 일어난 모든 상황을 기록하여, 보호자에게 충분히 안내하고 나중에 행동중재지원팀의 협의 시 참고 자료로 활용할 필요가 있습니다. 핵심은 위기관리 계획이 위기행동을 보인 학생에게 벌을 주기 위함은 결코 아니며, 학생 본인과 주변 학생의 안전, 그리고 교직원의 안전을 보호하고, 행동중재에 관한 법적·윤리적 이슈 발생을 예방하며, 모든 학생의 교육받을 권리와 교원의 교육할 권리를 보장하기 위함임을 꼭 기억해야 합니다. 앞서 말씀드린 〈장애학생 행동중재 가이드라인〉에서는 특수교육대상자가 재학 중인 학교(특히 기본적으로 특수학교는 필수)에서 이 책에서 살펴본 학교 차원의 다층적(1차, 2차, 3차) 지원 전략과 위기관리 계획 등을 담은 학교 차원의 긍정적 행동지원계획인 '학교

행동중재지원계획'을 수립하도록 적극 권장하고 있습니다. '학교행동중재지원계획'에는 다음과 같은 내용이 포함될 수 있습니다. 또한 저자의 블로그에는 저자가 적극적으로 자문하고 수정 · 보완한 특수학교의 '학교행동중재지원계획' 예시를 제시하였으니, 필요한 분은 참고 바랍니다(blog.naver.com/bjs718/223386593131).

- 근거, 목적, 방침
- 교내 행동중재지원팀 구성
- 학교 차원의 긍정적 행동중재지원계획
  - 1차적 지원 : 전체 학생 대상의 행동 지원, 물리적 구성 방안 등
  - 2차적 지원 : 위험군 학생을 대상으로 한 소집단 행동 지원
  - 3차적 지원 : 고위험군 학생을 위한 기능평가, 개별 행동중재계획 수립
- 위기관리 계획 : 위기행동 발생 시 대처 방안, 물리적 개입, 심리안정실
- 사업 실행 시기, 예산 사용 계획, 기대효과
- 부록 : 행동중재 지원을 위한 각종 양식

공교육 기관에서 발달장애 학생을 위한 행동중재는 어떠한 문제행동을 찾아내서 완전히 없애버려야겠다는 생각보다는 그 행동의 기능을 파악하고, 배경사건과 선행사건에 변화를 주는 예방 중심의 중재를 제공하고, 적절한 대체행동과 적응 기술, 인내 기술 등을 꾸준히 가르치는 방향으로 관점을 변화해야 할 필요가 있습니다. 또한 교육활동, 환경, 중재자가 가진 제한점을 찾아내어 이를 가능한 범위에서 개선하는 노력

을 통해서 문제행동을 예방하고 긍정적인 행동을 촉진하는 방향으로 나아가야 합니다. 긍정적 행동지원은 학생을 바꾸는 게 아니고, 그 학생의 주변 환경 변인을 수정하여 행동을 바꾸는 것을 기본으로 한다는 점을 기억해야 합니다. 그리고 사례에 따라서는 정신건강의학과 전문의 등 의료전문가의 진찰과 처방을 통해 부수적인 정신과적 어려움을 개선하기 위한 약물치료를 해야 할 수도 있습니다. 다만, 이때도 약물은 행동이나 감정을 안정화하는 데 도움을 줄 수 있더라도, 새로운 행동을 학습하게 할 수 없다는 사실을 기억하고, 지금까지 설명한 증거기반의 방법으로 바람직한 기능적 의사소통 행동, 사회적 기술 등의 적응 기술, 인내 기술 등을 꾸준히 가르치고 과정 중심으로 평가하고 기록해야 하겠습니다.

이 책에서는 긍정적 행동지원의 실제와 진행 과정을 비교적 짧게 제시했습니다. 사실 몇 백 페이지의 책으로도 응용행동분석과 긍정적 행동중재 지원의 세세한 내용을 다 담아내지 못할 수 있습니다. 따라서 이 책의 내용만으로 실제로 행동중재를 실행하는 데 어려움을 느낄 수 있습니다. 다행히도 꼭 돈을 들여서 책이나 자료를 사보지 않더라도, 수년 전부터 교육부 국립특수교육원, 보건복지부, 시도교육청, 장애인권익옹호기관에서는 학교, 가정, 복지기관, 발달장애인 거주 시설 등에서 활용할 수 있는 긍정적 행동중재와 지원을 위한 자료집, 연수 동영상 등을 제작하여 무상 배포하고 있습니다. 개인적인 생각으로 정말 괜찮은 자료가 많습니다. 국민의 세금으로 만들어진 자료인 만큼 더 많은 필요한 분이 활용하기를 바라는 마음으로, 이러한 자료를 내려받거나 시청할 수 있는 사이트를 전체적으로 묶어서 소개하는 글을 저자의 블로그에 게시하였으니 꼭 참고 바랍니다(blog.naver.com/bjs718/223320869303).

마지막으로 경쟁행동모형을 기반으로 좀 더 세세하게 작성한 개별 학생의 행동중재계획 수립 예시를 소개하면서 이 장을 마치도록 하겠습니다.

석이 쌤의 특수교육 이야기

■■ 경쟁행동모델을 적용한 행동중재계획 사례보고 예 ■■

1. 학생의 기본적 정보
   가. 이름 : 서○민
   나. 연령 : 만 ○○세
   다. 학년 : E특수학교 고등학교 3학년
   라. 장애 유형 : 자폐성장애 1급
   마. 주요 특이사항 : 구어를 이용한 발화가 어려움/ 현재 시설에서 거주하고 있음/ 먹는 강화제에 주로 반응함/ 정형외과 의사와 물리치료사의 진단 결과 지속적인 걷기 운동이 절대적으로 필요하다고 권고됨.

2. 중재하고자 하는 문제행동
   가. 유형 : 물기 행동(파괴적 행동으로 중재 1순위)
   나. 강도 : 타인에게 큰 상해를 입힐 수 있을 정도로 무는 행동의 강도가 셈

3. 기능평가 요약문

서○민 학생은 1교시에 하는 학교 주변 걷기 활동을 시작하기 전이나 이 활동 중간이나 끝에 교사 혹은 다른 학생을 강력하게 무는 행동을 보인다. 교사가 서○민 학생의 이러한 행동에 대해서 싫어한다는 점을 분명히 언급하였음에도, 이 활동에 참여하지 않고자 하는 목적 또는 이 활동에 참여하는 것에 대한 울화 표출 등의 과제 도피 기능으로 인하여 이 행동은 평균적으로 주 4회 이상 계속되었다. 배경적 사건(상황적 사건)으로는 본 문제행동과의 직접적인 연관성은 확인할 수 없었으나, 시설 사정으로 인해서 아침 식사를 거르게 되는 경우가 많았다는 점이 고려될 수 있었다. 행동중재계획을 수립하는 과정에서 경쟁행동모델을 이용하였다.

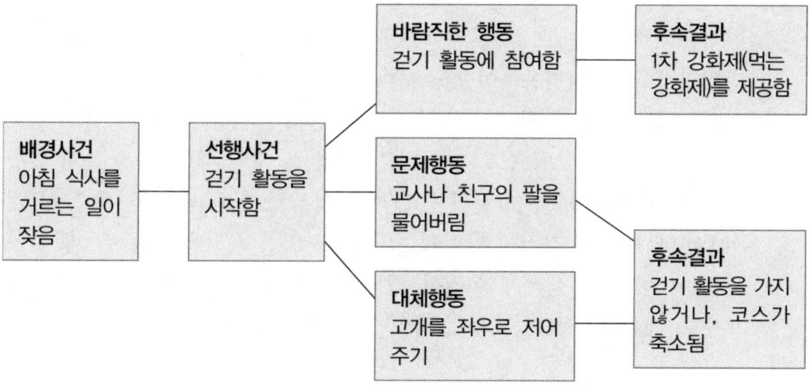

4. 중재 접근

배경사건 중재	선행사건 중재	새로운 기술 (대체행동 등) 교수	후속결과 중재
아침 식사를 거르지 않도록 시설에 요구함. 아침 식사를 거르고 등교할 때는 걷기 위한 힘을 보충할 수 있도록, '에너지 바' 또는 '바나나' 1개씩을 제공함.	코스의 거리 적합화로 걷기 코스에 점차 익숙해지도록, 행동 형성을 적용하여, 2주 단위로 초등학교 코스(1km), 중학교 코스(1.5km), 고등학교 코스(2km) 순으로 점차 거리를 늘려나감.	고개를 좌우로 저어주면, 걷기 활동을 하지 않거나, 거리를 축소해 주는 기능적 의사소통 훈련을 실행함. 초기에는 모델링과 신체적 촉진으로 이 대체행동을 가르침.	차별강화 : 걷기 활동을 수행하면 소량의 간식을 제공하고, 수행하지 않을 시에는 간식을 제공하지 않음. 과잉교정 절차 : 워킹앤런 활동 시에 교사나 학생을 무는 행동을 보일 때에는 원래 코스의 1.5배를 교사와 함께 걷도록 함.

5. 일정 및 위기관리 계획

가. 교외 걷기 활동 : 걷기 활동은 코스에 따라서 20분에서 40분 동안 이루어진다. 긍정적 행동지원 초기에는 초등학교 코스(1km)를 20분 정도의 시간을 이용하여 걷도록 하고, 2주 뒤에는 중학교 코스(1.5km)를 30분 정도의 시간을 이용하여 걷도록 한다. 그리고 마지막으로 2주 뒤에는 고등학교 코스(2km)를 40분에 걸쳐 걸을 수 있도록 한다. 서○민 학생 옆에는 근접성 통제 전략을 이용하여, 담임교사가 항상 옆에서 함께 손을 잡고 걷게

된다. 계획된 걷기 코스를 문제행동 없이 완수하게 되면, 유유 및 소량의 간식을 정적강화제로 즉시 제공하게 되며, 물기 행동을 나타낼 경우에는 과잉교정 절차를 적용하여 평소보다 더 많은 거리(1.5배)를 걷게 된다.

나. 물기 행동 : 서○민 학생이 타인을 무는 문제행동을 보이려는 전조 행동(타인의 팔을 자기 입으로 가져가려는 행동)을 보일 때, 교사는 즉시 학생을 서○민 학생으로부터 분리하고, 다른 학생들도 주위에 있지 않도록 대피시킨다. 학생의 감정이 안정될 수 있도록 일정 시간을 보낸 뒤, 때에 따라서는 서○민 학생에게 이러한 행동이 잘못된 행동이라는 점에 대해서 교수를 제공하고, 과잉교정 절차에 들어간다.

6. 점검 및 평가

서○민 학생의 타인을 무는 문제행동의 빈도를 점검하기 위해서, 기능평가의 한 방법인 직접 관찰 중에서도 빈도기록법을 활용한다. 교사는 주 단위(5일)로 '물기 행동'이 나타나는 빈도를 관찰하고, 행동중재계획을 변경할 것인지를 결정하게 된다. 담임교사, 부담임 교사, 물리치료사, 시설 담당자, 부모 등은 1개월 이내에 프로그램의 결과를 공식적으로 검토하게 되며, 그 결과에 따라 중재의 유지 및 수정을 결정한다.

7. 중재 결과

중재 결과를 확인하는 단일대상연구설계 방법에는 다양한 방법들이 있다. 여기에는 A-B 설계, 반전설계(ABAB), 중다 기초선 설계, 준거변경 설계, 교대중재 설계 등이 있다. 본 연구는 사례 학생 1명을 대상으로 하여, 학교라는 한 장면에서 물기 행동이라는 비교적 빈도가 낮지만 매우 파괴적인 문제행동을 표적행동으로 선정하였으므로, 원래는 중재의 기능적 성과를 명확하게 확인하기 위해서는 반전설계를 활용해야 하나, 문제행동이 반전될 시 발생할 수 있는 윤리적 문제를 고려하여, 기능적 관계를 명확하게 입증할 수는 없지만 AB 설계를 활용하여 결과를 나타내었다.

단 계	기초선 1 (1주)	기초선 2 (1주)	중재 1 (1주)	중재 2 (2주)	중재 3 (3주)	중재 4 (4주)
물기 행동 (빈도/주)	4	4	2	1	0	1

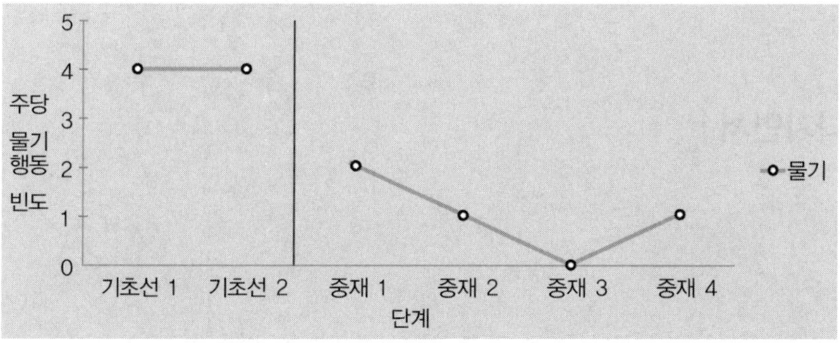

| 그림 1 | AB 설계를 통한 시각적 분석

학생이 보이는 파괴적 문제행동인 타인을 무는 행동은 기초선 단계에서 평균 주당 4회 발생하였다. 주당 4회가 적은 수일 수 있지만, 문제행동의 위험성과 강도를 고려했을 때, 즉각적인 중재가 요구되는 상황이었다. 긍정적 행동지원을 통한 중재 결과 학생의 문제행동은 중재 기간 4주 동안 총 4회기 발생하였으며, 평균 1회의 물기 전조행동(타인의 손목을 들어 자기 입에 가져가는 행동)을 나타내었다. 이를 통해 중재가 문제행동 감소에 효과가 있음을 확인할 수 있었으며, 시각적 분석 결과 기초선 단계와의 비중첩 비율(PND)도 100%로 나타났다. 다만, 문제행동이 완전히 사라진 것은 아니기 때문에, 보다 장기간에 걸쳐 중재가 요구되며, 꾸준한 중재 과정 이후에도 문제행동이 소거되지 않을 시에는 추가적인 중재 투입도 고려할 수 있다.

| 나가면서 |

지금까지 ① 장애의 정의, 원인, 특성에 대해서 간략하게 살펴보았고, ② 발달장애 학생을 위한 효과적인 교육 방법에 대해서 알아보았으며, ③ 어떤 교육 내용을 우선해서 가르쳐야 할지와, ④ 이들이 보일 수 있는 문제행동을 긍정적으로 개선할 수 있는 긍정적 행동지원에 대해서도 실제적인 내용을 중심으로 살펴봤습니다.

이번 제3판에서는 전체적인 내용을 보완하고 좀 더 자세한 설명과 예시 자료를 추가했습니다. 그럼에도 여전히 부족한 점이 보이지만, 너무 많은 내용은 오히려 글을 읽는 분에게 부담을 줄 수 있다는 핑계 아닌 핑계로 이제 이 책을 마무리할까 합니다. 2018년 처음 책이 출판되었을 때, 부족한 부분이 많았음에도 독자분들께서 관심 주신 덕분에 소소하게나마 꾸준히 판매되어, 제2판 작업을 2020년에 할 수 있었고, 5년여 만에 제3판 작업을 해볼 수 있었습니다. 정말 감사합니다. 앞서 밝힌 대로 제가 운영하는 '석이 선생님의 특수교육 이야기' 블로그에 궁금한 내용을 문의해 주시면, 늘 명확한 답을 제시해 줄 수 있는 수준의 대단한 전문가는 아니지만 여러 선생님과 부모님의 고민을 함께 나누어 보도록 하겠습니다.

이 책에는 제가 운영하는 블로그에 탑재된 자료와 함께 곳곳에서 여러 권의 전문 서적과 온라인에서 무료로 내려받을 수 있는 자료를 제시하고 있습니다. 참고문헌에도 여러 자료에 대한 정보가 담겨 있습니다. 이 책을 보시고, 어떠한 중재 접근을 실천해 보고자 하시는 분께서는 더 적절한 교육 실행을 위해서 참고하셨으면 합니다. 마지막으로 이 책을 읽어주신 모든 분께 늘 행복이 깃들기를 진심으로 바랍니다. 감사합니다.

제3판 작업을 마무리하며,

특수교사, 교육학박사, 행동분석전문가(KBA) 변 관 석 드림

참고문헌

교육부(2019). 장애학생 위기행동 관리 매뉴얼. 인천광역시교육청.

국립특수교육원(2011). 장애학생 직업재활훈련 핵심성과지표 실시요강. 국립특수교육원.

______(2013). 신체 조절과 기본 운동 : 보행 훈련과 이동.

______(2013). 체력 증진 활동 : 생활체육.

______(2018). **특수교육학 용어사전**(개정판). 서울 : 하우.

______(2019). 국립특수교육원 적응행동검사. 국립특수교육원.

______(2022). 팁! 톡! 행복한 우리 가족 긍정적 행동지원 가이드북.

국립특수교육원 국가장애인평생교육진흥센터(2020). 발달장애인의 도전적 행동 중재 매뉴얼.

김다윤 · 이지영(2021). 그림으로 보는 ABA : 부모와 교사를 위한 그림 가이드북. ABA 부모회.

김애화(2012). **학습장애 이론과 실제**. 서울 : 학지사.

김영태(2014). **아동언어장애의 진단 및 치료**(제2판). 서울 : 학지사.

김종현 · 윤치연 · 이성연 · 이은림(2015). **특수아동의 이해**. 경기 : 공동체.

김진호 · 박재국 · 방명애 공역(2017). **최신특수교육**(제11판). 서울 : 시그마프레스.

김형일(2014). **지적장애 학생의 이해와 교육**. 서울 : 학지사.

남보람(2024). 자폐 영유아와 함께 놀이하며 성장하기 : 부모를 위한 생활 속 NDBI 가이드. 새로온봄.

박경옥 · 이병혁 공역(2019). **중등도 및 중도장애 학생을 위한 체계적 교수**. 서울 : 시그마프레스.

박은혜 · 한경근 공역(2017). **중도장애학생의 교육**(개정판). 서울 : 시그마프레스.

박현숙 역(2013). **느린 학습자의 심리와 교육**. 서울 : 학지사.

변관석(2016a). 연극놀이를 활용한 선행적 신체활동이 발달장애 학생의 수업참여 행동에 미치는 효과. **특수교육연구, 23**(1), 232-250.

______(2016b). 발달장애 학생의 사회적 상호작용에 대한 연극놀이 활용 또래 관계망 중재의 효과. **특수교육재활과학연구, 55**(2), 65-88.

______(2016c). 중심축 반응 훈련 원리를 적용한 연극놀이가 자폐 범주성 장애 중학생의 사회적 상호작용에 미치는 효과. **특수교육, 15**(3), 35-57.

______(2016d). 기능적 의사소통 훈련이 최중도 지적장애학생의 문제행동과 독립적 의사소통 행동에 미치는 영향 : 단일대상연구를 중심으로. **특수교육재활과학연구, 55**(3), 109-134.

______(2017a). 보드게임을 활용한 집단교수가 발달장애 고등학생의 사회적 기술 수행과 수학적 문제해결력에 미치는 효과. **특수교육연구, 24**(1), 34-63.

______(2017b). 발달장애인 대상의 서비스업 관련 직업교육 중재연구에 대한 체계적 문헌고찰 : 국내연구를 중심으로. **장애와 고용, 27**(4), 25-57.

______(2017c). 경계선 지능에 관한 국내연구 동향 분석. **특수아동교육, 19**(1), 79-169.

______(2018a). 중등도 지적장애 중학생의 조립과제 수행에 대한 자기촉진전략 간의 효과 비교. **교육혁신연구, 28**(1), 217-245.

______(2018b). 자기촉진전략을 활용한 조립활동이 중등도 지적장애 중학생의 조립과제 수행과 작업수행능력 및 자기효능감에 미치는 효과. 창원대학교 대학원 박사학위논문.

______(2021). **가정과 학교에서 실천하는 증거기반 특수교육으로, 발달장애 청소년 자립생활 체계적으로 지원하기**(개정판). 경기 : 이담북스.

______(2021). 동시촉진을 활용한 체계적 교수가 중도 지적장애 중학생의 디스크골프 퍼팅 기술 수행에 미치는 효과. **특수교육연구, 28**(3), 27-52.

______(2023). **자폐 스펙트럼 청소년 효과적으로 지원하기**. 경기 : 이담북스.

박지연 외 공역(2020). **학교에서의 예방 · 교수 · 강화 모델**. 서울 : 학지사.

박지연 · 김나경 공역(2022). **가정에서의 예방 · 교수 · 강화 모델**. 서울 : 학지사.

부산광역시교육청(2014a). 장애학생의 문제행동 중재 매뉴얼.

______________(2014b). 장애학생의 문제행동 사례별 중재 가이드북.

서선진 · 안재정 · 이금자 공역(2010). **특수교육 교수방법**. 서울 : 학지사.

서울시장애인권익옹호기관(2019). 발달장애인의 도전적 행동 지원 가이드.

송준만 외(2022). **지적장애아교육**(제3판). 서울 : 학지사.

신진숙(2017). **지적장애아교육**(제2판). 경기 : 양서원.

신현기 · 김형일 · 유장순(2004). **장애 학생과 비장애학생을 위한 함께 지내는 기술지도**. 서울 : 박학사.

신현기 · 이성봉 · 이병혁 공역(2014). **자폐스펙트럼장애 학생 교육의 실제**. 서울 : 시그마프레스.

양문봉 · 신석호(2016). **자폐스펙트럼장애 A to Z.** 서울 : 시그마프레스.

울산광역시교육청(2018). 한 손에 잡히는 문제행동 중재.

이미경 · 박경옥 · 박윤정 공역(2014). **중도장애학생을 위한 문해교육.** 서울 : 학지사.

이성봉 외(2019). **응용행동분석.** 서울 : 학지사.

이소현 · 박은혜(2024). **특수아동교육**(제4판). 서울 : 학지사.

이숙향 역(2010). **발달장애 학생의 자기결정 증진 전략.** 서울 : 학지사.

이윤정 역(2019). **TEACCH, 지금 행복하고 건강하게 자폐와 더불어 사는 법.** 서울 : 마고북스.

이효신 역(2014). **교사를 위한 응용행동분석.** 서울 : 학지사.

정경미 · 김혜진 · 영유진 공역(2017). **응용행동분석**(제2판 1쇄 수정판 상). 서울 : 시그마프레스.

정경미 · 신나영 · 홍성은 공역(2018). **응용행동분석**(제2판 하). 서울 : 시그마프레스.

정경미 · 신나영 · 김민희 · 김주희 공역(2018). **어린 자폐증 아동을 위한 ESDM : 언어, 학습, 사회성 증진시키기.** 서울 : 학지사.

정동영 역(2019). **지적장애학생의 교육.** 경기 : 교육과학사.

정대영(2009). **행동기능 평가와 긍정적 행동지원.** 경기 : 양서원.

조윤경 · 김수진(2014). **유아교사를 위한 특수아동의 이해.** 경기 : 공동체.

최진혁 · 박혜숙(2013). **당당엄마 특수교육.** 서울 : 시그마프레스.

한상민 역(2020). **우리 아이 언어발달 ABA 치료 프로그램.** 경기 : 예문아카이브.

홍 경(2014). 선호 과제 포함 자기계획 활동스케줄이 자폐 범주성 장애 학생의 과제 수행 행동과 과제 완수율에 미치는 영향. 이화여자대학교 대학원 석사학위논문.

홍준표(2009). **응용행동분석.** 서울 : 학지사.

Agran, M., Fodor-Davis, J., Moore, S. C., & Martella, R. C.(1992). Effects of peer-delivered self-instructional training on a lunch-making work task for students with severe disabilities. *Education and Training in Mental Retardation, 27*(1), 230-240.

Allen, K. D., Burke, R. V., Howard, M. R., Wallace, D. P., & Bowen, S. L.(2012). Use of audio cuing to expand employment opportunities for adolescents with autism spectrum disorders and intellectual disabilities. *Journal of Autism and Developmental Disorders, 42*(11), 2410-2419.

American Psychiatric Association(2013). *Diagnostic and Statistical Manual of Mental Disorders*(5th ed.). Arlington, VA : Author.

Bennett, K. D., Ramasamy, R., & Honsberger, T.(2013a). The effects of covert audio coaching on teaching clerical skills to adolescents with autism spectrum disorder. *Journal of Autism and Developmental Disorders, 43*(3), 585-593.

________________________(2013b). Further examination of covert audio coaching on improving employment skills among secondary students with autism. *Journal of Behavioral Education, 22*(2), 103-119.

Browder, D. M., Wood, L., Thompson, J., & Ribuffo, C.(2014). Evidence-based practices for students with severe disabilities(Document No. IC-3). Retrieved from University of Florida, Collaboration for Effective Educator, Development, Accountability, and Reform Center website : http://ceedar.education.ufl.edu/tools/innovation-configurations

Cannella-Malone, H. I., Sabielny, L. M., Jimenez, E. D., Page, E. J., Miller, M., & Miller, O.(2015). Use of continuous video prompting to teach a student with a significant disability. *Journal of Developmental and Physical Disabilities, 27*(6), 745-754.

Chen, M., Hyppa-Martin, J. K., Reichle, J. E., & Symons, F. J.(2016). Comparing single case design overlap-based effect size metrics from studies examining speech generating device interventions. *American Journal on Intellectual and Developmental Disabilities, 121*(3), 169-193.

Cihak, D. F., Kessler, K. B., & Alberto, P. A.(2007). Generalized use of a handheld prompting system. *Research in Developmental Disabilities, 28*(4), 397-408.

________________________(2008). Use of a handheld prompting system to transition independently through vocational tasks for students with moderate and severe intellectual disabilities. *Education and Training in Developmental Disabilities, 43*(1), 102-110.

Cook, B., Buysse, V., Klingner, J., Landrum, T., McWilliam, R., Tankersley, M., & Test, D.(2014). Council for Exceptional Children : Standards for evidence-based practices in special education. *Teaching Exceptional Children, 46*(6), 206.

Cullen, J. M., & Alber-Morgan, S. R.(2015). Technology mediated self- prompting of daily living skills for adolescents and adults with disabilities : A review of the literature. *Education and Training in Autism and Developmental Disabilities, 50*(1), 43.

Gilson, C. B., Carter, E. W., & Biggs, E. E.(2017). Systematic review of instructional methods to teach employment skills to secondary students with intellectual and developmental disabilities. *Research and Practice for Persons with Severe Disabilities, 42*(2), 89-107.

Hughes, M. A., Alberto, P. A., & Fredrick, L. L.(2006). Self-operated auditory prompting systems as a function-based intervention in public community settings. *Journal of Positive Behavior Interventions, 8*(4), 230-243.

Janney, R., & Snell, M. E.(2000). *Behavioral Support*. Baltimore : Brookes.

Kelley, K. R., Test, D. W., & Cooke, N. L.(2013). Effects of picture prompts delivered by a video iPod on pedestrian navigation. *Exceptional Children, 79*(4), 459-474.

Mechling, L. C., & Gustafson, M.(2009). Comparison of the effects of static picture and video prompting on completion of cooking related tasks by students with moderate intellectual disabilities. *Exceptionality, 17*(2), 103-116.

Mitchell, R. J., Schuster, J. W., Collins, B. C., & Gassaway, L. J.(2000). Teaching vocational skills with a faded auditory prompting system. *Education and Training in Mental Retardation and Developmental Disabilities, 35*(1), 415-427.

National Technical Assistance Center on Transition(2016). Effective practices and predictors matrix. Retrieved from http://transitionta.org/sites/default/files/EPP_Matrix_Print.2016.pdf

O'Neil, R. E., Horner, R. H., Albin, W., Sprangue, J. R., Storey, K., & Newton, J. S.(1997). Fuctional Assessment and Program Development for Prob?. *Behavior : A Practical Handbook*(2nd ed.). Pacific Grove, CA : Brooks/ Cole.

Parker, R. I., Vannest, K. J., & Davis, J. L.(2011). Effect size in single-case research : A review of nine nonoverlap techniques. *Behavior Modification, 35*(4), 303-322.

Plavnick, J. B., Sam, A. M., Hume, K., & Odom, S. L.(2013). Effects of video-based group instruction for adolescents with autism spectrum disorder. *Exceptional Children, 80*(1), 67-83.

Powers, K., Gil-kashiwabara, E., Geenen, S., Powers, L., Balandran, J., & Palmer, C.(2005). Mandates and effective transition planing practical reflected in IEPs. *Career Developmental for Exceptional Individuals, 28*(1), 47-59.

Sparks, S. L., Pierce, T., Higgins, K., Miller, S. & Tandy, R.(2016). Increasing choice making in students with intellectual disability. *Education and Training in Autism and Developmental Disabilities, 51*(4), 331-343.

Spewock, M.(1990). The Effects of task analysis and instructional cues on engine assembly by mentally handicapped learners. *Journal of Industrial Teacher Education, 27*(3), 33-42.

Spooner et al.(2017). Promoting access to common core mathmatics for students with severe disabilities through mathematical problem solving. *Research and Practice for Persons with Severe Disabilities, 42*(3), 171-186.

Taber-Doughty, T., Miller, B., Shurr, J., & Wiles, B.(2013). Portable and accessible video modeling : Teaching a series of novel skills within school and community settings. *Education and Training in Autism and Developmental Disabilities, 48*(1), 147-163.

Test, D. W., Smith, L. E., & Carter, E. W.(2014). Equipping youth with autism spectrum disorders for adulthood : Promoting rigor, relevance, and relationships. *Remedial and Special Education, 35*(2), 80-90.

The National Professional Development Center(2016). Evidence based practices (2015-2016). The National Professional Development Center.

Wehmeyer, M., Field, S., Doren, B., Jones, B., & Mason, C.(2004). Self-determination and student involvement in standards-based reform. *Exceptional Children, 70*(4), 413-425.

Wehmeyer, M. L., & Wehmeyer(2007). *Promoting Self-Determination in students with Developmental Disabilities.* Guilford Publication.

Weng, P., & Bouck, E. C.(2017). A toolbox for teaching price comparison to students with disabilities. *Teaching Exceptional Children, 49*(5), 347-354. https://doi.org/10.1177/0040059916671136

Witt, J. C., & Martens, G. K.(1983). Assessing the acceptability of behavioral interventions used in classroom. *Psychology in the School, 20*(4), 510-517.

Yakubova, G., Hughes, E. M., & Hornberger, E.(2015). Video-based intervention in teaching fraction problem-solving to students with autism spectrum disorder. *Journal of Autism and Developmental Disorders, 45*(9), 2865-2875. https://doi.org/10.1007/s10803-015-2449-y

저/자/소/개

■ 변관석

국립창원대학교 특수교육과를 졸업하고, 2010년부터 공립학교 중등 특수교사로 일하고 있습니다. 동대학원에서 지적장애 학생 및 발달지체 아동교육 전공으로 석사 및 박사학위를 취득하였습니다. 또한 한국행동분석학회(KABA)에서 공인하는 행동분석전문가(KBA) 자격을 취득하기도 했습니다. 현장에서 특수교사로 일하면서, 짬짬이 대학교, 시도교육청, 장애인복지관, ABA 민간 자격 코스워크 기관, 기타 특수교육 및 장애인 복지 관련 기관 등에서 본업인 특수교사로서의 일에 지장이 없는 선에서 강의를 해오고 있습니다. 이 책과 함께 『발달장애 청소년 자립생활 체계적으로 지원하기』와 『자폐 스펙트럼 청소년 효과적으로 지원하기』 등 몇 권의 책을 쓰기도 했습니다. 또 한국학술지인용색인(KCI)급 등재 학술지에 십여 편 이상의 논문을 게재해오고 있습니다. 2023년 교육 분야 이달의 블로그로 선정된 네이버 블로그 '석이 선생님의 특수교육 이야기'를 오래전부터 운영하고 있습니다. 부족한 점이 많은 사람이지만 조금이나마 더 나은 사람이 될 수 있도록 성찰하고 노력하고 있습니다.

【제3판】

학교와 가정에서 활용하는

발달장애 학생을 위한

특수교육 중재

|저자| 변관석

|1판 1쇄| 발행 2018년 7월 31일
|1판 2쇄| 발행 2019년 3월 5일
|2판 1쇄| 발행 2020년 6월 10일
|2판 2쇄| 발행 2021년 1월 5일
|3판 1쇄| 발행 2025년 4월 30일

|발행인| 김 동 훈
|발행처| 공 동 체

|주소| 경기도 고양시 일산동구 호수로 358-39 동문타워 I 905호
|전화| 031) 814-3000(대표)
|팩스| 031) 814-3100
|홈페이지| www.compub.co.kr
|전자우편| compub@naver.com
|출판등록| 2005년 10월 6일
|등록번호| 제396-2005-36호

|ISBN| 979-11-6725-830-4
정가 22,000원